텍스트 미디어 퍼포먼스

저자 소개 주현식 朱賢植

「탈춤 연행의 반성성 연구」로 서강대학교 국어국문학과에서 박사학위를 받았다. 현 경기대 미디어예술문화연구소 연구원. 주 연구 영역은 퍼포먼스 연구(Performance Studies)다. 희곡 텍스트의 퍼포먼스성(Performativity), 연행성을 분석하는 것으로부터 학문적 이력을 시작했다. 희곡 텍스트의 분석에 집중했던 초기의 연구는 미디어, 주로 텔레비전의 허구적, 리얼리티 프로그램 등에서 관찰되는 사회적, 문화적 행동 양식의 퍼포먼스적 특성을 분석하는 데로까지 이어졌다. 희곡과 공연, 문학과 문화, 물질과 상징, 몸과 언어, 인문예술과 과학기술을 이분법적으로 보려는 형이상학을 해체하는 연구를 계획 중이다. 이러한 연구를 위해 연행성이라는 개념이 인식론상의 핵심 개념이자 학문적 실천의 중요한 도구가 될 수 있다고 믿고 있다.

텍스트 미디어 퍼포먼스

인쇄 · 2019년 4월 25일 | 발행 · 2019년 4월 30일

지은이 · 주현식
펴낸이 · 한봉숙
펴낸곳 · 푸른사상사

주간 · 맹문재 | 편집 · 지순이 | 교정 · 김수란
등록 · 1999년 7월 8일 제2-2876호
주소 · 경기도 파주시 회동길 337-16
대표전화 · 031) 955-9111-2 | 팩시밀리 · 031) 955-9115
이메일 · prun21c@hanmail.net / prunsasang@naver.com
홈페이지 · http://www.prun21c.com

ⓒ 주현식, 2019

ISBN 979-11-308-1420-9   93680
값 36,000원

푸른사상 학술총서 48

Text, Media and Performance

주현식

텍스트
미디어
퍼포먼스

이 책은 필자가 2009년부터 2016년까지 출간한 논문들을 모아 엮은 책이다. 2010년에 박사학위를 받고 졸업했으니 첫걸음마를 떼기 시작한 신진학자로서 집필한 논문들을 편집한 책이라 할 수 있다. 주제로 희곡 텍스트와 텔레비전의 '연행성(Performativity)'을 다루었다. '퍼포먼스 연구(Performance Studies)', '연행 연구'의 관점에서 「탈춤 연행의 반성성」이라는 제목으로 박사학위 논문을 쓴 뒤, 그 관심이 지금까지도 계속해서 이어진 셈이다. 텍스트, 미디어의 연행적(performative) 국면을 주로 다루었지만 그렇다고 해서 공연 예술이 펼쳐지는 무대 위 연행성의 측면을 간과한 것은 아니다. 부끄럽지만, 공연 예술의 연행성에 관심이 있는 독자는 곧 출판될 필자의 또 다른 저서 『호모 퍼포먼스 : 담론의 시대에서 퍼포먼스의 시대로』의 일독을 권한다. 이분법적 대립의 쌍으로 간주되어온 희곡과 공연은 배타적 경계를 지닌다고 볼 수 없다. 이항대립적으로 존재하기보다 희곡과 공연은 서로의 차연된 흔적이며 표식이다.

이 책에서 정의하는 '텍스트(Text)'는 특정 수용자에게 소통할 목적으로 생산된 모든 인공물을 가리킨다. 그러나 텍스트는 자족적, 폐쇄적, 완성된 실체가 아니다. 그와 같은 성질의 실체란 저자의 권위에 귀속된 작품(Work)에 불과하다. 반면 텍스트는 가변적, 개방적, 불완전한 기표의 네트워크라 할 수 있다. 작품을 통해 독자는 저자의 최종적인 의도를 해석하려 애쓰지만, 텍스트를 통해 수용자는 각자 자신만의 의미를 유희적으로 생산한다. 작품의 의미는 해석에 의해 권위적 기의로서 폭로되나, 텍스트의 의미는 놀이에 따라 자유롭게 발화되는 기표들을 퍼트린다. 작품에서 중요한 것은 환원될 수 없는 저자의 독백적 목소리인 반면, 텍스트에서 전경화되는 것은 수용자가 다양한 방식으로 다시 쓰게 되는 텍스트의 복수적 의미다. 작품의 해석을 따라 독자는 저자를 경배하고 그의 아버지로서의 목소리에 복종한다. 허나 텍스트의 유희에 참여하는 수용자는 아버지의 기입 없이 주이상스적 기쁨과 함께 텍스트의 의미를 통과하여 무한한 의미론적 효과를 새롭게 퍼트린다.[1]

그러므로 퍼포먼스 연구에서 텍스트와 퍼포먼스를 이분법적인 것으로 보려는 시각은 필자가 보기에 잘못되었다. 퍼포먼스 연구에서 기원적 아버지의 로고스적 목소리로 간주되어 타파의 대상이 되는 극작가의 희곡 텍스트란 사실 작가의 '작품'을 지시한다. 저자의 권위를 반영하는 '작품으로서의 텍스트'와 수용자의 놀이를 추동하는 기표들의 연쇄적 네트워크인 '텍스트성으로서의 텍스트'는 구분되어야 한다. 희곡의 플롯에 텍스트성이 내재하듯이, 배우들이 동선을 짜는 블로킹에도 텍스트성이 함축되어 있으며, 희곡 작품의 권위에 저항하여 이종적 무대를 연출하는 연출가의 방식에도 나름대로 텍스트성으로의 텍스트가 찾아질 수 있다. 프린트 대 무대, 문학 대 연극, 텍스트 대 퍼포먼스를 본질적 실체를 가진 대립항으로 보는 관점은 확실한 실체가 존재한다고 보는 근본주의(Foundationalism)적 사고방식의 취약성을 여전히 극복하지 못한다. 그 기반을 부수고 표면으로 올라와 이항대립적인 것으로 간주되어 오던 외부의 것들이 서로의 내부에 남긴 흔적들의 표식을 끄집어내야 할 필요가 있다.

이를테면 가시적인 희곡의 언어는 비가시적인 공연의 몸을 숨기고 있다. 가시적인 공연의 몸은 비가시적인 희곡의 언어를 숨기고 있다. 희곡

1 작품과 텍스트의 대비에 대해서는 Roland Barthes, "From Work to Text", *Textual Strategies : Perspectives in Poststructuralist Criticism*, Josue V. Harari(Ed.), Ithaca, NY : Cornell UP, 1979, pp.73~81 참조.

텍스트 미디어 퍼포먼스

의 안은 공연의 밖이다. 공연의 안은 희곡의 밖이다. 현존하는 희곡의 목소리는 그것의 부재인 공연되는 몸의 첨가로 인해 그 의미가 더 풍부해진다. 현존하는 공연의 몸은 그것의 부재인 희곡의 목소리의 첨가로 인해 그 의미가 더 풍부해진다. 희곡 텍스트의 의미는 텍스트가 아니면서 텍스트의 일부인 공연적 컨텍스트의 의미 때문에 텍스트적일 수 있다. 공연 텍스트의 의미는 텍스트가 아니면서 텍스트의 일부인 희곡적 컨텍스트의 의미 때문에 텍스트적일 수 있다. 희곡과 공연으로 구성되는 연극의 의미는 가시적인 것도, 비가시적인 것도 아니다. 내부도 외부도 아니다. 현존하는 것도 부재하는 것도 아니다. 텍스트도 컨텍스트도 아니다. 그보다 가시적인 것이면서 비가시적인 것이다. 내부이면서 외부인 것이다. 현존하면서 부재하는 것이다. 텍스트이면서 컨텍스트다. 요컨대 희곡, 공연, 언어, 몸은 문화적 생산의 양식으로서 그것들이 이루어내는 역동적 네트워크 속에서 '퍼포먼스' 된다.

이 책에서 언급되는 퍼포먼스는 가장 단순하게는 '행동' 혹은 '행위'로 정의될 수 있다. 그러나 좀 더 예각화해서 설명해보자면 퍼포먼스는 어떤 방식이든 타자에게 영향을 미치려는 효과를 염두에 둔 행위다. 이 효과에 의해 퍼포먼스적 행동은 현실과 구분되는 제2의 세계를 구축한다. 정해진 행동 '틀'의 관습을 수용하고 때로는 위반하면서 새로운 경험을 퍼포먼스적 행위는 구성한다. 따라서 퍼포먼스는 자연스럽게 그 행동에 대한 반응을 일으키면서 행위자와 대상 사이의 상호작용을 촉발한다. 상호작용성의 퍼포먼스적 행위는 '사이(between)'에 있는 행위, 경계론적 전이상태(Liminality)에 있는 행동이다.[2]

퍼포먼스 스터디는 연극 연구의 확장된 버전이다. 무대 위 연극적 행

---

2 퍼포먼스의 정의에 대해서는 김용수, 『퍼포먼스로서의 연극연구 : 새로운 연구방법과 연구분야의 모색』, 서울 : 서강대학교 출판부, 2017, 33~40쪽 참조.

동은 타자인 관객에게 영향을 미치면서 제2의 세계를 구축하고 연극적 관습을 따르면서도 위반하여 배우와 관객 사이에 존재하게 되는 대표적인 사이성의 행동인 까닭에서다. 그래서 퍼포먼스를 연극적 행위, 줄여 연행으로 명명하고, 그 퍼포먼스적 성질(Performativity)을 연행성으로 이름 붙일 수 있다. 인간의 삶은 필연적으로 연행적이다. 우리의 행동은 연극적 행동처럼 특정 공간 내에서 타자가 보는 하에 타자에게 효력을 발휘하기 위해 전시되며 문화적, 사회적 규범을 재현하기도, 깨트리기도 하는 과정 중에 자리한다. 그러한 리미널한 순간의 행동 속에서 과거로부터 전승된 일상의 규범이 권위적으로 재차 확립되기도 하고 미래로부터 유입된 반규범적 잠재력이 찰나적으로 현현하기도 한다.[3] 희곡과 공연의 관계가 그렇듯, 자아와 사회, 자아와 타자, 과거와 미래, 규제와 혁신, 일상적 행동과 변화의 행동은 명확하게 분리되는 것이 아니라 복잡하게 얽히고설킨 관계를 구성한다. 언어로 분절화될 수 없는 카오스적 양상이 우리 삶의 모습이다. 때문에 인간 삶의 혼재된 사회문화적 행동 양식과 그 산물을 규명하는 데, 다양한 개념들을 횡단하면서 복수화된 의미의 새로운 관계를 생성하는 연행과 연행성 개념이 유효하게 기능할 수 있다.

이 책의 제1부와 2부는 각각 비사실주의 희곡 텍스트와 퍼포먼스, 사실주의 텍스트의 퍼포먼스에 관한 논문들을 묶었다. 표현주의를 위시한 비사실주의적 희곡 텍스트에 대한 일반적 비평은 추상성으로 인해 비사실주의적 희곡들이 현실 응전력과 사회적 비판의 전망을 결여하고 있다는 데에 초점을 맞추어왔다. 그러나 희곡 텍스트의 퍼포먼스적 성질을 규명함으로써 이 책에서는 비사실주의 희곡 텍스트가 어떻게 수용자의

---

3 연행성의 논의는 James Loxley, *Performativity*, London : Routledge, 2007, pp.139~164 참조.

능동적 읽기 경험을 촉발하여 다른 결로서 문학 외부 현실에 대한 대응의 목소리를 텍스트가 자체적으로 내고 있는지 살펴본다. 반면 사실주의 희곡 텍스트에 대한 일반적 비평은 현실 반영론적 입장에서 검토되어왔다. 얼마나 현실의 리얼리티를 핍진성 있게 굴절, 전형화하여 사회에 대한 비판적 전망을 내놓는지가 사실주의 희곡 작품 완성도의 척도로 여겨졌다. 이에 반해 이 책에서는 현실을 사실주의 희곡 텍스트가 반영한다는 것이야말로 지시성의 오류이자 환각이며(Referential Fallacy, Referential Illusion), 그보다 텍스트적 직조에 의한 퍼포먼스적 효과로서 리얼리티를 바라보는 관점이 사실주의 희곡 텍스트에서 구성되고 있음을 밝히려 하였다. 바꾸어 말해 현실을 수동적으로 반영하는 거울로서 사실주의 희곡 텍스트의 의미를 간주하는 것이 아니라, 세계를 만들고 바라보는 특수한 방식의 창으로서 사실주의 희곡 텍스트의 화용론적(pragmatic) 효과를 이 책에서는 검토한다. 사실주의 희곡 텍스트에서 유표화되는 리얼리티의 개연성이란 리얼리티 그 자체에 대한 것이 아니라 마치~인 것처럼 존재하는(as if), 퍼포먼스되는 리얼리티의 수사적(rhetoric) 성격으로부터 기인한다.

제3부와 4부에서는 미디어, 그중에서도 텔레비전을 다룬다. 3부에서는 텔레비전 드라마의 퍼포먼스적 속성이 검토되고 4부에서는 텔레비전 리얼리티 프로그램의 시각 문화(Visual Culture)가 내장하고 있는 퍼포먼스적 속성이 규명된다. 미디어는 물질적 수단으로서 인간의 인식, 감정을 기록하고 재현하는 수단이지만 미디어의 물질적 속성 덕택에 대상, 이미지, 소리 등이 새롭게 구조화되고 무대화된다. 미디어를 통해 우리의 행동 양식은 다른 시공간 속에서 위치되고, 자아와 타자, 자아와 환경, 자아와 사회 간에 낯선 관계가 형성되며, 고양된 지각의 양식이 교정된 사회적, 문화적, 심미적 의미와 함께 생산된다. 오늘날 미디어야말로 변형적 생성의 주된 출처, 연행과 연행성의 핵심적 장(Field)이라 할 수 있다.

이러한 관심으로부터 3부에서는 텔레비전 드라마의 허구적 양식을 통해 인간 행동의 퍼포먼스적 속성이 고찰되고, 4부에서는 리얼리티 프로그램을 통해 텔레비전 외부에 위치한 리얼리티의 시각성이 매체에 의해 연행적으로 이해되고 생산되는 방식이 탐색된다.

그리스어 파르마콘(Pharmakon)은 '약'이며 동시에 '독'이고, '축복'이며 동시에 '저주'를 뜻한다. 연행과 연행성 연구는 파르마콘의 성질을 많이 닮은 것 같다. 희곡 텍스트 자체를 퍼포먼스적인 것으로 보고, 매개된 미디어 텍스트에서 현실 속 생생한 인간 행동의 퍼포먼스적 특성을 포착하려는 이 책의 효과는 치료약과 독 사이를 진동할 것이다. 그 비결정성은 저자에게 아니 독자에게 축복이 되는 것일까? 저주가 되는 것일까?

필자의 아버지는 말하기에 앞서 다른 사람의 말을 경청하라고 언제나 나에게 당부하셨다. 그 말씀을 따르려 했지만 온전히 실천하기는 어려웠던 것 같다. 이 책은 필자에 의해 쓰이고 말해진 책이지만, 책의 경계는 확실하거나 한정적이지 않다. 그보다 이 글을 읽고 말해주는 타자, 독자의 말을 듣고 책의 경계를 넘어 바깥으로 나아가고 싶어 책을 출간한다. 필자의 학문의 체계를 세우기 위함이 아니라 내가 미끄러질 수 있는 내 안에 있는 외부에 대한 관심에서 이 책을 내놓는다. 따로 또 같이. 관계 속의 고독. 공부한다는 것은 그렇게 누군가와 함께 출현(Appearing)하기 위한 지난한 과정이 아닐까? 내가 하는 공부가 치료약인지 독인지 나에게 축복인지 저주인지 항상 혼란스러워하는 부족한 자식을 한없이 뒷바라지해준 나의 가족, 아버지, 어머니, 여동생에게 이 책을 바친다.

2019년 3월
주현식

제2부 사실주의 희곡 텍스트와 퍼포먼스

차례

제3부 텔레비전의 허구적 양식과 퍼포먼스

제1부

비사실주의 희곡 텍스트와 퍼포먼스

1장

김우진의 〈난파〉와 폭발의 드라마, 폭발하는 무대

1. 표현주의에서 표현의 의미

표현주의 문학의 특징은 "근심, 걱정의 마음 씀(Sorge)에서 시작해서 불안(Unruhe)으로 끝"[1]나는 것이라 정의될 수 있다. 표현주의 문학에서 집중적으로 부각되고 있는 요소는 영혼의 내면성과 관련된 극단적인 파토스다. 때문에 표현주의적 양식의 드라마가 얼마나 사실성을 지니느냐 하는 질문은 많은 논란을 낳을 수밖에 없다. 현실 세계에서 드러날 수 없는 자아의 무의식이나 고통을 급진적으로 그리고 강렬하면서도 응축적으로 형상화하는 표현주의의 충격적 수법은 병적인 유아론이나 사회 도피적인 환상이라는 비난에 곧잘 직면하곤 한다.

'삼 막으로 된 표현주의 희곡(Ein Expressionistische Spiel in drei Akten)'이라고 원고의 첫 장에 명시된 김우진의 〈난파〉 역시, 이와 동일하게, 부정적 평가의 혐의에서 벗어날 수 없었던 작품이다. 예를 들어, 아버지,

---

1 Wilhelm Steffens, *Expressionistische Dramatik*, Muenchen : Deutscher Taschenbuch, 1977, seite.8.

어머니 등 김우진 개인의 가계와 관련하여 〈난파〉의 의미에 천착한 연구들[2]이나, 패배주의적 성향의 심리적 투사물로서 해석하려는 경향,[3] 혹은 시인의 성격창조가 불완전하다거나 여성은 시인의 도피처에 불과하다는 지적,[4] 그리고 역사의식의 빈곤, 외래지향성, 폐쇄적 유아성으로 〈난파〉의 한계를 규명하려는 시도[5]들이 그와 같다. 〈난파〉의 표현주의적 속성, 갑작스러우면서도 격렬하게 발생하는 주관성이 쉽사리 받아들여질 수 없는 복잡성을 내포하고 있음을 이들 연구들은 여실히 반영하고 있다.

하지만 루카치와 블로흐, 브레히트 사이에서 벌어진 표현주의 논쟁[6]에

---

2 유민영, 「서구에의 탐닉과 자기파열 : 김우진론」, 한국극예술학회 편, 『김우진』, 서울 : 태학사, 1996, 22~49쪽 ; 양승국, 『김우진, 그의 삶과 문학』, 서울 : 태학사, 1998, 164~174쪽 ; 서연호, 『김우진』, 서울 : 건국대학교 출판부, 2000, 103~115쪽.

3 윤금선, 「김우진 희곡 연구 : 작가와 작중인물의 심리적 전이관계를 중심으로」, 『한국극예술연구』 13, 한국극예술학회, 2001, 35~70쪽.

4 권순종, 「김우진의 표현주의 수용」, 『계명어문학』 4.1, 계명어문학회, 1988, 165~184쪽.

5 배봉기, 「난파 연구 : 인물들의 관계를 중심으로」, 한국드라마학회, 『드라마 논총』 6, 1994, 29~43쪽.

6 1930년대 루카치와 블로흐, 브레히트 사이에서 전개된 리얼리즘, 아방가르드 예술과 관련된 비평 논쟁을 일컫는다. 루카치는 「국제주의적 문학」, 「문제는 리얼리즘이다」라는 두 편의 논문에서 표현주의를 공격하는데, 그에 따르면 표현주의 문학은 사회적 그리고 이데올로기적 발생에 대한 총체적 성찰 없이 불행, 몰락, 결점으로 인간을 설명하려고 하는 문학으로서 이러한 경향은 제국주의의 시대에 소시민으로 전락하고 마는 인간 위상의 필연적 결과를 반영하는 것으로 설명되었다. 하지만 이에 대해 블로흐는 "미래의 기대와 미래의 방식을 가지고서 그 내용을 예술적 질료 속에 실현하는 것"이 표현주의 문학임을 반박하면서, 표현주의에서 형상화되는 것은 혁명적 판타지이면서, 동시에 미래적인 거듭된 구체성, 누적된 구체성임을 주장한다. 브레히트 역시 루카치식의 설명을 환원주의라 비판하고, 표현주의적 현상의 역사적 개방성이 지니는 변증법적 성찰의 중요성을 강조하였다. 브레히트에게 표현주의적 문학의 질료는 "아무것도 사실적이지 않으면서 많은 것을 함축한, 리얼리스트들이 배워야 할 교훈, 실천적 측면"이라 인식된다. Manfred Durzak, *Das Expressionistische Drama : Carl Sternheim, Georg Kaiser*, Muenchen : Nymphenburger, 1978, seites.22~32 참조.

서 암시된 것처럼 우리는 자칫 퇴행적 자질로 오인받기 쉬운 표현주의의 탈역사성을 오히려 예술과 사회적 삶 사이의 긴장 관계를 형성하기 위하여 가정된 심미적 양식상의 방법론적 패러다임으로 이해해야 할 필요가 있다. 바꾸어 말하자면 대부분의 표현주의 작품에서 이상화 되고 있는 것은 역사를 부정하여 현실을 추상화시키려는 "텍스트 자체의 반란"이며, "미성숙의 혁명"[7]이다. 그로써 표현주의 작품은 자신의 내재화 된 정치적 무의식을 역으로 드러낸다. 표현주의에서 재현되는 것은 현재의 현실이 아니라 지금까지 활성화되지 않은 다가올 미래의 현실이다. 꿈같은 이 자기 변신의 순간이 모호할지라도 그것은 오히려 균열된 현실에 대한 지각을 촉구한다.

그러므로 리얼리티가 극의 재현에 의해 초과되는 것이 표현주의의 독특한 특징이라 할 수 있다. 이러한 가정은, 〈난파〉의 해석에서도 동일하게 적용된다.

> "어머니에게 귀의하기까지 전개되는 고통스러운 도정이 곧 자아의 의식 및 세계에 대한 싸움이며 절규이다. 이 싸움과 절규를 통해 자아는 현실을 깨닫고 자기를 회복한다. 이 싸움과 절규가 곧 자아의 몸부림치는 생명력이며, 〈난파〉의 생명력이다."[8]

> "[난파의] 부정은 1920년대 당시 자신에게 강요되었던 전통사회의 윤리와 아버지의 질서를 거부하는 하나의 삶의 방식이라고 할 수 있다. 그것은 한 개인이 새로운 인간으로 변화함으로써 새롭고 독특한 인간 사회를 성립시키고자 한 것으로, 현실 극복으로 부정의 정신에서 출발하고 있다."[9]

---

7 Ibid, seite.14, 15.

8 홍창수, 「김우진의 표현주의와 〈난파〉 연구」, 한국극예술학회 편, 『김우진』, 앞의 책, 263~285쪽.

9 신아영, 「김우진의 〈난파〉 연구」, 『한국연극연구』 6, 한국연극사학회, 2003, 189~218

"이는 부정해야 할 어떤 전통적인 것이 완강하게 버티고 있다는 시대적 한계이자 그 벽을 의식하면서도 끝내 허물기 어려운 허약한 지성인의 개인적 한계를 동시에 보여주는 것이다. 결국 이러한 작품의 구조는 일종의 문제제기의 의미를 갖는다."[10]

요컨대 이들 선행 연구들이 주목할 만한 의미를 지니는 것은 미래 재현적인 가능성의 형상으로서 〈난파〉의 표현주의적 특질을 암시했다는 점에서 찾아진다.

이 글은 이상의 기존 연구 성과를 토대로 해서 〈난파〉의 의미 생성 과정을 보다 세밀하게 읽어보고자 한다. 분석을 통해 드러내려는 것은 〈난파〉의 표현주의적 특성이다. 본고의 과제는, 〈난파〉가 표현주의 작품이라 한다면, 과연 이때의 '표현주의'의 '표현'은 구체적으로 무엇을 지칭하고, 또한 〈난파〉라는 실제 작품에서 어떻게 구현되고 있으며, 더 나아가 그것이 가지는 역사적, 문학적 가치는 무엇인지 규명하는 것이다. 〈난파〉의 표현주의적 경향을 검토한 선행 연구들의 공헌에도 불구하고, 외국 문예사조인 표현주의의 수용과 영향이라는 일반론적이고 원론적인 차원에서 〈난파〉를 내면을 표현한 작품이라 평가한 것이 대부분이었다. 그 이유는, 〈난파〉 독법의 핵심에 위치한 '표현'의 근원적인 의미 해명에 소홀하였고 더불어 시인의 입을 빌려 언급되듯이 "난파란 것이 이렇게 행복"(100쪽)[11]이 되는 이유에 대해서도 인상 비평적으로만 접근했기 때문이다. 〈난파〉를 표현주의 작품으로 간주한다면, '표현'이, 그리고 '난파'가 궁극적으로 의미하는 것이 무엇인지에 대한 깊이 있는 논의가 이

쪽.

10 이상호, 「김우진의 〈산돼지〉 연구 : 〈난파〉와의 연관성을 중심으로」, 『한국극예술연구』 18, 한국극예술학회, 2003, 69~103쪽.

11 김우진, 『김우진 전집 I』, 서연호·홍창수 편, 서울 : 연극과인간, 2000. 앞으로 인용되는 쪽수는 이 전집에서 발췌한 것이다.

루어져야 한다. 이 같은 점이 다른 논의와 다르게 본고가 무엇보다도 문제 삼고자 하는 내용이다.

작품의 구조와 그로부터 생성되는 주제적 의미를 초점으로 하는 본원적이면서도 깊이 있는 논의가 필요한 것은 그와 같은 이유에서다. 표현주의 작품은 비논리적이고 일관성이 없다는 선입견에 빠져 이 작품의 구조가 하나의 전체적인 통일성과 일관성을 가질 수도 있다는 가능성을 선행 연구는 도외시했다. 그 결과 기존 논의들의 장점에도 불구하고 표현주의의 '표현'과 주제의식을 상징하는 '난파'에 함축된 의미를 예각화하지 못하는 한계가 배태되었다. 본서의 논의는 바로 이러한 문제의식에서 출발한다.

이 점을 염두에 두면서 본론은 다음과 같이 구성될 것이다. 첫 번째 부분은 프로이트의 '기괴한(uncanny)'이라는 개념을 가지고서 구조적 요소인 공간과 인물의 의미가 기술된다. 기존 연구는 〈난파〉의 등장인물들 모두가 시인 내면의 반영, 분신, 환상이라는 점은 곧잘 언급하였지만, 이렇게 배치된 이유는 무엇이며, 또한 이 같은 요인들이 텍스트의 의미 발현에 어떠한 방식으로 기여하는지는 충분히 분석하지 않았다. 때문에 '기괴한'이라는 해석적 도구를 통해 텍스트가 조직되고 구성되는 양상을 점검해서, 공간과 인물(특히 여성인물들)이 주인공의 은폐된 본성을 개방시키고 각성의 주제적 의미에 도달하게 하는 양상을 읽어낼 것이다. 본론 두 번째 부분에서는 〈난파〉의 주제적 의미가 본격적으로 기술된다. 여기서는 니체의 생철학적 관점에서 자아의 변형과 각성에 이르는 과정이 검토될 것이다. 사실 〈난파〉의 시인이 감행하는 자아 탐구의 노정은 니체의 『차라투스트라는 이렇게 말했다』에서 '차라투스트라'가 이상적 인간상인 위버멘쉬(Ubermensh)가 되기 위해 떠나는 여행을 연상시킨다. 따라서 니체의 힘에의 의지 혹은 생명력의 논의 사상을 전유하여 〈난파〉의 주제적 의미를 유효적절하게 탐색하는 작업이 이 부분에서 이루어진다.

최종적으로 이상의 논의를 진행하여 이 글에서 기술하고자 하는 바는 '표현'의 의미다. 이때 결과적으로 추출되는 '표현'의 의미란 한마디로 말해 '힘', '에너지' 곧 '폭발'이다. 〈난파〉에서 '표현'되는 것은 이 같은 '폭발의 드라마'이자 '폭발하는 무대'임을 본고는 고찰할 것이다. 이러한 점이 관찰됨으로써, 반사실주의적 드라마투르기의 의의와 문학사적 가치가 좀 더 다른 각도에서 가늠되리라 생각한다.

2. 구조적 요소

1) 자연 형상과 기괴한 공간

〈난파〉의 무대 공간은 사실적으로 묘사되어 있다기보다 주인공의 무의식적 감정 등을 표현하는 데 초점이 놓여 있다. 특히 등장인물들의 내면을 공간적으로 드러내기 위하여 효과적으로 활용되는 것은 자연 혹은 자연적인 것의 모습이다.

제1막은 "커다란 조선식 집 앞. 마당"에서 시작하는데, 시간적으로 '밤'이고 '흐린 달빛'이 드리워져 있어, 1막에서 벌어질 부, 모와 시인 간의 격렬한 싸움이 지닌 파국성의 불길함을 암시한다. 자연의 현상이 분명한 실체로 제시되기보다 직계 가족 간의 다툼으로 인한 시인의 '내적 절망 상태'를 나타내는 한 전조나 분위기로서 활용되고 있는 것이다. 그 결과 평온과 안녕이 깃들여져 있어야 할 '실제' 집의 공간은 오히려 시인을 억압하는 왜곡된 형태의 '환상적 공간'이 된다. '칠흑 같은 밤', '흐린 달빛'이 감도는 조선식 집과 마당의 큼, 그리고 넓음의 형상은 시인을 짓누르던 가계의 억압이 얼마나 위압적이며 무시무시하였는지를 물리적인 크기와 폭으로 보여준다.

한편 제2막에서는 자연적인 것, 특히 각종 동물 상징이나 죽음의 사건이 제시되면서 공간을 시인의 심리적 어두움과 연관시킨다. 2막 1장은 봄이라는 계절을 배경으로 비파금과 꾀꼬리 소리가 울려 퍼지며, 산림마저 울창하게 우거지고 태양빛이 따사로운 아름다운 자연의 풍광이 펼쳐지고 있다. 하지만 이 아름다움이 진정 아름다움의 감각을 갖추고 있는 것인지 관객은 쉽사리 단언할 수 없다. 왜냐하면 곧이어 등장하는 백의녀가 폐병으로 검은 피를 흘리며 '죽어가고' 더구나 그것의 치료를 책임져야 할 그녀의 연인 시인은 되려 흡혈동물처럼 "그 붉근 피를 빨게 해줘요. 식컴억케 탄 가심 선지피 속으로 날 지버너쥬."(81쪽)라고 정상에서 벗어난 행동을 하기 때문이다. 또한 백의녀의 죽음에 상심한 시인이 나무에 목을 매고 '자살'하려하자 그것을 말리던 시인의 아버지는 힘을 준다며 금잔에 술을 부어 시인에게 마시게 하는데, 이때 시인은 "쥬린 개 모양으로"(83쪽) 술을 받아 마신다. 그러므로 2막 1장의 초두에서 배치되었던 아름다운 산림의 공간은 거머리나 개 등의 동물적인 것, 그리고 삶의 문화와 대립되는 죽음이나 자살 등의 사건이 제시되면서 일의적인 아름다움의 공간으로는 치환될 수 없는 곳이 되고 만다. 여기서 배경화 되는 공간은 무서운 아름다움, 괴물 같은 아름다움의 자연 형상이 발현되는 곳으로 가계의 굴레에 억압되었으면서도 그것을 벗어나고자 했던 시인의 내면을 환각적으로 드러내주고 있다.

등장인물들이 곧잘 동물에 비유되어, 이들이 처한 공간이 좀 더 공포스러운 판타지를 소환하는 것은 2막 2장에서도 마찬가지다. 자연 공간이 무대화되던 2막1장과는 달리 2막 2장에서는 모던한 장소로서의 도시적 공간이 무대화되고 있는데, 카페와 집에 마련된 병실이 그것이다. "카페 집 쟈그막한 방. 간단한 장치 우에 석탄광, 극의 진행에 딸어 빗이 명멸해져야 한다."(83쪽)라는 지시문을 통해 알 수 있듯이, 만남의 공적 장소인 카페와 환자만을 분리시켜 수용한 장소인 집 안의 병실은 엄격히 구별되는 공간적 실체로서 제시되는 것이 아니다. 그보다 특별한 무대 장치의 전환 같은, 극 흐름의 중단 없이도 조명의 명멸에 따라 쉽게 환치될 수 있는 공간으로 설정되고 있다. 그래서 도시적 삶 속에서 벌어지는 순간적인 만남의 피상성이 인간 내적 상태에 불러일으키는 신경증적 불안을 감지케 해준다. 카페에 모여 앉은 제1우(第一友), 제2우, 제3우가 백의녀의 죽음 이후 병들어 누운 시인에 대해 수군거리는 과정에서 비비가 등장하자, "제1우 뭐야? 당신은 어데서 왔소?"(84쪽)라는 대사 혹은 병실에서 자신을 간호하던 비의녀를 떼어내려는 동복제에게 "시인 누구야! 누구야! 뺏는 것은!"(85쪽)이라는 시인의 외침, 그리고 이후 비비와의 첫 대면에서 "시인 (이러나며) 당신은 어데서 왔소?"라는 질문 등은 근대적 도시성이 함축한 "빠른 밀집, 찰나적 만남이 강요하는 인상의 갑작스러운 의외성"[12]을 암시한다. 동시에 도시적 공간에서 개인이 누리는 자유란 상대적인 것임에 불과한 것임을, 즉 얼마든지 타자적인 간섭에 의해 훼손될 수 있는 익명적 자유임을 시사하게 된다. 하지만 이러한 도시적 공간에 대한 지각 체험이 이 장에서 보다 공포스러운 분위기로 조성되는 까닭은 병실 장면에서 흰 간호사복을 입고 시인을 보살피던 백의의 천사 비의녀가 시인의 피를 빨아 먹는 "거머리"(84쪽)로 그 속내를 드러내는 부분에서라든지, 비의녀를 시인에게서 떼어내는 동복제가 비의녀에게 유혹당해 "나는 개가, 도야지가 될 터"(85쪽)라고 중얼거리는 순간에서다. 다시 말해 거머리, 개, 돼지 같은 자연적 동물 이미지가 부각되어, 인간 심리상 그동안 은폐되었을 원초적이고도 원시적인 감정이 재확신되었을 때, 2장 2막의 도시적 리얼리티는 어두운 무의식적 환각에 의해 전

---

12 Walter Faehnders, *Avantgarde und Moderne 1890-1933*, Stuttgart : Metzler, 1998, seite.149.

복되고 침입된다. 말하자면 문명의 이름하에 오래전에 추방되었던 동물적인 본성 혹은 자연적인 본능의 태고적인 판타지가 카페, 병실 등의 도시적인 일상 공간과 맞물리면서, 무대 공간은 도시성의 불안함을 밑자리로 하여 추방되고 억압되었던 것들이 귀환하는 환상의 장소로 재정립된다.

결국 지금까지 살펴본 것처럼 〈난파〉에서 재현되는 공간들은 실제와 환상의 경계가 무너진 심리적 어두움과 연결된 공간들이다. 안녕과 평온이 깃들어 있어야 할 집, 아름답다 해야 할 울창하게 우거진 산림, 그리고 사람들 간의 만남이 주선되는 카페나 치료의 공간인 병실의 도시적 일상 공간은, 인간의 주관적인 감정, 느낌, 생각 등을 자연 현상에 투영시키면서 작동하는 무의식적 영역에 의해 전복된다. 부모와 자식 간에 칼을 들고 벌어지는 약육강식식의 선혈이 낭자한 쟁투, 연인의 피를 빨아 먹는 뱀파이어리즘(Vampirism), 폐병, 죽음, 자살이라든지 거머리, 개, 돼지 같은 동물의 원초적, 원시적인 자연적 형상이 사실적인 무대 공간을 침범하면서 무시무시한 공포의 감정을 발현시키고 있다. 따라서 우리는 프로이트의 설명을 빌려 〈난파〉의 무대 공간을 실제와 환각의 경계가 무너지고 무서움이 엄습하는 기괴한 공간이라 명명할 수 있을 것이다. 〈난파〉의 무대 공간을 기존 연구에서처럼 시인의 내면 공간이 반영된 곳이라 말하는 것은 충분한 설명이 아니다. 〈난파〉의 무대 공간은 "공포와 두려움을 자극하는 놀라움의 영역"에 속하는 '낯선' 기괴함의 장소이다. 하지만, 사실 그곳은 "새롭거나 낯선 것이 아니라 오랫동안 심리에 익숙한 것이었으나 억압되는 과정을 통해 그로부터 소원화"[13]된 장소, 낯설면서도 친근한 기괴함의 시원적(始原的) 장소다. 이 점은 3막의 무대 공간에

13 Sigmund Freud, *The Uncanny*, David McLintock(Tr.), New York : Penguin Books, 2003, 각각 p.123, 148. 참조.

서 훨씬 분명히 드러난다.

3막의 무대 공간은 "해변, 모래밧 우, 별빛, 물결 소리, 음침한 바람"(89쪽)의 자연형상이 설정된 공간이다. 시인은 카로노메에게 이별을 고하고 "춥거든 내 품 속으로 드러오랬지."(99쪽) 라는 어머니의 환대에 그 품에 달려들어 안긴다. 이때 모는 시인에게 "아하하하. 아프지 않니?"(100쪽)라고 물어보는데, 시인은 "몹시 아퍼요. 하지만 고추장 같이 달어요"(100쪽)라고 응답하여 아프면서도 달콤한, 추우면서도 따뜻한 어머니의 품, 즉 고향 같지 않은 고향에 귀향한 느낌을 지각하게 된다. 관절이 위골(違骨)이 되어 부표를 잡을 수 없는 절망감을 배가시키는 물결 소리가 들려오고 이러한 비극적 파토스를 조롱하는 듯한 음침한 바람이 불어와 일단은 인간 실존의 고통과 엄혹함이 자리하는 무섭고도 낯선 곳으로서 '해변가'가 형상화된다. 그렇지만 종국에 어머니의 품을 마련한 그곳은 시인이 이미 친근하게 살아왔고 익숙하게 생활했던 것 같은 태내 혹은 고향의 이미지, 곧 양가감정이 함축된 낯설고도 친근한 기괴함의 공간 범역으로 상징화되고 있다.

사실 〈난파〉의 무대공간이 만들어내는 기괴함(Uncanny)은 새롭거나 낯설어서 공포스러운 것이 아니다. 시인의 내면 공간이라 할 그곳은, 한 편으로는 친숙하고 편안한 것이었음에도 불구하고 억압의 과정에 의해 무의식 속으로 추방되었던 트라우마를 다시 귀환시키는 장소이기에 무시무시하고 두려움의 형상을 띨 수밖에 없게 된다. 부모를 치고, 넘어뜨리고, 칼로 베어 해하고자 하는(殺父殺母) 문화적 금기 위반의 충동, 차라리 피를 빨아 먹는 거머리나 개, 돼지 같은 수성(獸性)의 힘을 갖춰서라도 연인의 사랑과 삶에 파고들려는 인간의 은폐되었던 원초적 본성이 의식상으로 치밀어 올라, 가정, 산림 그리고 도시적 공간을, 리얼리티와 판타지, 삶과 죽음이 뒤섞인 모호함과 이중성의 기괴한 공간으로 변이시키는 것이다. 그리하여 〈난파〉의 무대공간은 고향 같지 않은 고향, 억압된 고향과도 같은(unheimlich)[14] 것들의 느낌을 추체험시킨다. 다시 말해 〈난파〉에서 형상화되는 기괴한 공간은 단순히 놀라움과 무서움을 야기하기 위해서 설정된 것이 아니다. 그곳은 낯설고 무섭지만 이미 오랫동안 알려지고 친숙한 것이고 은폐되었을 뿐인 태고의 자연과도 같은 억압된 고향, 환원하자면 인간 심리의 근원적인 탐색을 위해 의도적으로 마련된 각성의 공간인 것이다. 시인의 어머니가 시인에게 "그렇지만 너는 너다. 언제까지든지 너다. 너가 되어야 한다. 죽든지 살든지 간에 네가 네 눈을 떠야 한다."(82~83쪽)라고 계속해서 말하는 것도 그와 같은 이유에서다. 프로이트의 지적처럼 기괴하다고 발견되는 것은 "인간의 오래된 집으로 들어가는 입구이자, 모든 이가 한때 살았던 곳으로 들어가는 입구"[15]이다. 때문에, 극중에서 그려지고 있는 기괴한 공간들은 시인 내면의 공간이라든지 놀라움과 무서움의 공간이라는 일차적인 해석을 넘어 자기 변형의 순간과 각성이라는 차원에서 이해되어야 한다. 요컨대 심리적 어둠 속에서 빛을 탐망하는 노정의 공간을 마련할 목적으로 〈난파〉에서는 원초적 자연 형상의 설정을 통해 무의식적인 기괴한 공간이 무대화되고 있다. 차후에 밝혀지겠지만 그 같은 자기 변형과 각성을 거쳐 달성되는 것은 합리주의적 깨달음이라기보다는 니체적인 힘, 시초의 카오스적 에너지인 폭발력이다.

---

14 Unheimlich는 독일 작가 Kayser Hoffmanns이 정의한 개념인데, 프로이트의 기괴함(Uncanny)은 이러한 독일어 Unheimlich를 어원으로 하고 있다. Kayser Hoffmanns에 따르면 "인간은 동화 세계를 타향의 곳, 멀리 떨어진 곳으로 그릴 수 있다. 그러나 그곳은 결코 멀리 떨어진 세계가 아니다. 거기에는 익숙한 것과 고향과 같은 것이 있고, 동시에 갑자기 낯선 것, 그리고 고향 같지 않은 것이 채워져 있다. 그 무서움과 강렬함은… 이미 우리의 세계가 있었던 곳이다." Thomas Anz, *Literatur des Expressionismus*, Stuttgart : J.B. Metzler, 2002, seite.171.
프로이트는 "Unheimlich는 사람, 사물, 지각, 인상, 경험, 상황 무엇이든지 간에 기괴함의 감각으로 우리를 자극하는 것"이라고 설명한다. Freud, Ibid, p.124.

15 Freud, Ibid, p.151.

2) 자궁 형상과 기괴한 등장인물

공간상 기괴함의 효과는 〈난파〉의 등장인물에서도 실현된다. 판타지와 리얼리티의 경계가 섞이면서, 오래전에 무의식 속으로 추방되었던 것이 일상생활 속으로 귀환하는 현상을 우리는 특히 도플갱어(doppelganger)에서 찾아볼 수 있다. 즉 '이중으로 돌아다니는 사람'이라는 뜻의 '분신·생령·분신복제' 현상에 해당하는 여성인물들이 그러하다. 왜냐하면 기괴함이 발견되는 곳은 동시에 "인간의 오래된 집으로 들어가는 입구이자, 모든 이가 한 때 살았던 곳으로 들어가는 입구"로, 프로이트에 따르면 이 장소는 바로 여성의 생식기, 어머니의 자궁[16]이기 때문이다. 낯설고도 친근한 장소, 고향 같지 않으면서도 고향의 감각을 부여하는 지점, 그래서 억눌려 있으면서 우리의 삶에 갑작스럽게 돌아오는 원초적 경험의 근원은 모든 이가 한 때 살았던 곳인 자궁에서의 거주 체험에서 비롯된다. 물론 백의녀, 비의녀, 비비, 카로노메, 어머니 이외의 인물인 아버지, 동복제, 이복제, 신주, 망령 등 〈난파〉의 다른 인물들 또한 시인의 내면 상태를 반영하는 분신이다. 스트린드베리가 가정하듯 인간에 대한 진실은 고정적 의식이나 품성을 지닌 캐릭터에서 찾아질 수 없다. 인간의 영혼 자체는 "비지속적인, 파편적인 여러 조각들이 합쳐져 만들어진 잡동사니"로서 그것은 "영원히 변화하는 지속적인 흐름"이기에 연극은 "캐릭터를 기술하고 모방하려는 일 대신에 인간 존재의 핵심에 다가서기 위하여 영혼의 심오한 움직임을 표현해야 할 필요가 있다."[17] 해서 "캐릭터는 무"이고 "캐릭터 아닌 캐릭터인 영혼이 전부"[18]가 된다

---

16 Freud, Ibid, p.151.

17 Maurce Gravier, "The Character and the Soul", *Strindberg : A Collection of Critical Essays*, Otto Reinert(Ed.), N.J. : Prentice-Hall, 1971, p.80, 81, 83.

18 Ibid, p.86.

제1부 비사실주의 희곡 텍스트와 퍼포먼스

는 점에서, 아버지, 동복제, 이복제, 신주, 망령 등의 인물들은 시인의 내면 상태를 투영하고 아울러 주 여성인물과 마찬가지로 공포스러움과 기괴함의 효과를 야기한다고 말할 수 있다. 하지만 백의녀, 비의녀, 비비, 카로노메, 어머니 등의 주요 여성인물들에 착색된 기괴함은 그들 이외의 인물들이 불러일으키는 기괴함과는 질적으로 차이가 난다. 다시 말해 주요 여성인물들에게서 형상화된 기괴함은 자아의 각성과 변형을 예비하기 위한 도정상에서 마련된 구조적 요소들이다. 반면 아버지, 동복제, 이복제, 신주, 망령 등이 드러내는 기괴함은 단순히 시인의 영혼을 고통으로 흔들고 고뇌로 몸부림치게 하는 영혼 자체의 여러 파편들이라는 점에서 그 의미가 국한된다.

자아 변형과 각성의 계기를 마련하는 여성인물들의 의미는 다음 장에서 보다 상술하기로 하고 그들이 시인의 분신이 되는 이유에 대해 구체적으로 살펴보자. 우선 2막에서는 시인이 백의녀의 피를 빤다거나(2막1장) 시인 자신의 피를 비의녀에게 빨리게 하는(2막2장) 등의 모습이 그려지고 있다는 점이 주목된다. 여기서 비의녀는 검은 피를 토하며 죽은 백의녀의 또 다른 분신임을 우리는 그녀가 입은 흰 색 옷을 통해 짐작할 수 있다. 더구나 백의녀는 시인의 할머니인 신주가 "폐병 든 여자의게서 전염"(81쪽)된다고 막았기 때문에 시인에게 금지되었던 대상이다. 백의녀의 분신이 비의녀라는 사실은 비의녀 역시 백의녀와 마찬가지로 동복제에 의해 시인에게 접근하는 것을 금지당하기에 시인에 의해 강렬하게 갈망되는 대상이 된다는 점에서 드러난다.

> **동복제** : (드러가 시인 얼굴에 키스하고 있는 비의녀를 잡아떼이며)…… (84쪽)
> **시인** : (허공을 자버다니며) 누구야! 누구야! 뺏는 것은! ……(85쪽)

결과적으로 피를 빨고 빨리는 행위에서 백의녀와 비의녀는 시인 자신의 분신으로서 그의 성적 욕망 혹은 감각적 쾌락과 그것의 억압이라는 무의식적 충동의 기제를 상징하고 있다는 점이 밝혀진다.

한편 비비와 카로노메, 그리고 어머니 또한 시인의 분신이다.[19] 당신은 어디서 왔냐는 시인의 말에 비비는 "나? 당신 어머니 속에서 왔소."(86쪽)라고 대답한다. 어머니와 비비, 카로노메가 한 인물이라는 점은 그녀들이 입은 의상에서 더 확실히 감지될 수 있다. 제2막 1장에서 모는 "옥색 빛"(81쪽) 옷을 입고 나온다. 그런데 제3막에서 비비는 동일한 "옥색 옷"(93쪽)으로 갈아입고 카로노메의 역할을 한다. 카로노메는 게다가 종결부에서 자신이 "출가한 비비"(99쪽)임을 밝힌다. 그러므로 모-비비-카로노메는 한 여성인물의 다른 이형태이다. 뿐만 아니라 어머니가 어디 있느냐는 카로노메의 질문을 받자 "내 속에. 하지만 만날 필요가 있으면 나오겠지요. 안 불르드래두"(98쪽)라는 시인의 답변은 어머니 역시 그의 영혼의 또 다른 무의식적 일부임을 의미한다. 비비가 시인을 보고서 시인 "당신 속에서 나왔소."(86쪽)라고 대답하는 것도 마찬가지로 비비-카로노메-어머니-시인 간의 도플갱어(분신) 현상을 반영한다.

---

19 이러한 사실은 기존 연구에서 산발적으로나마 지적되거나 암시된 사실들이다. 본문의 논의는 다음의 글들에서 영향을 받았다.

"난파의 모는 일상적인 의미의 어머니가 아니라 자신이 본 시인의 모습이 투사된 것이다. 시인 자신의 상징적이고 추상적인 관념이 의인화 된 것이다.", "시인이 비비! 아니 카로노메와 같이 혼동하여 부르고 카로노메가 옥색옷으로 바꾸어 입은 비비라는 지문에서 알 수 있듯이 기본적으로 비비와 카로노메는 유사한 성격의 인물이다." 배봉기, 앞의 논문, 34쪽, 40쪽.

"옥색 옷으로 바꾸어 입은 비비가 등장한다는 것은 바로 어머니와 비비의 결합의 상태를 시인이 추구했다는 것의 증거이다." 신아영, 앞의 논문, 209쪽.

"모가 어디 있냐는 카로노메의 물음에 내 속에 허지만 만날 필요가 잇으면 나오겠지요, 안 부르더라도 라는 시인의 대답은 하나의 에고의 확산이다." 이미원, 「김우진 희곡과 표현주의」, 한국극예술학회 편, 『김우진』, 앞의 책, 136쪽.

이상의 시인-여성인물 간에 자아의 교환, 분배, 이중화가 발생하는 도 플갱어 현상은 종국에는 현실에서 사실적으로 일어날 것 같지 않은 기괴 함을 야기하게 된다. 그리고 현실 세계와 이완된 기괴한 여성인물들과 대면하는 경험을 통해 또는 자기 자신과 거리를 두면서 자신을 탐색하게 되는 과정을 거치면서 시인의 도약적인 각성의 순간이 준비된다. 도플갱 어들(분신)에 해당하는 여성인물은 억압된 유년기의 근원적인 기억을 연 상시키는 자궁 형상의 상징이다. 모든 이들이 탄생하였고 거주하였던, 이미 알려진 것이지만 억압 과정을 거쳐 낯선 것이 되고 만 자궁의 기억 과, 이 기억을 체현하고 있는 여성 분신과의 대면은 시인으로 하여금 오 래전에 추방된 원시적 감정을 재확신시키는 일련의 각성 과정에 해당한 다. 〈난파〉에서 삶과 죽음이 결정되는 자궁 속으로의 회귀를 상징하는 여성인물과의 접촉은 리얼리티와 판타지의 감각을 혼입시키면서, 새로 운 자아의 발견과 변형을 촉발한다.

기괴함의 효과를 발휘하는 여성인물들과의 만남 과정에 의해 시인의 정체성 탐색이 이루어진다는 사실은 다른 인물 구도 축에 해당하는 아버 지-아들 간의 갈등을 확인하면 더 분명해진다. 앞서 말했듯 아버지가 드 러내는 기괴함은 시인의 영혼을 고통으로 흔들고 고뇌로 몸부림치게 하 는 분신이라는 점에서 찾을 수 있는 것이지, 각성의 계기가 된다고는 볼 수 없다. 왜냐하면 리얼리티와 판타지의 경계가 뒤섞이게 되면서 세계- 자아의 존재 방식을 재구성하게 되는 여성인물과의 관계와는 달리 아버 지-아들의 갈등 구도를 거치며 주인공이 첨예하게 양각화하는 것은 사 회적 게스투스이기 때문이다. 선행 연구들에서 이미 지적된 것처럼 〈난 파〉에서 또 하나의 중심 갈등을 이루고 있는 것은 아버지와 아들의 대립 이다. 「양반 가정」, 「신라 성골의 후예」임을 주입시키고 가문 의식에서 발로된 효행을 강요하는 아버지와의 세대 갈등이 이 작품에서 공론화되 고 있음은 분명하다. 하지만 이 갈등을 통해 보다 부각되고 있는 것은 병자, 광인, 그리고 죄수 등 사회에서 배제된 자[20]의 몸짓이다. 그리고 약자의 사회적 게스투스를 야기한 원인에 대한 존재론적 해결의 모색 차원에서 시인은 여성 분신들과 조우한다고 볼 수 있다.

구체적으로 시인은 1막에서 그의 부에게 "우주가 당신 생명으로 도는 줄 아오?"라 힐난하고, "당신의 「양반 가정」, 「신라 성골의 후예」라는 자만"(77쪽)을 자신에게서 뺏어달라고 반항한다. 이에 시인의 부는 달려들어 그를 내갈기게 되지만, 매질을 당하는 시인은 이에 제대로 대응하지도 못하고 "(칼을 빼어 달려들다가 탁 잡버치며)"(77쪽)의 동작으로 주저앉게 된다. 이러한 그의 모습에서 환자의 극단적인 병적인 상태가 형상화되고 있는데, 실제로 그는 "관절이 위골(違骨)"된 신체적 불구자다. 그러나 그의 아픔은 비단 신체적인 면에만 국한된 것이 아니어서, 그는 정신적으로도 문제가 있는 환자이다. 시인이 되기 전에 먼저 아들 노릇, 손자 노릇을 잘 해야 한다는 신주(神主)의 호통과 동복제가 시인보다 낫다는 부의 거듭되는 질책을 겪게 되자, 그는 경기를 일으키며 "(잡바져 운다.) 오오오"(80쪽). 그러다가 카로노메의 아리아가 들려왔을 때 그는 "(깜짝 놀래어 멀거니 서서 듯고 있다가 고만 엎드린다.) 아 어머니! 저 소리가 뭐예요. 저 소리가 뭐예요."(80쪽)라 하고 부와 신주가 질색케 할 정도의 정신 착란을 일으킨다. 다시 말해 그는 신체적 장애인이며, 동시에 가장 가까운 가족에게마저 이해를 받지 못하는 광인으로 사회에서 배제된 자이다. 그에게서 가정 바깥의 사회적 공간과 가정 내부에서 폐쇄된 채, 규범적 인간관계와 유리되어 살아가는 수인(囚人)의 모습을 우리는 어렵지 않게 찾아낼 수 있다. 이런 관점에서 보면 비의녀가 간호사복을 하고 있고 그에게 접근하거나, 백의녀를 치료하기 위해 의사가 등장

---

20 병자, 광인, 그리고 죄수 등이 표현주의 문학에서 중심인물로 형상화되고 있다는 점은 Anz, Op.cit., seites.83~99. 참조.

하는 장면 또한 병자로서 시인이 가진 환부의 면모를 확대한 의도적 설정이라 풀이된다. 굳이 푸코의 말을 빌리지 않더라도, 환자와 광인, 죄수가 병원과 정신 병동, 그리고 감옥이라는 공간 등에서 수감되고 이후 비정상인으로서 사회에서 배제되기까지의 과정에는, 그들을 사회 제도와 질서에 위협적인 존재로서 타자적인 것으로 규정하는 규범적 권력이 그 기층에 자리하고 있다는 사실을 우리는 상기해야 할 것이다. 해서 이런 사회적 조건을 감안할 때, 〈난파〉가 사회적 소수자를 형상화하고 있으며, 아픔, 미침, 격리의 인간 실존 상황에 대한 재현을 통해 개인과 사회의 관계 설정이라는 문제에 대하여 극단적이지만 진지한 태도로 문제를 제기하고 있다는 점을 관객은 인식하게 된다. 바꾸어 말해 시인이 취하는 사회적 게스투스가 과장되고 격렬하여 설명하기 힘들 정도로 급진적이라 하더라도, "병자, 광인, 죄수에 대한 동정은 실존의 문제로서 아픔에 대한 쇼크"[21]를 유발하고 있다.

요컨대, 기괴한 공간의 설정이나 기괴한 여성 분신들과의 대면, 혹은 원초적 자연 형상이나 자궁 형상의 배치는 자아와 세계 사이 실존적 상황, 병자, 광인, 죄수 등 고통받는 자로서의 짐을 덜어내기 위해 모색되는 경로 선상에 있는 구조적 요소들이다. 그것은 자아를 탐구하기 위하여 〈난파〉에서 의도적으로 설정되며, 기괴함의 자아 탐구 결과 각성으로서의 힘 그리고 카오스적 에너지인 폭발력이 획득된다. 이 점은 지금까지 기술된 공간과 등장인물의 구조적 요소들을 기반으로 하여 본격적으로 주제적 의미를 다루는 다음 장에서 보다 세밀히 분석될 수 있다.

---

21 Ibid, seite.89.

3. 주제의 지형학 : 낙타의 정신, 사자의 정신, 아이의 정신 그리고 무

〈난파〉를 구성하는 가장 기본적인 구조적 요소라 할 수 있는 공간과 인물이 '기괴함(uncanny)'의 형상으로 재현되고, 그것이 각성의 순간을 완성하기 위하여 설정된 자아 탐구의 과정에서 비롯된 것임을 앞서 살펴보았다. 그렇다면 자아 변형의 순간은 실제 어떠한 모습으로 〈난파〉에서 실현되고 있는가? 〈난파〉의 첫 부분과 마지막 부분을 통해 우리는 그 같은 각성의 양상을 검토할 수 있을 것이다. 나체의 시인과 어머니가 공통적으로 등장하여 순환되는 구조를 취하는 첫 부분과 마지막 부분에서 반복되는 것들의 의미는 명확히 다르지만, 그 변형이나 각성은 일반적인 차원과는 거리가 있다.

> 모 : 아들아. 내가 너를 낫코 제일 미워하는 아들아.
> 시인 : (발가벗고 창백한 몸으로 낫하나며) 흥 제일 미워한다면서 왜 그리 자주 불너내슈……
> 시인 : (소리를 버럭질르며) 난 어머니를 욕하오. 주저하오. 이 이 간을 왜 이 모양으로 맨드러 냇소……
> 모 : 모든 것이 약속이 잇다. 약속 밑에서만 고통이 있지. 고통이 있어야 인생이 아니냐? (72쪽)

> 시인 : (달려들며) 어머니! …… 날 대려 갸슈! 속히. 몹시 아퍼요. 하지만 고추장 갓치 달아요.
> 모 : 저 소리 들리니?
> 시인 : 아무것도 안 들려요. 단지 카로노메 소리만!
> 모 : 약속은 끝났다. (99~100쪽)

시작 부분에서 시인은 자기를 왜 이렇게 고통에 가득 찬 불구의 몸으

제1부 비사실주의 희곡 텍스트와 퍼포먼스

로 낳았느냐 모에게 '논리적'으로 따지고 욕한다. 불구의 몸으로 살아가야 하는 시인에게 세상은 '무거운' 고통으로 가득 차 있고 자신만이 버려져 세상의 끝에 온 것 같은 절망만이 난무하다. 하지만 모는 "모든 것이 약속이 있다."며 미래의 구원을 믿으라고 설득한다. 끝부분에서는 이런 구원이 어머니의 품에 안기는 것으로 실현되어 "약속은 끝"나게 된다. 시인이 "몹시 아파요. 하지만 고추장 같이 달아요."라는 역설적인 '비논리적' 표현을 하는 것은 현상의 고통 속에서도 고통을 덜어내고 '가볍게' 하는 방법을 그가 발견하였음을 뜻한다. 그렇지만 달성되는 것은 존재의 짐이 무거움에서 가벼움으로 바뀌고, 어머니에 대한 절대부정이 절대긍정으로 변화하는 것일 뿐, 마지막 장면에서 외관상 성취되는 목표는 아무것도 없다. 세계의 막바지로 체감되는 종말론의 판타지와 구원받는 미래의 신성한 시간 사이에서 〈난파〉는 "묵시론적 담론을 세속화"[22]한다. 그렇지만 그 구원과 각성, 자기 변형의 순간은 완성과 같은 목표나 목적의 도달 등 동일자로의 귀의라 집약되는 목적론(Teleology)과 분명히 구분된다는 특징을 지닌다.

결과적으로 우리는 여기서, 일자(一者)의 존재(Being)로 풀이되는 이데아의 초월적인 관념 세계가 존재한다는 사실을 부정하고, 되기(Becoming)의 생성만이 반복되는 내재적인 현세주의를 적극 옹호한 니체식의 비합리적 철학 전통을 엿볼 수 있다. 실제로 니체의 사상이 〈난파〉의 해석에 효과적으로 활용될 수 있다는 사실은 "독일의 표현주의는 니체를 수용함으로써, 자기 자신을 문학적 세계로 규명하게 되었다."[23]는 언급이라든지, 김우진의 "생명력 사상의 근간은 버나드 쇼의 사상에

22 Anz, Op.cit., seite.48.

23 Gunter Martens, "Nietzsches Wirkung im Expressionismus", *Nietzsche und die Deutsche Literatur v.2*, Bruno Hillebrand(Ed.), Tuebingen : Deutscher Taschenbuch, 1978, seite.36.

서 이름을 빌려오기는 했으나 그 사상의 근간은 니체나 쇼펜하우어와 더욱 유사하다"[24]는 주장 등에 의해서도 뒷받침된다. 해서 니체식의 정신이나 힘에의 의지, 생명이라는 개념은 표현주의와 더불어 〈난파〉의 저류를 관통하는 핵심 사상이라 봐도 무방할 것 같다. 결론적으로 〈난파〉의 주제적 의미를 규정하는 작업에 니체적인 사상이 유효적절하게 동원될 수 있다. 특히나 니체 사상의 완결판인 『차라투스트라는 이렇게 말했다 *Also Sprach Zarathustra : Ein Buch für Alle und Keinen*』(1883~1885)에서는 이상적 인간상인 위버멘쉬(Ubermensh)에 이르는 정신의 여정이 에피소드식으로 묘사되어 있어서 〈난파〉의 해석에 뜻하는 바가 크다. 그러므로 이 글에서는 『차라투스투라는 이렇게 말했다』[25]의 사상과 철학적 사유를 전유해 〈난파〉의 주제가 형성되는 궤적을 탐색하고자 한다.

〈난파〉는 전 3막으로 구성되어 있다. 그것은 차라투스트라의 말을 빌리자면 시인의 정신이 겪는 세 단계의 변화(ASZ 38~41)를 상징한다. 정신이 어떻게 낙타가 되고, 낙타가 사자가 되며, 사자가 마침내는 어린아이가 되는가를 〈난파〉는 이야기하고 있다. 낙타의 정신은 더없이 무거운 짐을 지고 있는 정신이다. 낙타의 정신 단계에서 정신은 저 더없이 무거운 것, 그것은 무엇인가? 묻는다. 그러나 두 번째 변화가 일어난다. 낙타는 사자로 변하는 것이다. 사자가 된 낙타는 이제 자유를 쟁취하며, 사자의 정신은 "너는 마땅히 해야 한다."에 맞서, "나는 하고자 한다."라고 말한다. 하지만 사자라도 새로운 가치의 창조를 해내지는 못한다. 새로운 창조를 위한 자유의 쟁취, 적어도 그것만을 사자의 힘은 해낼 뿐이기 때

24 김성희, 「김우진 희곡의 현대성과 그 방법적 특성」, 『공연예술연구소 논문집』 2, 단국대학교, 1996, 10~11쪽.

25 발췌는 다음의 역서를 기반으로 하였다. 프리드리히 니체, 『니체전집 13 : 차라투스트라는 이렇게 말했다』, 정동호 역, 서울 : 책세상, 2000. 이하 ASZ라 표시하고 쪽수만 병기한다.

문이다. 해서 사자는 이제 어린아이가 된다. 차라투스트라는 어린아이가 순진 무구요 망각이며, 새로운 시작, 놀이 스스로의 힘에 의해 돌아가는 바퀴이며 최초의 운동이자 거룩한 긍정이라고 말한다. 창조의 놀이를 위해서는 거룩한 긍정이 필요하고, 사자는 마침내 어린아이가 된다.

이를 구체적으로 살펴보면, 우선 무거운 짐을 진 낙타의 정신은 극중 제1막 시인과 아버지와의 관계 속에서 드러난다. "「양반 가정」, 「신라 성골의 후예」라는 자만을 내게서 빼서 달라"(77쪽)는 시인의 말에서 드러나듯, 부계 혈통의 유교주의적 가계가 그에게 부과한 손자, 자식이라는 효의 도덕적 의무는 낙타 등의 혹처럼, 시인에게 너무나 무거운 짐으로만 여겨질 뿐이었다. 환자, 광인, 그리고 죄수인 시인은 여기서 짐을 진 낙타의 정신을 상징한다. 때문에 그는 낙타의 정신 상태에서 해방되고자 한다. 그는 아버지처럼 진정 집에만 머무를 수만은 없다. 신주, 악귀, 제1계모 등 망령에 의해 둘러싸여 사는 아버지야말로 사실 정말로 환자 같은 아버지이기 때문이다.

> **부** : …… (「악귀」가 낫하난다. 부가 시인의 칼을 집어서 「악귀」의게 달려든다.) 이놈! 독사갓구 악마겄흔 놈! (77쪽)

그는 아버지와 피에 의해 맺어진 가문의식의 친족 체계를 거부하고 부정한다. 아버지와 신체, 생리적으로 주어진 친족으로부터 자유롭고자 하는 욕망은 "새로운 계보의 픽션, 진정한 가족 서사(family romance), 보다 순수하고 귀족적인 피"[26]를 꿈꾸게 한다. 이후 그가 해변가의 원초적인 자연 형상 그리고 자궁 형상의 여성 분신들과 대면하게 되는 것은 그처럼 계보를 재구성하기 위해 근원적인 고향으로 귀환하려는 의지에서 비롯된

---

26 Sarah Kofman, "A Fantastical Genealogy : Nietzsche's Family Romance", *Nietzsche and the Feminine*, Peter J. Burgard(Ed.), Charlottesville : University Press of Virginia, 1994, p.35.

다고 볼 수 있다. 그러므로 낙타의 정신 상태에서 시인은 지금까지 가정에서 진실이나 공동선이라 여겨졌던, 아버지로 대표되는 유교주의적 도덕을 모두 무효화한다. 이 낙타의 정신 상태에서 모든 것을 부정하기만 할 뿐인 "단순하고도 우직한 니힐리즘이 실현"되고 더불어 "파괴로서의 '힘'을 지닌 무(無)"[27]가 제시되기에 이른다.

두 번째로, 백의녀, 비의녀, 그리고 비비가 등장하는 2막에서부터 3막의 카로노메가 나타났다가 물러가는 부분까지는 유교주의의 도덕적 의무로부터 해방되어 자유로워진 사자의 정신이 부각되고 있다. 시인이 갖추게 되는 사자의 정신은 유교적 도덕 굴레에 대해 "자신의 우러러 공경하려는 마음을 깨어"(ASZ 173) 부순 정신이자, 충효 같은 초월적 가치로부터 "하인들이나 누리는 비근한 행복에서 벗어나"(ASZ 174) 있는 정신이다. 백의녀, 비의녀와의 금지된 사랑, 비비, 카로노메로의 이끌림은 유교 담론의 형이상학적 세계관이 지닌 기만성을 폭로하고 그것의 절멸을 시도하고자 하는 그러한 시인의 정신 상태를 잘 보여준다. 하지만 이전에 기술된 대로, 여성 분신들이 자궁 형상에 해당하여 "행복은 여인이다"(ASZ 173)라고 말할 수 있고, 그들과의 대면이 몇백 년간 지속해서 내려온 형이상학적 유교 담론을 제거시킬 수 있는 또 다른 자아 탐색의 기회를 시인에게 제공한다 할지라도, 각 여성인물들이 상징하는 의미는 각기 조금씩 다르다. 선행 연구에서 이미 지적된 것처럼 백의녀, 비의녀는 감각적 쾌락의 가치, 비비는 이성이나 합리성의 가치, 카로노메는 사랑이나 정열의 가치를 뜻한다. 그렇지만 보다 중요한 것은 낙타의 정신 단계에서 시인이 초월적 관념론인 유교주의를 부정하려고 하였듯이 저편의 세계에 대한 망상에서 벗어났다 여겨진 사자의 정신 단계에서도 마찬

27 Roland Duhamel, *Nietzsches Zarathustra, Mystiker des Nihilismus : Eine Interpretation von Friedrich Nietzschces "Also Sparch Zarathustra, ein Buch für Alle und Keinen"*, Wuerzburg : Koenigshausen & Neumann, 1991, 각각 seite.16, 106.

제1부 비사실주의 희곡 텍스트와 퍼포먼스

가지로, 시인은 자신이 추구하던 가치를 스스로 부정하려 한다는 점이다. 2막 1장에서 백의녀의 죽음을 애통해하던 시인은 2막 2장에서 병들어 누운 것으로 그려지고 있는데, 백의녀의 분신인 비의녀가 동복제와 정을 통하려 한다는 사실을 깨닫자 시인은 "저게 무슨 짓이야! (이러나러하며) 이 개들! 도야지들!"(85쪽)이라고 호통을 친다. 이것은 그가 자신이 쫓던 감각적 쾌락이 허망하며 추악하다는 사실을 깨닫고서 스스로 그것을 부정하는 처사로 볼 수 있다. 비비의 경우 역시 "비비가 날 속엿는가 부다"(91쪽)라는 말에서처럼 시인은 끝내 부정하고 있다. 시인에게 인생의 부표를 잡으라 권유하는 카로노메에 대해서도 "당신을? (가슴 터지는 소리로) 불가능한 일예요"(97쪽)라는 말로써 그는 거부하고 있다. 사자의 정신 단계에서, 시인은 유교적 담론으로 대표되는 형이상학적 저편의 망상을 폐기하고, 쾌락의 가치, 이성이나 합리성의 가치, 사랑이나 정열의 가치 등 새로운 가치 추구의 과정을 통해 주인 의식을 갖춘 자아를 정립시키려 한다. 그렇지만 결국 그것을 다시 모두 부정함으로써, 낙타의 정신 단계와 동일하게 "파괴로서의 '힘'을 지닌 무(無)"에 의지하고 만다. 게다가 거듭 반복되는 무에의 의지를 거치며 시인은 유교담론뿐만 아니라, 세상을 살아가는 데 지향점이 되고 불빛이 되며 부표로서 기능할 수도 있는 모든 가치들을 유기한다. 낙타의 정신 단계에서는 단순히 모든 것을 부정하기만 했을 뿐인 "단순하고 우직한 니힐리즘"이 실현되었다면, 사자의 정신 단계에서는, "진실한 니힐리즘"[28]의 단계가 형성되기에 이른다. 이는 세계의 불완전성이나 모순과 직접 대면하지 못하고 그러한 무의미성을 회피하기 위해 만들어진 것이 세상에 존재하는 갖가지의 가치, 신념, 목적론일 뿐이라는 허무주의에서 비롯된다.

마지막으로, 3막에서 시인이 어머니의 품에 결국 귀의하는 장면이 재

---

28 Ibid, seite.102.

현됨으로써 시인의 정신은 창조적인 아이의 정신 단계로 변화한다. "더 없이 먼 바다에 있는, 아직 발견되지 않은 나라"가 바로 "아이들의 나라"(ASZ 339)다. 여기서 어린아이는 무거운 고통의 짐도 가볍게 받아들일 수 있고, 자기 자신을 뛰어넘어 창조하려는 순진 무구를 갖추었으며, 그러한 까닭으로 그들은 스스로가 사건(Event)이 될 수 있음을 깨달아 존재의 우연성을 긍정하게 되는 정신 상태를 의미한다.

> 발랄한 작은 영혼… 이제 나는 가볍다. 나는 날고 있으며 나 자신을 내려다보고 있다. (ASZ 66)

> 순진 무구란 것은 어디에 있는가? 생식의 의지가 있는 곳에 있다. 그리고 자기 자신을 뛰어넘어 창조하려는 자… (ASZ 210)

> 우연은 어린아이와 같아서 천진난만하다. (ASZ 291)

하지만 〈난파〉의 핵심 테마인 '아이'의 정신 단계가 창조적일 수 있는 이유를 살펴보기 위해서 우리는 무엇보다 시인의 입을 빌려 거듭 강조되는 "난파한 쪼각나무"와 "불 안 켜진 등대"(96쪽)가 상징하는 바가 무엇인지를 규명해야 할 필요가 있다.

먼저 난파한 조각나무는 바다의 물결에 따라 이리 저리 휩쓸리며 떠돌아다닌다는 점이 주목된다. 하지만 그렇다고 해서 이러한 이미지가 부정적 의도로 형상화된 것이라고는 볼 수 없다. 왜냐하면 한마디로 말해, 니체에 따르면 이 땅에서 구현 달성되어야 할 현세적 이상이자 목표로서 보았던 "위버멘쉬(Ubermensh)는 바로…… 바다."(ASZ 19)이기 때문이다. 차라투스트라의 언급처럼 "사물의 이치를 터득하고 있는 자가 진리의 물속으로 뛰어들기를 꺼리는 것은 그 물이 더러울 때가 아니라 얕을 때"(ASZ 91)이다. 지혜란 "사나운 바람 앞에 몸을 움추린, 잔뜩 부풀어 오른 채 떨면서 바다를 가르는 돛… 저 돛처럼 정신의 광포함 앞에서 떨며 바다를 가"(ASZ 176)르는 것이다. 그러므로 난파한 조각나무의 이미지에는 파편이라는 무효화의 의미보다는 "용감하며 끈기 있는 항해자"(ASZ 356)이자, "물에 잠기는 듯하다가는 다시 솟구쳐 오르는, 그렇게 오르락내리락하는 황금빛 조각배 한 척"(ASZ 376)의 긍정적 메타포가 더 강렬하게 새겨져 있다. 이 점은 "불 안 켜진 등대"의 이미지에도 마찬가지로 적용된다. 차라투스트라는 밝음보다 오히려 어둠을 긍정하는데, 왜냐하면 "칠흑 같은 밤이라도 된다면 얼마나 좋으랴… 내 자신의 빛 속에서 살고 있고 내게서 솟아나는 불꽃을 내 안으로"(ASZ 177) 마실 수 있기 때문이다. 결과적으로 작품 〈난파〉에서 난파한 조각나무와 불 안 켜진 등대의 부정적 이미지저리가 함축하는 것은 긍정적인 의미에서의 "창조로서의 '힘'을 지닌 무(無)"[29]이다. 가치와 현상, 진리 '파괴'적인 "단순하고 우직한 니힐리즘", "진실한 니힐리즘"의 단계에 이어, 현재적으로는 아무 의미 없을지라도, '창조'적 힘과 에너지만을 구현해내는 아이의 정신 단계, 즉 다가올 내일을 향한 "미래적인 니힐리즘"[30]이 정반합적인 변증법으로 〈난파〉에서 재현되고 있다. 그러한 점이 결국 이미지상으로 "난파한 조각나무"와 "불 안 켜진 등대"로 형상화된다. "나는 이제 습기 잇는 땅으로 웜겨 심운 나무예요. 참 양분되는 수기를 마음껏 버러들여야 해요. 살어야 합니다"(96~97쪽)라는 카로노메의 말을 시인이 "그게 비비 말솜씨오"(96쪽) 하고 비난하거나, 불빛과 부표를 부정하며 "또 한 편으로는 암흑의 신이 불으는 소리가 나지 안소?… 저 등대 밋헤 잣버진 사람은 구원을 바들 길이 업소. 물에 뜬 부표를 보고 나니 작구만 다른 방향으로 흘너가는구려"(96~97쪽)라고 말하는 것은 그가 이제 "창조로서의 '힘'을

---

29 Ibid, seite.106.

30 Ibid, seite.18.

지닌 무"의 부정성에 의지하고 있음을 반영한다.

결과적으로 지금까지의 논의들을 선명히 하기 위해 표로 나타내보면 다음과 같다.

표 1 〈난파〉 주제의 지형학

분절 층위	중심 등장인물	정신 단계	니힐리즘의 형태	무의 형태	논리적 양상
제1막	시인, 아버지, 어머니 기타 가계의 인물들	낙타의 정신	단순하고도 우직한 니힐리즘	파괴로서의 힘을 지닌 무	정
제2막~제3막 카로노메 퇴장	시인, 각 여성인물들	사자의 정신	진실한 니힐리즘	파괴로서의 힘을 지닌 무	반
제3막 중 어머니의 품에 귀의	시인, 어머니	어린아이의 정신	미래적인 니힐리즘	창조로서의 힘을 지닌 무	합

그렇다면 남은 문제는 왜 어머니인가 하는 의문이다. 어머니의 품속에 안기는 것이 어떻게 해서 어린 아이의 정신 단계가 지니는 창조력을 보장해주게 되는가? 이 질문에 적절히 대답하기 위해 우리는 다시 한번 난파한 조각나무가 지닌 메타포에 대해 반추해보아야 한다. 난파한 조각나무는 물결에 이리저리 휩쓸리며 떠돌아다니는 형상에서 알 수 있듯이, 그것은 바다의 심연 속으로 완전히 가라앉는 것도 아니며, 그렇다고 해서 바다 위에 펼쳐진 하늘을 지향하는 성격을 지닌 것도 아니다. 난파한 조각나무를 시인 자신의 비유로 치환해서 이야기한다면, 인간의 삶을 추동시키는 힘은 유교주의적 도덕 의무와 같은 현실 초월적인 관념론 같은 것(물결 위의 하늘)에 있는 것도 아니다. 그 대안으로 마련되어 그 속에 빠져 허우적거리고 말게 되는 쾌락의 가치, 이성이나 합리성의 가치, 사랑이나 정열의 가치 같은 것(물결 아래의 심연)에 있는 것 또한 아니다. 그보다 난파한 조각나무가 물결을 오르락내리락 하며 단지 표면(Surface)만을 향해하듯이, 인간의 근본적 진실은 심오한 이상이나 관념, 종교, 사

상에서 비롯되는 것이 아니라 현세적, 내재주의적인 표면, 현상에 있다. 곧 "현상, 표면이야말로 진실, 심오한 것"[31]이다. 시인에게 있어 이러한 표면은 어머니다. 왜냐하면 "표면은 여인의 정서, 일종의 얕은 물 위에서 요동치는 격한 살갗"(ASZ, 111쪽)으로서 형을 둘씩이나 유산하면서까지 관절이 위골된 저주받을 불완전한 미완성품의 모양으로 시인을 이 세상에 낳은 어머니야말로, 난파한 나무 조각인 시인이 타고 미끄러져야 할 "그 자신의 항해를 보장해주는 표면"[32]이자, 고통스러워도 절대 긍정해야 하는 현세적 삶이기 때문이다. 어머니 품에 안기는 것은 의미 없음과 고통에 대한 시인의 무조건적 긍정[시인 (달려들며) 어머니! …… 날 대려가슈!](99쪽)을 상징하며, 동시에 의미 없음과 고통의 '영원성'에 대한 무조건적 긍정 혹은 영원한 것은 '무'라는 것[33]에 대한 절대적 긍정을 함축한다. 역으로 뒤집어 말하자면, 이 영원한 '무'에 대해 긍정의 대답을 할 수 있는 자는 자기 자신에 대해 긍정의 대답을 할 수 있는 이로 그는 "별조차 깨부수는 자"(ASZ 261), 창조자가 '된다.'

> **시인** : 그리고 카ー로 노ー메 소리만! 카ー로 노ー메 소리만!
> (더 큰 소요. 카ー로 노ー메 소리. 별빛까지 사러지며 암흑) (100쪽)

카로노메에 대한 그리움이 영원히 반복 회귀되는 괴로움일지라도 시인이 어머니의 품에 안기게 되는 것은 그가 현재적, 순간적 삶이 무임을 긍정하였기 때문이다. 이때 시인에게 각성되는 어린아이의 정신은 "그 자체로 생명 속을 파고드는 생명"(ASZ 174)이다. 무를 긍정하는 이 각성

---

31 Ibid, seite.110.

32 Cathryn Vasselen, "Not Drowning, Sailing : Women and the Artist's Craft in Nietzsche", *Nietzsche, Feminism, and Political Theory*, Paul Patton(Ed.), London : Routledge, 1993, p.82.

33 Duhamel, Op,cit., seite.114.

된 정신은 "뭔가 만들어 낼 줄" 아는 "망치의 가혹함"(ASZ 175) 같은 에너지로서 무대의 별빛까지 사라지게 하는 "시작도 끝도 없는 엄청난 힘으로서의 세계", "목표도 목적도 없는 무진장의 생성으로서의 세계"[34] 그 자체이다. '무'의 긍정은 무한한 힘으로서, 그것은 새로운 코스모스 탄생을 위해 혼란의 소용돌이를 잉태시키는 대폭발의 에너지를 함축하는 것이다. 무 그리고 부정에 대한 영원한 긍정은 생성의 힘 그리고 카오스적 폭발력을 낳으며, 〈난파〉에서 표현되는 "표현", 그리고 "난파"의 의미는 바로 이 '무'에의 의지, 힘에의 의지. 창조적 생명력으로서의 정신에 대한 의지에서 찾아진다. 그것은 그러한 "무"의 상태에서 비롯된 것이기 때문에 현재적으로는 아무 의미 없는 단지 창조적 가능성, 잠재성 차원의 미래의 재현일 뿐이다. 해서 우리는 어머니 품에 안겨 어린 아이의 정신 상태로 변화 한 시인의 모습을 접하면서, "사람에게 위대한 것이 있다면, 그것은 그가 목적이 아니라 하나의 교량"(ASZ 21)이라는 사실, 바꾸어 말하자면, 현세적 고통을 긍정하는 것이 삶의 폭발적 에너지이고, 그 힘과 에너지 생성의 '되기' 과정 자체가 어떠한 뚜렷한 존재론적인 목적이나 목표가 없더라도 오히려 진실한 삶일 수 있음을 이해하게 된다. 더불어 〈난파〉라는 작품 자체도 목적이 아니라 하나의 교량이라는 사실 또한 우리는 미루어 짐작할 수 있다. 그것은 폭발의 스토리 전달을 목적으로 하는 픽션이 아니라 픽션 자체의 폭발과 힘, 에너지를 통해, 혹은 표현주의자 고트프리트 벤의 말[35]을 빌리자면, 무엇보다 예술 작품 자체의 힘과 의지를 통해 그리고 그러한 의미에서 모방론과 대비되는 예술의 자율성과 표현이라는 점을 통해, 작품 스스로가 '과정' 그 자체가 되는 작품이기 때문이다. 김우진은 이 점을 명확히 인식했던 극작가이다.

---

34 Martens, Op.cit., seite.77.

35 Steffens, Op.cit., seite.19.

이 생명력의 자각이 생겨서 극(極)할 때엔 피와 땀과 혁명이 잇습니다…… 개혁이나 진보나 실제적이니 똑똑하니 하는 것보다 무질서하고 힘센 혁명이 필요합니다. 이 혁명은 단지 총칼 뿐으로만 생각지 마시오. 예술가는 혁명가라고 합니다. 창작은 인생의 혁명가의 폭탄이라고 합니다.[36]

요컨대 〈난파〉는 폭발의 드라마일 뿐만 아니라, 텍스트 자체가 무대 위에서 이 픽션을 폭발시키는 생명력을 함축하고 있는 텍스트다. 텍스트 〈난파〉 스스로가 예술 작품 자체의 창조적 에너지, 힘이 된다는 점에서 〈난파〉를 우리는 표현주의 작품이라 이름 할 수 있는 것이다. 그리고 그 것이 에너지, 힘이 되어, 그렇게 교량이 되어 넘어가고자 했던 시대적 의미는 "창작은 인생의 혁명가의 폭탄"이라는 김우진의 언급에서 암시되듯, 제국, 메트로폴리탄, 식민, 그리고 그 속에 안주하는 국민의 파괴다. 가장 현실 재현에 충실하지 않은 표현주의 작품인 〈난파〉의 현실성이 드러나는 부분은 바로 이 지점일 것이다.

4. 표현주의와 사실주의, 그 전망의 차이

이 글은 "삼 막으로 된 표현주의 희곡(Ein Expressionistische Spiel in drei Akten)" 〈난파〉를 유효적절하게 해독하기 위해서는, 〈난파〉에 함축된 '표현'과 '난파'의 의미 규명 문제를 논의의 출발점으로 삼아야 한다는 가정 하에 기술이 이루어졌다. 병적인 유아론이나 사회 도피적인 환상 혹은 몸부림치는 생명력, 현실 극복으로서 부정의 정신 등 〈난파〉에 내려지는 평가들이 극과 극을 이루는 까닭은, '표현'과 '난파'의 의미가 무엇인지에 대한 심층적인 탐색이 부재하는데서 비롯되었다고 볼 수 있다. 그러므로 이 글에서는 '표현'과 '난파'의 의미를 예각화하기 위하여 작품의 구조와 그로부터 생성되는 주제적 의미를 초점으로 하는 논의를 시도하였다.

이렇게 해서 밝혀진 〈난파〉의 표현주의적 특성은 사실주의 작품과의 대조를 통해 더 분명해질 수 있으리라 판단된다. 본고에서 사실주의 작품과 〈난파〉를 직접적으로 대조하여 차이점을 검출한 것은 아니기에 잠정적 분석이라는 한계는 명확하다. 하지만 본론의 내용을 바탕으로 어느 정도 사실주의 작품과 대별되는 〈난파〉의 표현주의적 특징을 목록화해서 문학사적 의미를 부여하는 작업은 나름대로 긍정적 가치를 지닐 수 있으리라 본다.[37] 우선 기괴함의 분석에서 드러났듯이, 공간과 인물 등의 구조적 요소에서 찾아볼 수 있는 원초적 자연 현상과 자궁 현상의 형상들은 〈난파〉 등 표현주의 작품이 사실주의 작품에 비해 좀 더 여성적이며, 문명 비판적인 성격을 지닌다는 점을 암시한다. 이 점은 결과적으로 유물론적이고 구체적인 사실주의의 경향에 비해 관념적이고 추상적인 표현주의 작품의 특성을 드러내는 동시에 사회의 부조리를 문제 삼으며 점진적인 현실적 해결책을 모색하는 사실주의의 대체적인 경향과 비교했을 때 표현주의 작품이 지향하는 바가 유토피아적이고, 극단적임을 시사한다. 사실주의 작품이 갈등의 요인을 외래적인 원인에서 찾고 그것의 실마리 또한 외부적인 것에서 찾는다면, 표현주의 작품은 인간 내면으로부터 이끌려진 갈등상태를 형상화하고, 그것의 해결책 역시 내부에서 찾기 때문에 전망의 차이가 발생한다. 해서 내면과 영혼, 파토스에 집중하는 〈난파〉 등의 표현주의 작품은 객관적이고, 산문적이며, 관찰자적, 이성의 거리가 유지되는 사실주의 작품의 인물들과는 대조적으로 주관주

37 독일에서의 표현주의와 즉물 사실주의의 특징을 대조한 Thomas Anz의 견해를 참조하였다. 물론 독일, 조선이라는 국가적, 역사적, 사회적 환경이 다르기에 본론에서 행한 논의는 엄격히 말해 잠정적 가설에 불과하다. Anz, Op.cit., seites.195~196.

의적이고, 서정적이며, 감정 이입적, 감정이 강조되는 인물을 극화하게 된다. 그 영향으로 사실주의 작품에서보다 표현주의 작품에서는 〈난파〉처럼 덜 성숙한, 미성숙한 인물이 그려지게 되는 것이다. 그 효과는 현재 시점의 문제와 관련하여 계몽적 각성을 추구하는 사실주의의 결말과는 달리, 미래 지향적인 상태에서 힘과 에너지 등의 예언적 각성을 제시하게 되는 것으로 나타난다. 영혼을 강조하는 표현주의 작품은 하여 유치진의 〈소〉 같은 사실주의 작품보다 좀 더 엘리트적, 귀족적인 세계관을 지향하고, 프롤레타리아적 입장에서 반부르주아적 사상을 설파하기보다는 보헤미안적 입장에서 반부르주아 사상을 형상화한다. 물론 이러한 내용들은 〈난파〉 한 작품의 분석만을 기반으로 해 설정된 의제이기 때문에, 거듭 말하지만 한계를 지닌 잠정적 제언일 뿐 신뢰성과 유용성이라는 차원에서 조금 더 심층적이면서도 정련된 논의가 요구된다.

　본고가 너무 문제의식을 앞세우다가 선행 연구의 성과를 의도적으로 간과한 것은 아닌지 염려된다. 이 글이 〈난파〉에 대해 체계적이면서도 긍정적인 시각을 확보하는 데에 주력하다 보니 시대적 맥락이나 연극사의 흐름 그리고 김우진 개인의 글에 천착해서 작품이 지닌 장점과 단점을 두루 살피지 못한 감이 있다. 본고의 성과 및 결점은 김우진의 다른 작품들과 20년대라는 시대적 배경 아래 희곡사, 연극사와의 관계를 규명하는 작업들 속에서 그 공과가 온전히 가늠될 것이다.

2장

김우진 희곡에 나타난 야생의 퍼포먼스와 거주의 상상력

1. 녹색 김우진

1920년대 극작가 김우진에 대한 연구는 그의 개인적 이력에 치중한 전기적 비평,[1] 표현주의 등 외래 사조 수용과 연계된 창작적 실천으로 간주돼 수입된 문예 양식의 규범들과 얼마나 김우진의 작품이 일치하고 다른지 제시하려 했던 비교문학적 비평[2]이 주류를 이루어왔다. 요절한 특이한 경력이라든지, 현철과 더불어 외국 문예사조를 소개하고 이를 밑바탕으로 해서 근대극 운동을 실험한 선각자로서의 그의 위상 때문에 이와 같은 연구 경향의 편중이 비롯되었다고 볼 수 있다. 전통극에서 근대극으로의 이행이 어떻게 이루어졌는가를 고찰하기 위해 김우진 희곡의 내

---

1 서연호, 「김우진의 생애와 문학세계」, 한국극예술학회 편, 『김우진』, 서울 : 태학사, 1996, 7~22쪽 ; 유민영, 「서구에의 탐닉과 자기파열 : 김우진론」, 위의 책, 22~49쪽 ; 양승국, 『김우진, 그의 삶과 문학』, 서울 : 태학사, 1998.

2 이미원, 「김우진 희곡과 표현주의」, 한국극예술학회 편, 앞의 책, 131~148쪽 ; 이은자, 「〈이영녀〉 연구」, 위의 책, 171~186쪽 ; 김성희, 「〈난파〉의 등장인물에 대한 기호학적 분석」, 위의 책, 235~262쪽 ; 홍창수, 「김우진의 표현주의와 〈난파〉 연구」, 263~286쪽 ; 이은경, 『수산 김우진 연구』, 서울 : 월인, 2004.

적 논리를 실증적으로 확인코자, 그의 일대기나 전신자로서 그의 문예관을 살펴보는 작업에 선행 연구들이 집중했다는 것은 물론 충분히 이해할 만한 일이다. 이들 연구 성과들의 의의에도 불구하고, 그러나 과연 주제적으로나 형식적으로 다면적 양상을 보이고 있는 김우진 희곡의 전체적 양상을 기존 연구들이 폭넓게 다루었는지 여전히 부족한 느낌이 드는 것 또한 사실이라 할 수 있다. 더욱이 선행 논의의 한정된 연구 시각을 비판하며 김우진 희곡 텍스트 연구에 대한 미래지향적 방향성을 논의한 고찰들이 아주 없지는 않았지만[3] 김우진 희곡의 새로운 독해 가능성을 드러낼 수 있는 방법론적 모색은 여전히 아쉬운 실정이다.

이러한 의미에서 작가 개인이나 외래 사조의 굴절된 수용에 과도하게 가치를 부여하는 접근 방식을 지양하는 한편 그동안 간과되었던 김우진 희곡의 이면적 텍스트적 요소들을 보다 다양한 시각에서 풍부하게 그리고 정밀하게 살펴보는 작업이 필요하다. 여러 접근 방식이 공론화되는 것이 바람직한 일이겠지만, 그중에서도 생태학적 접근은 김우진 텍스트가 지닌 다층적, 다변적 요소들의 형성기반에 좀 더 근접할 수 있게 하는 열쇠로 기능하면서, 김우진 희곡 연구에 몇 가지 시사점을 던져줄 수 있으리라 생각된다. 김우진 작품의 면면만 보더라도, 생태적 논의의 핵심적 소재인 동물(〈두더기 시인의 환멸〉, 〈산돼지〉), 자연 풍경(〈난파〉), 공원의 도시적 생태(〈정오〉) 등이 텍스트 구조상 유효하게 활용되고 있다.

---

3 이진아, 「김우진의 〈난파〉 다시 읽기」, 『문학교육학』 17, 한국문학교육학회, 2005, 65~97쪽 ; 양근애, 「김우진의 〈난파〉에 나타난 예술 활용과 그 의미」, 『국제어문』 43, 국제어문학회, 2008 ; 328~359쪽. 김재석, 「김우진의 표현주의극 창작 동인과 그 의미」, 『어문논총』 49, 한국문학언어학회, 2009, 317~345쪽. 이경자, 「1920년대 상징의 두 양상 : 김우진 문학의 '상징' 언어에 나타난 '전일성' 사상을 중심으로」, 『한국문학이론과비평』 49, 한국문학이론과비평학회, 2010, 89~117쪽. 이승현, 「김우진 희곡 〈정오〉에 나타난 탈식민적 양상 고찰」, 『한국극예술연구』 33, 한국극예술학회, 2011, 165~187쪽.

그런 터라 생태적 탐구는 다양한 텍스트적 편차에도 불구하고 김우진 희곡의 일관된 주제론적 실체와 함께 그것의 정치문화적 함의를 정밀하게 읽어내는 작업에 최소한의 정방향성을 제공해 줄 것이라 예측된다.

따라서 이 논문은 김우진 희곡 텍스트의 세계를 생태주의적 관점에서 해명할 수 있다는 전제로부터 논의를 시작한다. 특히나 본고에서는 김우진 희곡에 야생의 생태가 퍼포먼스되는(연행되는)[4] 방식을 다루어보고, 그러한 야생의 퍼포먼스(연행)에 의해 비인간적인 것들과 관계를 맺으면서, "나는 누구인가?"라는 코기토적 질문보다 "우리가 어디에 있는가?"라는 생태적 질문이 어떻게 촉발되는지 접근해볼 것이다. 이는 연행되는 야생을 통하여 비인간적인 자연의 양상이 김우진 텍스트에 형상화되는 경로를 이해해보는 일이기도 하다. 또한 이를 기반으로 거기로서의 야생적 영역과 여기로서의 인간적 영역이 맺는 다층적 관계에 따라 자연 환경 속 인간 주체의 거주에 대한 상상력이 김우진 희곡에 어떠한 방식으로 나타나는지를 탐색하는 과정이라고도 볼 수 있다. 결과적으로 야생, 자연, 환경과 관련하여 인간적 주거지를 위치시키는 상상력이 김우진 희곡 텍스트에서 무엇을 의미하는지에 관해 뚜렷한 논의를 전개하는 것이 이 글의 목적이다. 그래서 본고는 최종적으로 김우진 텍스트에서 그 같은 생태학적 위치화, 장소화, 재지도화가 지배의 메카니즘, 즉 중심-한계, 내부-외부, 동일성-차이, 자아-타자에 관한 사회문화적 효과를 형태화하는 방식에 주목하려 한다. 한마디로 말해 생태학적 야생과 거주를 비평적 개념으로 활용하여 김우진 희곡 텍스트의 문화정치적 측면을 조망하고 그것의 윤리적 의의를 논의해보는 것이 본 논문의 목적이라 할 수 있다. 이와 같은 시도는 김우진 희곡의 연구 지평의 외연을 넓히면서

---

4 퍼포먼스를 본고에서는 '수행'이 아닌 '연행'이라 번역하고자 한다. 탈춤, 판소리 등 전통 연희의 행위 양식이 수용자의 향유 양상을 중시하여 '연행'이라 불렸다는 점을 참조한다면, 탈식민주의적 관점에서 퍼포먼스는 '연행'으로 번역되는 것이 적합하다.

도 개방적 논의를 불러일으킬 수 있다는 점에서 의미를 지닌다. 더 나아가 김우진 희곡의 생태주의적 연구는 희곡사의 정전을 '녹색화'한다는 점에서도 중요한 작업으로 자리매김될 수 있다. 희곡과 연극의 생태주의적 담론은 소수의 연구[5]를 제외하고는 본격적인 논의가 진척되지 않은 것이 사실이다. 결과적으로 인간중심적 세계관의 권위적 포지션에서 벗어나 더 큰 생물학적 공동체의 관계적 포지션으로 문학적, 연극적 담론을 연구하는 데 본 연구의 계기는 하나의 사례를 보여줄 수 있을 것이라 기대된다.

물론 과연 김우진의 '비사실주의적' 희곡 텍스트가 일반적으로 이야기되는 녹색 문학의 범주에 포함될 수 있는가라는 문제가 제기될 수 있다. 이런 비판에는 파괴되는 현실의 생태계적 위기라는 컨텍스트에 대해 문학 텍스트가 적극적으로 행동을 취해야 한다는 인식이 깔려 있고, 더불어 비사실주의적 문학은 그 닫힌 텍스트성과 왜곡된 자연 형상 때문에 환경주의자들의 행동주의 노선에 부합하지 못할 것이라는 불신이 전제되어 있다. 하지만 문학 텍스트 내 환경적 리얼리티 효과의 형상화만을 강조하는 입장은 문학 비평에 그대로 적용하기 어려운 견해라는 점을 부정하기 어렵다. 왜냐하면 그러한 생태 비평은 문학적 외부의 지시적 현실(Referent)에 과도하게 의미를 부여할 수밖에 없으며, 환경적 리얼리티를 반영하지 못하는 문학 텍스트에 대해서는 가치평가적, 처방적 차원에서 배제할 수밖에 없게 되기 때문이다. 윤리비평으로서의 가치는 인정되어야 하겠지만, 외적 자연환경이 봉착한 위기 현상이라는 지시대상에만 관심을 쏟는 생태비평은 문학의 모방적 기능만을 강조하게 되며, 결

---

5 김문환, 「환경미학의 기본적 이해」, 『드라마연구』 27, 한국드라마학회, 2007, 7~52
   쪽 ; 이상란, 『오태석 연극 연구』, 서울 : 서강대학교 출판부, 2011 ; 김남석, 「해방 이
   후 무대 환경에 나타난 생태 위기-생태 희곡의 맥락과 가능성」, 『문학과 환경』 3, 문
   학과 환경학회, 2004, 155~183쪽.

과적으로 모든 현실이 '언어'를 통해 굴절, 변형, 재형태화된다는 점을 간과하게 되고, 비평의 방법이 된다기보다 비평의 태도적 수준으로만 전락할 위험성이 크다.[6] 따라서 외적 자연의 리얼리티가 존재함을 인정하면서도, 텍스트상 자연이 어떻게 정의되고, 해석되고, 재컨텍스트화되고, 반영되며, 재현되는지를 살펴보는 것이 오히려 문학 텍스트와 자연적 지시대상이 맺는 관계적 의미를 풍부히 탐구하게 할 수 있다. 외적 자연 형상은 문학 텍스트 내에서 그대로 재현되는 것이 아니라 다층적으로, 구성적으로, 이종적으로, 균열된 채 삽입된다. 자연이라는 외적 지시대상은 동일하게 재현, 반복된다기보다 텍스트 내에서 차이성을 가지고서 달리 재현, 반복된다. 이를테면, 담론적 실천에 따라 텍스트 내 자연은 항상 연행된다. 따라서 문학 텍스트 내 자연의 존재론은 오직 자연의 연행에만 놓인다. 자연은 텍스트 내에서 단일한 것이 아니라 이미 복수적 개념이다. 자연을 연행할 수 있는 한계가 자연 환경에 대한 인간의 인식과 해석의 한계 그것 자체를 표시한다.[7] 생태적 현실에 대해 사실적 인식을

6　Astrid Bracke, "Redrawing the Boundaries of Ecocritical Practice", *Isle : Interdisciplinary Studies in Literature and Environment*, 17.4, 2010, pp.765~768. Serpil Oppermann, "Theorizing Ecocriticism : Toward a Postmodern Ecocritical Practice", *Isle*, 13.2, 2006, pp.103~128 참조.

7　본고에서 정의되는 퍼포먼스는 협의적 연극적 퍼포먼스(연행)을 넘어 광의적 차원에서 '반복되되 그대로 반복되지 않는' 인간의 모든 '관계적 상호 행동 양식'을 지칭한다. 이렇게 봤을 때 텍스트 내 재현되는 자연도 좁은 의미의 연극적 퍼포먼스(is performance)에 해당하지는 않지만, 효력을 발휘하면서 틀 지어 지며, 전시되는, 퍼포먼스로서(as performance)의 자연으로 간주될 수 있다. 즉 엄밀히 말해 본고에서 다루려는 토픽은 사회적, 정치적, 경제적, 개인적, 예술적 리얼리티가 퍼포먼스의 자질을 취한다는, 퍼포먼스성(Performativity), 연행성이다. 연행성은 "실제 삶"의 능동적, 적극적 구성 측면을 가리키며, 이러한 연행성의 개념에는 모든 예술적, 사회적 삶의 측면에 "퍼포먼스의 원리"를 적용할 수 있다는 입장이 전제되어 있다. 퍼포먼스의 관점에서 모든 행위, 모든 생각은 연행적이다. 이 글 본론 3장의 말미에서 관객과의 상호 작용에 기운진 텍스트 내의 자연 형상들이 어떠한 효과를 미치는지 분석함으로써, 이

강조하는 주류 생태학적 논의에 들 수 없을지라도, 이상의 이유로 김우진 희곡의 비사실주의적 자연 형상도 생태주의적 시각에서 읽어내는 일이 필요하다.

이렇듯 텍스트 내 연행되는 자연을 논의하고자 할 때, 무엇보다도 '야생성'의 개념을 통해 우리는 생태학적 논의를 무시하지 않으면서도 그것의 정치문화적 함의를 추출할 수 있다. 자연이 일상사의 인공적 자연까지도 포함하는 광의의 개념이라 말할 수 있다면, 야생의 영역은 언제나 문명, 문화와 대비되어 인공적, 인간적 개입이 없는 좀 더 날 것의 자연의 영역으로서 이데올로기적으로 정의될 수 있다. 즉 본고에서 사용하려는 야생의 개념은 자연의 좀 더 특수화된 개념이라 볼 수 있다. 물론 야생의 개념을 좀 더 세밀하게 나누는 것 또한 가능하다. 첫째, 인간이 야생적 영역을 직접적 경험으로서 체험한다는 점이 가장 먼저 상기될 수 있다. 비인간적인 경치, 풍경과의 대면이 대표적일 것이다. 둘째, 표층적 야생으로 평가될 수 있는 형상 뒤에는 인간적 법칙을 넘어선 자연적 법칙이 존재한다. 인간이 이해할 수 없고, 그래서 자연 과학적 탐구욕을 불러일으키는 물리적 세계 내의 끊임없는 과정, 작용, 흐름의 기저에 자연적 법칙이 작동하고 있다. 두 번째 야생의 개념은 바로 이 자연적 법칙에 토대하며, 그것은 첫 번째 표층적 야생의 좀 더 밑바탕에서 소환될 수 있는 생태적 논의일 것이다. 셋째, 표층적, 심층적 야생성을 참조하면서 인간성의 영역과 비인간성의 영역에 대한 형이상학적 관념이 고안될 수 있다. 바꾸어 말해 형이상학적 야생의 개념은 비인간적인 것에 대한 사유다. 형이상학적 야생의 개념을 거치면서 그리고 비인간적인 것들에 관한 구분을 거치면서, 인간적인 것의 의미가 규정된다. 결과적으로 야생

러한 퍼포먼스되는(연행되는) 야생의 양상을 보다 명확하게 조망할 것이다. 연행성의 개념에 대해서는 Richard Schechner, *Performace Studies : An Introduction*, London : Routledge, 2002, pp.110~142 참조.

제1부 비사실주의 희곡 텍스트와 퍼포먼스

에 관한 형이상학은 인간적인 것과 비인간적인 것의 경계, 차이에 관해 생각해볼 수 있는 기회를 제공한다.[8] 층위화되지만 이 세 가지 차원은 서로 긴밀히 연관되어 있는 개념들이라는 점에 주목하면서, 본론에서는 야생성의 세 층위들을 분석 도구로 삼아 김우진 텍스트상 연행되는 야생을 분석해볼 것이다.

그렇다면 왜 이러한 야생의 개념이 김우진 텍스트의 해석에 중요한가? 결론적으로 보자면 본론에서 연구 대상으로 삼은 〈산돼지〉, 〈난파〉[9]는 김우진의 다른 작품들에 비해 자연적 형상이 캐릭터의 정체성 현상과 연루돼 좀 더 유표화되는 텍스트라 할 수 있기에, 야생성의 개념을 분석 도구로 활용한다면 인간 주체가 비인간적 환경과 관련하여 어떻게 어디에서 위치화되는지 하는 문제를 전형적으로 설명해주리라는 것이 본고의 판단이다. 야생의 영역은 저기 멀리 떨어져 있는 지역으로 가시화되지만, 지금 여기 인간의 영역으로 그것이 접근해 올 때, 혹은 인간자체가 야생의 과정에 참여하게 될 때, 인간/자연의 경계를 가로지르며 우리가 어디에 위치해 있는가라는 질문을 필연적으로 노정하게 된다. 더 나아가 이 위치지어짐(Situatedness)의 문제가 생태비평에 중요할 수밖에 없는 이유는 생태학이란 인간중심적 사고를 탈피해 비인간적 환경적 요소들과 더불어 우리가 거주하며 살아야 하는 장소, 곧 지구라는 '집(Oikos)'에 대해 성찰하는 학문이기 때문이다.[10] 이러한 내용들에 착안하여 본 논

---

8 Kate Soper, "The Idea of Nature", *The Green Studies Reader : From Romanticism to Ecocriticism*, Laurence Coupe(Ed.), London : Routledge, 2000, pp.123~126. 문화와 대립되는 자연으로서 야생을 개념화할 때 레비-스트로스가 시도한 일련의 연구 성과들은 시사하는 바가 크다. 클로드 레비-스트로스, 『야생의 사고』, 안정남 역, 한길사, 2005. 참조.

9 본문에서 인용되는 쪽수는 다음의 선집을 참조. 김우진, 『김우진 전집』, 서연호 · 홍창수 편, 서울 : 연극과인간, 2000.

10 집을 생각학는 학문인 생태학의 그리스적 어원, 오이콜로지아에 대해서는 김욱동,

문에서는 〈산돼지〉를 통해 집 내부에 야생성을 거주시키게 되는 과정을, 그리고 〈난파〉를 통해서는 야생 속에 집을 거주시키는 과정을 추적해보고자 한다.

2. 〈산돼지〉 : 집 속 야생의 거주

〈산돼지〉는 김우진 스스로가 포부를 가지고 쓴 최초의 것이라는 자평에도 불구하고, 1920년대 식민지 지식인 계급의 인식적 한계를 보인 작품으로 지적되어왔다. 작중에서 동학 이념의 실현이 과제임을 내세웠다는 것은 창작적 성과라 긍정될 수 있지만 산돼지로 살아가야만 하는 원봉이 왜 집돼지처럼 가정 내에 얽혀 있는지, 시대적, 현실적 객관성의 맥락이 누락된 채 청년 지식인의 우울하면서도 무기력한 충동만이 드러나 있는 패배주의적 작품이라는 것이 〈산돼지〉에 대한 저간의 문학사적 평가였다. 그러나 〈산돼지〉에 대한 총체적 이해의 기틀은 기존 연구에서 저평가된 바로 그 '충동'의 야생적 요소들이 지닌 비합리성의 문제의식에 관해 답할 때 보다 효율적으로 이해될 수 있다. 작중 야생적, 비합리적 요소들이 재현되는 양상의 개별성과 특수성을 고려하지 않고서, 합리성이라는 명목하에 그것을 외적 현실 반영의 당위와 연관 지어 재단하고, 부정적으로 평가하는 것은, 오히려 비합리적인 연구 태도의 공백만이 생길 위험성이 있는 바 온당하지 못하다.

서론에서 설명하였다시피, 야생성에 대한 인식은 인간 주체가 자신이 속한 위치에 대해 질문 던질 수 있는 과정을 마련한다. 이를테면 인간적인 것과 비인간적인 것의 대화인 이러한 경계선상의 움직임은 인간 정체

『문학 생태학을 위하여 : 녹색 문학과 녹색 이론』, 서울 : 민음사, 1998, 25쪽 참조.

성 변형의 과정을 함축하고 있다. 결과적으로 야생의 형상화로 인해 그 같은 변형의 과정이 어떻게 일어나는지 살펴봄으로써, 우리는 〈산돼지〉의 부정성이 담론화하는 정치성을 좀 더 다른 각도에서 조망할 수 있게 된다.

첫 번째 표층의 개념으로서 야생성을 살펴보자. 〈산돼지〉는 "여름날 석양 바람 한 점 없는 뜨거움이 서늘하게 열어 재친 대청 안에서 아직도 서리고 있다."(104쪽)라는 풍경에 대한 지시문으로 시작한다. 극의 주인공인 원봉의 터져버릴 듯한 답답한 내면에 여름철 태양의 가열 찬 온도가 겹쳐지고 있는 장면이라 할 수 있다. 이 같은 기후와 계절적 요인은 몸담고 있는 청년회에서 회계 비리 문제로 억울하게 불신임을 받고 있는 원봉의 심리적 상태를 일차적으로 반영한다. 그러나 더 나아가서는 '집'이라는 폐색된 공간에 갇힌 원봉의 극중 행동을 형상화하는 데도 그것은 관여한다. 자칭 타칭 '산돼지'라는 별명으로 불리는 원봉이 끊임없이 어머니, 누이인 영숙, 친구 차혁, 연인인 정숙과 마찰을 빚는 다층적 갈등 관계의 추동력은, 배경의 일면적 의미를 넘어 폭염의 강도가 지닌 그 야생적 에너지를 통해 유효하게 암시될 수 있기 때문이다. 제2막은 가을밤 병석에 누운 원봉의 모습으로 개시된다. 2막의 전개상 큰 비중을 차지하는 것은 원봉이 꾸는 꿈인데, 여기서 꿈의 배경은 회색 겨울의 한 벌판이다. 몽중 벌판은 "흰 눈이 덮여 있고 시시로 회오리바람과 눈싸라기"가 치닫는 곳으로 "겨울 하늘이 낮게 걸려 있어서 숲景을 금시라도 와 누를 것 같"(136쪽)다고 묘사된다. 꿈속에서 원봉이를 임신한 상황에서 과거의 원봉이 어머니가 관군에게 강간을 당하는 모습이 그려지고 있는 까닭에 이러한 겨울 벌판도 장소적 배경 이상의 풍광이라고 말할 수 있다. 즉 강간의 야만적 사건이 자행되는 것과 함께 원봉의 계보적 순혈성은 부정되고 부계적 권위로 단선화할 수 없는 '더러운 피'의 오염성이 원봉의 캐릭터에 착색된다. 그러한 불순함, 타락, 혼성화된 것의 형상은 여기서 회색 겨울의 어두운 풍경과 분리되지 않는다. 2막 몽중의 겨울 풍경은 풍경의 그림이기 이전에 그림을 넘어서, 장면으로서 이해될 수 있는 상태를 상실한다. 원봉의 존재에 함축된 규범화될 수 없는 비정상성의 형상을 요철화하여 겨울 풍경의 창백한 이미지 속으로 합치는 바 야생의 불안정성이 이 장면에서 내적 세계와 외적 리얼리티의 분리됨 없이 가시화된다고 볼 수 있다. 제3막에서 똑같은 몽중 벌판이 다시 무대화된다. 그러나 전경(全景)을 압제하던 겨울 벌판의 풍광은 3막에서 "봄의 앞재비인 진달래의 떨기가 여기저기. 초록빛 연한 잔디가 다투어 얼굴을 내밀고 잇"는 (155쪽) 봄의 평화로운 광경으로 바뀌어 형상화된다. 물론 그렇다고 해서 이러한 풍경의 상상력이 길들여진 야생, 인공화된 자연을 조건화하는 것은 아니다. 왜냐하면 3막에서 원봉에 의해 반복돼서 읊어지는 "미칠 듯한 마음을 견디지 못하여 「엄마! 엄마!」 소리를 내었더니 땅이 「우애!」 하고 하늘이 「우애!」 하오매 어느 것이 나의 어머니인지 알 수 없어라."라는 조명희의 시구처럼 봄 잔디밭 위에서도 원봉은 인간의 상징계적 언어로서 포착될 수 없는 땅과 대지의 야생적 목소리를 갈구하고 있기 때문이다. 이 시에서 어머니는 일상의 인간적 어머니이기에 앞서 언어화, 문화화될 수 없는 타자적 영역을 은유한다고 봐야 할 것이다. 이렇게 봤을 때, 3막의 봄 잔디밭 또한 지속적으로 야생의 영역을 소환하는 원봉의 심층적 정신 상태를 반영한 풍경이라 말할 수 있다.

둘째, 이상의 표층적 야생으로 평가되는 형상 뒤 심층적으로 자리한 법칙으로서의 야생이 어떻게 〈산돼지〉에서 형상화되고, 그것이 〈산돼지〉의 텍스트성에 어떠한 효과를 미치게 되는지 검토해보자. 대표적으로 앞서 거론된 1막의 여름 풍경, 2막 꿈속의 겨울 벌판, 3막의 봄 잔디밭이라는 표층적 야생의 저류에서 우리는 계절적, 기후적인 물리적 순환과 연속의 패턴을 불가항력적 과정으로 추출할 수 있다. 물론 〈산돼지〉에서 '여름→가을→겨울→봄'의 자연과학적 사이클이 단순히 물리적 사실로 기능한다기보다 심리적 혼돈과 방황 속 자기 부정을 거치는 원봉의 자아 탐색 과정과 오버랩된다는 점이 보다 중요하다. 즉 이 같은 계절적 야생 법칙의 순환은 겨울의 엄한을 거쳐야만 봄에 씨앗을 발아하는 토지의 생명력처럼, 새로운 성장을 감행하는 원봉 또한 자연적 법칙과 동궤로 자신의 박멸을 통해서만이 성장할 수 있는 유기체적 생물학적 존재라는 사실을 함의하고 있다. 극 초반 자신이 산돼지임을 부정하던 원봉이 3막에 이르러 스스로 본인이 산돼지임을 인정하게 되는 변형의 순간은 '여름→가을→겨울→봄'의 야생적 흐름과 겹쳐짐으로써 보다 역동적이면서 복합적인 더 큰 리얼리티의 일부로 그 울림을 증폭시킬 수 있게 되는 것이다.

그렇다면 원봉은 과연 구체적으로 어떠한 과정을 거쳐 그토록 혐오하던 별명인 산돼지 탈을 자신의 '이름'으로 받아들이고 산돼지 탈 쓰기를 자신의 '페르소나'로서 수용하게 된 것이라 말할 수 있을까? 이에 대한 해답은 야생에 대한 세 번째 개념인 형이상학적 야생의 관념을 통해 논의해볼 수 있다. 극 초반부 원봉은 상무간사로 재직하고 있는 청년회 회원들에게 회계 비리 문제로 비인간적인 천대를 받는다. 원봉의 "화상을 게시판에다가 그려 갖고 「산돼지 토벌」이라고 써놓고", "그 옆에 서서 모두 손뼉을 쳐 가면서"(109쪽) 조롱하는 청년회 회원들의 천시가 원봉이 감내해야 하는 모멸감이었다. 그러나 원봉이 비단 청년회 회원들에게만 '산돼지' 소리를 들은 것은 아니다. 누명을 벗기 위해 회관에 나아가 결백을 주장하고, 집에서 나와 좀 더 당당하게 사회적 활동을 펼치라는 친구 차혁의 충고에 원봉이 소극적이며 현실회피적인 모습으로 일관하자 이에 격분한 차혁은 "산돼지나 되었으면 잡아먹기나 하지"(112쪽)라 그를 질타한다. 물론 동생인 영순이와 어머니인 최주사댁도 예외가 아니라서 말은 하지 않지만 그들도 자신을 산돼지로 본다는 강박 관념에 원봉은 휩싸여 있다. 이렇듯 원봉은 주변 사람들에게서 끊임없이 자신의 존재를 산돼지로 소환당하고 있고, 자신 또한 그렇게 스스로를 타자화하고, 소외시키며 호명한다. 이러한 원봉의 동물화는 텍스트의 주제 면에서 시사하는 바가 크다. 왜냐하면 "중류 계급의 견실 순박한 기풍이 세간사리 장독대, 뒤지, 찬장, 심지어 걸레질 잘 해 논 마룻바닥, 잘 쓸어 논 마루 밑까지에 나타나 있"(104쪽)는 원봉이네의 깨끗한, 위생적, 합리적 '집'의 경계를 위협할 수 있는 침범의 힘을 산돼지의 야생적 형상이 가지고 있기 때문에서다. 즉 원봉과 동물의 하이브리드화 자체는 끊임없이 생태적 공포증(Ecophobia)[11]을 유발한다. 원봉이네 집은 자신이 산돼지라 불리는데 격분하며 날뛰는 원봉이를 제외하고는 평화로운 곳이다. 원봉이네 집은 원봉이 말대로 "산돼지가 들돼지로. 들돼지가 집돼지로 진화"(129쪽)한다면 인간 가족, 동물 할 것 없이 생물적 공동체의 통합성과 안정성이 보장되는 곳일 테다. 그러나 동학한 "아버지 뜻을 받아 사회를 위해 민족을 위해 원수 갚고 반역하라고 가르쳐 주면서도 산돼지를 못난이만 뒹구는 집안에다가 몰아넣고 잡아매어 두"(126쪽)고 있다고 생각하며 병리적인 의식 상태를 보이는 원봉 때문에 집의 공간은 그것의 통제된 인위적 경계와 한계를 방해받고 위협받는다. 원봉은 자신을 산돼지라 부르는 이들에게 증오심을 품고 보상 심리에서 그들을 더 괴롭히고자 동물적 몸짓의 체현과 함께 그들의 말대로 더욱 더 산돼지처럼 행동하며 기승을 부

11 생태적 공포증은 자연 세계에 대한 비합리적인, 근거 없는 증오심 혹은 공포를 지칭한다. 인간을 상처 입히고, 인간의 삶을 방해하고, 위협하며, 파괴시키는 자연이 재현될 때, 인간은 생태적 공포증을 체험한다. 역으로 인간적 환경이란 이러한 공포증을 유발하는 자연환경을 통제하여 성취된 것이라 할 수 있다. 그러나 자연에 악한 본성을 부여하는 이 같은 재현 양상은 인간 공동체의 문화적 통합과 안정성을 유지하기 위해 설정된 다분히 인간 중심적인 개념이라 할 수 있다. 따라서 생태적 공포증을 렌즈로 해 우리는 자연에 대한 인간의 문화정치학적 조작 양상을 엿볼 수 있다. 생태적 공포증의 개념은 Simon C. Estok, "Theorizing in a Space of Ambivalent Openness : Ecocriticism and Ecophobia", *Isle*, 16.2, 2009, pp.203~225 참조

린다. 친구인 차혁에게도 "(달려들며) 이 위선자. 내 어금니한테 좀 배워 봐라."고 돌진하고, 산돼지 취급을 한다며 "(영순을 내갈기)"(116쪽)고 어머니인 최주사 댁에게도 "이렇게 어머니 앞에 와 대들어 보이겠소. 저 어여쁜 영순이 쳐다보고 내 얼굴 쳐다 보슈. (대든다)"(125쪽) 이 같은 원봉이의 동물적 행동으로 인해, 집은 인공적 문화의 공간과 길들여지지 않은 야생적 공간의 두 세계가 공존하는 이종적 공간이 된다. 집은 어떤 공간을 통제함으로써 지어질 수 있는데, 원봉의 동물성은 문화적 경계 밖 야생적 자연 상태에 대한 통제력 상실의 공포증(Ecophobia)을 집에 끊임없이 거주시킨다고 말할 수 있다. 하지만 여기서 주목해야 할 것은 원봉이 극 초반에 타인들에게서 규정된 자신의 산돼지 이미지에 분노하고 그로써 자기 분열의 상태를 겪게 되지만, 2막 꿈속에서 야생 공간의 응시와 탐색을 통해서는 산돼지 탈을 자신의 분신으로 받아들이고 그럼으로써 분열된 자아를 봉합하게 된다는 점이다. 결정적 계기는 꿈속에서 재현되는 하늘로의 비행에 의해 마련된다. 하늘의 야생성은 인간적인 것과 초인간적인 것의 경계를 나누는 지표라 할 수 있다. 그래서 원봉과 함께 꿈에서 하늘로 비상한 영순은 지상을 내려다보며 "그런데 저런 먼지 속에서는 어떻게 살고 있어요. 내려다보기만 해도 가슴이 답답해 오는데. 그런데 저 하늘은 저렇게 맑고 곱지 않아요."(144쪽)라 말한다. 하지만 원봉은 영순의 말에 전적으로 동의하지 않는다. "내 몸이 이렇게 무거운데 어떻게 연약한 네가 날 끄집어 올리니? 산돼지는 땅 위에서밖에 못 큰단다."(144쪽)는 원봉의 답변에 드러나듯, 원봉은 머리를 하늘로 지향하고 있지만 산돼지로서의 무게 때문에 정작 자신은 하늘로 올라갈 수 없는 존재임을 결국 깨닫게 된다. 하늘을 쳐다보는 것은 원봉에게 동일성과 차이성의 기제를 인식하게 되는 순간으로 작동한다. 원봉은 하늘의 야생적 자연이 지니는 초월성에 '근접'하기를 열망한다. 그러나 그는 하늘로 높이 솟아오를 수 없다. 산돼지로서의 실존적 무게 때문에 그는 오직 '멀리 떨어진' 땅에서만이 하늘을 바라볼 수밖에 없다. 따라서 초월적 하늘의 야생성을 '바라보는' 행위는 자연적 대상과의 일치감과 불일치함의 이중적 관점 속에서 원봉의 의식을 능동적으로 요동치게 한다.[12] 그것은 자기 자신의 경계를 테스트해보기 위해 지속적으로 자연적 대상에 관심과 주의를 기울이는 순간으로 정신적 경험의 고양을 예각화하게 된다. 결과적으로 원봉이 깨닫는 것은 더 이상 아름다운 것에 집착하지 않아도 되는 '미성숙', '불완전'할 권리이며, 자신의 분신이 되는 산돼지 탈의 추함과 그로테스크함의 필연성이다. 그러한 인식이야말로 되기의 역동적 과정, 삶의 잠정적 에너지를 촉발하는 바 하늘이라는 야생적 자연을 바라보는 행위는 어떠한 목표 설정보다도 삶에 대한 맹렬한 활력적 의지의 측면이 중요하다는 예언자적 의식을 원봉에게 각성시키는 것이라 설명될 수 있다. 이렇게 해서 추한 동물로서, 혐오감을 갖고 타인에 의해, 원봉 자아에 의해 '응시되었던' 산돼지 탈을 둘러싼 생태적 공포증은 현실적 의미의 탈숭고화된, 탈심미화된 생태적 숭고(Ecosublime)로 격상된다. 특히나 조명희의 〈봄잔디밭에서〉를 원봉이 읊조리는 3막의 장면에서 삶의 그로테스크한 원초적 활력과 뒤섞인 야생성의 숭고함은 극대화된다. 3막에서는 "어린 아기가 어머니 젖가슴에 안겨 어리광같이 / 내가 이 잔디밭 위에 짓둥구를 적에 / 우리 어머니가 이 모양을 참으로 보아 주실 수 없을까 // 미칠 듯한 마음을 견디지 못하여 / 엄마 엄마 소리를 내었더니 「우애!」 하고 하늘이 「우애!」 하오매 / 어느 것이 나의 어머니인지 알 수 없더라."라는 노래를 통해 땅, 하늘과 인간이 서로를 부르고 응답하며 겹겹으로 관계망을 맺게 되는 세계의 열린 지평이 원봉이의 목소리에 얹

---

12 자연 대상에 대한 인식적 태도의 심리학은 Scott Slovic, "Nature Writing and Environmental Psychology : The Interiority of Outdoor Experience", *The Ecocriticism Reader : Landmarks in Literary Ecology*, Cheryll Glotfelty, Harold Fromm(Ed.), University of Georgia Press, 1996, pp.351~370 참조.

혀 그려진다. 그렇지만 동시에 그것은 억압되었던 비체(Abjection)의 사악한 어머니의 몸이 귀환하는 불안함과 메스꺼움의 순간을 지시하는 것이라고도 볼 수 있다. 그러한 미성숙한 아이의 고통과 아픔의 소리침을 통해서만이 야생적 거기에 존재하는 현존재가 절연을 넘어 인간적 여기로 근접해올 수 있음을[13] 이와 같은 청각적 풍경은 증시한다. 고향 같지 않은 고향, 기괴한(uncanny) 세계가 이 장면에서 형성될지라도 분명한 것은 인간적 편견에 의해 침묵을 강요당했던 야생적 세계의 비합리적 언어가 원봉의 목소리를 매개로 회복된다는 점일 테다. 아울러 인간주체와 자연세계 사이의 커뮤니케이션이 이루어져 생태적 연계성, 통합성, 상호의존적 체계가 암시되는 이러한 장면의 형상화는 원봉이 산돼지라는 자신의 타자성을 받아들이지 못했다면 불가능했을 탈심미화된 야생성의 한 아우라로 이해된다.

이상에서 확인하였듯 생태적 의미에 대한 천착은 〈산돼지〉의 새로운 독법을 위해 절실히 요청된다. 〈산돼지〉는 집에 관한 이야기이고 집의 형상이 안정적 정체성 형성을 위한 기본적 영토라 한다면, 〈산돼지〉에서는 야생적 생태 담론을 통해 그 같은 집에 대한 고착적 소속감과 귀속감의 담론을 탈구시키고 있는 이유에서다.[14] 바꾸어 말해 〈산돼지〉는 일제시대 식민통치에 대한 인물의 적극적 응전의 태도는 형상화하고 있지 않지만, 다층적 야생적 담론의 수사를 활용해 문화적으로 코드화되지 않고, 지도적으로 측량될 수 없는 공간을 집 내부에 텍스트화함으로써 '반

---

13 신문수, 「장소, 인간, 생태적 삶」, 『문학과 환경』 6.1, 문학과 환경학회, 2007, 61쪽.

14 이상란 또한 기존 논의와 달리 〈산돼지〉를 정적인 탈구적 의미로 해석한다. "원봉은 근대를 이끌어갈 계몽적인 주체도 사회주의 리얼리즘에서 제시하는 혁명적 주체도 아니지만…… 일제의 엄격한 담론통제 안에서 좌충우돌하고 분열하는 식민지시대 기형적인 근대화를 경험한 지식인의 초상을 심리적으로 형상화한 예이다. 즉 최원봉은 이상향이 아니라 현실태이다." 이상란, 『희곡과 연극의 담론』, 서울 : 연극과인간, 2003, 113쪽.

성적'[15] 문화 담론을 매설하고 있다. 즉 여기의 실내에 저기의 야생성을 불러들임으로써, 집 내부에 '정적인 추방(exile) 의식'이 형성되며, 그것은 식민 공간이라는 장소의 취약성을 부각시키고 '어떻게 우리가 다시 새롭게 위치되어야 하는가?'라는 문제제기를 비유적으로 축도화하게 된다. 이 위치 지어짐의 재구성과 장소의 짓기, 거주하기에는 필연코 여행의 과정이 함축될 수밖에 없고 〈산돼지〉도 그런 면에서 '집 속'의 여행 서사로 읽혀질 수 있다. 그러나 "내가 간다기로 지구 위에서밖에 더 내왕할까?"(173쪽)라는 원봉의 말과 같은 동적인 여행의 과정은 집 속에 야생을 거주시키는 〈산돼지〉와는 반대로 야생 속에 집을 거주시키는 도정인 〈난파〉에서 보다 분명하게 드러난다.

3. 〈난파〉 : 야생 속 집의 거주

김우진의 희곡 텍스트는 끊임없이 집의 의미에 대해 드라마적 실험을 시도했다고 평가될 수 있다. 그가 남긴 희곡 작품 대부분에는 집을 공간적 배경으로 하여 구시대의 인습에 얽힌 가정적 문제의 탐색과 극복의 가능성이 주요 모티브로 구성된다.

그렇다면 왜 집의 드라마적 공간이 김우진 희곡 텍스트에서 큰 비중을 차지하는지 우리는 되묻지 않을 수 없다. 무엇보다도 이러한 질문에 대한 답변은 집이라는 인위적 공간이 집에 정주한다는 소속감의 담론과 집으로부터의 떠남이라는 탈구의 담론을 조건화하는 데서 찾아질 수 있을 것이다. 그리고 그것은 안정적 정체성을 위해 고정적 장소를 마련하

---

15 본고에서 사용하는 반성성(Reflexivity)은 어떤 것을 경계 지으면서 틀거리를 만드는 메타 커뮤니케이션적 양상을 의미한다. 송효섭, 『문화기호학』, 서울 : 아르케, 2000, 300쪽.

고 싶은 욕망과 새로운 자기실현을 위해 자아를 탈영토화하고 싶은 욕망과도 이어진다. 따라서 집의 장소성은 정체성 형성과 창조적 자기 생산의 과정에 중요한 정치적 계기를 마련해준다고 이해될 수 있다. 여기서 집으로부터의 떠남, '출가'는 결국 전통과 혁신 사이, 습관적인 것과 낯선 것 사이에 인간 주체를 위치시키며 '야생적 세계'로의 여행을 구성하게 된다.[16] 〈난파〉의 변별적 특징은, 이러한 집으로부터의 추방의 시학, 야생으로 여행 떠나기라는 차원에서 조망될 수 있겠다.

〈난파〉에서 집의 공간은 〈산돼지〉의 원봉이에게 그러했던 것처럼 주인공인 시인에게도 고통과 억압의 장소로 받아들여진다. "커다란 조선식 집 앞. 마당. 밤. 흐린 달빛"(71쪽)의 무대 장치는 이미 집의 병리적 속성, 숨 막히는 감옥과 밀실로서 지각될 뿐인 집의 장소성을 상징화하고 있다. 보통의 집과는 달리 시인에게 집은 자신의 존재를 깊이 뿌리내릴 수 있는 공간이 아니다. 그곳은 자신을 "미성품(未成品)으로 그것도 흠점만 있게 만들어 낳"은(74쪽) 어머니에 대한 시인의 원망만이 가득한 공간이다. 또한 「양반 가정」, 「신라 성족의 후예」라는 자만"(76쪽)이 팽배한 아버지의 가부장적 사고방식에 대한 시인의 분노가 폭발 직전에 이른 공간이기도 하다. 해서 시인의 어머니는 골육상쟁의 이 죽음의 집으로부터 시인이 떠나야 되는 당위성을 "나가서 이름 부를 사람을 구해라…… 어서 나가 봐라."(80쪽)라는 말로 종용하게 된다. 이러한 여행의 개시는 한편으로는 집의 상실이라는 부정적 의미를 가지고 있기도 하다. 그럼에도 불구하고 "아 내게 힘만 주십시오. 힘만, 모든 것을 정복시킬"(80쪽)이라는 시인의 말처럼 그것은 잘못된 '위치 감각'을 수정하고 집 밖에 있는 곳으로부터 자신의 이름과 힘, 그리고 새로운 뿌리를 되찾을 수 있는 자신

---

16 집의 정치학과 관련된 논의는 Una Chaudhuri, *Staging Place : The Geography of Modern Drama*, Ann Arbor: University of Michigan Press, 1995, pp.1~20 참조.

과의 반성적 거리두기 의식을 고양시키게 된다. 시인이 집 밖에서 야생적인 것을 바라보고 날 것의 자연적인 것들과 몸으로 맞부닥뜨리는 제2막부터의 경험은 그래서 중요하다. 즉 〈난파〉에서 야생적 세계는 1막에서 재현된 집의 인위성이 구획한 결정되고 주어진 가치, 시인에게 얽혀진 "인과율"(75쪽)의 구성적, 인공적 속성을 전경화고 파괴하는 데 크게 기여한다고 평가될 수 있다. 결과적으로 야생적 생태로의 시인의 여정은 집이 지어지지 않은 곳인 야생의 자연 속에 새롭게 집을 짓는 또 다른 거주의 상상력을 예각화하게 된다.

그렇다고 한다면 그 집이란 1막에서 그려진 인습의 일차원적 공간인 집과 과연 어떻게 다른가? 소속과 추방의 대화 속, 집과 집 없음의 대화 속에서 시인이 획득하는 정체성이란 무엇인가? 이 질문에 답하기 위해서는 다시 한번 야생의 세 가지 생태적 층위에 대한 논의로 되돌아가야 할 필요가 있다.

먼저 〈난파〉에는 표층의 개념으로서 직접 경험되는 야생의 체험이 대단히 과장, 변형되어 텍스트에 배치된다는 점이 주목된다. 요컨대 자연에 대한 급진적 해석이 이루어짐으로써 〈난파〉의 표층적 야생의 생태는 인습적 가치를 전복하는 데 효율적인 수사 전략으로 기능하고 있다. 제2막 1장의 풍경은 "울창한 산림 속. 봄. 음예(陰翳) 세인 광선. 고도(孤島) 소리와 꾀꼬리 우는 소리"(80쪽)가 울려 퍼지는 곳이다. 그러나 이곳은 평화로운 봄의 산림이 아니다. 울창한 숲속에서 시인이 백의녀와 상식적으로 설명될 수 없는 파괴적 애정 행각을 벌이는 까닭에서다. 시인은 백의녀의 손을 낚아채 살 속 검은 피를 빨아 먹으려는 극단적이면서도 폭력적인 몸짓을 취하는 바, 괴물 같은 동물성을 전면화한다. 강력하게 이미지화되는 이러한 뱀파이어리즘(vampirism)적 행위로 인하여 산림의 풍경은 순수하고 목가적이며, 안온한 풍경으로서의 위상을 상실하게 된다. 그보다 나무들로 빽빽하게 우거져 그늘이 진 산림은 문명의 그림자 또는 타자로서, 어두운 숲의 도상을 형상화한다. 산림의 정경화가 함의한, 길을 잃은 시인의 내적 정신 상태의 재현은 2막 2장에서도 이어진다. 2막 2장에서 장소는 은밀한 침실로 바뀌었지만, 그곳은 유혹과 매혹, 위험과 연계된 도시 속 또 다른 산림이라 할만하다. 왜냐하면 새로운 연인인 비의녀에게서 시인이 거머리에게 당하듯 피를 빨리는 뱀파이어리즘의 장면이 다시 한번 연출되고 그로써 사회적 법 이전의 카오스적 상태가 무대화되고 있기 때문이다. 물론 그러한 수성(獸性)의 행위들과 그것이 서술하는 동물적 야생의 풍경들이 다른 사람의 몸을 먹는 카니발리즘의 비정상적 행위로 간주될 수 있더라 하더라도 꼭 부정적 의미로 비판받을 필요는 없을 것 같다. 오히려 추상적 지성주의에 토대한 기존의 인습에 반대하고 생명력을 강조하는 활력론(Vitalism)의 극단적, 야성적 표출로서 기능하면서 그것은 좀 더 구체적이면서도 심층적인 삶과 접촉하려는 열정적 몸짓으로 파악된다.

이처럼 삶의 야생적 생명력을 지향하는 열정적 의식의 비합리성은 역으로 죽음에 대한 열렬한 소망, 자살 의식과 상보적이다. 죽음이야말로 인간이 회피할 수 없는 필연적 자연의 법칙임을 상기해볼 때, 우리는 〈난파〉에서 텍스트화되는 두 번째 야생의 개념, 자연적 법칙으로서의 야생 개념을, 죽음과 자살 의식을 단초로 추출해볼 수 있다. "내가 너를 낳기 전에 아이를 즉 네 형을 둘이나 나서 죽였대도 그래."(72쪽)라는 시인 어머니의 말처럼 시인은 죽음을 삶의 업보처럼 혹과 같이 태생부터 달고 나온 존재다. 더구나 시인은 불구인 몸 때문에 자기혐오적인, 생 경멸적인 불안정한 감정적 상태의 소유자이다. 2막 1장에서는 "할 수 없는 듯, 그러다가 고만 목 매이려고 허리띠를 나뭇가지에"(82쪽) 걸어 시인은 실제로 자살을 감행한다. 또한 2막 2장에서도 유사 죽음 상태인 병적 상태로 시인은 그려지고 있기도 하다. 이러한 생물학적 육체의 파괴에 따른 비극적 죽음 사건의 빈번한 장면화와 자살 시도의 스펙터클화는 사회에 적응하지 못하는 유약한 의지의 작중 형상화로 비난받을 여지가 일견 있다. 그러나 과연 김우진의 희곡 텍스트에서 죽음의 야생성이 삶을 저버리는 나약한 주제 의식의 원인항으로서만 동기화되는 것일까? 현실 의식의 부재로서만 탓할 수 있는가? 오히려 그것은 앞에서 지적된 대로 삶의 야생적 생명력을 지향하는 열정적 의식의 전도된 형상이 아닐까? 죽음이라는 필연적 사건의 법칙적 강고함이야말로 역설적으로 삶과 리얼리티의 황홀경적 몰입의 순간을 예비하는 계기로서 발견되기 위해 배치된 것은 아닐까? 이를 입증하려면 우리는 좀 더 다른 층위의 세 번째 야생성의 개념, 형이상학적 야생성을 논해야 할 것이다.

　제1막에서 집을 떠나 제2막에서 산림과 침실을 경유하여 시인은 드디어 제3막의 "해변 모래밭 위, 별빛. 물결 소리. 음침한 바람"(89쪽)이 부는 곳에 여정의 끝자락을 닻 내리게 된다. 여행의 결과로 손꼽을 수 있는 바는. 해변에 도달한 시인이 자아에 대해 보다 각성된 의식을 지니게 된다는 점일 테다. 이러한 시인의 각성된 의식은 3막의 캐릭터들이 인간중심적 문화주의인 휴머니즘의 탈을 벗고 스스로를 생물체적 공동체의 한 일원으로 간주하며, 모든 문화적 현상을 야생적 환경의 역학과 결부지어 생각하려는 순간에서부터 촉발한다. 예컨대 동복제의 "왜 피려는 꽃은 이렇게 틀어 감어야 합니까? 왜 저 멋대로 크게 가만 두지 아니하면 못 됩니까?"라는 질문에 "애, 그래도 너는 피려는 힘이나 있지? 또 뿌리에서 물이나 올라오지."(90쪽)라고 답변하는 시인의 대답에서 보이듯, 인류형태학적 존재인 캐릭터들은 3막에서 자신을 야생적 생태의 부분적 존재들로 인식하는 모습을 보여준다. 시인의 어머니도 "잎이 피어야 꽃이 피지. 더구나 잎도 안 핀 데서 씨를 받을려구?"(92쪽)라며 식물 성장의 자연적 현상의 순리를 근거로 무분별하게 서양 사상 흉내 내기에 조급한 시인을 나무란다. 카로노메도 마찬가지로 "나는 인제 습기 있는 땅으로 옮겨 심은 나무예요. 참 양분되는 습기를 마음껏 빨아들여야 해요."(96쪽)라며 자신을 유기체인 '나무'로 토로한다. '습기 있는 땅'이라는 개선된 조건, 즉 서양적 이지적 사상의 토대에만 안주하려는 카로노메(비비)에 대해 시인이 비판할 때도 "여름에 너무 성했다가 가을에 떨어지는 참나무 잎사귀 모양으로 변할 수 없는 사실"(96쪽)일 뿐이라는 자연적 야생의 원칙이 열거된다. 이 같은 야생적 사물이나 자연 현상적 원리의 나열이 단순히 작중에서 인물 간의 인간중심적 의미들의 소통을 과시하기 위해 비유적 차원에서 사용되었다고만은 볼 수 없을 것이다. 그보다 상호의존적, 상호 결정적 구성물로서 인간적인 것과 야생적 것이 구심력과 원심력을 갖고 상대화되는 탈중심적 사고의 차원으로까지, 인간적 상호행위의 맥락이 넓혀지는 과정이라 보는 것이 더 정확하다.[17] 생태적 관계성의 국면은 시인과 카로노메가 바다에 난파한 나무 조각을 보는 장면에서 정점을 이룬다. 〈산돼지〉에서 원봉과 영순이 하늘을 쳐다보며 그것과의 일치감과 불일치함의 관점을 전개했듯, 암초에 난파한 나무 조각은 시인에게 야생의 타자적 세계에 응답하고 그에 따라 자신의 정체성을 새롭게 재조정하는 변형의 과정을 명시적으로 발생시킨다. 즉 난파당해 물에 빠진 사람이 불빛 있는 등대 쪽으로 헤엄쳐 가거나 부표를 잡으려 애쓰는 것은 인지상정의 일일 테다. 그러나 시인은 광명의 신을 부정하고 "암흑의 신이 부르는 소리"(96쪽)를 들어보라며, 부표 잡는 것을 "불가능"(97쪽)한 일이라 말한다. 그는 불빛 없는 험난한 파도에 휩쓸리는 난파당한 나무 조각을 보면서, 그 '불안정한', '불완전한' 사물이 발산하는 야생적 생명력의 강도에 자신을 '근접'시키고, '일치'시키고 있다. 이 점은, 습기 있는 땅으로 옮겨 심은 나무처럼 가공된 자연 환경을 선호하는 카로노메가 인공적 부표를 잡아야 한다고 주장함으로써 난파한 나무 조각과

---

17 Patrick D. Murphy, "Ecofeminist Dialogics", In Laurence Coupe, Op.cit., pp.193~197 참조.

'거리'를 두며, 그것과 '차별화'하려는 의식을 선보이는 것과는 대단히 대조적이다. 이 두 사람이 난파된 광경을 다르게 보고 있다는 것이 함의하는 바는 그렇다면 무엇인가? 여행자로서, 토착적 야생을 내적 풍경과 동일시하며 관계적 시선을 가지고 관여하느냐(시인) 아니면 외적 리얼리티에 대한 냉정한 관찰자적 시각으로 토착적 야생을 식민화된 시선으로 포착하느냐(카로노메)의 차이일 것이다. 이렇게 봤을 때, 시인이 난파된 나무 조각에 집중적인 주의를 기울이며 자신을 개방시키는 모습은 앞서 논의된 죽음과 자살 장면의 형상화가 결코 현실도피적인 의식의 소산이 아니라는 점과 연계될 수 있다. 다시 말해서 넓디넓은 바다에서 난파한 나무 조각이 이리저리 파도에 휩쓸리는 것에서 야생의 생명력이 지각되는 바와 같이, 〈난파〉에서 죽음과 자살의 장면화는 역으로 존재론적 한계(Margin), 경계론적(liminal) 상태에 관계하려는 야생성의 활력과 생기를 추동시킨다. 요컨대, 죽음, 암흑은 "원리가 지도해주었지만 이제는 사실이 끌어냅니다. 그러기에 난파지요"(97쪽)라는 시인의 대사가 암시하듯, 인간이 디디고 살아가야 할 구체적 '사실', 현실태다. 죽음, 바다, 암흑, 그리고 거기에서 표류하는 나무 조각과 인간의 야생적 정경은 고향 같지 않은 고향, 익숙한 낯섦의 기괴한(uncanny) 풍경을 형성한다. 그것은 탈숭고화된 숭고로서 문화와 야생의 상호의존적 소통, 그리고 생태적 공포증의 그로테스크한, 탈심미적 승화를 텍스트화하고 있다. 따라서 〈난파〉는 야생과 문화, 자아와 타자, 자연과 인공, 보는 자와 보이는 자 사이의 경계를 용해시키며 새로운 거주의 상상력, 야생 속에 인간적 집의 뿌리를 내리려는 제의적 원시주의의 생태적 상상력이 연극적으로 어떻게 가능한지를 밝혀준다.

이렇듯 〈산돼지〉와 마찬가지로 〈난파〉에 관한 새로운 시각을 재구하는 데 생태학적 접근은 모종의 미래지향적 방향성을 제시할 수 있을 것이다. 물론 〈산돼지〉와 달리 〈난파〉에서는 시인이 집을 뛰쳐나와 동적인 여행의 과정을 거친다. 그리고 그 여정의 결과, 역동적인 야생적 영역들을 시인이 내재화하는 바, 관찰자의 입장에서 벗어나 거기에 귀속하는 시인 내적 야생의 풍경이 보다 유표적으로 나타난다는 점이 폐색된 공간에서 정적으로 전개되는 〈산돼지〉와의 차이라면 차이일 것이다. 이를테면 〈난파〉는 자연적인 것들의 힘과 강도, 강렬함, 충만함에 힘입어 인간적 생명력이 고양된 시인이 야생 속에 집을 짓게 되는 거주의 상상력, 창조적인 탈구의 과정을 드라마화한다. 그러나 〈산돼지〉와 〈난파〉 공통적으로 야생성을 작중에 소환함으로써 집의 인습적 경계를 재형성하고 캐릭터의 정체성을 성장게 하는 텍스트적 효과를 창출하고 있다는 점 또한 무시해서는 안 될 부분이라 생각된다. 여기서 중요한 것은 그 같은 야생의 연행이 지닌 에너지 때문에 두 텍스트의 관객 모두 연극적 틀 속에서 재현되는 것들을 냉담하게 바라보는 관찰자의 시각을 유지할 수 없다는 점일 터이다. 다시 말해서 산돼지, 바다처럼 언어로 재현될 수 없는 것들을 연행하는 결과, 관객은 텍스트상 재현되는 자연적 대상을 단순한 추상적 원근법의 '그림'으로서 객체화할 수 없게 된다. 해서 관객은 연극적 틀 속에서 전시되는 야생적 자연의 대상을 정신적 우월성을 토대로 객관화하고, 자신으로부터 분리하는 것이 아니라 그것에 좀 더 관계적으로 반응하게 된다. 따라서 이 두 텍스트의 관객은 연극적 틀 내부의 세계와 외부의 세계를 추상적으로 나누고 대상화하는 이상화된 권위적 전망의 소유자라고 말할 수 없다. 그보다 그/그녀는 야생의 연행이 호소하는 거친 감수성과 지각성 때문에 재현되는 텍스트 세계에 대해 동작주(Agent)적인 상호 관계성을 가지고서 반응할 것이라 우리는 예측해볼 수 있다. 이러한 국면은 거주의 문제가 비단 김우진 텍스트 내의 테마와 관련될 뿐만 아니라 연극 무대의 공간 자체와도 연계된다는 점을 시사한다. 즉 〈산돼지〉, 〈난파〉에서 야생의 영역이 연행될 때, 그 효과로 관객은 프로시니엄 무대의 관객과는 다르게 텍스트 내 재현되는 야생적 자연에 보다 능동적으로 관여하게 된다. 그러므로 배우의 몸, 야생의 무대와 함께 호흡하는 관객의 몸을 통해, 어떻게 살아 있는 유기체의 몸과 그것을 둘러싼 환경 사이의 상호관련성을 상기시키면서 연극 공간 자체가 또 다른 집, 거주의 생태적 지점으로 형성될 수 있는가를 이 두 텍스트는 잘 보여준다.[18]

덧붙이자면, 토지조사 사업, 어업령, 산림령, 광업령 등으로 각종 자연 자원과 지하자원이 피폐해진 1920년대 조선의 척박한 생태 환경을 고려했을 때, 이상의 〈산돼지〉, 〈난파〉에서 형상화되고 있는 비합리적 야생성의 텍스트적 연행이야말로, 식민화된 조건하 희곡적, 연극적 담론이 취할 수 있는 유일한 응전의 수단이 아니었을까 생각해볼 수 있다. 비록 그렇게 해석된 야생적 생명력의 재현이 오늘날의 시점에서 조악해보이더라도, 야생적 영역들의 잠정성, 복수성, 다가성이 내포한 문화정치적 의미와 그것이 관객에게 미치는 효과는 부정될 수 없을 것이다. 텍스트화된 야생의 담론은 김우진 희곡에 배치된 집의 생태적 측면에 대한 이해를 촉발하고 더 나아가 관객에게 우리가 어디에 있고, 어디에서 왔고, 어디로 가야하는가 같은 위치 지어짐의 짓기, 거주하기의 사회정치학적 복잡성에 대한 더 큰 인식론적 '반성성(Reflexivity)'을 제공한다. 그것은 곧 1920년대 조선이라는 집, 제국주의적 세계관이 지도화한 식민화된, 일면화된, 결정된 집에 대해, 또 다른, 다차원적, 미결정적 집의 상상력을 구상하게 하는 탈권위적 야생적 담론의 문학적, 연극적 실현이라 할 수 있겠다.

---

18 이 지점이 김우진 텍스트의 표현주의적 아방가르드의 심미적 속성과 맞닿게 되는 부분인 바, 그것은 김우진의 희곡에서 내면을 드러내는 단순한 배경이나 분위기로서만 자연을 간주할 때 이끌어낼 수 없는 결론이다.

4. 생태 희곡사의 가능성

본 연구는 생태담론이 김우진 텍스트의 해석에 간과된 문화정치적 의미를 살펴보는 데 기여하고 그것에 대한 정당한 평가를 제공해줄 것이라는 전제하에, 야생의 연행성과 거주하기의 장소성을 분석적 도구로 활용하여, 〈산돼지〉, 〈난파〉의 생태적 상상력을 분석해보았다. 그 결과 생태주의적 사고가 김우진 연구의 협소한 지평을 확장할 수 있고, 또한 생태 희곡사의 외연을 재구하는 작업에도 도움을 줄 수 있음을 밝히고자 하였다.

본론에서 논해진 내용들을 간추리자면, 연행되는 표층적, 법칙적, 형이상학적 야생성의 담론이 〈산돼지〉와 〈난파〉에서 인간주체와 그/그녀가 속한 장소성의 다채로운 변주 및 인식상의 변형을 가능하게 했다는 것으로 정리된다. 다만 〈산돼지〉와 〈난파〉의 차이점이 있다면, 전자가 집에 야생성을 거주시킴으로써 정적 추방 의식을, 후자가 야생에 집을 거주시킴으로써 동적 추방 의식을 구현했다는 점이다. 그러한 집에 대한 사고는 위치 지어짐의 사고, 자연 환경적 요소들과의 공존과 그에 대한 인식이라는 문제의식을 노정하는 까닭에 일차적으로 생물학적 공동체와의 연계적 관점에서 정체성의 해체와 탈구를 형상화하지만, 더 나아가서는 능동적 비전을 지니게 된 관객과의 상호작용 속에서 조선이라는 집, 식민화된 지구라는 집에 대한 사회문화적 반성까지 유도할 수 있다는 것이 본고의 잠정적인 결론이라 할 수 있다.

김우진 텍스트에서 동물 형상, 풍경, 인간의 생물학적 체현 등 야생성이 연행되는 양상을 거쳐 집에 거주하는 방식의 인위성이 변화되는 과정을 통해 우리는 하이데거의 말대로 인간 실존의 생태적 본질로서 거주하기가 어떻게 희곡적, 연극적으로 가능한지를 검토해볼 수 있게 된다. 그러나 앞서 살펴본 바와 같이 김우진의 텍스트에서 집은 중심성이 고착화된 곳이 아니다. 김우진 텍스트상 연행되는 집은 시작도, 끝도, 중심도 없는 '집 없는 집'이다. 한마디로 말해 김우진 텍스트상 집의 공간은 대단히 리좀(rhizome)적이다. 그 때문에 지구라는 집의 장소성에 기반해, 여타 생명체와의 관계성, 통합성, 복합적 상호의존성을 강조하는 생태주의적 비평은 김우진 희곡 텍스트를 편견 없이 고르게 이해하려는 노력에 중요한 실마리로 기능할 수 있다. 역으로 '녹색 김우진'은 희곡, 연극 연구의 생태주의적 접근에 진지한 고민과 성찰의 계기 또한 마련할 것이라 판단된다. 이러한 논의들에 대한 좀 더 구체적 확인 과정은 차후에 남겨진 과제다.

3장
이현화 희곡 〈오스트라키스모스〉에 나타난
반복 충동과 연행성

1. 텍스트 형식과 독자의 욕망

　본고의 목적은 〈오스트라키스모스〉에 나타나는 반복 충동과 연행성에 대한 새로운 연구 시각을 제시함으로써, 역사적 문제의식이 현저한 이후 작품들, 〈불가불가〉, 〈넋씨〉, 〈키리에〉, 〈협종망치〉 등 후기 이현화 희곡 텍스트 이해의 폭을 넓히는 데 있다. 이현화의 〈오스트라키스모스〉에 관한 독립적 논의를 반복 충동과 연행성의 분석 도구를 활용해 집약적으로 살펴보는 바, 후기 희곡들에 대하여 이해의 단서를 마련해보려는 것이 본고의 목적이다.

　물론 이현화 희곡 세계를 총체적으로 개괄하는 연구[1]가 심도 깊게 이루어졌다 하더라도, 〈누구세요?〉, 〈쉬-쉬-쉬-잇〉의 초기 문제작이나 〈카

1　손화숙, 「이현화론－관객의 일상성에서 벗어나기 위한 연극적 기법」, 『한국극예술연구』 2, 한국극예술학회, 1992, 275~290쪽 ; 박혜령, 「한국 반사실주의 희곡 연구 : 오태석, 이현화, 이강백 작품을 중심으로」, 이화여자대교 국어국문학과 박사학위 논문, 1995 ; 신현숙, 「이현화의 극작술에 대한 소고 : '지문'을 중심으로」, 김호순박사 정년퇴임기념논총간행위원회 편, 『한국희곡작가연구』, 서울 : 태학사, 1997, 407~427쪽.

덴자〉, 〈산씻김〉, 〈불가불가〉처럼 수작으로 평가받는 작품들 이외에 이현화 희곡 텍스트의 개별적 논의는 미진한 편이다. 〈오스트라키스모스〉 텍스트 자체에 특별한 관심을 보인 논의도 흔치 않은 것이 사실이라 할 수 있다. 그러므로 시이저 암살이라는 역사적 기억과 관련된 극중극을 기본 줄거리로 한 〈오스트라키스모스〉의 탐구는 초기 희곡의 경향과 달리 역사성에 초점을 맞춘 후기 희곡 텍스트의 문제의식[2]을 상당 부분 해명해 줄 것이다. 아울러 그것은 이현화 희곡 텍스트 세계의 전반적 담론 지평을 아우르고, 그 성격을 규명할 수 있는 시도로서 의의를 지닐 것이라 예측된다. 결과적으로 본고는 파시즘적 폭력이 난무하는 1970년대 말 이현화 희곡이 어떻게 자신의 문학 담론을 변화시켜 이에 적극적으로 응전했는지를 한 텍스트를 통해 집중적으로 살펴보려 한다는 점에서 의미를 가진다.

자기 정체성에 대한 탐구에 몰두한 1기 작품들, 세계의 음험한 폭력성을 고발하는 데 깊은 관심을 보인 2기 작품들, 관객(또는 독자)에게 폭력에 대한 반성적 사유를 요구하는 3기 작품들로 구성된다는 것이 이현화의 희곡 세계에 대한 대표적 평가다.[3] 대부분의 논의[4]의 논조들도 이러한 평가가 비슷하며 본고 또한 이 점에 수긍하고 있다. 하지만 이전 시기의

2 후기 희곡에 대한 논의로는 임준서의 글이 유일하다. 임준서, 「역사의 악순환에 응전하는 역설의 화법」, 서연호 · 임준서 편, 『이현화 희곡 · 시나리오 전집 3』, 서울 : 연극과인간, 2007, 297~312쪽.

3 이상우, 「폭력과 성스러움」, 서연호 · 임준서 편, 『이현화 희곡 · 시나리오 전집 2』, 서울 : 연극과인간, 2007, 226~227쪽.

4 김미도, 「이현화 희곡 연구」, 『논문집』 48.1, 서울산업대학교, 1998, 37~51쪽 ; 이미원, 「이현화 희곡과 포스트모더니즘」, 『한국연극학』 16.1, 한국연극학회, 2001, 41~63쪽 ; 배선애, 「소통의 단절과 관계의 부재」, 『민족문학사연구』 26, 민족문학사학회, 2004, 111~138쪽 ; 김옥란, 「1970년대 희곡과 여성 재현의 새로운 방식」, 『민족문학사연구』 26, 민족문학사학회, 2004, 63~84쪽.

제1부 비사실주의 희곡 텍스트와 재표면스

작품들로부터 적지 않은 변모를 보인 3기 이후의 4기 희곡 작품 세계의 변별성을 드러내기 위해서는 3기에 속한 〈오스트라키스모스〉 같은 텍스트의 상세한 분석이 요청되나 상대적으로 연구가 활발하지 않았다는 점은 아쉬운 대목이다. 본 연구의 계기가 된 반복 충동은 이미 여러 연구자들에 의해 이현화 텍스트의 중요한 특징으로 판단되었다는 사실에서 연구의 의미가 깊다. 선행 연구자들이 설명하듯이 반복은 이현화 희곡 텍스트에서 회귀적 구성을 형성하는 원인으로서 반복 기법으로 인해 인간 삶이 갖는 단조로움과 무의미함이 더욱 강조된다. 또한 상황의 반복 때문에 끝없이 해석되고 다시 쓰이는 해체주의적 역사관이 이현화의 작품 세계에서 드러나기도 한다. 극적 행위가 최면 효과와 주술성을 띠는 것도 이러한 반복 기법의 활용 때문이라 할 수 있다.[5]

본고는 이현화 희곡의 반복 기법을 정신분석학적 입장에서 문제 삼아 이현화 희곡 텍스트에 나타나는 반복 형식에 대한 인식을 새롭게 하고자 한다. 반복 충동은 모든 주체가 가진 무의식 표출의 일반적인 특징이라 할 수 있다. 그러나 반복 충동의 문제에 착안하지만 본고가 조망하려는 것은 저자의 무의식이나 독자의 무의식 혹은 캐릭터의 무의식에 관한 정신분석학적 비평이 아니다. 그보다 이현화 희곡 텍스트 자체에 대한 정신분석학적 비평, 즉 텍스트의 기능과 독자(관객)의 읽기에 내재된 욕망이 상응하는 측면을 탐구할 계획이다. 이 글의 연구 단계도 텍스트의 반복 형식에 관한 분석과 이에 응답하는 독자(관객)의 욕망에 대한 분석 두 단계를 거친다. 요컨대 본론에서는 수사적이며 형식적인 것과 독자(관객)의 욕망이 역동적으로 상호작용하는 측면에 초점을 맞춤으로써 이현화 희곡 텍스트와 독자(관객)의 상호관계를 통해 리얼리티가 변형되는

---

5 각각 손화숙, 앞의 논문, 277쪽 ; 이미원, 앞의 논문, 49쪽 ; 김미도, 앞의 논문, 48쪽 참조.

양상인 연행성(performativity)[6]의 분석이 규명될 것이다.[7]

2. 반복 충동의 증상들과 텍스트적 에너지의 생성

프로이트에 따르면 '증상(symptom)'은 억압 과정의 결과이다. 자아는 억압이라는 수단을 이용해 비난받을 만한 충동이 의식으로 바뀌지 못하도록 막는데, 그 충동은 종종 무의식적 구조로 존속한다는 것이 드러난다.[8] 증상은 기표들을 통해 말하게 되는 무의식적인 기의들이라 말할 수 있다. 동일한 설명이 문학 텍스트의 구조에도 적용될 수 있을 듯하다. 픽션의 생산 과정 또한 말한 것과 말해지지 않은 것, 말할 수 있는 것과 말할 수 없는 것 사이에서의 의식, 무의식적 정신 역학 구조화 과정에 종속되기 때문이다. 여기서 반복은 증상적인 것들의 핵심에 위치한다. 텍스트에서 반복되는 것들은 플롯상 지연된 액션을 구성하며 이를 통해 이야기하려는 사건이 무언가에 억눌려 있음을 암시하게 된다.

〈오스트라키스모스〉가 취하고 있는 반복은 우선 어떤 '기호'에서도 발견될 수 있다.[9] 반복되는 것들은 "자유", "만세", "해방", "노예"(128쪽) 같

---

6 이 글에서는 통상적인 번역과는 달리 performativity를 수행성이 아니라 연행성이라 번역하였다. 이에 대한 논란의 해명은 지면의 여건상 다음 논문의 논의로 대신하고자 한다. 이상란, 「오태석 연극의 연행성 – 〈로미오와 줄리엣〉을 중심으로」, 『한국연극학』 41, 한국연극학회, 2010, 39~75쪽.

7 이와 같은 방법론의 연장선상에서 권혜경, 「이현화 희곡에 드러나는 '텍스트의 불안' 연구」, 서강대학교 국어국문학과 석사학위 논문, 2009의 논의가 주목된다.

8 지그문트 프로이트, 『정신 병리학의 문제들』, 황보석 역, 서울 : 열린책들, 2003, 212쪽.

9 앞으로 인용될 텍스트는 다음 작품집을 참조하였다. 이현화, 『이현화 희곡 · 시나리오 전집 2』, 서연호 · 임준서 편, 서울 : 연극과인간, 2007.

은 단어 수준의 반복들로부터 작동을 시작한다. 서두의 "연극구경", "우라지게 희한한 연극", "무슨 놈의 연극", "이 연극"(104~105쪽)의 어구들은 구절 차원에서 발견되는 반복 형식이다. 낯선 사내들이 다가와 나를 포함해 남녀 관객 역할을 하고 있는 배우들에게 "뜻하시는 일이 성공하시길 바랍니다.", "망설이지 말고 결행하십시오.", "온 세상이 다 알고 있는 일 아닙니까?"(112~114쪽)를 거듭하는 것은 문장 층위에서의 반복 형식을 구성한다. 비단 반복은 언어 기호의 층위에서만 이루어지는 것이 아니다. "로마로 가는 길→", "로마 100m→", "어서 오십시오. 여기서부터 로마입니다."(107쪽) 등 점점 공연장에 가까워짐을 표시하는 하얀 페인트의 글씨와 화살표는 소도구 차원에서 반복 요소들의 형태를 취하고 있다. 낯선 사내들이 객석을 돌아다니며 "쉿~" 손가락을 입술에 댄 후 관객들의 옆구리를 쿡 찌르고서는 귓속말로 속삭이는 것(112~115쪽)은 반복되는 제스처를 형태화한다. 극 마지막 부분에서 수위 6명이 차례대로 채찍을 들어 관객들을 후려치는 장면도 가학적인 폭력의 몸짓을 반복적으로 나타내고 있는 경우라 할 수 있다.

　기호의 반복은 기표의 반복과 기의의 반복, 두 관점에서 좀 더 세분하여 고찰이 가능하다.[10] 예컨대 "연신 팝콘을 쑤셔 넣고 있는 관객 아니 의원님, 껌을 잴강잴강 놀리고 있는 아가씨 의원님, 아이스크림을 핥는 긴 혓바닥 의원님……"(111쪽)은 다른 단어들의 변주에도 불구하고 등가적인 표층적 통사 구조가 병행되는 기표 차원의 반복 사례. "JUNIUS BRUTUS", "MARCUS BRUTUS", "주니어스 브루투스", "브루투스"(108쪽)로 라틴어와 한글의 고유명사가 함께 나열되는 것도 기표적 반복 형식의 일종이라 할 수 있다. 반면 줄리어스 시이저를 암살하고자 사내

10　물론 기표, 기의의 반복은 분리될 수 없다. 그럼에도 기표의 반복, 기의의 반복 중 어느 한 편이 유표화된 경우를 다루는 것은 반복 충동의 체계적 분석을 위해 필요한 작업이다.

1,2,4,5가 단검으로 스물 세 번이나 그를 찔러대는 장면(121쪽)은 거칠고 사나운 힘의 몸짓을 가시적으로 형상화하는 바, 기표 차원의 반복적 강도를 증폭시키는 효과를 거둔다.

기의 층위의 반복이 인지될 수 있는 대목으로는 극 시작부와 마지막 부분이 주목된다. 공연의 보고자인 관극기 서술자가 "날씨야 어떻든 연극은 흘러갈 것이며, 맑으면 맑아서, 흐리면 흐려서 또 비가 오면 오는 대로, 눈이 내리면 내리는 대로~"(106쪽)로 공연 시작 전 그것에 대한 기대치를 토로하는 것은 연극의 의미에 대해 중첩된 메시지를 전달해준다. "맑으면 맑아서, 흐리면 흐려서, 비가 오면 오는 대로, 눈이 내리면 내리는 대로"의 구문들이 함축하고 있는 것은 날씨의 예측 불가능함 혹은 우연성에 대한 인식으로서, 그것은 연극 예술의 순간성, 가변성에 대한 메타적 인식을 강조하고 있기 때문이다. 일상에서 '역전 앞'의 과잉된 용어법이 그 뜻을 배가시키는 것과 비교하면 이러한 대사가 함의한 기의 차원의 반복을 미루어 짐작할 수 있다. 수위들이 관객들에게 채찍질하는 결말 부분도 이와 유사하다. "이 새끼들아! 시끄러!", "아가리 닥치고 빨리 들어가지 못해!", "이 노예놈의 새끼들아!", "뭘 꾸물대! 빨리 썩 들어가지 못해?!", "이 짐승보다 못한 노예놈의 새끼들아!"(130쪽) 등 연이어지는 수위들의 욕설은 새디스트적 매질과 함께, 노예의 의미를 양각화한다. 즉 "관객=노예"라는 의미를 반복적으로 형상화한 점이 이 장면의 특징인 셈이다.

이제 〈오스트라키스모스〉에 드러난 반복 충동의 증상들을 기표와 기의로 구성된 기호 차원에서 좀 더 확장하여 서사 차원에서 살펴보자. 서사(narrative)는 주지하다시피, 이야기(story)와 언술(discourse) 층위가 결합하여 만들어진다. 이야기는 말하고자 하는 '내용'이다. 반면 언술은 말하는 '방식'이다. 이야기가 '말해진 것(narrated)'이라면, 언술은 '말하는 것(narrating)'이다. 때문에 서사적 측면상 이야기는 '기의'에 해당한다. 그리고 언술은 '기표'에 해당한다. 결과적으로 기표의 반복은 '동일한 언술적 요소'로 '다른 이야기 사건'을 서술하는 것이다. 한편 기의의 반복은 '다른 언술적 요소'로 '동일한 이야기 사건'을 서술하는 것이다.[11]

먼저 〈오스트라키스모스〉의 서사상 기표 차원의 반복부터 검토하면 다음과 같다.

> 그때 뭔가 우당탕 부서지는 소리에 이어 심하게 다투는 욕지거리와
> 격렬한 아우성이 열려져 있던 입구를 통해 로비로부터 들려왔어요.
> 그건 마치 어서 나와 보라는 부름 같기도 해서……
> **남자 관객** 1 : 뭐야? 또 죽이는 거 아냐?
> **여자 관객** 2 : 누가 잡혀가나 본데요? (125쪽)

브루투스가 시이저를 암살하는 장면을 목격했던 관객들은 다시 한번 그 같은 폭력적인 장면을 목도하게 된다. 시이저의 죽음을 놓고 로마의 자유를 위해 그가 반드시 제거되어야만 한다고 주장하는 공화정 파와 시민의 동의를 구하지 않았음을 명분으로 암살의 부당함을 주장하는 황제파 간의 싸움이 그것이다. 비좁아진 로비 중앙에서 달아났던 안토니우스, 레피두스 측과 이들을 붙잡은 킴베르, 카씨우스, 카스카 측의 난투극 못지 않은 실랑이가 벌어짐으로써, 시이저 척살 장면과 비견될 만한 폭력 행위가 다시 재연된다. 시이저 암살, 권력층의 폭력 사태 등 '다른 이야기'가 "또 죽이는 거 아냐?" 같은 '목격자이자 중재적 화자로 역할하는 동일 관객들의 시각'에 의해 윤색되므로, 서사상 기표 차원의 반복이 실현된다 말할 수 있다.

역사의 한 토막을 관조해 볼 수 있었을 것이오. 흐렸댔으면 흐린 대

---

11 서사적 기표 및 기의의 반복은 Shlomith Rimmon-Kenan, "The Paradoxical Status of Repetition", *Poetics Today*, 1.4, 1980, p.152 참조.

로 그 축축한 습기에 묻혀 역사적 인물의 죽음을 음미해 볼 수 있었을
것이며, 연극의 흐름을 따라 공연장 안팎을 드나들며……

　　모처럼 연극 구경 와서 공연히 불집을 만들어 망신당하기보단 차라
리 조용히 앉아서……하라면 하라는 대로 보여 주면 보여 주는 거나
보고 들려주면 들려주는 거나 들으면서…… (각각 105, 131쪽. 밑줄:
인용자)

　　극 시작 부분에서 "역사의 한 토막을 관조"하고, "역사적 인물의 죽음
을 음미"하겠다던 관극 보고자 '나'의 차분한 어조는 관객들에게 채찍을
가하는 수위들의 폭압으로 인하여 "차라리 조용히 앉아서" 보자는 쪽으
로 극 마지막 부분에서 극명하게 바뀐 채 전달된다. "흐렸댔으면 흐린 대
로~" 같은 발화를 통해 연극을 메타적으로 사유하려는 적극적 인식 혹은
그 가변성을 자유롭게 받아들이는 태도 역시 "하라면 하라는 대로~"라
는 수동적 태도로 변화되어 연극의 의미에 대한 '나'의 기대지평이 전환
되었음을 유의미하게 보여주고 있다. 결국 '동일한 서술자'에 의해 관람
대상인 공연에 관해 '다른 이야기'들이 초점화되고 있다는 점에서, 서사
상 기표의 반복이 결과 된다.
　　〈오스트라키스모스〉의 서사적 기의 차원의 반복은 시이저 암살 거사
직전의 장면에서 적실하게 드러난다.

남자 관객 1 : 뭐요, 당신?……
사내3 :　　 망설이지 말고 결행하십시오…… 순간 굳어지는 파트
　　　　　　너의 표정을 멀리서도 읽을 수 있었어요. 혹시 이런 생
　　　　　　각을 했던 건 아니었을까요? "어라 이 친구 어떻게 눈
　　　　　　치챘지? 연극 끝나고 호텔로 끌고 가려는 속셈을……?"
　　　　　　(113~114쪽)

시이저 살해를 모의하고 있는 사내는 객석을 돌아다니며 관객들에게 암살 계획에 대해 넌지시 암시를 주게 된다. 하지만 이러한 사내의 행위는 영문을 모르는 개별 관객들에게 난데없는 짓으로 받아들여진다. '나'의 경우 그것은 "도대체 이 친구 무슨 수작일까? 망설이지 말고 팝콘을 택하라는 건가 아니면 아이스크림을 핥으라는 건가?"(113쪽)로 의문점을 남긴다. 반면, '나'의 추측이지만, 커플로 설정된 남자 관객 1과 여자 관객 1에게는 사내의 "망설이지 말고 결행"하라는 말이 연극이 끝난 후 애정 행각을 시도하라는 뜻으로 바뀌어 인식되고 있다. 사내4가 "(매우 긴장된 음성으로 염려스럽게) 혹시 우리의 계획이 탄로되거나 아닐까요?"(114쪽) 등의 질문을 던지는 것도 사내의 본뜻과는 달리 관객들에게는 마냥 재미있는 행동으로 여겨질 뿐이다. 따라서 사내의 발화가 시이저 암살 음모에 관한 이야기를 다시 말 하고 있는 것이라 할지라도, 청자와 그들이 속한 상황 맥락에 따라 그 의미는 달라진다. 바꾸어 말해 '동일한 이야기 사건'이 다른 시공간, 인물들의 관계에 맞춰 달리 설정된 '다른 언술적 요소'들에 의해 전달되는 형국이라 할 수 있다. 앞서 분석된 기표의 반복과는 상이하게 기의 차원의 서사적 반복이 여기서 이루어지는 셈이다.

한편 서사상의 기표적, 기의적 반복은 캐릭터의 반복과 분리한 채로 생각될 수 없다. 이야기와 언술적 층위를 구성하는 요소로서 인류형태학적 주체인 인간의 면모를 도외시할 수 없는 까닭에서다. 캐릭터는 일종의 기표로 간주될 수 있다. 그에 비해 캐릭터를 문장 층위에 놓인 것으로 보았을 때, 하나의 추상개념으로서 주체, 대상, 협조자, 반대자, 발신자, 수신자처럼 이들이 행하는 문장상의 통사적 기능인 행위소(actant)[12]적 기

---

12 행위소에 관한 설명은 안느 위베르스펠트, 『연극기호학』, 신현숙 역, 서울 : 문학과지성사, 1988, 66~69쪽 참조.

능은 캐릭터의 기의로 여겨질 수 있다. 즉 등장인물 차원에서 기표의 반복은 한 캐릭터가 다른 행위소로 기능할 때이다. 반면 기의의 반복은 동일한 행위소가 다른 캐릭터들로 실현될 때이다.[13] 〈오스트라키스모스〉는 시이저라는 권위적 인물의 살해를 다룬 희곡이고, 더구나 극 마지막 부분에서 관객을 노예와 동일시화하는 대목이 나오기 때문에, '주인', '노예'의 기능이 각 등장인물들 속에 어떻게 새겨지고 있는지가 분석의 관건이 되는 텍스트다. 그러므로 행위소적 기능을 '주인', '노예'로 한정해 설정하고 캐릭터의 반복 양상을 따져 볼 수 있다.

이 점을 고려한다면, '나'라는 캐릭터는 자기 돈을 내고 연극 관람을 즐기는 '주인'의 행위소적 기능을 처음에 취한다. 하지만 극 마지막 부분에서 수위들의 가학적 매질로 '노예'의 행위소적 기능을 갖게 되는 인물로 전락한다. 따라서 '나'의 '한 캐릭터'는 두 가지 '다른 행위소'로서 기능한다고 볼 수 있다. 즉 기표 차원의 반복이 인물 층위에서 이루어지는 것인데, 이 점은 관객의 역할 연기를 하는 여타 배우들도 마찬가지다.

반면 로마 집정관이었지만 황제의 자리를 노리던 시이저, 그리고 그를 제거하고 공화정으로 복권해야만 로마의 자유를 되찾을 수 있다고 믿었던 브루투스, 킴베르, 카씨우스, 마지막으로 관객들에게 채찍질을 휘두르는 수위들에게서는 '주인'의 행위소적 기능이 간취된다. '동일한 행위소적 기능'이 여러 명의 '다른 캐릭터'로 실현되는 바, 인물상 기의의 반복이 취해진다고 말할 수 있는 대목이다.

그렇다면 이와 같은 〈오스트라키스모스〉의 반복 충동이 기호, 서사, 인물 층위에서 나타나는 이유는 무엇인가? 그리고 그것이 〈오스트라키스모스〉의 텍스트에 불러일으키는 효과에 대해 우리는 어떻게 설명할 수 있을까? 무엇보다도 반복 충동의 효과는 과거와 현재를 관련된 것으로

---

13 등장인물 차원의 기표, 기의 반복은 Rimmon-Kenan, Op.cit., p.152 참조.

만들고, 미래를 그러한 관계에 의해 확립된 패턴상의 변이형으로 정의한다는 점에 있다. 다시 말해 반복 충동의 기능은 그것의 시간성에서 찾아진다.[14] 예컨대, 사내3이 관객들에게 "망설이지 말고 결행하십시오."라며 시이저 암살 계획의 이야기를 반복적으로 촉구할 때, 일단 그것은 '과거'에 수립된 시이저 암살 계획을 거듭 발화한다는 결과를 빚는다. 그러므로 사내3의 '현재적' 발화는 시이저 암살 계획을 수립하던 '과거'의 순간과 연관을 맺으며 그때, 거기 '동일성'의 지점으로 발화 주체를 귀환시킨다. 하지만 역설적이게도 이 같은 발화는 '과거' 순간의 '현재'로의 귀환을 동시에 진행시키기도 한다. 말하자면, '과거'에 획책하였던 시이저 암살 계획은 '현재' 지금 이곳의 관객들과 대화하는 상황에 유입된다. 그리고 지금 이곳의 상황에 맞지 않는 발화로 간주되는 시이저 암살 계획의 누설은 '과거'에 의도했던 바와는 달리 우스꽝스러움으로 착색되어 새로운 의미를 생산하게 된다. 그 결과 반복의 순간은 '미래'적 차원의 사건 형성을 위한 질료로서 기능하고, '차이'를 낳는 메커니즘으로 역할한다. 현재적 차원의 과거로의 복귀, 그리고 과거적 차원의 현재로의 귀환이 함께 획정되면서 그러한 반복적 양식들은 또한 차이로 결과되는 미래의 시간대로 이끌려지는 까닭에, 반복의 순간은 텍스트상 과거-현재-미래를 잇는 결속적 매듭을 출현시킨다고 볼 수 있다. 요컨대 반복의 증상들은 '시이저'로 상징되는 왕, 아버지 살해의 과거 역사적 기억과 관련하여 〈오스트라키스모스〉 텍스트의 억압된 무의식을 암시한다. 하지만 기호, 서사, 인물 층위의 반복을 통한 의미작용의 축적은 과거로의 갇힘만을 의미하는 것이 아니라 텍스트상의 기대와 가능성을 야기하는 이중적 지점을 또한 암시한다고 볼 수 있다. 일종의 법칙성을 견지하면서도, 변

---

14 Peter Brooks, "Freud's Masterplot : Questions of Narrative", *Literature and Psychoanalysis : The Question of Reading*, Otherwise, Shoshana Felman(Ed.), Baltimore : Johns Hopkins University Press, 1982, p.288.

조된 것에 기대를 획득하게 되는 지점, 환언컨대 트라우마의 흥분이 지속되지만, 그것의 반복을 통해 새로운 기억하기를 성취하게 되는 지점, 즉 동일성 내 차이의 출현을 취하는 장소가 바로 이와 같은 텍스트상 반복의 지점이다. 따라서 차이 없는 반복은 없으며, 반복 없는 차이는 없고, 동일한 강물에 발을 두 번 담글 수 없는 것이라면, 다양한 층위의 반복 충동들의 증상을 통해 〈오스트라키스모스〉의 텍스트는 변화를 추진하는 에너지를 자체적으로 생산하고 있는 것이라 볼 수 있다.

3. 반복 충동의 정치성과 전이 과정의 구성

2절에서 살펴본 〈오스트라키스모스〉 텍스트의 반복 충동과 그로 인해 생성된 에너지는 그와 대응되는 꼭짓점으로서 텍스트에 대한 독자(관객)의 반복 행위, 즉 읽기 행위의 에너지를 암시한다. 다시 말해 반복 형식의 역동적 차원을 서술함으로써, 우리는 〈오스트라키스모스〉의 읽기 과정이 활성화시키는 독자(관객)의 욕망에 접근할 수 있게 된다. 텍스트 형식의 욕망에 응답하는 이러한 독자(관객)의 욕망을 밝혀낼 수 있을 때, 〈오스트라키스모스〉 텍스트의 반복 충동과 그것의 에너지가 각인하는 변화의 의미가 본원적으로 상론될 수 있을 것이다.

이를 위해 〈오스트라키스모스〉의 플롯 구성을 처음-중간-끝으로 구분해야 할 필요가 있다. 왜냐하면 서사는 명사적 집합이 아닌 동사적 집합의 표현이며, 결국 상태의 변화를 지향하는 것이므로, 처음-중간-끝부분의 분절은 변형을 소망하는 욕망의 분석을 보다 용이하게 진행시켜 줄 것이기 때문이다.[15] 이 글에서는 관극기의 보고자인 '나'가 공연장 입

제1부 비사실주의 희곡 텍스트와 퍼포먼스

---

15 이하 기술될 형식적 장치와 독자의 읽기 과정에서 발생하는 욕망의 상관관계는 Ibid,

장 이전 연극에 대한 메타적 인식을 서술하는 부분을(104~106쪽) 〈오스트라키스모스〉 서사의 도입부로, 그리고 수위들에 의해 관객들이 '노예'로 취급받으며 매를 맞는 부분을(129~131쪽) 끝 부분으로 상정하고자 한다. 이외의 부분은 서사상 중간 부분에 포함된다.

먼저 중간 부분의 반복 충동이 독자의 욕망과 조응되는 과정을 검토해 보면 다음과 같다. 〈오스트라키스모스〉의 중간 부분은 앞서 고찰한 대로 기호, 서사, 인물 층위에서 반복이 다수적, 다회적으로 발생한다. 반복의 시간적 특징은 과거-현재-미래에 걸쳐 퇴행적, 전진적인 이중 흐름의 매듭을 전개하는 데서 찾을 수 있는 까닭에, 반복이 일어날 때의 상황은 애매하고 긴장 상태를 야기하며 평정을 유지할 수 없을 정도로 자극적이다.

예컨대, 기호 층위에서 '로마 100m→'가 표시된 하얀 페인트의 글씨와 화살표의 표지판이 반복적으로 제시됨으로써, 시간의 지체 효과는 배가된다. '로마 100m→'라는 표지판이 지시하고 있는 것은 '과거' 로마 시공간으로의 역전(逆轉)이다. 그래서 이 오브제의 반복은 공연장 도착이라는 다가올 '미래'의 사건을 고대 로마적 시공간의 좌표 속에서 선취(先取)한다. 하지만 '나'가 실제로는 '현재' 공연장에 가고 있다는 것은 이미 서두부터 환기된 사실이었다. 때문에 '로마 100m→'의 표지판은 선취되는 것과 실연(實演)되는 것 사이의 간격을 확장하고 긴장을 생성시키는 소도구로서 역할하게 된다. "뭐라구? 로마로 가는 길?"(107쪽)이라며 '나'가 반문하는 것도 이러한 이유에서다.

서사 층위에서의 반복 역시 시간적 전진과 후진을 동시에 진행시켜 모호함을 주기는 마찬가지다. 일례로 사내4는 "혹시 우리의 계획이 탄로된 거나 아닐까요?"(115쪽)를 관객들마다 찾아다니며 되묻는다. 이 같은 '계획' 무산의 반복적 언급은 일단 '과거'에 어떤 일이 진행 중이었음을 공표

---

pp.291~300 참조.

한다. 동시에 실패된 계획의 결과로 인해 '미래'에 어떤 일이 발생할 것이라는 것 또한 반복적으로 공표한다. 물론 시간 역전적, 선취적 방향은 사내4의 '현재' 발화 상황, 즉 아무 영문도 모르는 관객에게 희극적인 모습으로 받아들여질 뿐이다. 해서 사내4의 서사적 반복 역시 계획 설정 당시의 과거로 되돌아가는 한편, 계획 무산의 참담한 미래로도 전진하는 것 같지만, 또한 현재 발화의 시공간 상황에 구속됨으로써 일종의 시간적 애매함과 연기(延期)의 감각을 자아내게 된다.

인물 층위의 경우, 시이저, 그리고 그를 제거한 브루투스, 킴베르, 카씨우스, 카스카 등 캐릭터들의 심층 구조인 '주인' 행위소 기능의 반복에 주목해보자. 브루투스, 킴베르, 카씨우스, 카스카는 황제가 되기를 염원했던 시이저를 살해하여 '주인'의 자리에 올라선 이들이다. 결과적으로 〈오스트라키스모스〉의 중간부는 '주인' 행위소 기능을 점유하기 위한 권력 투쟁과 과연 '주인'의 참뜻은 무엇인지에 관한 갈등이 전개의 핵심을 이룬다. 이와 같은 '주인' 행위소의 반복은 우선 '과거'의 기억과 연계된다. "우리의 조상들이 오만한 수페르부스 왕을 추방"(127쪽)하였던 일이 관객에 의해 회고됨으로써, '주인' 되기의 목적이 "시민들로 하여금 자신의 행복을 최대한으로 실현시킬 수 있는 여건을 부여해주기 위함"이라는 사실이 이 지점에서 강조되고 있다. 한편 '주인' 되기의 결과는 "해방이요, 자유의 새날"(128쪽)에 관한 '미래'의 청사진을 성취하는 계기로도 기능한다. 그리고 그것은 카스카가 이야기하듯 이 극중극에 참여하고 있는 관객 모두가 "오늘까지 시이저의 노예"(128쪽)였다는 사실에 관한 '현재'적 각성 또한 촉구하게 된다. 결과적으로 반복되는 인물 층위는 미래적, 소급적 의미작용의 생성을 극중 현재에 묶는 결합지점으로 기능한다. 이는 〈오스트라키스모스〉 극 중반부의 플롯 구성상 지연된 액션을 낳는 반복적 시간성의 또 다른 예라 할 수 있다.

종합하자면 〈오스트라키스모스〉 중간부 반복 형식은 더딘, 지체하는,

지연의 공간(Dilatory Space)를 형성한다. 텍스트 중간부의 핵심에 있는 반복 순간을 통해 전방/후방으로 나아가며 역행하는 움직임들이 한 매듭으로 결합되는바, 플롯의 약속된 끝에 결착되어 있어서 그것을 향해 전진하는 것 같지만 동시에 그것으로부터 이탈된 시간적 움직임들이 포착 가능해지게 되는 것이다. 이와 같은 중간부의 반복 가능성은 〈오스트라키스모스〉 텍스트의 종결부에 무언가 적절하며 완성된 의미가 존재하고 있을 것이라는 예측을 독자(관객)에게 부여한다. 쉽게 말해 "끝에는 무언가 있으니, 그것에 도달하기 위한 중간 과정에서 이렇게 복잡하게 이야기 하는구나." 같은 생각을 독자(관객)는 자연스레 상기할 수 있다. 그러므로 〈오스트라키스모스〉 텍스트 중간부의 수다한 반복 형식은 완결된 플롯의 종결부 의미자체에 대한 부분적 대체물로서 기능하고 그 끝의 의미에 대해 주의와 흥미를 고양시키는 일종의 등가적 전시물(Simulacrum)로서 자리매김하게 된다. 환언컨대 이와 같은 플롯 중간부의 반복 모델은 텍스트에 대한 독자(관객)의 도착증(Perversion)[16]적 읽기의 가능성을 함의한다. 즉 텍스트의 끝 부분 자체를 미끼로 노출시키면서, 종결 의미로 인해 성립되는 전체적 의미의 상징적 대체물로서 〈오스트라키스모스〉 중간부를 물신화(Fetishism)하려는 읽기의 욕망을 여기서 우리는 읽어낼 수 있다. 독자(관객)는 중간부의 반복 형태들을, 아직 도래하지 않고 부재하는 결말부의 전체적 의미와 동일시될 수 있는 것으로 간주하고 그 의미를 발견하고

---

16 도착은 부인의 작용에 의해 다른 임상 구조와 구분된다. 도착증 환자는 거세를 부인한다. 즉 그는 어머니한테 남근이 결여되어 있다는 것을 지각하면서 동시에 이러한 외상적 지각의 현실을 받아들이지 못하고 거부한다. 이것은 절편음란증(Fetishism)에서 분명한데, 여기서 음란절편(fetish)은 어머니한테 결여된 남근의 상징적 대체물이다. 에반스 딜런, 『라캉 정신분석 사전』, 김종주 역, 서울 : 인간사랑, 1998, 108쪽. 〈오스트라키스모스〉 플롯상 지연되는 중간부와 완결되는 결말부의 텍스트적 관계에 대한 읽기 과정도 이와 같은 도착증, 페티시즘의 증상과 유사한 정신역학을 보이리라는 것이 본고의 생각이다.

자 그것을 중요한 대상으로 다루게 된다. 결국 중간부 반복 형식의 지연된 시간성으로 인해 발생되는 독자(관객)의 도착증적, 물신주의적 읽기 가능성은 종결부의 해결에서 지각되는 최절정의 쾌락(Orgasm) 이전의 쾌락인 전(前)쾌락(Forepleasure)을 〈오스트라키스모스〉 텍스트의 독자(관객)에 부여한다. 반복적인 문학적 형식의 효과로 생성되는 이러한 전쾌락 때문에, 〈오스트라키스모스〉 텍스트 결말부의 의미는 보다 신비스러운 것, 베일에 싸인 것이 되고, 그만큼 독자(관객)에게 매혹의 대상이 된다.

그렇다면, 〈오스트라키스모스〉의 결말은 어떠한가? 결론적으로 봤을 때, 〈오스트라키스모스〉는 '나'를 포함해 '관객' 역할을 연기하고 있는 모든 배우들이 노예화되는 것으로 끝마치고 있다. 이 부분은 줄거리 전개상 매우 당혹스러운 부분이다. 왜냐하면 시이저를 죽인 브루투스, 킴베르, 카씨우스, 카스카와 함께 '관객'들은 다가올 "해방", "자유의 새날"에 대한 희망 섞인 낙관을 극중에서 보여주었기 때문이다. 계몽적인 정치극의 정상적인 결말이라면 공화정파의 인물들과 더불어 '나'와 '관객'들이 새로운 로마 공화국 건설의 주역이 되거나 황제정과 공화정에 대한 정치적 토론 결과 비판적 각성 혹은 일말의 해답을 구한 것으로 막이 내렸어야 할 테다. 하지만 〈오스트라키스모스〉의 극작술은 그와 같은 인과적 추론의 과학적, 합리적 계몽성을 철저히 배격한다. 그보다 강조되고 있는 것은 비합리적 주체로서 억압된 무의식의 인간 존재에 대한 가능성이다. 이는 부조리극이라 불릴 만큼 급작스러운 상황 전개, 즉 브루투스와 카스카가 관객에게 "자신이 노예임을 깨닫지 못하는 노예"임을 환기하는 대목에서 분명히 드러난다. 이 말이 끝나자 아무런 동기화의 단서도 없이 수위들은 관객에게 매질을 가하기 시작한다. 이러한 파괴적 고문의 고통은 그 폭력의 강도 때문에 상징계적 질서를 경계에 세우게 된다. 다시 말해 암살당한 시이저와 같은 죽은 아버지의 부재하는 목소리에 의해 작동되는 상징적인 현실 의식을 막다른 골목으로 폭력의 고통은 몰아세우게 된다. 그래서 극장에 돈을 내고 들어와서 그 비용으로 배우들의 연기를 사고 감상하는 주인이었던 '나'와 '관객'들은, 실상 주인 의식의 소유자가 아니라 자신들이 시이저로 대표되는 아버지의 법, 팔루스 (phallus)를 준수함으로써만이 살아가는 노예였음을 깨닫는다. 정신적 에너지라는 큰 빙산에서 의식은 가시적 일각에 불과하다던 프로이트의 말에 비춰봤을 때, 노예 의식의 현시는 물에 잠긴 무의식의 부상, 표면화에 다름 아닐 것이다. 결국 수위들의 가학적 매질은 은폐되었던 주체인 무의식적 주체를 출현시키는 순간이라 할 수 있는바, 아리스토텔레스식의 고전적인 비극의 관객 이론을 「오스트라키스모스」는 뒤집는다고 볼 수 있다. 왜냐하면 비극적 카타르시스의 순간이 고통받는 영웅에 대한 관객의 동일화(연민)와, 처벌자인 신(神)에 대한 두려움에, 고통받는 영웅으로부터 관객들 스스로 거리를 두려는(공포) 의식에서 비롯되었다면 〈오스트라키스모스〉는 그와 정반대되는 모습을 보여주기 때문이다. 고전적 비극의 관객들은 절대적 신의 법에 의하여 처벌받는 오이디푸스를 봄으로써 법의 당위성을 내면화하는 한편, 그러한 오이디푸스의 금기 위반을 통해 금지된 만족을 대리적으로 충족할 수 있었다. 하지만 〈오스트라키스모스〉는 아리스토텔레스식의 승화 개념을 파괴하고 있는 텍스트다. 눈을 뽑힌 오이디푸스의 괴물 같은 모습에서 억압된 소망을 배출하나, 처벌과 금지를 명령 내리는 아버지처럼 되고자 하는 고전적 관객과는 달리, 〈오스트라키스모스〉에서 처벌받는 것은 관객 자신이다. 그 결과 파괴적, 공격적 충동을 길들이고 리비도의 위험한 움직임을 순화시키는 안전한 채널로서가 아니라, 〈오스트라키스모스〉 텍스트는 관객이 그 자신의 정체성을 흐트러뜨리게 하는 매체로서 기능하게 된다. 바꿔 말해 주체성의 획득은 죽은 시이저의 목소리를 내면화한 데 따른 것이며 상징적 네트워크에서 주체가 된다는 것은 곧 아버지의 법에 종속된 '노예'가 됨으로써 가능하다는 비판적 주장을 이 텍스트의 결말부는 함축하고 있다.[17] 요컨대 〈오스트라키스모스〉의 결말부는 고전적 카타르시스 이론을 전복하므로, 상징계적 질서의 요구와 관련해 관객이 법질서 운행의 공모자가 될 것을 거부한다. 해서 시이저로 대표되는 죽은 아버지의 기표에 구속된 노예였음을 수위들의 매질로 인해 관객들이 훨씬 생생하게 느끼도록 그것은 구성한다. 결말부는 텍스트의 목표 지점이고, 서사가 끝나는 지점으로서 더 이상 말할 수 없는 비서사성의 죽음 충동이 작동되는 공간이다. 〈오스트라키스모스〉는 주인의 법이 의심되는 가학성, 피가학성의 연극화를 향해, 독자(관객)의 욕망 종결 지점인 결말부를 텍스트화하게 된다. 앞서 살펴본 중간부분 읽기에 내재된 독자(관객)의 도착증적 욕망은 이와 같은 도달지에 도착하기 위한 복잡한 우회로이자, 다양한 분기점이었다고 말할 수 있다.

그렇지만 '우리 모두는 노예'라는 식의 결정론적 비관적 역사관만이 점철된 텍스트로 〈오스트라키스모스〉를 보아야 할 필요는 없을 것 같다. 그 이유는 텍스트의 시작부에서 단초가 마련된다. 서사의 시작 부분은 죽음 충동이 작동하는 끝 부분과는 달리 삶의 에로스적 충동이 작동하는 지점이다. 〈오스트라키스모스〉의 끝 부분에서는 "하라면 하라는 대로~"의 노예 정신을 언급하며, 시작 부분의 "흐렸댔으면 흐린 대로~" 같은 메타연극적 인식의 발화를 뒤집어 반복함으로써, 독자(관객)의 욕망이 종결되는 지점을 표시한다. 반면 "……! 그래요 까짓거 애기해버리죠."(104쪽)로 시작하는 극 도입부는 관극기 형식을 빌려 '내가 경험한 연극 관람을 다시 한번 당신들에게 이야기해주겠다.'는 식의 반복을 실현시킨다. 그래서 에로스적 욕망이 새로운 실체나 대상과의 결합을 추구하듯, 그것은 앞으로 전개될 스토리와 인물에 관해 독자(관객)의 알고자 하

---

17 Elizabeth Wright, "Psychoanalysis and the Theatrical : Analysing Performance", *Analysing Performance : A Critical Reader*, Patrick Campbell(Ed.), Manchester : Manchester UP, 1996, pp.175~90.

는 욕망을 불러일으키게 된다. 여기서 독자(관객)의 앎에 대한 욕망은 관극기라는 메타 드라마적 특성 때문에 이중적 틈에서 흔들린다고 볼 수 있다. 즉 첫째, 관극기 보고자는 '관객'으로 역할하지만, '실제 배우'이다. 동시에 그는 '관객'이지만, 극중에서 시이저 암살 사건의 목격자로서 연기하는(acting) '캐릭터'이기도 하다. 요컨대 관극기 보고자 및 관객 연기자들은 '관객'이자 '배우'이며, '관객'이자 '캐릭터'이고, '배우'이자 '캐릭터'라는 복합적 이중성을 전개하게 된다. 둘째, 서두에서 명시된 것처럼 〈오스트라키스모스〉는 연극을 관람하고서 작성된 사후 보고 성격의 '관극기'이다. 말하자면 기술(記述)된 저작물이다. 하지만 실제로, 담겨 있는 내용은 시이저 암살 사건을 극화한 공연이다. 그러므로 〈오스트라키스모스〉는 단순히 관극 경험을 테마화한 저작물로 간주될 수만은 없다. 그것은 정확히 말해서 실제 연기된(acting) '공연'이, 기술된 희곡 담화 '텍스트'가 되는 중복성을 내포한다. 바꾸어 말해 〈오스트라키스모스〉는 기술된 저작물이자 공연된 액션 그 자체이다. 때문에 〈오스트라키스모스〉 관극기 작성의 글쓰기가 액션이 되며, 공연된 연기가 글쓰기가 되는 이중적 지점이 전개된다. 이 점은 등장인물 난을 초반부에 기술하는 보통의 희곡과는 달리 캐스트 난을 중반부에 옮겨 적었다는 사실에서도(123쪽) 명백히 드러난다. 글쓰기와 공연이 자율적 위상을 잃고 서로를 흡수하면서 글쓰기가 공연이 되고, 공연이 글쓰기가 되는 혼합의 지점이 극중 기술된 등장인물 난을 통해 요철화되고 있는 것이다.

결과적으로 극 시작부가 설정하고 있는 메타 드라마적 성격과, 현실, 환각 사이를 오가는 이중적 애매모호함은, 〈오스트라키스모스〉 텍스트/공연의 리허설적 성격을 증시한다. 더불어 〈오스트라키스모스〉를 읽고, 관람하는 독자, 관객의 행위조차도 두 번째 발생한 반복적 사건으로서 리허설적인 것임을 우리는 총괄적으로 말할 수 있다. 이 점이 왜 중요한가? 〈오스트라키스모스〉는 시이저, 황제, 아버지, 법, 팔루스(Phallus)에 대한 드라마다. 그래서 그것은 상징계적 법을 둘러싼 주인-노예의 변증법에 대해 생각하게 만드는 드라마다. 중요한 것은 독자(관객)의 욕망이 자신이 노예였음을 아는 것으로 극이 종결될지라도, 이러한 노예 의식의 확인에서 플롯의 의미가 닫히는 것만은 아니라는 점이다. 왜냐하면 메타 드라마적 시작과 함께, 독자(관객)의 〈오스트라키스모스〉에 대한 삶의 에로스적 충동은 리허설에서나 가능한 자기 반성적 사유를 동시에 진행시키기 때문이다. 예컨대, 시이저가 된다는 것은 무엇인가? 아버지가 된다는 것은 무엇을 뜻하는가? 법 이외의 어떤 다른 것을 우리는 생각할 수 있는가? 노예로서 안주하기에만은 현실은 이해하기 어려운 대상이 아닐까? 우리는 주인과 노예의 관계가 생성되는 그 근원으로 되돌아가봐야 하지 않을까? 아버지의 법, 노예의 종속이 리얼리티에 대해 전부 말하는 것은 아니지 않은가? 주인-노예, 아버지라는 이름의 법 이외에도 끊임없이 빠져나가는 그 무엇이 있지 않을까? 그렇게 해서 의미는 다시 살아있게 만들어지는 것이 아닐까? 즉 죽은 아버지로 상징되는 부재적인 것들의 의미작용에 대해 가정법적으로 사고하고 괄호치고 잠정적으로 생각을 시도하는 등 내가 아닌 나가 아닌 것도 되는(not-not-me) 비결정성의 리미널한 자질이 시작부에 결착된 독자(관객)의 에로스적 욕망에는 항시 관통한다.[18]

일반적인 정치적 담론의 가능성은 다수의 사람들이 이데올로기적이라 하더라도 새로운 유토피아를 공동으로 욕망하는 데서 비롯된다. 하지만 〈오스트라키스모스〉의 정치성은 그와 같은 일상적 정치 담론의 단일성과는 달리, 최종적 해석을 유보한다. 그리고 그 해석을 독자(관객)에게 맡겨, 그가 텍스트의 은폐된 심급의 의미를 찾아내기보다 연기자이자 행

---

18 부재로서 현전하는 상징적 기표의 의미작용에 대한 퍼포먼스적 리허설의 반복 과정은 Herbert Blau, "Rehearsing the Impossible : The Insane root", *Psychoanalysis and Performance*, Patrick Campbell(Ed.), New York : Routledge, 1996, pp.pp.21~33 참조.

위가(Actor)로서 그 자신의 의미를 발전시키며 액션을 취할 수 있도록 유도한다.[19] 이 점은 정신분석학에서 치료를 위해 환자를 대할 때 흔히 사용되는 전이(Transference)의 과정과도 너무나 흡사하다. 요컨대 이현화는 〈오스트라키스모스〉를 통해 죽은 아버지의 목소리에 속박된 노예 의식을 비판하는 것뿐만 아니라 죽은 저자의 목소리를 아버지로 하여 구성된 사후적 존재라 할 수 있는 유복자로서의 노예 의식을 반성할 것을 독자(관객)에게 요구하고 있다. 문학 텍스트를 대하는 냉정한 분석가적 면모와 함께, 억압된 무의식을 지닌 트라우마적 존재로서 독자(관객)가 저자라는 기원에서 벗어나 반복되는 기억하기 행위를 통해 새로운 의미를 구성할 수 있도록 이현화 텍스트는 안내하고 있는 것이다. 이러한 유복자에 대한 문제의식과 전이과정으로 비유될 수 있는 수용 과정은 두 번째 사건으로서 반복되되 그대로 반복되지 않는 새로운 리얼리티 구성의 연행성을 이현화 텍스트에서 드러내주고 있다. 이와 같은 유복자의 문제의식과 전이과정에 내재한 연행성의 강조야말로 이후 작품인 〈불가불가〉뿐만 아니라 〈넋씨〉, 〈키리에〉, 〈협종망치〉 등 "역사 거꾸로 세우기를 통한 역사 바로 세우기"[20]의 주제 의식을 체화하는 이현화 텍스트의 담론적 지향점인 셈이다.

4. 이현화의 후기 텍스트와 유복자 의식

이현화 희곡의 텍스트 세계에서 상징계적 법의 위상에 준하는 기표로서 '아버지'의 존재가 명현히 드러난 텍스트는 〈오스트라키스모스〉를 손

---

19 정치성의 논의는 Julia Kristeva, "Psychoanalysis and the Polis", *Critical Inquiry*, 9.1, 1982, pp.77~92 참조.

20 임준서, 앞의 논문, 304쪽.

꼽을 수 있다. 때문에 정체성 상실과 소통의 부재를 문제시 삼던 초기 희곡들의 경향에서 역사적 자각을 살펴볼 수 있는 후기 희곡들에 대한 이해의 폭을 넓히기 위해서는 〈오스트라키스모스〉에 대한 별도의 논의가 필요하다는 것이 본고가 논의를 시작한 동기였다.

본고의 논의를 요약적으로 기술하자면 첫째, 〈오스트라키스모스〉의 반복 충동들은 기호, 서사, 인물 층위에서 다수적, 다회적으로 발생하여 반복 내 차이를 생성시키는 텍스트적 에너지의 이해에 발판을 마련해준다. 둘째, 시작, 중간, 끝 부분의 형식적 장치들을 통해 그러한 반복 충동들은 삶의 충동과 도착증적 페티시즘, 죽음의 충동에 상응하는 독자(관객)적 욕망의 구성 과정에 대한 이해를 제공해준다. 그 결과 시이저로 상징되는 죽은 아버지의 법이 가정법적인 것으로 반성되는 국면이 독자(관객)에 의해 시도된다. 형식적 장치에 결속된 이 같은 독자(관객)의 욕망에 관한 드라마는 시이저, 황제, 아버지, 법 그리고 저자 등의 기원이 사후적으로 구성된 결여 그 자체라는 점을 확신시킨다. 그러므로 〈오스트라키스모스〉 텍스트의 정치적 부정성은 바로 초월적인 기원이 반복을 통해 출현하고, 반복이야말로 기원을 형성하는 동력임을 이해시켜주는 데 있다. 이 역설의 국면은 독자(관객)가 스스로 의미를 찾고 행동을 취하는 문학적 전이의 연행적 국면을 구성하게 된다.

이상의 분석 결과 비유컨대 죽은 상징적 아버지를 배경화한 유복자로서의 인식이 이현화 후기 텍스트의 담론적 지평을 이루고 있음을 본고에서는 제안하고 싶다. 아버지와 아들, 물려준 자와 물려받은 자, 과거적 지평으로 되돌아가는 것과 현재적 지평으로 되돌아옴, 되살리는 것과 숨겨진 것, '사이'의 얽힘과 매듭을 다루고 있는 것이 이현화 후기 텍스트의 초점이 되는 까닭에서다. 〈불가불가〉, 〈넋씨〉, 〈키리에〉, 〈협종망치〉 등이 대표적 예라 할 수 있다. 유복자의 의식은 텍스트에 대한 독자의 적극적인 관여를 유도한다. 이들 텍스트들에서 리허설, 재판, 추리 등의 수사적 장치가 활용된 것은 이러한 이유에서이고, 독자의 개입을 인도하는 텍스트성의 그 맹아를 우리는 〈오스트라키스모스〉에서 찾을 수 있겠다.

본고의 지면상 미처 다루지 못했던 후기 텍스트에서 '유복자'적 자각이 과연 어떻게 나타나는지 통일성 있게 고찰하는 작업이 필연적으로 요청된다. 그럴 때만이, 이현화의 연극 세계가 좀 더 심도 깊게 밝혀지리라 기대해본다.

1. 희곡, 독자, 그리고 연극 수용사

소설 독자의 읽기 행위는 창작 주체인 작가와 분리된 시공간 속에서 대개 침묵과 함께 진행된다. 반면 연극 공연에 대한 관객의 관람 행위는 생산자인 배우들과 공현존하는 시공간 속에서 온몸의 감각을 동원하여 이루어진다. 예술적 생산 행위에 조응하여 동시적, 직접적으로 발생하는 이러한 연극적 수용의 독특성은 연극의 존립 근거로서 관객을 가장 먼저 거론하는 이유라 할 수 있다. 무대 위 재현되는 사건이 현실이 아니며 허구라는 것을 알지만, 그러한 불신을 중지한 채 허구적 무대에서 펼쳐지는 인물들의 희망과 공포를 자신의 경험으로 받아들이려는 관객이 없는 한 연극은 성립될 수 없다. 해서 연극의 본질에 대한 사유는 최종적으로는 관객의 위상에 대한 사유로 귀결되어왔다. 아리스토텔레스의 카타르시스 개념이나, 브레히트의 소외 효과, 신재효의 〈광대가〉 같은 한국적 전통극의 연행론은 모두 연극 체계나 연극적 관습에 관한 설명을 시도하는 것 같다. 하지만 관객에게 연극이란 무엇인가 하는 문제에 대해 답을 구하려는 것이 그것들의 궁극적 목적이다.

관객의 동의하에서만 연극이 시작되고, 관객에게 어떤 효과를 주는지에 따라 공연의 의의가 달라지는 것이라면, 중요한 것은 공연 텍스트 자체의 의미가 아니게 된다. 그보다 관객이 공연을 통해 어떤 방식으로 무엇을 '경험'하는가가 공연의 의미를 결정하게 된다. 간단히 표현하자면 공연 텍스트의 의미는 '공연 텍스트+관객'이다. 그렇게 해서 공연 텍스트가 전달하려는 의미는 그것을 관찰하는 관객의 외부에서 발생하는 리얼리티로서가 아닌, 지각자인 관객에 의해 이미 경험되는 리얼리티로서 재위치화된다. 관찰하는 주체로서 관객은 관찰되는 객체인 공연에 참여하는 참여자가 되는 까닭에, 지각 주체인 관객이 경험하는 리얼리티가 지각 대상인 공연의 의미를 구성하게 된다. 공연 텍스트의 메시지에 대한 수신자인 관객의 경험이야말로 공연 텍스트의 의미, 메시지 자체다.

관객은 공연 텍스트에 상상적으로 참여하는 자이기도 하지만, 그러나 그/그녀는 공연에 앞서 존재하는 세계 내 존재이기도 하다. 바꾸어 말해 관객은 사회문화적 존재로서 그의 해석적 입장은 문화적 맥락에서 위치화되어 있다. 관객은 문화적으로 미리 구성된 해석 과정의 범주와 수단 내에서 심미적 공연 텍스트를 읽는다. 그러므로 관객은 자신의 신념, 패러다임, 가치의 총합이라 할 수 있는 기대지평을 가지고서 공연 텍스트 내부의 기대지평 속으로 입장하게 된다. 물론 관객의 기대지평과 공연 텍스트의 기대지평이 항상 일치하라는 법은 없다. 문화적 맥락에 의해 관객의 해석이 수동적으로 조작되는 것만도 아니다. 관객의 기대지평과 공연 텍스트의 기대지평이 어긋나 발생하는 지평의 차이는 텍스트에 대한 관객의 보다 능동적인 관여를 촉구한다. 관객은 사회문화적으로 이미 구조화되어 있다(structured). 그러나 그/그녀가 대상으로 대면할 텍스트의 기대지평이 불러일으키는 균열은 생산-수용의 축에서 관객이 능동적으로 대처할 것을 유도하기도 한다(structuring). 이처럼 역사성, 유한성의 한 징후인 사회문화적, 텍스트적 기대지평 간 타협, 투쟁, 갈등이 발생하는 역동적 장소로서 공연 텍스트에 대한 관객의 경험을 설명할 때, 우리는 생산의 측면보다 수용의 측면에서 연극사, 연극 수용사를 기술할 수 있게 된다. 더불어 공연을 포함한 그 시대의 문화적 흐름을, 고정된 실체로서가 아니라 관객들의 수동적·능동적 수용을 통해 맥락상 결정되어 있으면서도 변화를 추구하고 새로운 구성을 지향하는 동적인 흐름으로 파악할 수 있게 된다.

이 글은 이현화 작품 중 1978년 제2회 대한민국연극제에서 초연된 정진수 연출의 〈카덴자〉와 1985년 재공연된 채윤일 연출의 〈카덴자〉[1]를 대상으로 삼아 수용 양상의 유사점, 차이점을 분석하여 관객이 어떤 맥락하에서 어떻게 〈카덴자〉를 경험하였는지 기술해보고자 한다. 즉 〈카덴자〉 공연 텍스트의 '의미'보다도 의미에 대한 관객 '경험'의 기술이 본론에서는 다루어질 것이다. 〈카덴자〉는 70년대 부조리극 위주로 창작되던 이현화 작품 세계에서 역사의식을 갖게 되는 구체적인 계기를 드러낸다는 점 때문에 매우 중요한 의미를 갖는 작품이다. 더구나 초연 시기인 1978년은 공연법의 시행과 그것의 잠정 중지, 제2회 대한민국연극제 개최, 상업주의에 편승한 관객 수의 증가 등 공연 문화를 둘러싼 사회적 맥락이 복잡하게 드러나는 시기였다. 장기간 연장 공연에 들어갔던 1985년 채윤일 연출의 〈카덴자〉 재공연에도 공연법의 개정, 민주화추진협의회의 출범, 지방연극제의 활성화 같은 사회문화적, 정치적, 심미적 경험 맥락들이 중층적으로 연루되어 있다. 관객의 수용 행위를 극장 내부에 국한할 것이 아니라 극장에 입장했다가 극장 문을 나서는 차원으로까지 넓혀 생각하려 할 때 누적된 경험의 다층성을 드러낼 수 있는 1978년과 1985년 〈카덴자〉 공연은 수용 과정의 여러 지점을 보여준다는 점에서 주

---

1 앞으로 인용될 텍스트는 다음 작품집을 참조하였다. 이현화, 『이현화 희곡·시나리오 전집』, 서연호·임준서 편, 서울 : 연극과인간, 2007.

목된다.

기존 선행 연구들[2]의 의의에도 불구하고 이현화 작품의 수용층에 대한 연구는 관심마저 적을뿐더러 방법론적 모색 또한 아쉬운 실정이다. 〈카덴자〉의 수용 과정에 대한 연구는 이런 점에서 이현화 작품 세계의 문학적, 연극학적 성과를 또 다른 측면에서 조명해보는 계기가 될 수 있으리라 본다. 수용사의 연구 방법론에 있어서도 관중론 형성의 제도적, 역사적 설명[3]이나 공연 자체의 관극 체험[4] 등 일면에만 치우친 연구를 지양하

2 손화숙, 「이현화론 – 관객의 일상성에서 벗어나기 위한 연극적 기법」, 『한국극예술연구』 2, 한국극예술학회, 1992, 275~290쪽 ; 박혜령, 「한국 반사실주의 희곡 연구 : 오태석, 이현화, 이강백 작품을 중심으로」, 이화여대학교 국어국문학과 박사학위 논문, 1995 ; 신현숙, 「이현화의 극작술에 대한 소고 : '지문'을 중심으로」, 김호순박사 정년퇴임기념논총간행위원회 편, 『한국희곡작가연구』, 서울 : 태학사, 1997, 407~427쪽 ; 김미도, 「이현화 희곡 연구」, 『논문집』 48.1, 서울산업대학교, 1998, 37~51쪽 ; 이미원, 「이현화 희곡과 포스트모더니즘」, 『한국연극학』 16.1, 한국연극학회, 2001, 41~63쪽 ; 배선애, 「소통의 단절과 관계의 부재」, 『민족문학사연구』 26, 민족문학사학회, 2004, 111~138쪽 ; 김옥란, 「1970년대 희곡과 여성 재현의 새로운 방식」, 『민족문학사연구』 26, 민족문학사학회, 2004, 63~84쪽 ; 박명진, 「1970년대 극예술에 나타난 몸과 공간 이미지 – 이현화와 김기영의 경우를 중심으로」, 『한국극예술연구』 23, 한국극예술학회, 2006, 75~119쪽 ; 이상우, 「폭력과 성스러움」, 『이현화 희곡 · 시나리오 전집 2』, 서연호 · 임준서 편, 서울 : 연극과인간, 2007, 226~227쪽 ; 권혜경, 「이현화 희곡에 드러나는 '텍스트의 불안' 연구」, 서강대학교 국어국문학과 석사학위 논문, 2009 ; 송아름, 「1970년대 이현화 연극의 정치성 연구」, 서울대학교 국어국문학과 석사학위 논문, 2011 ; 심우일, 「이현화 희곡 연구」, 중앙대학교 국어국문학과 석사학위 논문, 2011.

3 양승국, 「1930년대 유치진의 연극비평」, 『한국근대연극비평사연구』, 서울 : 태학사, 1996, 358~397쪽 ; 임준서, 「한국 근대 '연극 관중론' 연구」, 『한국연극학』 22, 한국연극학회, 2001, 81~109쪽.

4 김방옥, 「몸의 연극과 관객의 몸을 위한 시론 – 기와 흥에 관련하여」, 『드라마연구』 25, 한국드라마학회, 2006, 173~203쪽 ; 김기란, 「몸을 통한 재연극화와 관객의 발견 (1) – 현대 공연예술의 몸 이론과 관련하여」, 『드라마연구』 23, 한국드라마학회, 2006, 39~61쪽 ; 이경미, 「현대연극에 나타난 포스트아방가르드적 전환 및 관객의 미적 경험」, 『한국연극학』 37, 한국연극학회, 2009, 205~245쪽 ; 이진아, 「포스트드라마 연극

고 관객의 경험을 다양한 시각으로 보다 풍부하게 살펴볼 수 있다는 점에서 본고의 논의는 일정 정도 개별성을 지니리라 판단된다.

관객반응비평은 다양한 각도에서 행해질 수 있다. 예컨대 정치적, 이데올로기적 관객반응비평의 입장에서는 관객이 어떤 이데올로기적 가정과 확신을 가지고서 공연 텍스트 내에 재현된 이데올로기에 반응하는가가 분석된다. 정신분석학적 입장에서는 공연 텍스트의 핵심적 판타지와 상징적 토대에 응답하는 관객의 개인적 심리가 분석된다. 해석학적인 입장에서는 관객의 선이해와 공연 내 구성된 지평 사이의 해석학적 순환 과정이 분석된다. 현상학적인 입장에서는 공연 텍스트의 미결정적 도식이 관객에 의해 완성되고 구체화되는 과정이 분석된다. 구조주의적 입장에서는 공연 텍스트를 해독할 수 있는 관객의 능력, 곧 다양한 층위의 텍스트 문법, 코드가 분석된다. 탈구조주의적 입장에서는 공연 텍스트 '안'에 있는 의미가 아니라 텍스트를 텍스트라 명명하는 자의적 관습의 운행과 같은, 의미론적 불안정성에 의해 끊임없이 미끄러지는 기표의 놀이에 관객이 어떻게 함입되는가가 분석된다.

본고는 이러한 관객반응비평의 다양한 입각점을 참조하면서, 관객들이 〈카덴자〉에 반응하여 자신들의 주관성을 어떻게 형성하는지 그 역동적 과정을 탐색할 것이다. 관객은 단순한 수동적 관찰자가 아니다. 공연이라는 생산의 투입물(Input)에 의해 일의적으로만 조건화되는 산출물(Output)로서 그들의 경험이 정의되는 것만도 아니다. 또한 지배적 문화의 이데올로기가 유입되는 문화 자본, 문화 산업의 도관으로서 연극을 받아들이고 사회적 헤게모니에 포위되는 주체도 아니다. 그보다 문화적으로 규정된 어떤 단일한 지배적 의미를 공연을 통해 전달받을지라도 관객은 지배적, 타협적, 적대적 반응을 보이면서 이를 재전유한다. 그래서

에서 관객의 위치」, 『한국연극학』 42, 한국연극학회, 2010, 193~225쪽.

이데올로기적 협상과 타협이 표시되는 지역에서 그들은 모순적이며, 복합적이고도 다층적인 의미작용의 실천을 활성화하고 결과적으로 수용경험을 통해 다시 관객 나름대로의 사회적, 정치적, 문화적 영향력을 발휘하게 된다. 요컨대 수용의 경험이란 항상 국지적인 사회문화적 맥락에서 발생하는 '사용 중에 있는 생산'이다. '오독'이라는 개념은 이 같은 수용경험의 능동적이며, 적극적인 컨텍스트화 과정을 포착하기에 적합하다. 본고에서 사용하려는 '오독'이라는 용어는 개인의 주관적인 이해 방식을 뜻하지 않는다. 이와는 다르게 관객이 처한 맥락에 따른 해석적 상황의 유한성, 〈카덴자〉 공연 텍스트의 기대지평과 관객의 기대지평이 대립을 일으켜 발생시키는 해석상의 난맥을 그것은 뜻한다. 성서가 이슬람 문화권에서는 얼마든지 오독이 될 수 있듯이, 역사적, 사회문화적 맥락마다 달라지는 해석적 유동성을 '오독'[5]이라는 용어로 이 글에서는 정의하고자 한다. 당황스러움, 좌절, 갈등, 긴장, 그리고 그로 인한 텍스트와 관객 간 힘의 투쟁에 관련된 현상들이 오독 행위에는 포함된다. 그런 까닭에 '오독'이란 용어에는 '읽기'가 곧 '쓰기(ecriture)'라는 사실이 함축되어 있다. 바꾸어 말해 책을 읽는다는 의미로서가 아니라 극을 보고, 듣는 등 온몸의 지각 행위에 따르는 적극적 반응의 양상으로서 그것이 지닌 의미작용의 실천과 생산 차원을 염두에 둘 때, 〈카덴자〉에 대한 관객의 오독은 하나의 사건(Event)이 되는 수용 경험 과정의 역동적 양상을 우리에게 보여준다. 지배 이데올로기를 공유하면서도 그것에 도전하는 문화적 제도로서의 연극과 이데올로기를 유지하면서도 그 지배 이데올로기를 전복하고자 하는 관객 사이의 이러한 관계를 탐구하고자 〈카덴자〉의 이상적 관객, 경험적 관객의 분석을 본론 전개의 두 단계로 구성하였다. 이상적 관객 분석을 위해 연구 대상으로 삼은 것은 희곡 텍스트이고, 경

제1부 비사실주의 한국 텍스트와 퍼포먼스

---

5 조나단 컬러, 『해체비평』, 이만식 역, 서울 : 현대미학사, 1998, 201~206쪽.

험적 관객 분석을 위해 연구 대상으로 삼은 것은 공연 텍스트다. 연극적 조작의 목표인 수동적 대상이면서 동시에 연극적 상호행위의 잠재적 동작주(Agency)로서 관객의 두 위상이 어떻게 긴밀하게 연결되어 나타나는지가 구성된 본론의 논의를 통해 밝혀질 것이다.

2. 이상적 관객과 역사화되는 공백의 경험

2007년 한 잡지와의 인터뷰에서 이현화는 70년대 "그 시대의 아픔들이 우리로 하여금 글을 쓰게 만들었고, 우리는 독자를 대신해서 앓았던 것"이라고 극작 동기를 밝힌 바 있다. "작가는 시대의 아픔을 대신 앓아 주는 영원한 환자이며 작품은 그 투병기"라는 것이 그가 견지한 작가 의식이었던 셈이다. 물론 그가 "하고자 했던 이야기들은 특정 시대, 특정 지역에만 국한된 이야기가 아니라 어느 시기, 어느 지역이건 간에 그 사회의 아픔이 대입될 수 있는 하나의 방정식"이라 표현되기도 한다.[6] 그러나 1970년대 유신 정권의 엄혹한 정치 상황을 집중적으로 겨냥해 관객의 역사적, 사회적 자각을 촉구하려 한 저자의 의도가 그의 극작품에 담겨져 있음은 부인할 수 없는 사실일 것이다. 1978년 초연된 〈카덴자〉도 마찬가지였다. "작가는 배우들이 연출하는 연극놀이 속에 관객을 참여시켜 역사에 대한 책임의 소재를 물으며 잠자는 시민 의식을 일깨우는 환경연극 수법을 원용하고 있다."[7]라는 한 리뷰의 내용처럼 〈카덴자〉를 통해서 이현화는 70년대 상황의 한 탈출구로서 보는 이의 역사적 각성을 시도한다.

---

6 『월간 객석』, 2007.06.
7 『서울신문』, 1978.09.22.

이러한 극작가의 의도를 충실히 따른다면 〈카덴자〉라는 텍스트는 역사의 책임 소재를 반성적으로 질문할 수 있는 해석 활동으로 관객의 해석적 작업을 유도한다고 볼 수 있다. 그 결과 관객은 이현화의 주제 의식을 의미화할 수 있는 존재로 이상화된다. 〈카덴자〉의 역사적 인식 지점에 다다르기 위해 텍스트적 기능으로 발현되는 해석 원칙과 규범들, 체계를 내면화한 존재들일 때 관객은 존재 의의를 지닌다. 때문에 이때의 관객은 〈카덴자〉의 텍스트 안에 기입된 텍스트화된 관객이자 저자의 의도 파악에 필요한 모든 지식과 능력을 다 갖춘 객관화된 관객으로서의 위상을 지닌다.

그렇다면 이상화된 개체로서 관객은 어떠한 경로로 〈카덴자〉의 의미를 받아들이게 되는가? 〈카덴자〉 텍스트 요소들 중 어떠한 구조가 의도된 관객의 해석 활동을 예측케 하고 통제하게 되는가? 우리는 여기서 〈카덴자〉의 텍스트적 구조와 그것이 가정하고 있는 관객 사이의 상호 작용을 분석해볼 수 있는 도구로서 공백(Blank)[8]이라는 장치를 생각해볼 수 있다. 공백은 텍스트 구성상 일관성과 연관성을 저해하는 모든 요소들을 지칭한다. 즉 관객의 상상력을 인도해줄 어떤 패턴이나 구조화된 표식으로서 관객이 메워가야 할 많은 틈, 여백, 불확정성의 공간이 공백이다. 텍스트 내 유예된 연결 가능성을 채우는 행위로 인하여 관객은 텍스트의 의미 구성에 능동적으로 참여하게 된다. 그러므로 공백 구조를 통해 〈카덴자〉의 텍스트가 어떻게 의미를 관객에게 소통시키고, 텍스트가 조종하려 하는 역사적 자각이 또한 어떻게 관객에게 경험되어야 할 효과로서 받아들여지는지 가늠하는 것이 가능해진다.

먼저 1경에서 2경으로 넘어갈 때, 2경에서 3경으로 넘어갈 때, 3경에서

---

8 Wolfgang Iser, *The Act of Reading : A Theory of Aesthetic Response*, Baltimore : Johns Hopkins University Press, 1978, pp.181~231 참조.

4경으로 넘어갈 때의 극 분절 재현 방식은 〈카덴자〉의 가장 기본적인 공백 구조를 형성한다. 전통적인 아리스토텔레스의 『시학』적 견지에서 드라마 표층 구조의 분절, 예컨대 플롯상의 장/막의 기능은 연속적이면서도 인과적으로 연결된 행동을 틈새 없이 긴밀하게 조절하는 데 그 목적이 있었다. 그러나 〈카덴자〉의 표층 구조의 분절은 이와 차이를 보인다. 1경에서 2경으로 이행될 때는 갑작스럽게 조명이 '컷 아웃'되고 수많은 군중들의 잘 맞추어진 발소리가 객석으로 점점 밀려오면서 1경이 막을 내린다. 2경에서 3경으로 이행될 때는 F. O (Fade Out), 점점 무대 장면이 사라지는 것과 동시에 발소리가 높아지면서 2경이 막을 내린다. 3경에서 4경으로 이행될 때는 비명 소리가 신호란 듯 스포트라이트를 홱 돌려 당황하는 관객들의 얼굴을 강렬한 불빛으로 잔인하게 헤집으며 녹음기 소리가 반복되는 가운데 3경이 막이 내린다. 그러므로 갑작스런 조명 장치의 변화와 함께 〈카덴자〉의 극 분절 방식을 위한 신호로 활용되고 있는 발소리, 녹음기 소리의 청각적 인상 등은 고문으로 재현되는 씬 중간 중간의 시각적 지각의 인상들을 재강조하고 그것을 보다 심미적인 극 스타일로 틀 짓는 기능을 한다고 볼 수 있다. 바꾸어 말해 이러한 발소리나 녹음기 소리는 각 경(scene)들을 이어주는 이음매 기능을 하지만 그렇다고 해서 고전 극작술의 극적 구성요소들과 같이 플롯을 연속적, 인과적으로 매끄럽게 결합시키기 위해 그것들이 전적으로 활용되고 있는 것만은 아니다. 그보다 〈카덴자〉의 청각적 감각이 유표화되는 이 같은 극 분절 방식은 관객에게 지각상 동요를 일으키면서 서사적 결합을 읽으려는 관객들의 해석 통로에 중단과 긴장을 야기하는 수단으로 작용하게 된다. 즉 〈카덴자〉의 분절 방식은 서사적 일관성을 파편화하는 데 기여한다. 그래서 그것은 관객에게 지각적 충격을 던져 주는 결과를 낳는다. 지각적 불안정성의 수용으로 인하여 관객은 허구 세계와 실제 세계의 문턱에 자리하게 되며 극중 고문의 가해자와 피해자인 타자들이 관객 자신과 얽히고설킨 존재임을 보다 능동적으로 인지하게 된다. 폭력을 휘두르는 자와 희생자, 지배 계층과 피지배 계층, 나, 너, 우리, 그리고 그것 사이의 차이적 관계들이 미결정화되고, 관객이 내가 아닌 것도 아닌 내가 (not-not-me) 되는 상상적 참여의 기제는 바로 〈카덴자〉의 표층구조의 분절 방식이 공백 구조로 기능하는 데서부터 출발한다.

플롯 분절상의 커팅 기법만큼이나 등장인물의 성격적 일관성이 분열되는 것도 〈카덴자〉에서 관객을 이 작품의 사건 과정 속에 상상적으로 참여하게 만드는 요소, 공백 구조에 해당한다. 1경에서 무대로 끌려 나온 여자 관객은 "전 배우가 아니에요."라고 말하지만, 사육신 중 한 명으로 왕에게 죄인 취급을 받는다. 이에 비해 사육신 중 한 명을 캐릭터화하고 있는 선비는 왕으로 역할하고 있는 배우가 있음에도 불구하고, 여자 관객을 왕(수양대군)과 동일시한다. 2경에서는 극이 오르는 순간부터 여자 관객의 머리 위에는 왕관이 씌어져 있다. 여기서도 왕은 여자 관객을 사육신 중 한 명으로 동일시하며, 선비 역시 여자 관객을 왕으로 간주한다. 2경에서는 여자 관객 이외에도 망나니 1이 왕으로 역할하기도 하고, 선비가 왕으로 역할하기도 한다. 결과적으로 〈카덴자〉의 등장인물들은 서로에게 일관된 성격을 지니고 있는 하나의 인격적 개체로 받아들여지지 않고 있다. 이것들의 효과는 과연 무엇일까? 왕이면 왕의 리얼리티, 선비면 선비의 리얼리티, 망나니면 망나니의 리얼리티가 오롯이 하나로 담보되어야 하는 것이 등장인물 성격 형성의 기본 원칙일 것이다. 하지만 〈카덴자〉에서는 이러한 일관성의 원칙이 파편화되고 있다. 그래서 〈카덴자〉의 등장인물들을 접하는 관객은 한 등장인물에서 다양한 기억, 의미, 감정들의 복합적 체험들이 예열시키는 지각적 불안정성을 경험하게 된다. 한 명일 뿐인 '여자 관객'의 시점을 통해서도 실제 관객, 무대 위에 오르게 된 허구적 관객, 수양대군, 사육신 등 여러 인물들의 다각적인 기억, 의미, 신념, 감정, 인지 구조 등을 무대 밖 관객은 지각하게 되는 것이다.

그것은 다종다양한 인물들의 시점상에서 진동하며 움직여야 하는 관객의 유동적 시점의 출처로서 기능하고, 관객을 여러 인물들 사이의 상태로(betwixt and between) 이동하게 하는 경계선상, 문턱에 서 있게 하는 원인항으로서도 작용하게 된다. 이러한 등장인물상의 공백 구조는 무대 위에 올라간 여자 관객에 의해 극중극이 창조되는 드라마 구조에 의해서도 효과가 증폭된다. 〈카덴자〉에 등장하는 '여자 관객'은 물론 '실제 관객'이 아니다. 그녀는 배우이지만 허구적 세계 내에서 관객으로 역할하고 있는 캐릭터다. 배우이자, 관객이며, 캐릭터이기도 한 그녀의 존재 때문에 허구와 현실의 경계가 상호 교환되며, 침입되는 결과가 빚어진다. 더욱이 〈카덴자〉의 극중극 구조는 외부에서 내부의 극을 틀 짓는(framing) 극과 틀지어지는(framed) 내부의 극간의 경계가 명료하게 구분되지 않는 극이다. 오히려 이 둘이 혼합되는 극적 구조를 취하고 있기에 허구적 환각과 현실적 진실성 사이의 이분법적 관계는 〈카덴자〉에서 파괴되며 외부의 극과 내부의 극이 서로를 반영하는 대단히 혼란스러운 양상이 빚어지게 된다. 예컨대 1경에서 여자 관객을 망나니들이 무대 위로 끌어올리려 할 때, 여자 관객은 당황하여 "(객석을 향해) 이보세요, 이 사람들 말려주세요."(63쪽)라고 도움을 청한다. 그들이 인두로 그녀의 입을 지지려 하자 자지러지게 놀란 그녀는 "임석 경찰관님 안 계세요?"(64쪽)라고 말하기조차 한다. 그러나 그녀가 극 밖에 존재하는 리얼리티만을 허구적 무대 위에서 환기시키는 것은 아니다. 그녀는 일종의 '내포 관객(Implied Spectator)'[9]으로 기능하는바, 단종 폐위 사건의 극적 재현에 대해 감정 이

---

9 볼프강 이저의 내포 독자의 개념을 극 장르에 맞게 재전유해본다면, 그 극이 의도한 드라마적 페르소나 및 이미지이자, 실제 관객이 연극적 사건 중 역할하게끔 기술된 관객으로서, 극의 수사적 시스템으로부터 출현하는 구조적 장치라 내포 관객은 정의될 수 있다. 내포 독자는 대부분 이상적 독자와 구분 없이 사용된다. 하지만 여자 관객이 극중 출현하는 〈카덴자〉의 특성상 설명의 명료성을 위해 본고에서는 여자 관객을

입하는 측면을 보여주기도 하고("나쁜 자식들", "저런 뻔뻔스런" 80쪽),
외부자적 관찰자적 시각에서 그것을 메타적으로 논평하기도 하는 등("도
대체 애들이 무슨 연극을……" 77쪽) 실제 관객에게 극중 사건을 더 잘
이해시키기 위한 허구적 가이드로 역할하기도 한다. 요컨대 인물의 일
관성 결여, 극중극 구조의 활용으로 인한 내포 관객의 무대 등장 기법은
〈카덴자〉의 공백 구조로 기능한다고 말할 수 있다. 그래서 그것은 허구
와 현실의 경계가 무너진 다층적, 다각적 리얼리티에 대한 지각적 불안
정성을 관객에게 환류한다. 그만큼 인물들의 발화와 행동이 산출하는 지
각적 자극의 파편성은 의미의 사건이 발생하는 장소로서보다 강렬한 에
너지와 힘이 발생하는 장소로서 무대를 형성하게 된다. 이에 따라 관객
이 상상적으로 등장인물의 시점에 관여하고, 그것을 경험할 가능성은 커
진다고 볼 수 있다.

등장인물들의 몸이 대단히 물질적으로 처리되고 있다는 점 또한 관객
들의 상상력을 자극하는 〈카덴자〉의 중요한 공백구조다. 몸이 언어적 상
징계 내에서 처리될 때, 소유된 신체는 인간의 상징적 삶을 지탱하기 위
한 도구로 대상화, 사물화된다. 그러나 사회적, 정치적, 문화적으로 기
입된 몸의 의미를 한 꺼풀 벗겨내고, 생물학적 몸의 신체성에 주목하게
될 때, 우리는 언어적 의미론의 세계를 초과하는 현존적 '몸 되기'의 새
로운 잠재력을 발견하게 된다. 몸의 물질성은 언어적으로 의미화되거나
분절될 수 없는, 비일관적인 관념, 사고, 기억, 감정 등을 관객의 인지 구
조 속에서 능동적으로 출현하게 하는 효과를 빚어낸다.[10] 〈카덴자〉의 고
문 장면들이 관객들의 시지각적 관음증을 조장하고 있는 것은 사실이지

내포 관객으로, 이상적 작가 혹은 텍스트가 의미 전달을 목적으로 하는 관객을 이상
적 관객으로 구분지어 사용하겠다.

10 Erika Fischer-Lichte, *The Transformative Power of Performance : A New Aesthetics*, Saskya
Iris Jain(Tr.), New York : Routledge, 2008, pp.138~168.

만 폭력 및 에로티시즘과 관련된 '촉각'의 감각은 특히나 그 강도의 충격으로 인해 객석의 현실과 무대의 환영 간 거리를 좁히고 있다는 점에서 주목할 만하다. 1경부터 망나니들은 선비의 좌우에서 정강이를 향해 철퇴를 내려친다.(57쪽) 선비의 입을 지지던 인두로 그들은 여자 관객의 허벅지를 지지기도 하며(64쪽), 그녀의 머리채를 움켜쥐고 뒤로 젖히기도 한다.(65쪽) 여자 관객에게 지푸라기와 흩어진 오물들을 쏟아붓기도 하고(67쪽), 여자 관객의 발을 전기밥솥에 집어넣거나 가상의 채찍으로 그녀를 때리기도 한다.(91쪽) 4경에서는 선비의 거열형과 여자 관객의 교수형이 무대화되기도 한다.(100~101쪽) 촉각은 여타 지각 체계에 비해 가장 '관계적인' 지각 체계다. 바꾸어 말해 상대방에 대한 터치야말로 가장 빠르면서도 효율적으로 상대방의 영역을 침범할 수 있는 감각을 인간에게 부여한다. 역으로 촉각적 체계를 통해 자아는 타자의 몸 내부를 감각할 수 있다. 즉 그러한 타자 만지기를 거쳐 자아의 몸 내부 감각, 따뜻함, 부드러움, 날카로움, 차가움, 거침 등등에 관한 내수용적 감각 능력을 우리는 더불어 획득하게 된다. 따라서 〈카덴자〉에서 폭력과 에로티시즘의 난무는 주체와 객체 사이, 자아와 타자 사이의 경계와 관계를 부정적으로 용해하고자 하는 몸과 몸의 접촉, 그리고 그에 따른 신체적 공간의 새로운 재편을 야기한다고 볼 수 있다. 폭력과 에로티시즘이 부여하는 이러한 촉각적 양태성의 충격은 그렇다면 관객에게 어떤 효과를 불러일으키는 것일까? 우선 위에서 설명된 대로 촉각적 지각의 물질성이 상호 관계성을 강화한다는 점을 주목하는 것으로부터 출발할 필요가 있다. 여자 관객이나 선비의 고통받는 몸은 관객에게 자기를 다층화하게 만든다. 피가 흐르고 살이 튀는 고문 장면은 너무 강력한 인상을 남기는 것이라 관객들은 참을 수 없게 되고, 공연자들의 고통받는 몸에 그들은 상상적으로나마 간섭하지 않을 수 없게 된다. 자신의 몸도 절단되고, 부서질지 모른다는 공포심에 사무쳐 떨면서도 또 이 장면은 연극적 장면이므로 그러한 위협으로부터 자신은 안전할 수 있다는 생각에 관객들은 안도의 한숨을 내쉰다. 결과적으로 관객은 폭력적 장면에 압도되지만, 여자 관객과 선비의 찢겨져 나가는 몸을 보면서 자신의 몸 내부를 들여다보는 것 같은 인상을 부여받게 된다. 해서 그동안 망각되고 무시되어온 인간 몸의 가치를 지각하고, 그것의 물질성에 주의를 기울이게 된다. 급기야 여자 관객과 선비로 대신되는 몸의 절단, 분해 과정에서 그들은 인간 몸이 어느 정도까지 변형되고, 개조될 수 있는지, 그래서 주어진 의미와 언어의 앎의 질서로부터 정의되지 않은 새로운 앎의 질서가 어떻게 확립될 수 있고, 그들이 그것에 어떻게 접근할 수 있는지 상상적으로 반응하기에 이른다.[11] 관객 자신을 대신하여 고통받는 여자 관객과 선비의 몸을 통해 관객은 타인의 몸을 훔쳐본다는 냉엄한 거리감을 갖기도 하지만 동시에 파괴되는 몸의 이미지에 자신을 이입하기도 하는 것이다. 몸의 분해에 대한 공포와 변형되는 몸으로 통과하려는 욕망의 쾌락 사이, 경계선 상에 그들은 위치하게 되며, 이 같은 지각 체계의 불안정성은 관객의 상상력을 신체적 응답으로 메우게끔 유도하는 공백 구조를 〈카덴자〉에 부여한다고 볼 수 있다.

마지막으로 〈카덴자〉의 시간 구조와 공백 구조가 어떻게 접합되어 있는지를 살펴보자. 〈카덴자〉의 공연 텍스트가 조준하고 있는 이상적 관객의 시간적 경험[12] 속에서, 열거된 공백 구조들이 어떠한 역할을 하는지 이로써 밝혀질 수 있을 것이다.

---

11 고통받는 몸에 대한 관객의 지각 체험은 Erika Fischer-Lichte, *Theatre, Sacrifice, Ritual : Exploring Forms of Political Theatre,* New York : Routledge, 2005, pp.237~250 참조.

12 텍스트 구조는 계열체적으로 구성되어 공간적이다. 하지만 그러한 텍스트 구조를 읽어내는 독자의 읽기 경험은 시간적으로 구체화된다. 엘리자베드 프로인드, 『독자로 돌아가기 : 신비평에서 포스트모던 비평까지』, 신명아 역, 서울 : 인간사랑, 2005, 99쪽.

〈카덴자〉는 막도 없이 알몸을 드러낸 무대, 장치마저 없어 썰렁한 조명이 비정하게 느껴지는 무대로부터 극을 시작한다. 극중 망나니들이 객석의 관객을 험상궂게 노려보는 가운데 선비를 고문하는 장면이 연출되고, 거부하는 여자 관객을 객석으로부터 불러내어 극중극 구조가 형성되는 것이 〈카덴자〉의 시작부라 할 수 있다. 반면 극의 결말부는 "내가 내 죄를 알겠소."라는 여자 관객의 고백과 함께 그녀가 올가미에 목을 매다는 것으로 종결된다. 이야기가 어떻게 시작하고 어떻게 종결하는가의 문제는 소설뿐만 아니라 드라마의 내러티브에 대한 비평적 담론에서도 대단히 중요한 문제이다. 이야기의 시작과 끝은 단순한 형식적 장치가 아니다. 그보다 현실 영역을 인위적으로 변형시켜 서술하려고 하는 욕망이 오프닝 전략과 엔딩 전략에 담겨 있다. 그런 까닭에 시작 방식과 결말 방식 사이 불균형을 채우는 관객의 해석적 조작은 주제의 형성, 장르적 본성과 관습, 작품이 전달하려는 이데올로기적 지향점 같은 이슈의 메타적 형상화와 복잡하게 연루된다. 이런 점에서 봤을 때, 우리는 내포 관객인 여자 관객의 관점(Perspective)이 극의 시작부와 끝에서 현저하게 변화되는 사실에 주목해야 한다. 왜냐하면 내포 관객인 여자 관객의 관점은 곧 〈카덴자〉가 예측하고, 기대하는 이상적 관객의 관점이기 때문이다. 여자 관객은 시작부에서 망나니들이 무대로 끌고 올라가자 경찰을 부를 정도로 당황하며 저항한다. "도대체 이것들이 무슨 속셈일까?"(66쪽)이라는 대사를 통해서도 알 수 있듯이 자신을 죄인으로 당연시하는 무대 위 등장인물들에 비해 그녀는 자신에게 무슨 일이 닥친 것인지, 또 무대에서는 어떠한 일이 벌어지는 것인지 이해하지 못한다. 그러나 결말에 이르러서 그녀는 무대 위 상황이 사육신과 관련된 역사적 사건의 재현임을 인지하게 되고 권력에 의해 자행된 폭력에 대해 책임 의식과 죄의식을 통감하게 된다. 시작부에서 여자 관객은 등장인물에 비해 극중 상황에 관해 잘 알지 못하는 열등한 인식 수준을 보여주지만 결말부에서는 극중 상황의 전모에 대해 인지하게 될 정도로 등장인물의 인식 수준과 일치하는 인식 수준을 보여준다. 동시에 그녀가 지닌 관점의 영역도 극중 재현되는 사육신 처단의 역사적 기억에 대해서 특별한 생각을 가지고 있지 않은 처지로부터 도덕적 의식으로 수렴된다는 점에서 개방적 관점을 형성하던 시작부와는 달리 폐쇄적 관점을 결말부에서 형성한다고 볼 수 있다. 이 같은 인식 수준의 변화와 함께 여성 관객이 극중 사건에 취하는 심리적 거리 또한 좁혀진다는 사실도 주목해야 할 부분이다. 시작부에서 다른 등장인물들에 의하여 왕이나 죄인으로 간주되던 그녀 자신의 모습에 여성관객은 왜 자신을 그렇게 대하는지 모르겠다며 짜증을 내고 있다. 극중극에서 그녀가 떠맡게 된 왕이나 죄인이라는 역할에 대해 그녀는 심리적 거리를 취하고 있는 셈이다. 그렇지만 그녀가 종결부에서 자신의 죄를 인정할 때, 그녀는 극중극의 죄인 역할에 완전히 몰입하게 된다. 이 경우 그녀가 극적 사건에 가지는 심리적 거리감은 최대한 좁혀진다.[13]

내포 관객인 여성 관객의 관점 분할과 그 변형 과정, 그리고 그녀와 극중 사건 간의 심리적 거리 변화는 내포 관객의 위치에서 해석 활동을 벌일 것이라 예측되는 이상적 관객의 상상적 참여 지점을 표시한다. 시작부에서의 여자 관객의 열등한, 개방적 인식 수준, 그리고 극중 허구적 세계에 대한 거리감은 관극 초기 이상적 관객이 지닌 관점의 초점, 전경(Foreground)을 이룬다. 그러나 결말부에서 극중 허구적 세계에 대한 그

---

13 허구에 대한 인식은 언제나 거리의 개념을 형성한다. 거리는 브레히트가 발견했듯이 예술의 지각에 있어 가장 기본적인 심리적 현상이다. 연극 예술의 필연적 조건으로서 거리감이 어떻게 관객의 반응적 상상력을 이끌어내는지에 대한 탐구는 극에 대한 관객의 관여 양상을 파악할 수 있게 해주는 중요한 분석요소라 할 수 있다. Daphna Ben Chaim, *Distance in the Theatre : The Aesthetics of Audience Response*, Ann Arbor : UMI Research Press, 1984, pp.69~80 참조.

녀의 심리적 거리감이 좁혀지면서 형성되는 여자 관객의 일치적, 폐쇄적 인식 수준은 이상적 관객의 또 다른 초점화된, 전경화된 관점을 이루게 한다. 그와 동시에, 이전에 관극 초기 이상적 관객이 지녔던 관점의 양상 은 배경화(Background)된다. 결과적으로 시작부와 결말부에서 대조적으 로 엮여지는 여성 관객의 관점과 허구적 세계에 대한 심리적 거리감은 〈카덴자〉 공연을 보는 이상적 관객들이 공연의 시간적 흐름 속에서 소요 (逍遙)되는 관점을 경험하고, 극중 사건과 그들 간의 가변적인 거리감을 체험하게 하는 형식적 장치, 공백 구조로 작동한다. 바꾸어 말해 이상적 관객은 시작부와 결말부, 두 위치에서 비일관적으로 목도되는 여성 관객 의 인식 수준의 차이를 메우고, 달라지는 극중 세계와의 거리감으로 인 해 유발되는 현실과 허구, 역사적 사실과 그것의 해석적 재현 간의 관계 를 이해하고자 하는 상상적 노력을 시도하게 된다. 이렇게 봤을 때 플롯 분절, 인물, 물질성의 층위 등 앞서 설명된 공백 구조들은 시작부와 결말 부의 연결 관계가 빚어내는 공백 구조를 실현하기 위해, 이상적 관객들 이 전개하게 되는 다층적 경로의 지속적 변형 과정과 참여 과정을 예시 한다. 이상적 관객은 여자 관객의 인식 수준이 형상화하는 시작부와 결 말부의 낙차, 즉 죄의식의 절감이라는 내용 요소를 스스로 채우는 작업 을 경험하기도 하지만, 역사적 자각으로 이어지는 그러한 경험의 효과는 극 중간부에서의 플롯 수준, 인물 수준, 몸의 물질성 수준 등 복합적 네 트워크에서 발생하는 공백 구조에 대한 관객의 끊임없는 자기 인식과 관 여 경험에 의해 가속되고 예열된다.

〈카덴자〉의 의도된 주제는 극작가 이현화의 전술된 언급이 암시하듯 이, 사실주의적 전망을 형성하기보다 병을 앓는 것과 같은 부정성의 방 식으로 역사에 대한 책임의 소재를 물으며 잠자는 시민 의식을 일깨우는 것이다. 이를 텍스트가 조준하는 관객의 측면에서 환언하자면 어떻게 설 명될 수 있을까? 그것은 '사육신'이라는 문화적 기억을 소재로 하여 역사적 과거와 당대적 현실의 문제를 연관적으로 생각해볼 수 있는 관객 자기 자신의 경험이 공연을 통해 얼마나 잘 실현되느냐에 의존한다. 즉 〈카덴자〉 공연 텍스트가 지향하는 테마가 역사적 책임 소재에 대한 반성적 질문의 촉구라 한다면, 관객의 시각에서 관객 자신이 견지하는 입장의 역사성을 얼마만큼 심미적으로 경험할 수 있느냐에 공연의 성패가 달려 있다. 지금까지 설명된 공백 구조는 〈카덴자〉의 이상적 관객이 그러한 자신의 입장의 역사성을 스스로 체험할 수 있는 '경험 가능성'의 조건을 생산한다. 그러므로 관객의 입장에서 〈카덴자〉의 주제는 공백 구조 자체, 그리고 그것의 시간성이다.[14] 시간적으로 경험되는 공백 구조 자체와 대면하여 그것을 구체화시키고 완성시키는 등 공동 저자로서 참여하면서 어느 정도까지 여자 관객과 마찬가지로 자기 자신의 입장을 유한하고 한계적인 것으로 관객이 역사화할 수 있느냐 하는 점이 〈카덴자〉의 공연 텍스트가 조준하는 바다.

　물론 그럼에도 〈카덴자〉의 관객과 관련하여 우리는 미진한 한 가지 문제를 더 발견하게 된다. 이상적 관객과 대조적으로 실제 경험적 관객은 내포 관객인 여성 관객과 동일하게 〈카덴자〉에 반응하는가? 내포 관객과 실제 경험적 관객 사이에 분열과 간극은 없는 것일까? 이러한 내용에 대한 숙고는 〈카덴자〉 관객의 추상적, 텍스트적 모델이 아닌 문화적 맥락

---

14 이러한 공백 구조, 즉 관객의 참여 구조가 많이 설정된다는 점이 〈카덴자〉와 같은 비사실주의극의 전형적 특징이다. 사실주의극 같은 경우, 공백 구조가 아주 없는 것은 아니지만, 재현의 환각이 목표로 하는 주제 의식을 달성하기 위해 공백 구조가 도구적으로 사용되거나 최대한 억눌려진다. 예컨대 사실주의극의 대표적 작품인 유치진의 〈토막〉에서 명수의 유골이 든 백골상자가 극 말미에 갑작스럽게 배달되어 백골상자가 전달되기까지의 경로에 대해 관객이 상상적으로 참여할 수 있는 여지가 확보된다. 그러나 〈토막〉에서 중요한 점은 공백구조가 활성화시키는 관객의 참여 양상이 아니라 백골상자의 배달로 상징되는 1930년대 일제 치하의 압제적 상황을 관객이 얼마나 비판적으로 인식할 수 있느냐 하는 점이다. 공백 구조는 그러한 주제 의식을 잘 전달하려는 목적하에서만 〈토막〉 같은 사실주의극에서 활용된다고 볼 수 있다.

에 의해 고려되는 정치적, 사회적 측면의 관객 모델에 대한 분석을 요구한다.[15]

3. 실제적 관객과 역사화되는 기대지평의 경험[16]

1978년 〈카덴자〉는 민중극장 소속 연출가 정진수에 의해 초연된다. 실제 관객의 반응이 어떠했는지를 알아보기 위해서는 1978년의 상황을 재구해볼 필요가 있다. 우선 연출가 정진수의 기억에 따르면 〈카덴자〉의 무대는 다음과 같이 구성되었다.

> 하도 오래전 일이라 기억이 희미하지만 몇 가지 기억을 더듬어 생각나는 것만 정리하죠. 이현화씨 희곡은 당시로서는 사실주의 기법과 동떨어져 매우 주목을 받았는데 한국 연극에 신선한 충격을 주었다고 할까요. 어떤 작품은 부조리극 같기도 하고 또 어떤 작품은 잔혹연극 같기도 한데 〈카덴자〉는 후자 쪽의 성격이 강했다고 느낍니다. 난 이런 쪽의 성향을 별로 좋아하지 않는데 나로서는 객기를 부려본 작품이었죠. 당시 군부독재 치하라서 검열이 매우 엄격했었는데 사육신을 소재로 한 이 역사극을 군부독재의 탄압을 암시하는 알레고리로 해석해서 연극이 시작할 때 암흑 속에서 군화발소리가 들리도록 음향을 썼죠. 이 때문에 말썽이 나서 형사들까지 찾아오고 한참 소동도 있었답니다. 연극이 시작하면서 무대 후면 중앙에 육각형의 배경 구조물을 설치했는데 여기에는 궁정의 문양 같은 것이 그려져 있었죠. 극이 진행

---

15 텍스트가 내포하고 있는 여백의 불확정성은 역사적, 문화적, 심리적 맥락에서 다양한 담론들의 영향을 받는 관객의 시각에 의해 구체화된다. 이상란, 『희곡과 연극의 담론』, 서울 : 연극과인간, 2003, 12쪽.

16 이데올로기적으로, 사회적으로 중재되는 실제 관객의 특수한 국지적 경험에 대한 분석은 Susan Bennett, *Theatre Audiences : A Theory of Production and Reception, 2nd ed*, New York : Routledge, 1998, pp.86~165의 논의를 참조하였다.

되며 사육신에 대한 고문 장면이 시작될 때 이 구조물을 씌운 문양 그림의 천을 벗겨내자 거울이 나타납니다. 이 거울을 통해 관객들은 연극을 관극하는 자신들의 모습을 보게 됩니다. 관객은 무대 위의 연극을 보며 동시에 연극을 보는 자신들을 보는 것이죠. 이를 통해 이 역사극이 지나간 역사가 아니라 현재진행형이라는 점을 암시했고 대부분 관객들은 이 메시지를 전달받았다고 생각됩니다.[17] (밑줄 : 인용자)

연출가 정진수가 강조하고 있듯이 〈카덴자〉의 허구 세계를 군부독재의 탄압을 암시하는 알레고리로 관객들이 경험할 수 있도록 군화발소리나 거울 같은 시청각적 무대 장치들이 활용되었다. 그렇다면 이러한 〈카덴자〉 공연을 1978년 실제 관객은 어떠한 방식으로 문화적 구성물로 이해하고 받아들였을까? 1978년의 관객이 〈카덴자〉를 관람하고서 어떻게 반응했는지 공식적으로 남아 있는 기록은 없다. 언론의 리뷰를 통해서도 우리는 단지 〈카덴자〉에 관한 단편적인 언급[18]만을 찾아볼 수 있을 뿐이다. 그러나 개별 반응을 뚜렷하게 확인할 수는 없겠지만 관객의 반응은 추론을 통해 어느 정도 짐작될 수 있다. 전문 비평가의 공연평이나 〈카덴자〉 초연 1978년을 전후해 이현화에 의해 창작된 작품들, 상호텍스적 관련성을 맺는 작품들의 공연에 대한 관객들의 반응을 토대로 우리는 〈카덴자〉에 관한 관객 반응의 실제 양상을 우회적으로나마 입상화할 수 있

---

17 2012년 1월 26일 인터넷을 통한 필자의 인터뷰 요청에 따라 연출가 정진수와 오고 간 메일의 내용을 정리한 것임.

18 "〈카덴자〉는 반사극이라는 이름붙일 수 있는 실험극으로서 종래의 사극형식에 대한 통렬한 패러디이자 현대의 악몽이라 할 수 있는데……."『시사통신』, 1978.09.19.
"과거와 현재를 하나의 시제개념 속에서 파악해보려 한 〈카덴자〉는…… 작가는 배우들이 연출하는 연극놀이 속에 관객을 참여시켜 역사에 대한 책임의 소재를 물으며 잠자는 시민의식을 일깨우는 환경연극 수법을 원용하고 있다."『조선일보』, 1978.09.21.
"〈카덴자〉는 일곱 명의 배우와 한 사람의 가짜 관객을 등장시켜 오늘을 사는 시대의 아픔과 인간의 잔혹한 이면을 그린 반사극이다."『한국일보』, 1978.09.21.

게 된다.

'서울극평가그룹상'이 수여될 정도로 〈카덴자〉에 대해 높이 평가하는 분위기가 1978년 비평계에는 형성되어 있었다.

> 〈카덴자〉는 종래 역사극의 결점으로 지적되던 스토리텔링 위주의 느린 템포의 구성과 지루한 해석적 대사, 그리고 과거의 재현에만 역점을 두는 드라마로부터 탈피했다. 오늘의 시점에서 과거의 역사적 한 단면을 재조정해서 자아의 각성문제를 집요하게 추구한 작가의식을 높이 살 만하고 희곡의 구성이 치밀하여 언어가 박진력 있었다는 점이 호감이 갔다. 무대형상화에 있어서도 탁월한 우수작품이었다. 특히 무대의상을 맡은 변창순의 공로는 컸다. (『중앙일보』, 1978.11.10. 이태주의 글 중에서)

그럼에도 불구하고 〈카덴자〉의 평가는 양식상의 새로움에 맞춰 있지, 그것의 예술적 성취에 대한 고평으로까지 이어지지는 않았다. 〈카덴자〉는 1978년 초연 당시 9월 8일부터 11월 8일까지 열린 제2회 대한민국연극제에 출품된 작품이었는데, 〈카덴자〉를 포함한 연극제 출품작 10편에 대해 비평가들의 평가는 고만고만한 수준의 연극들이라는 것이 대체적인 목소리였다.

> 대체로 이번 연극제에 나온 작품들은 두드러지게 문제될 요소를 가지고 있지 않았고, 또 화제가 될 만큼 규모가 큰 작품이 없었다…… 그만큼 이번 연극제의 작품들은 희곡작품으로서 두드러진 것이 없었는데 그것이 연극으로 제작되다 보니까 극단에 따라 신통하게도 꽤 다른 감흥을 불러일으키게 되었다…… 그러나 꼭 한 가지 지적하고 넘어가야 될 것은 역사를 해석하는 작가나 연출가의 눈이 만만치 않았다는 사실이다. 민중극장이 가지고 나온 이현화의 〈카덴자〉……. 우리가 상식적으로 알고 있는 역사 사건을 새롭게 풀이하여 접근함으로써 눈길을 끌었다. (『뿌리 깊은 나무』, 1978.12. 이상일의 글 중에서)

양식상의 실험, 역사를 바라보는 눈의 새로움은 주목할 만한 점이지만, 문학적, 연극적 완성도가 뛰어나다고 할 만한 정도의 작품은 아니라는 것도 〈카덴자〉에 대해 1978년 비평가들이 견지한 한 시선이었던 것이다. 비평가들의 언급처럼 실제 관객의 반응도 이렇게 다양하게 발현되었을 것이라 생각된다. 극작가나 연출가, 텍스트의 의도에 따라 역사적 자각의 영감을 받고 극장문을 나서는 이상적인 관객들도 있었겠지만, 상호텍스트적 관련성을 맺는 이현화 작품에 대한 관객의 반응을 토대로 미루어 볼 때, 꼭 그런 반응만이 존재한 것은 아니었을 터이다.

'누구세요', '쉬-쉬-쉬-잇', '우리들끼리만의 한 번', 이 작품들이 말하자면 3부작인데 그때 반응들이 제일 가지가지였어요. 연극계 내에서도 찬반양론이 있었고, 관객 반응은 세 부류 정도로 나뉘었죠. 도대체 무슨 소린지 모르겠다, 무슨 얘긴지는 모르겠는데 재밌다. 그리고 음성을 낮춰가지고는 "그 얘기를 이렇게 표현할 수도 있군요." 하면서 미소를 띠고 악수를 청해온 사람들. 참 인상적이었죠. (『월간 객석』, 2007.06. 이현화 인터뷰 중에서)

사람이 살아가다보면 어찌 "미쳤느냐?"는 소리 한 두 번 안들 수가 있을까 보냐마는 이젠 그 소리 듣는 데도 웬만큼 이력이란 게 쌓이게 된 모양이다…… 더욱이 〈산씻김〉, 〈0.917〉, 〈카덴자〉가 연이어 공연되면서부터는 예의 그 "미친……"을 넘어서 "여성학대취미자" 내지는 "새디스트"로까지 번져나가게끔 되어버린 모양이다. (『0.917 : 이현화 희곡집』, 저자 후기 중)[19]

85년 〈카덴자〉 공연 당시 고문이 어찌나 리얼했던지 연극을 보던 여자 관객이 기절해 응급실에 실려가는 사태가 빚어지기도 했다. 가장 회자되는 에피소드는 여주인공이 목매달아 자살하는 장면에서 이를 실제장면으로 착각, 남자 관객이 무대로 뛰어들어 연극이 한때 중단

19 이현화, 『0.917 : 이현화 희곡집』, 서울 : 청하, 1990.

된 사건 (『국민일보』, 2000.08.01. 기사 중)

폭력적 장면의 과도함은 1978년 〈카덴자〉 공연 이전, 이후 이현화의 작품들이 관객들에게 준 충격과 마찬가지로 역사적 반성이라는 텍스트가 지향하고 있는 주제와는 다르게 일정 정도의 오해와 오독을 발생시키는 원인이었을 것이다. 뿐더러 관객 동원 면에서도 〈카덴자〉는 크게 성공한 편은 아니었다. 78년 9월 22일부터 27일까지의 공연에서 〈카덴자〉가 공연되었던 세실극장에 든 관객은 1천 6백 46명이었다. 이는 1978년의 히트작이라 할 수 있는 현대극장의 〈바람과 함께 사라지다〉(1978. 11. 16~19)를 관람한 2만 4천 7백 6명의 관객 수에 비해 현저하게 낮은 수치였다.[20] 요컨대 역사적 의식의 각성을 주제로 한 1978년 〈카덴자〉 공연 텍스트와 관객의 해석 활동에 내재한 기대감 사이에는 상당한 괴리가 있었으리라 판단할 수 있다. 이전에 시도하였던 부조리극의 장르적 본질을 이현화가 〈카덴자〉에서도 여전히 극작술의 일환으로 사용하고 있기 때문에 이러한 괴리감이 발생하였다는 것이 온당한 분석일 것이다. 역사성을 강조하지만 극중에 재현된 폭력은 이 극이 설정한 시공간적 배경의 애매함처럼 명징한 역사의식보다는 의미론적 모호함이 혼합된 충격을 관객에게 안겨 주었으리라 예측된다. 그리고 그것은 역사 속에 위치한 궁극적인 인간 실존의 상황을 너무 극단적, 표피적으로 재현한다는 인상을 줄 위험성이 있었다. 사회적 의식이 각성될 가능성을 낳기보다는 사회적 의식의 가능성을 '체험할 수 있는 조건', 즉 앞서 살펴본 공백 구조의 체험을 삶의 더 깊은 리얼리티로 제시하는 바, 전달되는 〈카덴자〉의 정치적 주제 의식은 실제 수용하는 관객의 입장에서 여과되고, 희석될 소지가 컸다. 1970년대 후반 동종의 실험적 성격을 가진 연극들에 대한

---

20 1978년도 각 극장별 공연 기록에 대해서는 『한국연극』, 1979.01. 106~127쪽 참조.

관객들의 부정적 인식도 〈카덴자〉에 대한 선입견과 편견, 선이해로 작용하였을 것이다.[21]

물론 〈카덴자〉의 혁신성을 관객들이 이해할 수 있는 기제가 아주 없었던 것은 아니다. 예컨대 〈카덴자〉처럼 실험적 측면을 강조한 연극은 78년 이전에도 존재하였다. 대표적으로 1970년대 초반 드라마센터 소속의 안민수에 의해 총체연극이라는 형태로 실험극이 시도되었고, 〈태〉를 연출한 오태석에 의해서도 서구 리얼리즘극을 탈피 극복해보려는 방식의 일환으로 전통을 현대화하는 실험이 진행되었다. 이는 〈카덴자〉의 허

---

21 예컨대 다음의 관극일기들은 대표성의 논란에도 불구하고 당대 관객들에게 70년대 비사실주의적 연극이 어떻게 받아들여졌는지 수용의 일면을 잘 보여주고 있다.

"얼마 전 친구와 함께 어떤 연극을 보러 갔었다. 제목에서 던져주는 의미가 다른 연극에 비해 재미가 있으리라 기대하고서 모처럼 친구를 동반시켰다. 막이 오르고 어둠 속에서 배우들의 열심스런 무언극이 시작되었다. 새디스트적인 한 남자와 매저키즘적인 성격의 여자가 사랑의 행위를 연출하였다. 소리 없는 묘사는 차라리 무용이었다. 연극성을 배제시키려는 실험극이었던 것 같다. 구경꾼에 불과한 내게도 저런 장면처리에 시간을 너무 끌면 안될 텐데 하는 생각이 들 만큼 소리 없는 행위예술은 지루하게도 계속되었다. 아니나 다를까 연극이 엉터리라며 박차고 나서는 친구를 붙잡아 말릴 수가 없었다. …… 공연 중에 나가버린 관객은 친구 하나만이 아니었기 때문에 그 책임을 어느 정도 공연자 측에 돌리고 싶다. 이것이 배우들의 연기와 관계없다면 실험극이 겪어야 할 고충이기 하지만 희곡선정과 배역에 심혈을 기울인다면 연극제목과는 전혀 엉뚱하게 전개되는 단막처리에 끝나지는 않을 것이다. 그렇게도 연극으로 다룰만한 희곡들이 거딜 났을까 하는 관객으로서의 기우에 빠지지 않도록 최소한 관객에게 혐오감을 던져주는 극공연은 없었으면 하는 바람이다." 고주열, 「객석 : 관객이 공감할 수 있는 희곡의 선정을」, 『한국연극』, 1979.02. 54~55쪽.

"춘풍의 처 : …… 오태석 씨가 어떤 작품을 연출한 것일까 궁금하였는데 연극을 보면서 좀 특이한 인물이구나 하는 생각도 하였다. 〈춘풍의 처〉가 내게 남겨준 것도 없고, 욕구불만의 관객에게 그걸 해소시킬 수 있는 기회를 마련해주었다고 보고 싶음이다. 그들은 충분히 연습하고 그것이 완전히 몸에 배어 조금도 어색해 뵈지 않고 보는데 부감감이 없이 잘 해냈다. 그러나 보고 즐기는 것 이상 남겨주는 건 없었다. 보고 웃고 잊어버릴 수 있는 것 이상은 아니었다. 연극을 보면서 무엇을 남겨 가겠다고 하는 관객에게는 실망을 안겨주는 작품이라고 할까……." 이연희, 「특별투고, 관극일기」, 『한국연극』, 1979.02. 59쪽.

구 세계에 입장하기 전, 관객이 텍스트의 의도를 이해할 수 있게 하는 참조 지점, 내적 기대지평[22]을 형성한다. '카덴자'라는 제목도 극장에 관객이 들어서기 전에 이해의 단초를 마련하게 해주는 내적 기대지평의 구성 요소 중 일종이다. '카덴자'는 흔히 고전 음악 작품 말미에서 연주가의 기교를 보여주기 위해 즉흥적으로 연주되는 화려한 솔로 부분을 일컫는다. 음악 용어에 익숙한 관객이라면, 타이틀이 지시하는 대로 인과적 서사보다 파편적으로 이야기가 진행되어 즉흥적 분위기가 나는 무대를 이 극에 대한 기대지평으로 형성하였을 것이다. '사육신'이라는 문화적으로 표준화된 기억을 줄거리의 뼈대로 활용하고 있는 것도 관객과 공연 텍스트의 거리를 좁혀주는 한 요인이다. 더구나 1978년 제2회 연극제에서는 〈카덴자〉 말고도 김상열 작, 길명일 연출의 〈길〉이 마찬가지로 사육신 이야기를 다루고 있어서 관객에게는 〈카덴자〉를 보기 전 두 작품을 상호텍스트적으로 비교할 수 있는 기회가 부여되었다. 프로그램이나 광고, 공연 포스터 등도 텍스트가 내재화한 기대지평의 한 요소를 관객에게 제공한다. 1978년 초연된 〈카덴자〉 공연의 프로그램에는 "역사와 연극이 다른 점이 하나 있다. 역사는 사실을 다루고 연극은 거짓을 그려낸다. 그러나 연극은 때로 역사 보다 더 엄청난 진실을 말할 때가 있다."는 연출가 정진수의 글이나 "이조 실록…… 오직 관조만을 요구하는 순환의 기록일 뿐이 아니겠느냐 한다면 어폐가 있겠죠? 그렇죠? 헌데 기가 찰 노릇은 그 으시시한 전제 군주 밑에 머리를 조아리고도 겁 없이 붓끝을 달렸던 그 선

---

22 작품과 실제 관객 간의 거리감은 전적으로 주관적인 것만은 아니다. 심미적 거리감은 역사적으로 사회적으로 객관화될 수도 있다. 즉 〈카덴자〉 공연과 실제 관객 간의 해석적 차이, 텍스트가 내재화하고 있는 패러다임·신념·가치와 관객이 내면화한 규범·이상·이념간의 차이, 요컨대 〈카덴자〉 공연 텍스트와 관객의 '기대지평' 간 차이의 기술을 통해 우리는 관객의 실제적 경험을 좀 더 명징하게 규명할 수 있게 된다. 기대지평에 대한 설명은 Hans Robert Jauss, *Toward an Aesthetic of reception*, Timothy Bahti(Tr.), Minneapolis : University of Minnesota Press, 1982, p.25 참조.

비님들의 기개였죠."는 극작가 이현화의 글이 에세이로 적혀 있어서 관객이 이 극의 주제에 근접할 수 있도록 안내해주고 있다.[23] 극장 건물의 규모나 양식 또한 관객에게 텍스트가 의도하는 해석적 전략을 암시해준다. 〈카덴자〉가 상연되었던 세실극장은 서울 도심지 덕수궁과 체신부 옆 골목 안에 신축된 성공회관 내에 자리 잡고 있어 교통과 주위 환경이 쾌적하였다. 최신식 건물 안의 소극장으로선 전례가 없는 이 공연장은 1백 50평의 총평수에 무대가 25평인데 부채꼴이서 객석 어디에서나 잘 보이게 되어 있었다. 1백 평인 객석은 좌석 수 3백 12석으로 드라마 센터의 4백 50석에 비하면 적지만 연극인회관 1백 49석보다도 2배가 넘는다. 조명시설은 각 회로마다 페이드인 아웃이 자유로운 최신 디머시설을 갖추었고 음향효과는 장내스피커가 양쪽 4개씩 8개가 설치되어 입체감이 나도록 했다. 냉난방도 일정한 온도가 자동으로 조절되게 되어 있는 등 웬만한 연극음악공연에 부족함이 없도록 세실극장은 건축되었다.[24] 세실극장의 300석 좌석은 800석 좌석의 국립극장보다 관객이 빽빽이 차 있을 가능성이 더 높았을 것이다. 그러므로 관객 간의 거리를 좁히는 이러한 객석 분포는 그 당시 최신식으로 설치된 음향, 무대 장치와 함께 관객을 〈카덴자〉의 실험성에 생생하게 몰입시키고 동시에 관객들로 하여금 그러한 비자발적 경험을 성찰할 수 있도록 분위기를 조성하는 내적 기대 지평의 한 구성요소로 기여하였으리라 추측된다. 한편 한상철, 이태주, 서연호, 유민영 등이 주축이 된 서울극평가그룹은 일종의 '해석 공동체'[25]

23 국립극장 공연예술박물관 소장 전시자료.

24 유민영, 『한국 근대극장 변천사』, 서울 : 태학사, 1998, 512~524쪽 참조.

25 해석 공동체란 개인들의 어떤 집단을 의미하는 것이 아니라 텍스트 해석 시 인지하는 방식을 통제하는 한 무더기의 해석 전략과 규범을 의미한다. Stanely E. Fish, "Interpreting the Variorum", *Reader-Response Criticism : From Formalism to Post-Structuralism*, Jane P. Tompkins(Ed.), Baltimore : Johns Hopkins University Press, 1980, pp.164~184 참조.

제I부 비사실주의 희곡 텍스트와 퍼포먼스

역할을 하여, 이현화 작품에 대한 그들의 리뷰는 관객들의 반응을 사전에 극 속으로 끌어들이는 데 일정 정도 영향을 미쳤을 것이라 생각될 수 있다. 예컨대 〈카덴자〉 이전 작품인 〈누구세요〉에 대해 한상철은 "그의 대사와 구성은 매우 기교적이고 기하학적이다. 그렇기 때문에 그의 작품은 얼른 보아 재치만 있는 것 같아 보인다…… 이 작가는 남달리 현대적인 감각이 뛰어난 것 같다. 간결하면서도 시니컬한 대사는 그러한 감각과 어울려 독특한 분위기를 자아낸다."[26]라 평한다. 이현화에 대한 서울극평가그룹의 대표적 견해를 보여주는 그의 리뷰는 실제 〈카덴자〉를 관람하기 전 관객들이 긍정적인 기대지평과 태도를 지니도록 하는데 일정 정도 효력을 미쳤을 것이다. 연출가 정진수가 속한 극단 "민중극장"에 관한 정보도 관객이 공연 텍스트의 내적 기대지평을 이끌어내는 한 요인을 형성한다. "첫째 우리는 민중 속에 들어가 민중과 함께 호흡할 수 있는 연극을 모색한다는 것, 둘째, 우리는 위대한 연극의 유산을 계승하고 새로운 미래의 연극을 추구한다는 것, 셋째, 우리는 기성예술의 고식적인 예술을 거부하고 진정한 무대예술인의 주장을 옹호한다는 것"[27]을 내용으로 한 민중극장의 창립 취지 같은 것들은 〈카덴자〉 공연에서 사회 발언을 중시했던 정진수의 언급이 어디서 비롯되었는지 이해할 수 있게 해

서울극평가그룹에 속한 여석기, 김문환, 김방옥, 김상태, 이상일, 유민영, 이태주, 서연호, 한상철, 양혜숙, 송동준, 이반 등은 70년대와 80년대에 걸쳐 『주간 조선』 이외에도 『뿌리 깊은 나무』, 『문학사상』, 『공간』, 『신동아』, 『여성동아』, 『세대』, 『중앙』, 『월간문학』, 『한국문학』, 『한국연극』, 『연극평론』, 『문예진흥』과 같은 월간지와 그 밖의 일간지를 통해 다양한 평론활동을 전개하였다. 이들이 공통적으로 촉구한 문제는 연극의식과 연극방법의 새로움이었는데, 이들은 사회와 역사의식이 담긴 연극과 전위적 현대성이 담긴 연극을 옹호하였다는 점에서 해석 공동체를 이루었다고 볼 수 있다. 이태주, 「70년대 연극의 문화형성력」, 『한국연극』, 1984.08.

26 한상철, 「현대극과 역사극」, 『문학사상』, 1978.05.

27 유민영, 「민중극장 20년」, 『한국연극』, 1984.08.

준다. 요컨대 70년대 연이어 시도되었던 실험극의 계보, 타이틀이나 모티프에서 확인되는 상호텍스트성, 프로그램 등에서 발언되고 있는 공연 취지, 실험연극을 막 올리기에 적합한 세실극장의 건축학적 특색, 해석 공동체의 일종인 극평가그룹의 긍정적 리뷰, 연출가 정진수가 속한 민중극장의 이념적 지향성은 〈카덴자〉의 공연 텍스트가 설정하는 내적 기대지평 속으로 관객을 귀속시키는 기능을 하였다고 볼 수 있다.

그럼에도 불구하고 78년 〈카덴자〉에 관한 해석 활동을 둘러싼 관객의 외적 기대지평은 공연 텍스트가 설정하고 있는 내적 기대지평의 실험성과는 거리가 있었다.

첫째, 1978년 당시 연극계에 만연한 상업주의 공연에 관객들의 해석 활동은 어느 정도 관습화되어 있었다. 그래서 〈카덴자〉와 같은 비사실주의극의 본의 파악에 관객들이 익숙하지 못했다는 점을 들 수 있다. 일례로 67년도에는 창작극과 번역극의 비율이 1 : 0.92 정도였다. 하지만 77년도에는 상황이 역전되어 1 : 1.72의 비율로 번역극이 우위를 점하게 된다. 78년도 공연 레퍼토리에서도 번역극의 비중이 창작극에 비해 높았다.[28] 번역극 가운데서도 희랍극, 셰익스피어, 입센이나 체호프 같은 정전적 작품들보다는 흥미 본위의 사랑, 섹스, 폭력, 그리고 유머를 주제로한 추리극이나 외국소설의 각색물을 공연으로 올린 경우가 많았다. 창작 공연이 희귀하고 통속적 소재의 번역극이 많이 공연됐다는 것은 그만큼 연극계에 가짜 욕망을 찍어내는 소비문화의 충동질이 어두운 그림자로 짙게 배어져 있었다는 점을 의미한다. 물론 상업주의 일변도의 문화 소비 패턴은 비단 공연 예술 장르에만 침투된 현상이 아니었다. 이 시기 신문, 출판, 방송, 영화, 가요, 광고, 음악, 미술, 공예, 무용[29] 등 문화의 여

---

28 『한국연극』 1978년 각 호의 공연 안내란 참조.

29 산업사회 대중과 문화에 관련된 이슈는 특히 문화의 전반적인 양상들을 주 논조로

러 분야에서 문화의 산업화, 상업화가 빠르게 진행되었다. 1971년 동아일보를 통한 공개토론회에서 노재붕과 한완상이 우리나라를 대중문화의 시각에서 논할 수 있느냐고 따진 적이 있지만 70년대 후반에 들어와서는 지식인들 사이에서 청년 문화 현상을 산업 사회의 소비적 대중문화 현상이 흡수하고 있는 것이 아니냐는 우려의 시각이 점점 드높아지고 있는 실정이었다.[30] 70년대 중후반을 넘어서면서 연극계의 외형적 성장[31]에도

다루었던 저널 『뿌리 깊은 나무』의 다음 기사들에서 상세히 찾아볼 수 있다. 박종만, 「여자를 잡아라? 출판계의 유행 현상」, 1978.07 ; 하길종, 「접대부를 찍는 시대」, 1978.07 ; 이해성, 「얼치기들의 노래 자랑. 문화 방송의 서울 국제 가요제」, 1978.08 ; 유재천, 「속 보이는 짓. 현대 아파트 기사와 바캉스 기사」, 1978.09 ; 이대룡, 「텔레비전이 가장 유능한 판매원일까?」, 1978.09 ; 김윤수, 「국전의 땅 지키기 싸움」, 1978.11 ; 김정호, 「민예품이 고향을 떠난다.」, 1978.11 ; 구희서, 「옷 하나만은 잘 입었더라.」, 1978.12.

30 서광선, 「산업사회의 대중과 문화」, 『뿌리 깊은 나무』, 1978.08.

31 1978년은 원각사 설립 70주년이 되는 해라는 점에서 당시 연극계에 그 의미가 각별했다. 하지만 그러한 상징적 의미 이외에도 10년 전인 1960년대와 비교하여 연극계의 뚜렷한 외형적 성장이 이루어졌던 시기가 1978년이 속한 70대 후반기의 특징이었다. 관객의 증가는 이를 잘 입증한다. 단일작품으로서 64년에 공연된 〈리어왕〉(실험극장)은 7천 828명의 관객을 동원했는데, 75년 〈에쿠우스〉(실험극장)는 9만 명의 관객을 동원했다. 75년 자유극장의 〈대머리 여가수〉는 8만 명, 〈타이피스트〉는 5만 명, 77년 〈빨간 피터의 고백〉은 7만 5천명, 〈우리집 식구는 아무도 못말려〉(민중극장)는 77년에 10만 명의 기록을 세웠다. 78년에도 우선 77년도 보다 공연 횟수가 10여개 이상 늘어났을 뿐만 아니라 공연날짜도 매우 길어서 관객 증가의 경향은 지속되었다. 이는 1955년부터 1964년까지의 기간에 창작극과 번역극이 각각 5편 공연 내외의 침체 상태를 벗어나지 못했던 사실이나, 총 관객 동원이 65년도에 연 4만 명, 66년에 연 9만 명, 67년에 12만 명, 68년에 연 15만 명, 70년에 10만 명에 불과했던 사실과 뚜렷이 대조되는 내용이다. 67년과 비교해서도 77년에는 극단수가 16단체에서 34단체로 2.125배 증가했고, 극단 회원수도 303명에서 509명으로 1.67배 증가했다. 공연 수도 50작품에서 158작품으로 3.16배 증가했고, 창작극은 26편에서 58편으로 2.23배, 번역극은 24편에서 100편으로 4.17배 급증한다. 남녀 관객 비율은 41.9 : 58.1의 비율에서 40.4 : 59.6의 비율로 여성의 비율이 77년에 1.5% 성장세를 보였다. 관객의 구성 인원 중 학생 층은 61.6%에서 56.81로 4.79% 감소하였지만, 이것은 학생 이외 평범한 직장인의 연극 관람 횟수가 증가했다는 사실, 관객층이 다양화되었다는 것을 반영한다. 수도

불구하고, 관객들의 해석 전략은 번역극 위주의 통속적 상업주의 연극의 트렌드에 이미 익숙해져 가고 있었던 것이다.

둘째, 더욱이 70년대 후반 연극을 둘러싼 제도적 여건은 관객의 수용 경험과 독창적 해석 활동을 제약하는 면이 컸다. 그래서 그것은 관객의 관습적 기대지평을 뛰어넘는 〈카덴자〉와 같은 텍스트적 기대지평과의 대면을 규범적 기대에 벗어나는 경험으로 관객들이 간주하게 하는 데 영향력을 미쳤을 것이다. 70년대 연극은 '문예중흥 5개년 계획'(1973~1979)이라는 체계적 문화정책의 수행에 의해 유신정권의 정책목표에 이바지하는 한해서 공연이 될 수 있었고, 그렇지 못한 공연은 철저히 배제되었다.[32] 1977년 시작된 제1회 대한민국 연극제는 이러한 배

권 밖 극장이 전혀 없는 상태에서, 서울의 극장이라 해 봐야 8백석의 국립극장무대와 4백석이 조금 넘는 드라마센터 무대, 그리고 다방 형태의 명동 께뻬 떼아뜨르가 전부였던 70년대 초반의 침체된 연극계의 상황이나 부마사태, 10·26 사태로 인한 관객 감소, 공연법으로 부실극단의 증가가 심화되던 79년 말 이후 상황과는 차별적인 비약적인 성장이 이 시기에 성취되었다는 것을 기록만 놓고 보더라도 쉽게 알게 된다.

이러한 결과가 빚어진 주요 요인으로는 60년대 후반 국가주도의 무역정책이 팽창하기 시작하여 70년대 중후반 노동집약형 산업의 발전으로 이어져 수출신장에 따라 고용이 증대되고, 임금이 상승하여 경제적 호황을 맞아 연극을 비롯한 문화생활을 향유하려는 대중의 욕망이 커졌다는 점을 거론할 수 있겠다. 저질 텔레비전 방송에 대한 관객들의 싫증, 영화계의 불황, 문화의식의 상승, 레퍼토리 극단의 안정된 자세, 소극장 공연장의 확대 등도 연극 관객 급증의 주요 동력이라 할 수 있다. 품위 있는 사교장으로서, 좋은 사교장으로서 극장이 사회적으로 기능할 수 있으리라는 가능성은 70년대 후반 외적 측면에서는 어느 정도 달성된 셈이었다.

이와 같은 내용에 대해서는 김의경, 「한국연극과 그 미래상」, 『한국연극』, 1978.10. 64~76쪽 ; 이태주, 「70년대 연극의 문화형성력」, 『한국연극』, 1984.08. 38~51쪽 ; 유민영, 「70년대 연극의 사적 전개」, 『한국연극』, 1984.08. 51~62쪽 ; 이흥우, 「연극과 사교장」, 『연극평론』 5, 1971, 53~58쪽 ; 이승희, 「연극」, 한국예술종합학교 한국예술연구소 편, 『한국현대예술사대계 IV. 1970년대』, 서울 : 시공사, 179쪽 참조.

32 실제로 배제기제의 차원은 네 가지 수준으로 구성되었다. 첫째, 문화예술인 자신이 국가의 지원과 보호 아래 자신의 삶을 영위해 나가고, 국가 정책목표에 스스로의 예술적 창의력을 부합시켜 문화예술계 내부의 자율화와 체제를 유지시키게 하는 일차

제 메커니즘이 공식적으로 작동하도록 설치된 국가기구였다. 〈카덴자〉가 초연된 제2회 대한민국 연극제에 대한 비판[33]에서 우리는 문화정책이 어떻게 연극계를 옭매었으며, 그것이 또한 자유롭게 연극을 볼 관객의 권리와 해석의 개방성을 어떤 방식으로 박탈했는지 엿볼 수 있다. 예컨대 연극제 참가자격은 5 · 16 쿠데타 이후 관제적으로 급조된 연극협회[34]에 등록된 정회원극단만으로 참가를 한정하였다. 연극참가작에 대한 예비심사방식도 연극 일선에서 활동하고 있는 사람이 아닌 평소에 별로 연극을 관람하지 않는 교수들이 극단의 실적과 작품의 비중을 5대5로 획일적으로 정해 평가하고 이 평가에 부합하는 극단만이 보조금과 상금을 지원받게 하는 등 기형적인 형태를 보였다. 이러한 제약은 강압적 국가기구의 입맛에 맞게 협소한 주제를 지닌 레퍼토리만을 공연하고, 순응적 방식으로만 무대화가 이루어지는 양상으로 연극을 유도하는 바, 공연텍스트의 해석적 실천에 의한 자유로운 변형의 힘을 부정하고 관객의 개별적 수용 경험을 제도적으로 확립하는 계기로서 기능한다. 77년 개정된 공연법도 생산과 수용 측면에서 연극 활동을 제약하는 제도적 요소로 볼 수 있다. 이를테면 연극공연장은 교육기관에서 300m 떨어져야 하고, 공연장에 임석 경찰석이 있어야 하고, 작품의 검열이 사전에 이루어져야 하고, 공연신고를 해야 하는 등 극단을 만들기 위해서는 일정한 여건을 갖춰야 함을 공연법은 미리 못 박고 있어 연극에 관한 표현과 수용의 자

적 배제기제이다. 둘째는 각종의 법과 기구를 통한 제도적 심의, 검열과정을 통한 배제이다. 셋째는 각종 지원대상의 선정과정에 따른 배제이다. 마지막으로는 직접적인 공권력사용에 의한 배제이다. 70년대 문화정책과 연극을 둘러싼 제도적 요소들은 박명진, 「1970년대 연극 제도와 국가 이데올로기」, 『민족문학사연구』 26, 민족문학사학회, 2004, 8~33쪽 ; 장재완, 「한국의 문화정책」, 김정환 외 공저, 『문화운동론2』, 서울 : 공동체, 1985, 288~309쪽 참조.

33 서연호, 「대한민국연극제의 개선 방안」, 『주간조선』, 1978.09.24.

34 이승희, 앞의 논문, 173쪽.

유를 구속하였다.[35] 〈카덴자〉 공연 당시 연출가 정진수가 정보부에 끌려 다녔던 일이나 임석 경찰들이 공연 진행양상을 감시했다는 에피소드는 공연법에 의한 통제의 일면을 증거하는 셈이다. 〈카덴자〉 공연 텍스트를 미리 위치시키는 그러한 제도적 이데올로기가 관객의 수용 과정상 억압적 기제로 암암리에 영향력을 미쳤음을 우리는 고려해볼 수 있다.

셋째, 연극과 관련된 언론 제도나 교육 제도가 미숙했다는 점도 〈카덴자〉가 형성하는 기대지평의 독해를 방해하고 실험적 성격의 연극에 관한 수용문화의 정착을 방해한 한 국면이었다. 70년대 말, 80년대 초까지『한국연극』이 거의 유일한 연극 전문지로서 역할할 정도로 연극 저널리즘은 황무지 상태였다. 몇 개의 연극전문지가 있기는 하였지만 있다가 없어지는 경우가 대부분이었다.『한국연극』이 문예진흥원의 지원금을 받아 연극 협회 기관지로 창간된 것은 1976년 1월이었다. 그 이전에 발간된 연극지로서는『연극』이 있었는데, 65년도에 발간되었다가 지원금이 없어 결국은 제작비를 감당 못 해 2회에 그치고 말았다. 또 71년 창간된『드라마』가 계간지로 창간되었지만, 이 역시 제작비상의 문제로 발간을 중지했다. 극단 실험극장의 기관지였던『우리무대』는 70년 창간되어 국판으로 발행되다가 중단된 후, 73년 타블로이드판으로 복간됐다가 잡지 등록상의 문제로 중단된다. 1970년대 계간지로서 유일하게『연극평론』만이 통권 20호까지 발간되었지만 77년 여름호 이후 중단되었다가 79년 다시 한번 여름호를 낸 후 휴간되었다. 연극전문지는 연극인들의 관심사를 건의하거나 공통 토의하는 장소로서의 기능, 연극에 있어 문학적 훈련을 받을 수 있는 장소로서의 기능, 연극계의 신속한 정보교환이 이루어질 수 있는 장소로서의 기능, 연극인 상호간의 대화가 진행되는 장소로서의 기능, 창작극을 진흥하고 오늘의 연극과 연극현실을 기록하는 장소로

35 김정옥,「무대예술과 문화정책」,『한국연극』, 1980.08.

서의 기능을 지닌다.[36] 때문에 이런 기능을 구비한 연극전문지가 1970년대에 제대로 운영되지 못했던 점은, 수용자층이 아방가르드 연극에 대한 지식과 심미안을 갖추지 못한 채 〈카덴자〉 공연의 내적 기대지평으로 입장하게 하는 한 외적 요인으로 기능한다. 전문 연극인을 길러내고 연극 애호가를 길러낼 수 있는 연극 교육 제도 또한 70년대 말 80년대 초까지 미비하였다는 점도 〈카덴자〉의 관객이 처해 있는 외적 지평이었다. 81년 『한국연극』에서 개최한 대담에 따르면, 80년대 초까지만 해도 연극학과는 연극영화학과로 뭉뚱그려져 있는 실정인데다 그 숫자도 다섯 손가락에 손꼽힐 정도였다. 연극학전문 전임교수진도 그때까지 한양대 1명, 동국대 2명, 중앙대 3명 등 절대적으로 부족하였고, 연극 교육 일선에 있는 사람들도 대부분 연극을 전문적으로 교육받은 사람들이 아니었으며, 커리큘럼의 교수 학습도 체계적이지 못했다. 더구나 초중고 교육 과정에서 연극을 접하거나 드라마를 배울 수 있는 수업도 전무한 형편이었다.[37] 이는 1970년대 후반 연출, 연기, 극작 등에서 전문 연극인을 양성할 수 없다는 교육 시스템상의 문제뿐 아니라 좀 더 전문적 흥미를 지닌 수용층의 형성을 저해하는 한 원인항으로서 기능한다. 해서 〈카덴자〉의 전위적 성격이 구성하는 텍스트 내적 기대지평을 이해할 수 없는 관객의 배경지식, 기대지평을 형성하는 데 이러한 불충분한 연극 교육제도는 일조하게 된다.

정리하자면 연극을 포함하여 대중문화계에 불어 닥친 상업주의의 팽배, 문예중흥 5개년 계획이나 공연법 같은 억압적인 문화정책과 사법 제도의 시행, 전문적 연극저널의 부족, 연극 교육 시스템의 허술함 등 외부적 상황은 1978년 〈카덴자〉의 실제 관객이 벌이는 해석 전략에 제한적

36 김동훈, 「연극전문지는 왜 필요한가?」, 『한국연극』, 1981.07.
37 「대학 연극교육의 현상과 방향」, 『한국연극』, 1981.10

요인으로 효력을 미쳤다고 평가될 수 있다. 그래서 이러한 문화적 리얼리티는 관객이 〈카덴자〉의 허구적 공연을 수용할 때, 공연 텍스트가 설정한 내적 기대지평과 불일치하는 '이미' 기입된 외부적 기대지평의 일단으로 발휘되면서 애써 관람을 회피하거나 관람하더라도 텍스트의 내용을 오독하게 하는 편견의 토대로 작동하게 된다.

그러나 1985년 채윤일에 의해 재공연되면서 〈카덴자〉의 수용 양상은 달라진다. 물론 이때에도 "고문을 빙자한 에로티시즘", "기괴함과 선정적인 요소"[38]의 연극이라는 부정적 비판의 여론은 드셌다. 하지만 극 자체의 평가와는 별도로 흥행은 성공하게 된다. 구체적으로 보자면 1985년 6월 4일부터 1986년 1월 31일에 이르기까지 서울, 부산, 포항, 대구에서 공연을 올렸는데 총 입장 관객 수는 약 40,000명이었다.[39] 이는 1978년의 초연 당시 1천 6백 명에 비교해서도 뚜렷이 확인될 수 있는 흥행 성공 기록이었을 뿐만 아니라 그 당시까지의 역대 창작극 흥행 성적을 통틀어서도 1, 2위를 점할 만한 관객 숫자였다. 그렇다면 난해함과 자극적인 내용이라는 비판에도 불구하고 1985년에 이렇게까지 많은 관객이 〈카덴자〉를 보기 위해 극장에 간 이유가 무엇이었을지 우리는 되묻지 않을 수 없다. 1978년 딱 한 번 공연되었던 초연에 비해 왜 1985년 이 시기에는 연장 공연에 들어가게 되었던 것이었을까? 1978년 수용 양상과 1985년의 수용 양상의 관계는 어떻게 설명될 수 있는 것인가?

1978년은 10·26 사태 일 년 전이라 유신정권의 폭압이 절정에 이르렀던 시기였다. 하지만 1985년은 정치활동이 금지되었던 김대중, 김영삼, 김종필에 대한 해금 조치가 전면적으로 단행되고, 김대중이 민주화추진협의회의 공동의장으로 선출되는 등 군부독재를 향한 정치적 쇄신의 요

제1부 미시성주의 희곡 텍스트와 퍼포먼스

---

38 「예술이냐, 흥행이냐, 〈카덴자〉 파문」, 『매일경제신문』, 1985.08.22.
39 「1985년도 자료(연감)」, 『한국연극』, 1986.01.

구가 점점 드높아져가는 시점이었다. 따라서 1985년의 공연에서 관객이 ⟨카덴자⟩의 정치의식을 어느 정도 감지했으리라는 점은 충분히 생각해볼만한 일이다. 바꾸어 말해 ⟨카덴자⟩ 공연 텍스트의 내재적 기대지평과 관객이 가지고 있는 외부적 기대지평이 이 시기에 초연 때보다도 더 가까워졌다고 볼 수 있다. 1985년 연극계의 분위기도 관객의 외적 기대지평을 ⟨카덴자⟩의 내적 기대지평에 근접하게 하는 데 일조한 한 요소였다. 1985년 제9회 대한민국연극제 공연들은 역사의 아픈 응어리를 조명해 그 아픔을 재현하는 경향이 강한 작품들이 주류를 이루었다. 그래서 1985년 당시 암울한 시대상을 그려내 어둡고 무겁고 암울하고 답답한 사회현상의 무대화가 1985년 연극의 전반적인 추세를 이루었다.[40] 이러한 연극계의 분위기는 역사적 자각이라는 ⟨카덴자⟩의 주제를 실제 관객들이 좀 더 명료히 파악할 수 있게 하는 선이해의 지평선을 형성한다. 1982년 공연법이 개정된 것도 1985년도 ⟨카덴자⟩ 관객들이 처한 해석적 상황의 주요 구성요소였다. 1982년 개정안은 공연법설치허가제도 개선, 공연자 등록제도 개선, 관람료 한도액 및 인가제도 개선, 전속출연자 등록제도 폐지, 공연자가 갖추어야 할 인적·물적 기준의 폐지, 1년 이상 공연실적이 없는 단체에 대한 등록취소 요건의 완화 등을 주요 내용으로 담고 있다.[41] 때문에 1982년도에 마련된 개정안은 공연활동의 자율적 보장을 담지하였다 볼 수 있고, 이는 ⟨카덴자⟩와 같은 실험적 성격이 높은 작품의 내적 기대지평과 보다 합일할 수 있는 이해의 외적 지평선을 관객에게 부여하였을 것이다. 한편, 지방으로 관객층이 확장된 것도 1985년도 ⟨카덴자⟩ 당대 관객의 외적 기대지평 변환의 한 동력이었다. 1983년에는 지방연극의 활성화를 목적으로 한 지방연극제가 대한민국연극제와

---

40 「민족사의 수난을 그린 대체적으로 어두웠던 무대」, 『한국연극』, 1985.10.

41 「특집 : 한국연극이 뽑은 10대사건」, 『한국연극』, 1984.10.

별도로 개최되었다. 지방연극제를 통해 부산, 대구, 인천 등 3개 직할시와 9개 도 등 12개 시, 도에서 각각 예선을 거쳐 올라온 12개 지방극단이 해마다 12개 시,도를 돌아가며 자신들의 레퍼토리를 무대에 올리는 기회를 갖게 된다. 그 결과 지방연극인들의 창작의욕 고취, 지역 간의 문화격차 해소, 지방연극의 진흥 도모가 꾀해졌다.[42] 물론 80년대 말까지만 해도 지방에 훈련 받은 연극관객이 없었다고 해도 과언이 아니다. 서울도 관객층이 확고하게 형성되어 있다고 말하기 어려운 처지에서 지방의 연극관객을 생각한다는 것은 무리일 수 있다. 그러나 이 시기 중앙에서 인기를 모은 작품에 대해서는 호기심이었건만 지방 관객의 관심은 대단한 것이었다. 특히 대구, 광주, 부산, 전주, 대전 등은 지방도시라 할지라도 지방문화가 항상 숨 쉬는 곳이었고. 다른 지방 도시보다도 연극 관객층을 이룰 수 있는 중산층이 어느 정도 성장한 곳이었다.[43] 1978년 서울의 세씰극장에서만 공연되었던 것에 비하여 1985년 〈카덴자〉는 서울, 부산, 대구, 포항 등등의 지역에서 공연되었다. 따라서 1985년 〈카덴자〉 관객 수의 상당 부분을 이루었던 부산, 대구의 지방 중산층 관객들도 지방연극제의 출발로 연극에 대한 향유 욕구를 가지고 있었던 것과 더불어 서울에서 흥행한 〈카덴자〉에 대해 큰 흥미를 가졌던 것으로 보인다. 이러한 지방 관객의 성향 또한 1985년도 관객의 외적 기대지평을 구성한 한 축인 셈이다.

이상의 외적 기대지평 이외에도 관객을 텍스트로 이끄는 텍스트 내재적 기대지평의 구성요소로서 우리는 연출가에 대한 정보나 상호텍스트적 관계를 이루는 당대 전위극에 관한 해석 경향, 공연과 관련된 보도

42 「지방 연극제 평가와 방향」, 『한국연극』, 1985.05.

43 80년대 말에 이르기까지의 지방연극의 실정에 대해서는 유민영, 『한국 연극의 사적 성찰과 지향』, 서울 : 푸른사상사, 2010, 433~443쪽 참조.

사진, 공연되었던 극장의 건축학적 양식을 손꼽을 수 있겠다. 채윤일은 1976년 극단 '쎄실'을 창단, 〈날개〉(77년, 78년), 〈난장이가 쏘아 올린 작은 공〉(79, 80년), 〈산씻김〉(82, 83년), 〈0.917〉(84, 85년) 등등을 대표적으로 연출하였다. 1984년 인터뷰에서 밝히고 있듯, 85년 〈카덴자〉 공연에 이르기까지 연출에서 그는 "괜스레 작품을 난해하게 했고 뭐가 뭔지 잘 모르겠다는 관객반응"을 불러오더라도, "하고자 하는 이야기를 연극 미학으로 승화시키는 작업"으로서 "우화 내지는 암유"[44]를 우선시했다고 고백하고 있다. 이러한 그의 고백은 1985년 〈카덴자〉가 지향하는 지평 속으로 관객을 이끄는 데 영향력을 발휘했으리라 추측된다. 〈카덴자〉와 상호텍스트적 관계를 이루는 전위연극의 실험성 또한 그것이 전달하려는 내용이 무엇인지 이 시기 여론의 관심이 쏠린 바, 아방가르드 연극의 사회적 메시지에 대한 기대지평이 이 당시의 규범적 해석 활동에 어느 정도 받아들여졌다 여겨진다. 대표적으로 1985년 8월에 전위 연극 〈어느 여름날 밤의 악몽〉이 서울미술관 뒤뜰에서 공연된다. 고통의 춤과 그림자 등을 야외에서 실연해 '괴기 연출'이라 평가받았던 이 작품은 칼과 흰 색천의 긴장된 조화라는 무대미학의 실험성을 표방하면서도 제왕에 이용당하는 서민들을 풍자한 수작이라는 평가를 받았다.[45] 그러므로 상호텍스트적 관계에 있는 전위극에 대한 선개념(先槪念) 역시 〈카덴자〉의 텍스트 내적 기대지평에 관한 관객들의 읽기 활동에 상당 부분 영향을 미쳤을 것이다. 재공연 기간 중이었던 1985년 7월 30일자 『동아일보』 신문 기사의 〈카덴자〉 공연 사진[46]도 텍스트의 내적 기대지평을 형성한다. 이 보도 사진에는 상반신을 탈의한 채 군복바지를 입은 두 명의 남자배우들

44 「〈날개〉에서 〈0.917〉까지」, 『한국연극』, 1984.09.

45 「연기자와 관객이 따로 없다 : 전위연극 〈어느 여름날……〉, 미술관 뒤뜰에서 공연」, 『중앙일보』, 1985.08.12.

46 「연극무대, 역사 재조명 붐」, 『동아일보』, 1985.07.30.

이 앙 옆에서 중앙에 있는 여배우를 고문하고 있는 장면이 실려 있다. 해서 이러한 모습은 극장에 들어가기 전 관객의 해석 활동을 텍스트의 주제 의식에 맞게 조건화하는 결과를 낳는다. 한편 건축학적 측면에서 〈카덴자〉의 여러 재공연장[47] 중 특히나 극단실험극장 소극장과 산울림소극장은 각각 1백 56석과 1백 29석으로 공연의 감각적 무대를 보다 직접적으로 수용하기에 적합한 좌석배열의 상태를 구비하고 있었다는 점에서 주목된다. 극단실험극장 소극장은 면적 약 68평, 산울림 소극장은 약 70평으로 이와 같은 좁은 면적으로 인해 배우와 관객들과의 거리뿐만이 아니라 관객과 관객의 거리 또한 좁아질 수밖에 없었다.[48] 따라서 〈카덴자〉의 주제에 대한 집단적 감염은 더 쉽게 발생했으리라 볼 수 있다. 바꾸어 말해 소극장의 건축학적 특색 또한 〈카덴자〉 재공연 텍스트에 대한 해석적 상황의 선이해를 구성하였다.

위에서 살펴본 내용들은 1985년 〈카덴자〉 재공연을 둘러싸고 관객의 기대지평을 형성케 하는 텍스트 외부적, 내부적 요인들이라 정리할 수 있을 터이다. 비록 원인항들의 총체적인 분석은 아니라 할지라도 이와 같은 요인들이 주가 되어 1985년에 이르러 관객의 기대지평은 〈카덴자〉의 기대지평과 근접해졌다고 우리는 판단할 수 있다. 즉 여자 관객의 몸속에 고통을 가하는 권위적 국가질서의 강력한 힘에 대한 관음증적 추수(追隨)와 고통스러워하는 타인을 본다는 생각에 그 권위적 담론으로부터 역행하여 독립적 정체성을 꿈꾸는 탈주의 상상력 사이에서 1985년 관객은 이제 투쟁점, 타협점을 찾게 된 것이다. 난해하고 자극적이라 비판하

---

47 1985년 〈카덴자〉는 문예회관 소극장, 실험극장소극장, 산울림소극장, 부산시민회관 소극장, 포항시민회관, 대구시민회관소극장, 신촌 크리스탈문화센터 등에서 공연되었다. 「1985년도 자료(연감)」, 『한국연극』, 1986.01.

48 「우리들의 소극장, 어제와 오늘」, 『한국연극』, 1986.08.

면서도 내 죄가 무엇인지 그 암호를 풀기 위해[49] 4만 명의 관객이 극장을 찾았던 이율배반적 행동은 관객이 위치한 이러한 모순적인 상황을 잘 입증하는 셈이다.

그러나 1985년 관객이 느끼는 긴장감이 1978년의 관객에게는 없었던 것이라 말할 수 있을까? 물론 그렇지 않다. 왜냐하면 1985년 〈카덴자〉 재공연의 중요한 텍스트 내적 기대지평의 한 요소는 바로 상호텍스트적 관계로 존재하는 1978년 〈카덴자〉 초연이기 때문이다. 〈카덴자〉 같은 아방가르드 연극의 특수성은 처음 그것이 생산되어 관객에게 수용될 때 관객이 외부적 이데올로기부터 내면화한 기대지평과 텍스트의 기대지평 사이의 거리감이 현저하다는 사실일 것이다. 공연법의 시행 같은 외적 요인이 통제하는 규범적 기대로 인해 1978년의 관객은 문화적으로, 심미적으로 이미 주어진 해석 과정의 범주와 수단 내에서 공연의 내재적 지평을 읽었다. 때문에 그들의 기대지평을 초과하는 텍스트 내부의 기대지평, 즉 1978년 〈카덴자〉 공연의 아방가르드적 성격과 모더니즘적 부정성의 취지를 그들이 온전히 이해하였다고 볼 수는 없다. 그래서 〈카덴자〉 공연텍스트의 기대지평이 관객에게 요구하는 역사의식의 자각은 배경화되고, 폭력의 과도함만이 전경화되어 상업주의적 선정성에 익숙한 관객에게 자극적으로 지각된다. 하지만 그들의 오독은 살펴본 것처럼 단순히 주관적인 것이 아니라 1970년대 후반 사회적, 심미적 맥락에서 배출되어 조건화된 해석적 상황하에서 비롯된 것이다. 관객의 〈카덴자〉에 대한 오독은 비사실주의 극에 대한 이해의 독해 기층(Reading Formation)이 사회문화적으로나, 심미적으로 아직 충분히 형성되지 않은 상황하에서 그들이 〈카덴자〉를 이해할 수 있는 방식이었다. 그리고 1985년의 흥행은 이러한 독해 기층이 개선, 변화되면서 텍스트의 기대지평과 관객의 기대지

---

49 「예술이냐, 흥행이냐, 〈카덴자〉 파문」, 『매일경제신문』, 1985.08.22.

평이 어느 정도 일치에 가까워진 소치에서 기인한 현상이라 할 수 있다.

그렇다면 1978년 공연의 어떤 면모가 오독에도 불구하고 1985년의 관객들의 기대지평에 영향을 미쳤다고 볼 수 있는가? 우선, 여타 예술에 비해 연극의 독특한 점이 반복하되 그대로 반복하지 않는 미메시스의 예술이라는 점을 상기해보자. 연극적 행위를 모방하는 것은 연극을 관람하는 관객만의 특권이라면, 1978년의 관객이 역사적 가해자의 사디즘을 모방할 수도 있었겠지만 역사적 피해자의 입장에서 고통스러운 몸짓을 모방하리라 우리는 추론할 수 있다. 그래서 "가학적이다. 선정적이다"라 오해되는 와중에서도 관객에게 노출된 여자 관객과 선비의 파괴된 몸에 대한 이미지는 모방, 반응, 번역, 변형, 위조의 형태로 1978년 관객의 기억에 남았을 것이다. 비록 1970년대 사회문화적 구조에 의해 제약된 수동적 측면을 가지지만, 관객의 그러한 기억은 전통적 코드로부터 차이, 균열을 발현시킬 발명의 '가능성'으로 공연 후에도 잔존한다. 그런 바, 피해자로서의 기억은 사회에 영향을 미칠 수 있는 관객의 능동적 잠재력으로 이어진다. 1985년, 정치적 의식 각성에 대한 촉구의 목소리가 높아지는 것과 함께 사회문화적 기대지평과 텍스트적 기대지평의 거리가 좁혀지면서, 이러한 동작주(Agency)로서 관객의 잠재력이 다시 〈카덴자〉를 무대에 올리게 한 동력이 되었다고 볼 수 있다.[50]

요컨대 〈카덴자〉를 둘러싼 기대지평 간의 거리 변화와 오독의 양상은 해석적 상황의 시간성과 수용 문화의 역동성을 시사한다. 즉 해석이란 관습적이면서 피상적이며, 예측 가능한 수용행위와 강력하면서도 독창적이며, 동기부여된, 예측 불가능한 수용행위 사이 공간 속에서 진동하는 것임을 〈카덴자〉의 수용사는 함의하고 있다. 그런 까닭에 관객의 읽

---

50 동작주로서 관객의 위상은 Helen Freshwater, *Theatre & Audience, New York : Palrave Mamillan*, 2009, pp.38~55와 Matthew Reason, "Asking the Audience : Audience Research and the Experience of Theatre", *About Performance*, 10, 2010, pp.15~33 참조.

기는 하나의 '참여 경험'이자, '행위 과정'이다. 그들의 읽기는 쓰기인 바, 배우들의 연행(Performance)과는 또 다른 개념의 연행이 된다. 〈카덴자〉의 수용 양상을 통해 우리가 기술할 수 있는 것은 텍스트 분석의 새로운 차원이나 관객 역할의 상세한 기술이 아니다. 그보다 오독의 권리를 통해 실현되는. 반복하되 그대로 반복하지 않을 모방의 권리를 지닌, 관객의 해방에 대한 선언이다.

4. 생산자의 시대에서 수용자의 시대로
: 퍼포먼스하는 관객

본고에서는 해석의 상황성, 이해의 역사성을 '오독'이라 규정한 채, 하나의 참여사건, 연행으로서 1978년과 1985년 〈카덴자〉의 수용 '경험'이 어떻게 이루어졌는가를 구체적으로 기술하고자 하였다. 본론에서 확인된 내용을 요약해보면 다음과 같다.

먼저 이상적 관객이 경험하는 공백 구조의 역사성이 다루어졌다. 〈카덴자〉텍스트가 구조화하고 있는 관객은 내포 관객인 여자 관객과 마찬가지로 역사적 자각을 전유할 수 있는 주체. 이러한 텍스트적 지향성을 달성하기 위하여, 플롯 분절 층위, 극중극의 인물 층위, 물질성의 층위에서 공백이 구조화되는 과정을 설명하고 난 후, 시작과 종결 부분 사이의 불균등성이 발생시킨 틈이 관객에 의해 어떻게 채워지는지가 서술되었다. 종결 부분에 이르러 일치적, 폐쇄적 시각을 획득하고 극중 허구 세계와의 심리적 거리감이 극소화되는 여자 관객의 변형 과정을 통해, 공백 구조에 참여하면서 이상적 관객 또한 동일한 체험을 하리라는 점이 본론에서는 제시되었다. 그래서 자기 자신의 입장을 역사화, 한계화할 수 있는 관객의 경험은 곧 역사화, 시간화되는 공백 구조의 체험에서 비롯되는 것임이 밝혀졌다. 이어지는 논의에서는 대조적으로 1978년, 1985년 〈카덴자〉 공연의 실제 관객의 경험에 주목했다. 전술된 공백 구조의 역사성이 〈카덴자〉 내부에서 관객이 경험하는 텍스트 구조를 지칭하는 것이라면, 여기서 되짚어진 실제 관객의 경험 양식은 〈카덴자〉 공연의 사회문화적 맥락 속에서 실제 관객이 어떤 기대지평을 가지고 텍스트의 내재적 지평과 만나게 되는지에 초점이 맞춰졌다. 이러한 읽기의 정치성, 사회성을 밝히기 위해, 다양한 맥락적 요인들, 이를테면 70년대 후반의 대중문화의 경향, 시행된 문화정책, 저널리즘과 교육제도의 현황, 상호텍스트적 요인들, 프로그램과 광고 포스터의 양식, 건축 양식, 해석 공동체로서 서울극평가그룹의 역할, 소속된 극단의 이념적 지향성부터, 85년도에 이르러서는 당시의 정치적 상황, 제9회 대한민국 연극제의 작품 경향, 공연법 개정의 양상, 지방연극제 개최의 의의와 지방 관객의 성향, 연출가에 대한 정보, 상호텍스트적 관계에 있는 작품들에 대한 85년도의 해석 경향, 보도 사진, 극장 건축 양식 등이 검토되었다. 그래서 설정된 텍스트의 이상적 관객과는 달리 1978년 〈카덴자〉 공연에 대해 실제관객이 가졌던 오해와 오독이란 다분히 주관적인 것이 아니라 텍스트 내적 기대지평과 사회문화적 기대지평 사이의 불일치에서 비롯된 것임이 확인되었다. 하지만 이 같은 오독이야말로 이해의 일종으로서, 그러한 편견이 없다면 이해는 불가능할 것이고, 오히려 오독의 가능성이란 이해의 역사성, 선지평, 해석적 상황의 역동성을 반영하는 것임을 1985년 재공연된 〈카덴자〉 수용 양상의 기술을 통해 조명해보았다.

본고의 논의가 한 작품만을 집중적으로 다루었다는 점에서 수용사의 시대사적 의의를 두루두루 짚어보지 못한 점은 차후 심도 깊은 연구를 요하는 부분이다. 이론적으로만 분석되는 수용의 추상적 과정을 사회과학적 데이터에 해당하는 '개별' 관객의 실제 반응으로서 확인하지 못한 점도 아쉬움으로 남는다. 그런 면에서 특히나 정진수 연출의 초연, 채윤일 연출의 재공연의 구체적인 상황(군홧발 소리, 거울의 동일한 사용이나 차별적 사용)과 그에 따른 관객 반응(가학적, 선정적, 폭력적 표현에 대한 반응의 시대적 차이) 등에 대한 좀 더 밀착된 분석 또한 필요하다고 본다. 그럼에도 수동적이지만 능동적이기도 한 관객의 행위와 동적 과정으로서 문화적 흐름을 살펴보려 한 점은 수용사적 관점에서 희곡적, 연극적 작품들을 재평가하려는 작업에 일정 부분 촉매제가 될 수 있으리라 생각된다.

대중매체와 영상문화, 사이버 공간이 급속도로 발전해 상호행위의 영역이 점점 넓어지고 있는 오늘날의 시점에서 봤을 때 연행은 일상적인 것이 되었고 누구나 언제든지 배우, 관객이 될 수 있는 가능성도 확대되었다. 그만큼 자아와 미지의 타자 사이에서 발생하는 상호작용과 소통양상에 대해 탐구하고 접근하는 일은 실용적 접근을 넘어 학문적으로도 가치가 있는 작업이 될 것이다. 본고와 같은 논의의 시도가 다양한 미디어의 홍수 속에서 수용자의 위상과 수용 문화의 지향점을 가늠해보는 지점으로서도 의의를 가지기를 기대해본다.

5장

이강백의 〈느낌, 극락같은〉에 나타난 의식의 퍼포먼스와 리미널 공간의 경험

1. 연극 보기와 관객의 뇌

기존 연구에서 이강백 작으로 1998년에 공연되었던 〈느낌, 극락같은〉에 관한 고찰은 서사극 양식적 작법의 원리, 희곡의 반복구조가 갖는 특징, 희곡 텍스트의 연극성, 알레고리로 대표되는 희곡적 작품성¹ 등의 검토를 중심으로 논의되어왔다. 이들 논의들이 저마다 거둔 성과에도 불구하고, 그러나 〈느낌, 극락같은〉 공연 텍스트가 필연적으로 노정하고 있는 몸과 관념의 문제와 관련지어 풍부한 해석의 가능성에 관심을 기울이면서 관객의 인지 경험에 대한 이해의 심화를 꾀한 연구는 극히 드문 편이라 할 수 있다. 해서 이 논문에서는 의식(Consciousness)과 공간

---

1 김길수, 「〈느낌, 극락같은〉의 연극 미학 : 서사극 작법을 중심으로」, 『한국문예창작』 6.1, 한국문예창작학회, 2007, 297~320쪽 ; 백현미, 「이강백 희곡의 반복 구조와 반복의 철학」, 『한국극예술연구』 9, 한국극예술학회, 1999, 235~281쪽 ; 김소정, 「〈느낌, 극락같은〉의 연극성 연구」, 『한국극예술연구』 12, 한국극예술학회, 2000, 347~376 쪽 ; 이은하, 「이강백의 '작품(oeuvre)성' 연구」, 『한국극예술연구』 32, 한국극예술학회, 2010, 449~475쪽.

(Space)을 화두로 하여 〈느낌, 극락같은〉 공연에 나타난 연극적 고르디아스의 매듭, 몸과 관념의 형상화를 통해 관객의 인지적 활동이 구성되는 과정에 새롭게 접근하고자 한다. 즉 확장된 몸 '되기'의 형태인 리미널한 (liminal) 공간 속에서 의식의 '연행(Performance)'을 거쳐, 관객이 어떻게 스스로의 정신 활동을 역동적으로 변형시키고 틀 짓게 되는가에 주목함으로써, 본고에서는 〈느낌, 극락같은〉 공연 중 관객이 체험하게 되는 인지적 과정을 보다 더 잘 이해할 수 있는 계기를 마련해볼 것이다. 이러한 조망은 의식의 차원과 연계하여 연극적 몸-공간의 현전을 설명해본다는 차원에서 기존 연극 공간 논의에도 몇 가지 시사점을 던져줄 수 있으리라 본다.[2] 또한 조지 레이코프의『몸의 철학』발간과 함께 확장되고 있는 인지과학적 탐구의 성과를 연극적으로 전유해보려는 시도로서도 본고의 연구는 의의를 지닌다 할 수 있다.[3]

이 글에서 활용하고 있는 핵심 개념인 '의식'은 말로 표현될 수 없는 정신적 경험의 주관적 성질을 총칭한다. 예컨대, 만일 박쥐가 되는 것 같이 보이는 어떤 것이 박쥐에게 있다면 박쥐는 의식적이고 그렇지 못하다면 박쥐는 의식적이지 않다. 바꾸어 말해 외적인 사물이 객관적으로 존재하는 방식과 다르게 주체인 나에게 인지되는 방식(사고, 기억, 관심, 느낌, 감정 등등), 그 주관성(Subjectivity)과 현상성(Phenomenality)의 독특한 경험이 바로 의식이다.[4]

---

2 신현숙, 「연극 공간에 대한 기호학적 분석 : 「오구, 죽음의 형식」을 중심으로」, 『기호학연구』 1.1, 한국기호학회, 1995, 332~359쪽 : 이화원, 「연극의 공간성 분석을 위한 비교 연구」, 『연극교육연구』 10, 한국연극교육학회, 2004, 77~96쪽 : 서명수, 「연극 커뮤니케이션과 공간의 수사학」, 『프랑스문화예술연구』 2, 프랑스문화예술학회, 2000, 101~117쪽.

3 연극의 인지과학적 논의로는 김용수, 「인지과학의 관점에서 본 연극대사 : 〈아가멤논〉의 사례를 중심으로」, 『드라마연구』 35, 한국드라마학회, 2011, 149~184쪽.

4 의식의 기본적 성격은 현상성(Phenomenality)과 인지(Cognition)로 구성된다. 한편으

행동주의에 반해 정신을 연구하고자 1960년대부터 서구에서 대두된 인지주의적 연구는 연구 초기, 정신(Minds)의 일련의 원칙들을 정보 처리 과정으로 보고 컴퓨터 모델에 근거해 객관적으로 정신 작용을 설명하려 하였다. 이러한 고전적 인지주의자들에 따르면 정신의 작용들은 표현 가능한 수학적 논리로 환원될 수 있는 재현 시스템인 까닭에 의식적 주관성의 문제는 인지과학적 연구 대상의 범주가 아닌 것으로 치부되었다. 더불어, 정신의 작용은 그것들을 지지하는 몸이나 신경 해부학적 구조와 분리되어 있다는 것이 이들 고전적 인지주의자들의 입장이었다. 그러나 현대 인지주의자들은 체현된 의식(Embodied Consciousness)을 주창했던 현상학자 메를로퐁티의 영향을 받아서 몸과 몸으로부터 방출된 감정의 문제, 그리고 현상적 주관성의 의식을 정신이나 마음의 철학에 포함시킬 것을 주장하게 된다. 더구나 신경생리학(Neurophysiology)의 연구 성과는 인지적 능력의 진화와 강화의 메커니즘 기저에 이미 1차적 매개체로서 뇌의 뉴런 활동, 몸의 감각이나 비합리적 감정 등의 작동이 우선한다는 사실을 밝혀냄으로써, 인간의 정신 활동에 지대한 영향을 미치는 몸 현상학적 입장을 뒷받침하기에 이른다.[5]

데카르트의 지적처럼 몸의 근본적 특징은 그것이 공간적으로 확장된다는 데에 있다. 때문에 객체적 리얼리티에서 체현의 과정을 거쳐 현상학적으로 발생하는 주관적 그 무엇인 의식의 해명에, 몸이 배열된 바 인간을 둘러싸고서 객체적 환경을 구성하는 공간의 검증은 필수적이다. 본

로 의식은 주체의 가장 고유한 주관적 경험의 자질(Qualia)로서 설명될 수 있다. 그러나 또 다른 한편으로 의식은 고도의 인지적 기능(사고, 기억, 관심, 느낌, 감정)으로 설명될 수도 있다. Susan J. Blackmore, *Consciousness : A very Short Introduction*, Oxford : Oxford University Press, 2005, p.4.

5 Jennifer Ewing Pierce, 'Emotional 'Lifeworlds' : Toward a Phronetic Understanding of an Ontology of Acting", *Consciousness, Theatre, Literature and the Arts 2006*, Daniel Meyer-Dinkgräfe(Ed.), Newcastle : Cambridge Scholars Press, 2006, pp.41~44 참조.

론에서는 이상의 이론적 논의들을 염두에 두었기에, 의식의 연행과 리미널한 공간 논의를 본론 전개의 두 단계로 구성하면서도. 의식-몸-공간의 긴밀한 고찰을 꾀하였다. 연구 대상이 되는 주 텍스트는 〈느낌, 극락같은〉의 1999년 서울연극제 공연 동영상이다. 부가적으로 이강백 희곡집에 실린 대본을 활용할 것임을 미리 밝혀둔다.[6]

2. 인물들의 의식 수준과 의식의 리허설

〈느낌, 극락같은〉은 불상 제작과 관련된 갈등을 다루고 있는 극이다. 때문에 등장하는 인물들의 의식 상태와 불교적 담론의 상관성은 간과할 수 없는 지점이라 할 수 있다. 아트만(Atman), 영혼(Soul) 같은 자아(Self)[7] 개념이 발달한 대부분의 종교와 달리 불교는 자아의 개념을 거부하는 종교다. 불교에서는 자아의 관념에 대한 집착과 무지로부터 인간의 고통이 비롯된다고 본다. 자아는 보이는 것처럼 있는 그대로의 것이 아니다. 그보다 자아는 환각이라는 점이 불교의 핵심 사상이다. 그렇다고 해서 불교에서 자아의 존재를 부정하는 것은 아니다. 자아는 존재한다. 하지만 각 경험에서 발생했다가 다시 사라지는 덧없는 경험, 감각의 다발에 대한 관습적 명명에 다름 아니라는 것이 불교에서 인식하는 자아의 개념이다. 의식적 경험이 있을 때마다 그것은 누군가에 일어나는 것이기에, 의

6 동영상은 다음의 DVD 자료 참조. 한국문화예술진흥원. 〈(98) 서울 국제연극제 : 느낌, 극락같은 [DVD]〉, 1998. 희곡집은 이강백, 『이강백 희곡전집 6권』, 서울 : 평민사, 2001, 152~216쪽 참조. 본론에서 표기되는 쪽수는 이 책에서 발췌한 것이다.

7 어떤 행동이나 작용의 능동적인 실체가 '주체(subject)'라고 한다면, '자아(self)'는 말은 단순한 주체를 나타내는 것이 아니라 주체의 주체 자신에 대한 재귀적 지시가 포함된 개념이라 할 수 있다.

식의 문제를 밝히고자 한다면 자아의 문제를 빼놓을 수 없다. 따라서 이러한 불교적 자아로 대표되는 비실체적, 비영속적 자아의 개념은 〈느낌, 극락같은〉에 등장하는 인물들의 의식이 어떻게 본인의 자아를 구성하고, 변형시키며 그것이 또한 관객의 인지 과정에 어떠한 영향을 미치게 되는지 논의의 단초를 제공한다.

먼저 동연의 의식 상태에 대한 고찰로부터 출발해보자. 동연은 불교에서 말하는 '색(色)', 즉 사물의 '형태'에 집착하는 인물이다. 조승인에게 '육신'의 아버지가 되는 그는 이 세상이란 '눈에 보이는' 형태로 가득 차 있는 곳으로서, 이런 세상에서 성공하려면 남보다 더 그 형태를 잘 만들어야 한다고 굳게 믿는 인물이다. 해서 서연과 달리 불상 제작 시 그에게 중요한 것은 부처의 마음보다도 부처의 형태를 얼마나 완벽하게 만드느냐 하는 점이다. 부처의 형태를 미숙하게 만들면 그 속에 부처의 마음이 없는 것이 당연지사이기에 그는 십일면관세음보살의 머리 위에 있는 열한 개의 얼굴들 하나하나를 살펴보며, 그것의 귀고리, 목걸이, 손에 든 보병과 기현화란 꽃의 형태까지 꼼꼼히 연구하는 일에 주력한다.

결과적으로 불상을 위시하여 사물의 형태에 치중하는 동연은 세계의 완벽한 재현이 가능하다고 보는 합리주의적 의식의 소유자라 할 수 있다. 그의 신념에 따르면 세계의 완벽한 그림은 인간의 머리, 인간의 내재적 정신 어디인가에 간격 없이 얼마든지 세밀하게 재현되고 보존된다. 역으로 사물에 완전한 형태를 부여하는 인간의 의식은 그만큼 균열 없는 통합적 속성을 지닌다. 이미 동연의 머릿속에는 '의식의 내용'으로서 불상의 형태가 통일성 있게 자리한다. 또한 한 순간에서 다른 순간으로 전이되는 시간상의 변화에도 불구하고 불상의 온전한 형태가 고정적으로 재현된다고 생각하는 터라, '의식의 연속성' 또한 동연은 획득한다. 통일성 있는 의식 내용, 단절되지 않는 의식의 연속성은 관객으로 하여금 동연을 의식적 경험의 단일한 경험자, 영구적 실체로서 해석하게끔 하는 의식의 속성이라 할 수 있다.[8] 그것의 효과는 세계를 자아가 통제할 수 있다는 논리적, 인과적, 로고스 중심적 사고의 생산과 목격일 테다. 함묘진의 망령에 시달리는 함이정에게 동연이 그가 만든 황금 석가여래좌상 앞에서 그녀가 결가부좌로 명상하고 삼천 배의 형태를 취하면 온갖 들끓던 마귀들이 항복하게 되리라 종용하는 부분(196쪽)에서 의식의 통합성으로 점철된 이러한 동연의 자아 효능감에 대한 관객의 목도는 절정을 이룬다.

그러나 의식 밖 세계에 대한 그림을 의식 내부에서도 정확히 재현하고 인지할 수 있다는 생각은 신경심리학에 의해서 이미 도전을 받아 허구임이 증명된 억견(Doxa)이다. 예컨대 시신경이 모아진 망막에 상이 맺히는 것과는 별도로 망막 주위에는 맹점(Blind Spots)이 둘러싸고 있으므로, 뇌는 망막에서 지각된 시각적 정보와 맹점에서 지각되지 못한 시각적 정보의 간격만큼 부정확하게 세계의 상을 재현하는 것으로 알려져 있다. 바꾸어 말해 망막과 맹점의 지각적 간격으로 인해 상실된 시각적 정보들을 메우는 뉴런 활동 같은 처리 과정은 뇌에서 발생하지 않는다. 그런 까닭에 시각적 재현이란 외적 사물의 정확한 내적 복사라기보다는, 스포트라이트를 비추듯 특정 대상에 '주의'를 기울이는 행위로 보는 것이 더 정확하다. 이러한 주의를 기울이는 결과 시계와 관련된 의식이 발생한다고 볼 수 있다. 즉 시각적 재현은 일정 정도 환각적인 것으로서 일종의 참여하기, 행동하기의 성질이 함의된 세계에 대한 의식적 조작의 또 다른 측면이다.[9] 이렇게 봤을 때 동연의 눈에 완벽한 형태로 보이는 불상들도 맹목 지점을 애써 외면해, 꾸며 만들어진 시선의 소산인 셈이다.

한편 극이 진행됨에 따라 함묘진과 함이정의 의식 수준은 점점 정상적

---

8 의식의 통합성에 대해서는 Blackmore, Op,cit., p.18 참조.

9 Ibid, pp.61~65

의식 상태와는 다른 상태가 되어간다. 그들의 달라진 상태의 의식에 따른 자아 구성 양상은 그들의 비전을 왜곡시키는데, 이는 동연의 통합적 의식이나 그의 완벽한 재현 행위와 대척점을 이루는 터라 주목을 요한다. 물론 함묘진과 함이정 모두 극 초반부에는 형태를 중시하는 동연의 입장에 동조한다. 함묘진은 이 세상에서 본인보다 불상의 형태에 대해 잘 아는 자가 없다고 자부할 만큼, 불상의 마음보다 불상의 형태를 중시하는 불상 제작자로서의 입장을 처음에는 보인다. 함이정도 동연과의 결혼식 날 그가 만든 십일면관세음보살상이 극찬을 받은 일에 기뻐하며 동연이 만든 완벽한 불상의 형태에 매료된다. 그러나 그들은 점점 더 다른 의식 수준을 보이면서 사물의 형태를 강변하는 동연에게서 멀어져 간다.

이를테면 불상제작소를 동연에게 넘긴 함묘진은 '술'에 의지하며 지내던 중 하반신, 상반신 차례대로 마비증세가 오더니 병이 악화되어 죽음에 임박해서는 미쳐가는 모습을 보인다. 동연의 말을 빌리자면 함묘진은 예전에는 결코 안 하던 짓을 하고 이랬다가 저랬다가 말마저 변덕스러워지는 '노망' 증상을 겪는다고 진단된다. (파킨슨식 치매) 함이정은 아버지가 불상에 깔려 압사한 후 마음을 가다듬기 위해 동연의 종용에 따라 '명상'을 시도한다. 하지만 명상의 집중 순간에 죽은 아버지를 보는 등 끝내 심적 괴로움을 떨쳐내지 못하게 된다. 그래서 '잠', '꿈'으로 추측되는 상태에서 아버지의 망령과 들판에서 조우하여 그녀는 서연의 행방을 묻는 비정상적 경험마저 체험하게 된다.

'술'은 뇌에 광범위한 효과를 미친다. 알코올의 흡수는 뇌의 중앙 부분에 위치한 동작 계획 영역의 능력과 양 옆에 위치한 동작 실행 영역의 능력을 저하시켜서 자극에 대한 동작 반응을 50퍼센트 감소시킨다고 보고되고 있다. 손발이 갑작스럽게 마비되는 전형적인 파킨슨식 '치매'의 경우, 기저핵(Basal Ganglia)에 위치하여 신경 간 소통을 허용하는 신경 전달체 도파민이 일부 사멸되어 운동 감각을 소멸시킴으로써 증상이 나타난다.[10] '명상'은 의식 외부의 세계나 사물에 대한 주의력의 범위를 좁혀, 고도의 선택적 의식을 집중시킨다는 것이 특징이다. 한편 '잠'자는 동안 뇌는 내면적으로 경험의 패턴을 생성시킨다. '꿈'꾸는 동안에 이 패턴은 사람과, 대상, 감각을 구비한 세계상을 시뮬레이션하게 된다. 비록 '꿈'이 기괴한 특징을 담고 있을지라도, 잠자는 사람이 인식하지 못할 만큼 꿈꾸는 상태에서의 자기 인식은 현저하게 저하되기 마련이다. 그런 터라, 깨어 있는 의식과 다른 상태의 의식을 연구하는데, '잠'과 '꿈'은 풍부한 소재를 제공한다.[11]

정리해서 말하자면, 함묘진, 함이정이 경험하는 '술', '치매', '명상', '잠', '꿈' 등은 가시적 세계의 절대 현존을 신뢰하는 동연의 일상적 의식 상태와는 또 다른 종류의 의식 상태를 극에 전개한다. 교체된 의식 상태(Altered States of Consciousness : ASC)[12]라 정의될 수 있는 이러한 의식 상태들은 동연의 그것과 구별되는 등장인물 주체들의 분열적 자아 구성 양상을 입상화한다 할 수 있겠다. 지켜보는 장소('Theatron')라는 뜻의 연극의 어원이 암시하듯, 무대는 '보기'로 가득 차 있는 곳이다. 해서 술, 치매 등으로 동작이 마비되며, 명상의 실시에 의해 선택적 주의력의 시계가 고양되고, 잠, 꿈에 따라 사후 캐릭터와의 기괴한 만남이 장면화되는 자아의 또 다른 경험 패턴을 취함으로써, 함묘진, 함이정의 교체적 의식 수준은 극의 객체적 환경을 관객에게 좀 더 새롭게 시지각적으로 환기하게 된다. 그것은 결국 주체와 대상의 새로운 형상화를 위한 고도의 의식 수준 체험, 곧 서연의 의식적 각성 상태 체험으로 관객의 인지 활동을 안내

10 Paul M, Matthews and Jeffrey MacQuain, *The Bard on the Brain : Understanding the Mind through the Art of Shakespeare and the Science of Brain Imaging*, New York : Dana Press, 2003, p.198, 179 참조.

11 Blackmore, Op,cit., pp.101~104

12 Ibid, p.100.

하는 매개체 역할을 한다고 볼 수 있다.

서연은 〈느낌, 극락같은〉에서 가장 각성된 의식 수준(Higher States of Consciousness)을 보이는 인물이다. 그는 조승인에게는 '정신'적 아버지로서 호명된다. 동연과는 달리 서연은 부처의 형태보다 마음을 중시하며, 보이는 것보다 보이지 않는 것을 찾는 자로 그려진다. 구체적으로 보자면, 서연의 의식적 각성 상태는 세 가지 요소들로 구성된다. 첫째로 그는 '고도의 주의력 상태'를 지닌 인물로 볼 수 있다. 인공적으로 만들어진 불상의 형태에 온 관심을 기울이는 동연에 비해 그는 비석바위, 다불바위, 보살암 등 십리에 걸쳐 늘어서 있는 운장산 바윗돌에서 진짜 부처님의 모습을 찾아낸다. 해서 그는 전 감각적-지각적 영역에 걸쳐 동시적으로 사물에 주의를 광범위하게 기울일 수 있는 능력의 소유자다. 이는 자기에만 관심을 기울이는 협소한 주의력만을 가졌더라면 불가능했을 자질이다. 둘째로 그는 '고도의 감정적 상태'를 지닌 인물이기도 하다. 그는 자기 대신 불상 제작소의 후계자로서 동연을 택한 후 동연에게 딸마저 내준 스승 함묘진을 미워하지도 않고, 더불어 경쟁심에 자신을 집에서 쫓아낸 동연의 심정마저 이해하는 관대함과 온정적 심정의 소유자다. 서연이 만든 돌부처 앞에서 빌면 무식한 농사꾼이 모신 늙은 부모의 고질병이 치유되고, 청상과부의 울화가 풀려 가슴속까지 후련해지며, 심지어 지나는 소나 말도 돌부처 앞에서 걸음을 멈추고 절을 하는 등 서연은 내면에 부정적 감정이 없고, 긍정적 행복으로만 가득 찬 지복의 존재로 극에서 형상화되고 있다. 셋째로 서연은 '고도의 인지적 상태'를 지닌 인물이기도 하다. "그 텅 빈 공백이 무섭고 두려워서 네 이름을 불렀다. 부르고 또 부르고 목이 터져라 너를 불러서 그 공백을 가득 채웠는데, 이듬해 봄 눈 녹는 봄이 되니깐…… 돋아나는 풀잎이며 피어나는 꽃송이가 모두 네 모습이더라."(212쪽)라는 서연의 말에서 드러나듯 그는 정인이었던 함이진에 대한 그리움을 우주적 질서에 대한 깊은 통찰력과 사물의 본성

에 관한 갑작스러운 깨달음으로 연계시킬 수 있는 심오한 인지적 능력을 지녔다.[13]

결과적으로 높은 주의력, 감정, 인지 상태를 갖춘 서연은 경계 없이 무한히 확장되어 자신임을 잊고서 모든 대상과 융합되는 고도의 의식 수준을 체화한다고 볼 수 있다. 바람이 세게 불어 돌부처 머리가 하나도 남지 않고 모두 떨어졌다고 해서 부처님이 없어졌겠느냐는 그의 대사나 물속으로 들어가 물로 부처를 만들어 세우는 그의 몸짓(212~213쪽)을 통해 보이는 세계에 대한 의식이란 거대한 환각 자체이며, 자아에 대한 집착이야말로 무지에서 비롯된 소치라는 '공(空)'의 의식적 과정을 관객은 목도하게 된다. 그것은 주체와 객체의 구분을 잊고 모든 것을 향해 의식적 지향성을 활짝 열어놓는 것이야말로 내적 자아의 외적 세계에 대한 가장 의미 있는 의식적 체험임을 암시한다.

그렇다고 한다면 서연의 깨달음을 교훈적으로 전달받으며 아무 간격 없이 그것을 받아들이는 것이 이 극을 지켜보는 관객의 인지적 경험이라 해야 할까? 이에 대한 대답은 유보적이다. 왜냐하면 일상적 의식 상태(동연), 교체적 의식 상태(함묘진, 함이연), 고도의 의식 상태(서연)와는 또 다른 층위의 의식 수준을 지닌 인물로서 조숭인이 거론될 수 있기 때문이다. 서사적 해설자 역할의 조숭인은 극의 처음 부분과 마지막 부분에서 그의 마음속에 여전히 두 분의 아버지가 다투고 있다 토로하는데, 이는 가시적 세계에 대한 의식적 체험과 비가시적 세계에 대한 의식적 체험 사이에서 조숭인의 의식 상태가 '과정 중'에 있다는 점을 의미한다. 즉 형태를 완벽하게 재현할 수 있다는 합리적 앎 / 극락 같은 느낌의 비합리적 직관에 의해 획득되는 갑작스러운 앎 사이, 이미 되어 있었던 세계 /

제1부 비사실주의 희곡 텍스트와 퍼포먼스

---

13 고도의 의식 상태에 관한 설명은 Antti Revonsuo, *Consciousness : The Science of Subjectivity*, NY : Psychology Press, 2010, p.264 참조.

앞으로 되기가 진행할 세계 사이, 덜 존재하는 것 / 더 존재하는 것 사이에 조숭인의 의식은 자리한다. 이는 한 현상에 정지하고픈 '상태 의식'이자, 변형의 흐름을 자극하는 '행동 의식' 둘 다이면서도, 또한 그 둘 다도 아닌, 탈중심적 이중적 양태로서의 의식이다. 요컨대 우리는 조숭인의 의식을 리허설되고 연행되는(performative) 의식으로 볼 수 있을 것이고, 관객이 의식의 절정 경험을 대리 체험하게 되는 계기도 서연의 각성 의식보다 이러한 조숭인의 의식을 통해서이리라 추측할 수 있겠다. 왜냐하면 관객이 연극을 목도하며 존재의 가능성을 시험하는 지점은 곧 조숭인이 형상화하는 의식의 리허설처럼 의미작용 체계의 사이에 존재가 위치하는 잠재성의 영역에서 비롯되기 때문이다.[14]

3. 공간들의 이미지 스키마와 공간의 사이성

연극은 여타 예술과 달리 물리적 공간을 매개로 발생한다. 이 물리적 공간은 일견 고정되어 있는 것 같을지라도 배우들의 몸이 환기하는 감각적 자극들로 인해 불안정한 유동적 공간의 가능성을 출현시킨다. 물론 생물학적 감각성의 영역들은 전반성적(pre-reflexive), 전의미적(pre-meaningful)인 현상학적 몸과 공간성의 역동적 지각 과정에 우선적으로 영향을 미친다. 하지만 몸과 공간의 탈의미화된 물질성, 기표들의 현존적 효과야말로, 새로운 재의미화 과정을 발현하게 하는 토대가 되기도 한다. 왜냐하면 물질화된 몸과 그것이 배열된 공간 속 에너지 흐름은 의미론적으로 명확할 수 없겠지만, 관념, 사고, 기억, 감정 등 풍부한 연

---

14 의식의 연행은 Ralph Yarrow, "The Performance of Consciousness : The Consciousness of Performance" In Op,cit., Daniel Meyer-Dinkgräfe(Ed,), pp.13~26 참조.

상 작용을 지각 주체에 환류하기 때문이다. 즉 몸과 공간의 현존적 효과
는 지각 주체에게 자기-지시성(Self-Referentiality)을 발생하게 하고, 이
것은 다시 새로운 의미, 기의의 재현과 관련된 재의미화작용에 기여하게
된다.[15] 이러한 과정이 바로 인지과학에서 의식을 살아 있는 세계 내 살
아 있는 몸에 대한 응답, 체현된 것으로서 보는 이유라 할 수 있다.[16] 그
러므로 몸의 물질화 과정이 추동하는 생성적 과정과 그와 결부된 공간의
확장 측면은 의식과 분리시켜 생각될 수 없다. 그보다 의식은 몸이 깃들
여진 의식이고, 몸은 의식이 깃들여진 몸인 바, 사이의 공간에서 사라지
면서도 탄생하는 몸을 통해 의식은 물질적으로 연행되며, 더불어 관객은
되기의 과정을 물질적으로 의식하게 된다.

　관념, 사고, 기억, 감정 등 풍부한 연상 작용을 지각 주체에 환류하는
감각동작적 경험의 추상적 게슈탈트를 인지과학에서는 이미지 스키마
(Image Schema)라 부른다. 쉽게 말해 의미론적으로 규정될 수 없지만, 몸
의 물질적 발현에 의해 뇌 속에 최소한의 정보 형태로 저장되면서, 반복
적 사용으로 복합적 연상 작용을 발생시키는 지각적 구성물이라 할 수
있다. 이미지 스키마는 뉴런의 활동과 인접적인 것으로 어린 아이 시절
부터 개발되고, 그 원형(Archtype)적 속성 때문에 보다 고등 수준의 문화
적 인지를 정립하기 위해 사용된다고 알려져 있다. 특히나 주목할 만한
공간 이미지 스키마라 확인된 것은, 움직임에 따른 감각동작적 경험과
관련한 '원천-길-목표(Source-Path-Goal)'의 이미지 스키마와, 공간의
경계에 따른 감각동작적 경험과 관련한 '격리-노출(Isolation-Exposure)'

---

15 Erika Fischer-Lichte, *The Transformative Power of Performance*, Saskya Iris Jain(Tr.), New
　　York : Routledge, 2008, pp.140~158 참조.

16 F. Elizabeth Hart, "Performance, Phenomenology, and the Cognitive Turn", *Performance
　　and Cognition : Theatre Studies and the Cognitive Turn*, Bruce A. McConachie and F.
　　Elizabeth Hart(Eds.), New York : Routledge, 2006, p.30.

의 이미지 스키마다.[17] 이 같은 공간적 이미지 스키마의 '원형 효과(Prototype Effect)'[18]를 통해 앞서 살펴본 의식의 다양한 양상을 체현적 의식으로 관객이 인지하는 과정을 가늠해보면 다음과 같다.

〈느낌, 극락같은〉에서 가장 동적인 인물은 서연이다. 서연은 부처의 형태보다도 마음을 찾는 구도의 길을 위해 동연, 함묘진, 함이정과 어렸을 때부터 살아왔던 불상제작소가 있는 집을 떠나게 된다. 그래서 집을 나온 후 그가 다닌 곳은 운장사 가는 길이라든지, 전라도 어딘가의 들길이었다. 이렇게 길을 따라 걸어 다니면서 그가 한 일이란 돌들을 주워서 돌부처를 만들어놓는 것이었는데, 이는 보이는 것보다 보이지 않는 것을 탐구하고자 행해진 수행의 일환이었다고 볼 수 있다. 결국 그가 들길을 헤맨 끝에 도달한 곳은 삶과 죽음의 경계를 상징하는 개울물 건너편의 극락문이다. 요컨대 '불상 제작소가 있는 집→들길→개울 건너편의 극락문'을 경유하는 감각동작적 경험은 '원천→길→목표'의 이미지 스키

---

17 Ibid, pp.38~40와 Maya N. Öztürk, "Through the Body : Corporeality and Consciousness at the Performance Site" In Op,cit,, Daniel Meyer−Dinkgräfe(Ed.), pp.143~158 참조.

18 원형 효과(Prototype effect)란 범주(Category)의 가장 원초적인 형태가 공연 중 증가 일로되는 관객의 인지 과정에 큰 영향을 미치게 된다는 전제하에 비롯된 개념이다. 범주는 범주화(Categorization)의 정신적 과정에 의해 달성되는데, 범주화는 투입되는 수많은 양의 이산적인 데이터를 지각되는 유사성에 따라 함께 묶을 수 있는 능력(Grouping)을 지칭한다. 범주화는 무엇보다도 생물학적 진화의 문제와 깊이 연루되어 있다. 왜냐하면 진화 초기 음식과 음식이 아닌 것, 친구인 존재와 친구가 아닌 존재를 분별할 수 있는 정신적 능력이 거친 환경 속에서 살아남기 위해 인간에게는 필요했기 때문이다. 원형 효과라는 차원에서 관객의 인지적 경험을 설명하면 다음과 같다. 우선 '원천-길-목표', '격리-노출' 같은 이미지 스키마는 공간 경험에 따른 일종의 원형적 범주로 기능한다. 그리고 이 같은 원형적, 일반적 이미지 스키마의 환유적(metonymic) 인접적 재현으로 관객은 극 공간을 인지한다고 볼 수 있다. 원형 효과와 관객의 지각 행위의 상관성은 Neal Swettenham, "Categories and Catcalls : Cognitive Dissonance in *The Playboy of the Western World*" In Op.cit. Bruce A. McConachie and F. Elizabeth Hart(Eds.), pp.208~222 참조.

마를 부여하고, 그러한 여정의 시퀀스를 통해 좀 더 복합적으로는 서연의 각성 과정이 공간적 층위 내 몸의 구체적 위치성에 의해 체현되기에 이른다.

공간에서 등장인물이 겪는 몸의 특수한 경험이 어떻게 이러한 의식 구조를 파생시키고 관객의 인지 과정상 원형 효과로 경험되는지 좀 더 세밀히 살펴보자.

먼저 '원천'의 인지적 스키마를 형태화하는 집은 어떠한가? 집이라는 허구적 공간은 무엇보다도 부처의 완벽한 형태를 찾는 동연과 부처의 진정한 마음을 찾는 서연의 대립이 발생하는 공간으로서 기능한다는 점이 특징이다. 이들의 대립 의식은 무대의 물리적 구성에서도 투사된다. 얼굴 윤곽이 뚜렷하고 체격이 단단한 근육질형의 동연 역을 맡은 이용근과 평범한 모습이지만 사려 깊은 심성을 가진 서연 역의 조영진은 지시문에서 서술된 대로 극 초반부 좌우 대칭으로 배치돼서 대립의 긴장 의식을 고양시키고 있다. 그들이 만든 불상도 마찬가지다. 동연의 불상은 피부에 금동을 입혔고, 완벽한 대칭적 기교로 힌두 계통의 춤을 보이나, 서연의 불상은 보다 소박한 모습에 한국 무용의 춤을 선보인다. 또한 절에서 불상을 구입하기 위해 손님들이 오자 구매자에게 선택된 동연의 불상들은 정지동작을 풀고 화려한 군무를 추는 반면 선택되지 못한 서연의 불상은 무대를 대각선으로 가로질러 관객에게 등을 보이며 빠져나간다.[19] 집에서의 동연과 서연의 대립 의식이 불상들의 대립적 움직임의 감각을 통해서도 출현하고 있는 셈이다. 그러나 극이 진행될수록 집에서의 동연과 서연의 대립 의식은 다른 인물들에게서도 반복되고, 그러한 의식의 기반은 캐릭터 저마다의 몸의 행위로부터 매개된다. 예컨대 함묘진은 죽

---

19 불상의 춤과 연기는 김방옥의 논의에서 이미 상세히 분석된 바 있다. 김방옥, 「몸과 관념 : 〈느낌, 극락같은〉과 〈뙤약볕〉의 경우」, 『공연과 리뷰』 19, 현대미학사, 1998, 9~10쪽.

음에 가까워지자 동연과 심한 마찰을 겪는다. 동연에게 형태를 가르쳐준 자신을 자책하며 함묘진은 동연이 크게 만들 건 작게 만들고, 작게 만들 건 크게 만들었다(190쪽) 나무란다. 동연과 함묘진의 갈등 의식은 함묘진의 죽음 장면에서 함묘진이 겪는 몸의 체험을 통해 보다 양각화 된다. 함묘진이 죽어갈 때 불상들은 함묘진을 포위한 채 엎드렸다가 일어났다 하는 제스처를 반복적으로 취하면서 그를 향해 점점 거리를 좁히는 모습을 연출하고 있다. 이러한 압박감의 장면은 무대 중앙에서 단발마의 호흡으로 팔을 위로 뻗지만 점점 쓰러져가는 함묘진의 생물학적 죽음의 순간을 보다 비극적으로 그려낸다. 그래서 그것은 함묘진의 교체된 의식 상태, '술 마심', '치매' 등의 변화된 의식 상태가 동연이 지배하는 집의 가시적 세계로부터 일탈되어 마침내 제거되어야 할 성질의 것이 되었음을 배우들의 신체적 행위에 의해 비유적으로 형태화하게 된다. 함이정의 교체된 의식 상태, 명상의 순간 역시 신체적으로 매개된다. 동연의 강요로 아버지의 망령을 쫓아내고자, 함이정은 삼천 배에 들어간다. 하지만 절하는 그녀 앞에는 동연이 만든 황금 석가여래좌상이 무대의 우측에 고요히 좌정한 반면, 좌측에 배치된 함묘진의 망령은 극락문이 열리지 않는다며 부산스럽게 왔다갔다 하는 모습이 장면화된다. 석가여래좌상의 정지적 포즈와 함묘진의 움직임의 포즈가 무대 좌우를 분할하면서 몽타쥬처럼 충돌하고 있는 까닭에, 동연의 완벽한 형태론적 세계에 더 이상 거주할 수 없는 함이정의 의식적 경험이 신체적 감각을 거쳐 어떻게 출현하는지 보여주는 부분이라 할 수 있겠다. 정리하자면, 집에서 경험되는 서연, 함묘진, 함이정의 신체적 경험과 이를 표현하기 위한 무대의 물리적 구성 등은 동연이 점유한 집으로부터의 분리, 추방 등 탈구의 의식을 구조화한다. 그래서 집의 가시적 세계는 더 이상 익숙하고 안전한 곳이 아니라 낯선 새로운 발견을 위해서는 거리를 두고 떠나가야 할 곳임을 관객의 의식은 감각동작적으로 확인하게 된다. 그러한 의미에서 불상 제작소가 있는 집은 길에 오르기 위한 '원천'의 공간적 이미지 스키마를 구성한다고 볼 수 있다. 함묘진이 죽을 때, 조숭인이 집에서 맡게 되는 토할 것 같은 피비린내 나는 '냄새'는 이와 같은 장소 상실의 의식이 후각 등 원초적인 몸의 감각에 의해 체현된 형태로서 발생되고 있는 과정을 가장 압축적으로 보여준다.

'길'의 공간적 이미지 스키마는 서연의 신체적 이동이 일어나는 공간이다. 그러한 여정 공간 중 전진해가는 몸의 행위 자체가 구도의 의식을 낳는다고 할 수 있다. 즉 서연의 깨달음은 운장사 가는 길, 전라도 길을 정처 없이 떠돌아다니던 중 획득된 것이다. 서연의 이동은 감각적 대상들과의 대면을 뜻하는 바, 그의 깨달음은 외적 환경과 몸의 접촉으로부터 의식 구조가 파생되는 과정을 명확하게 드러내준다 할 수 있겠다. 이를테면 동연처럼 십일면관세음보살의 머리 위에 있는 열 한 개의 얼굴들 하나하나를 살펴보며, 그것의 귀고리, 목걸이, 손에 든 보병과 기현화란 꽃의 형태까지 꼼꼼히 연구하는 등 논리적 사고에 따라 서연의 깨달음이 도출된 것이 아니다. 그보다 서연의 신체적 움직임은 직관적, 감정적 느낌이 우선적으로 충만한 의식 구조를 낳는데, 이처럼 느낌으로 모호하게 체현된 의식이야말로 합리적 의식이라 명명되는 세상사 모든 앎들의 보다 본질적인 근원임을 그의 도정은 관객에게 환기시키고 있다. 예컨대 서연이 함이정과 길동무를 하면서 삶은 감자를 먹고, 물부처를 만드는 장면은 보다 더 큰 앎의 인지 구조를 파생하는 토대로서 감각적 몸의 느낌이 작용할 수 있음을 관객에게 암시한다. 시각적으로 그 외관을 확인할 수 없는 물부처 만들기 장면은 시각적 인상에 담보잡힌 존재에게는 분명 지속성을 위협하는 불안정한 장면일 테다. 하지만 역으로 말해 물의 부드러움이라는 촉각적 지각은 '무(無)'를 보는 행위를 전개하기도 한다. 그리고 이에 따라 관습적 시각의 영역이 도전된다고 볼 수 있다. 때문에 보는 것의 부재 속에서 촉각을 경유하는 새로운 보기의 감각은 자아가 어떻게 존재하고, 또 어디에서 존재하게 될련지 환원될 수 없는 보다 넓은 공간의 감각으로써 서연과 함이정이 속한 들판의 장소성을 새롭게 확장하기에 이른다. 합리적 지성적 계측에 의해 수치화될 수 없고 또 그것과도 구별되는 의식적 경험, 신체적 앎의 속성이 매개되는 과정은 들판에서 서연과 함이정이 삶은 감자를 먹는 행위로부터도 출현한다. 먹기의 행위는 몸의 경계를 열고, 닫는다는 의미가 있기 때문에 새롭게 배치되는 들판의 장소성과 함께, 감자 먹기는 서연의 의식적 각성을 낳는 또 다른 몸의 특수한 경험이 된다고 할 수 있다.

결과적으로 '목표'의 공간 이미지 스키마 지점에 무대화된, 경전 글귀가 아로새겨진 7m 높이의 극락문은 고도의 의식을 매개하는 전거(Locus) 자체로서 물리적 공간 경험과 그 속에서 발생되는 물질적 체현의 중요성을 관객에게 상징적으로 보여준다. 마지막 장면에서 함묘진을 비롯한 불상 역의 배우들이 극락문으로 들어가는 모습을 슬로우 모션으로 처리한 것은 이러한 몸과 의식의 불가분성을 특권화한다. 즉 몸으로부터 의식으로의 통과, 의식으로부터 몸으로의 통과야말로, '극락 같은 느낌'일 수 있음을 교리의 글자들이 아로새겨진 극락문을 넘어서는 이들의 슬로우 모션은 관객의 의식에 제시하고 있는 것이다.

그렇다고 한다면, 관객의 의식적 체험은 이 극에서 '원천→길→목표'의 공간적 이미지 스키마에 순응하며 그 궤적을 그대로 경험한다고 볼 수 있을까? 물론 그렇지 않다. 무대와 객석의 거리만큼이나 관객과 연행자 사이에는 항상 거리가 있다. 이때의 거리란 물리적 거리만을 뜻하는 것이 아니다. 객석이라는 실제적 공간에 속하면서도 무대라는 허구적 공간에 속한 이중적 공간 내 존재로서 관객이 느끼는 심리적 거리감 또한 여기에는 포함되기 때문이다. 이러한 객석의 이중적 공간성을 그대로 체현하고 있는 공간이 바로 조승인이 체현하고 있는 공간이다.

조승인은 극 속에서 탄생의 과정을 거친다. 이때 그의 태어남은 반투명의 폭넓은 하얀 천을 매체로 이루어진다. 강보에 휩싸여 있듯, 조승인의 몸은 태어나기 전 하얀 천에 둘러 싸여 '한정된 공간 속'에 '격리'되어 있다. 하지만 탄생의 순간 하얀 천을 둘둘 말아 은밀한 부분만을 가린 채, 그의 벌거벗은 몸이 '전 공간 속'에 '노출'된다. 그러므로 '격리→노출'의 감각동작적 경험은 조승인뿐만 아니라 관객의 리허설되는 의식, 문턱 경험을 조직하는 공간적 이미지 스키마로서 작용한다. 그는 동연과 서연에 관련된 극적 전개 속에서 동연의 아들로서의 역할을 연기함으로써, 극중 사건을 관객으로부터 분리시키고 경계 짓는다(격리). 반면 서연이 죽은 후 현재적 시점에서 과거 동연과 서연에 얽힌 이야기를 전달해주는 해설자 역할을 연기함으로써, 극중 사건과 관객이 관계를 획득하고 경계를 허무는데 일조하기도 한다(노출). 해서 그를 통해 관객은 극중 공간에 환각적으로 몰입되어 있다는 안정적 의식을 자극받으면서도(격리), 극중 공간으로부터 탈구되어 거리를 두고 있다는 불안정적 의식을 자극받기도 한다(노출).

관객의 극중 공간에 대한 모호한 지각은 조승인이 극의 시작과 끝에서 서연의 장례식, 즉 '제의적 장소'에 참여하게 되는 행위에 의하여 더욱 고양된다. 함이정이 말하고 있는 것처럼 서연에 대한 함이정의 느낌은 저기 들판의 뒹구는 돌들을 봐도, 흐르는 물, 들려오는 바람소리를 통해서도 지각될 수 있는 그 무엇이다(157쪽). 서연의 시신이 목관에 뉘어 있는 당골나무 앞 장소는 그러한 느낌으로 충만한 곳이라 어떠한 의미로도 규정지을 수 없을 뿐더러, 의미의 바깥에 서 있는 의미작용 이전의 풍경을 구성한다. 그러나 다시 가능성, 이동성의 상태를 인지할 수 있도록 계기가 마련되는 것도 바로 이러한 서연의 장례식, 부재하는 서연의 몸을 목도할 때 구성되는 제의적 풍경 덕택이라 할 수 있다. 왜냐하면 파괴된 몸에 의해 비위치화되는 무(無)의 의식이야말로 새로운 의식의 잠재성을 위치화시킬 수 있는 끊임없는 '되기'로서의 장소성을 자극하기 때문이다.[20] 결과적으로 제의적 장소에서의 리미널한 경험이 던져주는 그 익숙하지만 낯선 풍경은, 조숭인, 더 나아가 관객의 리허설되는 의식 상태를 매개한다. 조숭인이 서연의 관에 대면하여 토로하고 있는 것처럼 육신은 동연을 닮았는데, 정신은 서연을 닮았다는 조숭인의 마음속 두 분의 아버지의 다툼은 "상처를 입고…… 언제나 괴로워"(195쪽) 하는 '상처받을 수 있는' 의식의 형태를 그곳에 거주시키고 있는 것이다. 하얀 천으로 자신의 나신(裸身)을 고립시키고, 그것을 노출시켰듯, 끊임없는 격리와 노출의 경계, 의미작용의 경계에서 틀 지워진 자만이 항상 과정 중 '되기'의 흐름 속에 자신의 의식을 리허설할 수 있다.

연극의 관객은 실제 공간에 있는 자이면서, 허구 공간에 있는 자이기도 하다. 연극의 관객은 캐릭터들이 살아가는 곳에 있으면서도, 캐릭터들이 살지 않는 곳에서 또한 살아가는 자이기도 하다. 그래서 관객으로서 우리는 우리 아닌 곳에 있으며, 우리 아닌 것들이 우리인 곳에 있다.[21] 동시적으로 우리인 곳들과 우리 아닌 곳들에 있으면서도 또한 동시적으로 우리인 곳에 있지도 않고 우리 아닌 곳들에 있지도 않은 곳이 바로 관객의 공간이다. 조숭인의 몸 체험과 장소 경험, 그리고 그로 인해 발생된 사이성의 의식은 바로 이러한 관객의 몸-공간-의식과 상동적이다. 요컨대 '상태 의식'과 '행동 의식'의 의식적 리허설을 체험하는 〈느낌, 극락 같은〉의 관객은 공간 측면에서도 마찬가지로 '대상 인지를 위한 공간'과 '행동을 위한 공간'이라는 이중적 장소, 그 사이에 자리한다.

이 극의 주제는 형태와 정신 중심의 예술관의 조화라 평가되어왔다.

20 무로서 존재하는 몸이 체현하는 리미널 의식은 Jude James, "The Porous Body As Ontological Site-Interface For A-Located Realities" In Op,cit., Daniel Meyer-Dinkgräfe(Ed.), pp.83~91 참조.

21 Gay McAuley, *Space in Performance : Making Meaning in Theatre*, Ann Arbor : University of Michigan Press, 1999, p.277.

이런 측면에서 봤을 때 단순히 그 같은 주제를 수용하는 양상으로 관객의 인지 행위가 간주될 수 있을 터이다. 하지만 조승인의 몸-공간-의식과 결부된 관객의 몸-공간-의식 경험을 염두에 둔다면 초점은 달라진다. 즉 살아 있는 세계 내 살아 있는 몸의 물질성을 통해 리허설되는 의식의 발생 과정, 특히나 우리가 우리이면서 우리가 아닌 곳에 있을 수 있는 되기의 장소적 경험이야말로 이 극의 텍스트적 세계와 관객의 인지적 과정이 상호 행위를 거쳐 발현시키는 〈느낌, 극락같은〉의 정신적 이미지일 것이다. 예술은 무엇인가라는 질문에 형태와 정신의 조화라 답변할 수도 있다. 그러나 일상적 존재와는 다른 상처, 균열의 낯선 풍경, 낯선 공간 속에서 겪는 되기의 경험과 언어로 개념화될 수 없는 그것의 의식적 과정이, '경험'으로서 예술의 또 다른 본질이라 우리는 답변할 수도 있겠다.

4. 체현된 정신으로서의 관객의 의식

본고는 의식과 공간의 문제가 〈느낌, 극락같은〉을 수용하는 관객의 인지적 활동 해명에 정방향성을 제공해주리라는 가정하에 논의를 진행하였다. 비록 몸과 관념의 차원에서 이 작품을 섬세하게 읽어낸 연구가 없는 것은 아니었으나. 몸과 정신의 이분법적 시각을 뛰어넘으면서도 그것을 관객의 인지적 차원으로까지 연계해 고찰할 수 있는 모종의 문제의식은 선행연구에서 간과되지 않았나 하는 아쉬움에서 본고의 논의는 출발하였다.

때문에 의식과 몸을 함께 결부시켜 분석할 수 있는 방법론이 필요하였는데. 인지과학이나 메를로퐁티의 몸 현상학, 신경생리학에 많은 영향을 받아 최근 검토되고 있는 체현된 의식에 관한 연구를 이 글은 재전유하게 되었다. 우선 등장인물의 의식 상태를 가시성의 환각, 교체된 의식 상태, 고도의 의식 상태로 분류하고서, 이들 등장인물들의 의식 양상이 조승인에 의해 리허설되고 연행되는 국면을 살펴보았다. 뒤이은 논의에서는 몸의 확장된 실체라 할 수 있는 공간에 대해 공간적 이미지 스키마를 중심으로 그것이 관객에게 어떠한 원형 효과를 발휘하는지 분석하였다. 의식에 관한 논의 뒤에 공간의 고찰이 뒤따랐으나, 의식이 몸이나 공간을 조종한다는 차원으로 생각하기보다, 현전적 몸에 의해 구성되는 공간에 따라 최종적으로는 관객의 의식이 어떻게 매개되어 출현하는지가 논의의 주 관심사였다. 그 같은 관객의 체현된 의식의 토대로서, 본론에서는 '원천→길→목표'의 공간적 이미지 스키마와 '격리→노출'의 공간적 이미지 스키마를 조망하였다. 즉 가시성의 환각, 교체된 의식 상태, 고도의 의식 상태로 이어지는 의식의 각성 과정은 '원천→길→목표'의 공간적 이미지 스키마에 응답하여 발현되는 관객의 의식 차원이라는 점을 밝혔고, 조승인의 리허설로서 구성되는 관객의 사이성에 관한 의식은 '격리→노출'의 공간적 이미지 스키마가 배태하는 리미널한 공간성에서 비롯되는 것임을 살펴보았다. 결과적으로 형태와 정신의 조화라는 예술관의 설파 차원에서 〈느낌, 극락같은〉 관객의 해석 활동을 전개한 기존 논의들과는 달리. 조승인의 몸-공간-의식의 차원과 연관하여 관객이 인지하는 사이성의 되기 과정이야말로 바로 관객의 의식 자체를 이룬다는 사실을 밝힌 점이 본 연구가 여타 논의들과 변별되는 지점이다.

　의식에 관한 연구는 인지 과학, 신경 생리학, 현상학, 인공 지능 이론, 퀀텀 이론(Quantum Theory)의 물리학, 심리학, 언어학 등등 다양한 학문과 연계해 연구의 범위와 주제를 확장하고 있어 그 이론적 논의의 유용성이 기대되는 분야다. 연극학적 담론 내에서도 물리적 환경을 정신보다 강조하는 극을 리얼리즘, 정신을 물리적 환경보다 강조하는 극을 표현주의로 분류하여 의식의 연구를 극 양식의 내적 논리 차원에서 확인하려는 시도가 행해진 바 있다. 아울러 배우와 캐릭터의 존재론 또한 의식의 교체 현상을 통해 읽어 내거나 관객의 카타르시스를 최근 실험으로 증명된 미러 뉴런(Mirror Neuron)을 가지고서 이해하려는 연구도 있었다. 또한 감각적 투입물을 의식으로 전개시키는 인간 생물학적 진화의 양상에서 볼 때 연극이 환경에 대한 적응 시스템으로서 진화론적 과정에서 갖는 의의를 고찰한 후, 물리적 무대의 물질구성에 의한 의식의 조성이 생물학에서의 자연선택이론과 어떻게 비교될 수 있는지 밝혀보려는 노력도 행해졌다.[22]

이상의 연구 경향들이 암시하듯, 의식의 연구는 연극학적 담론에서 무한한 생산적 가능성을 노정하고 있다. 물론 몸-공간-의식의 상관관계가 본고에서 전체적으로 선명하게 그려진 것은 아니었으며, 관객의 인지적 활동 또한 상세하게 전문적으로 다루어진 것은 아니었다. 몸-공간-의식의 정확한 상관관계 해명을 위해서는 현상학적 논의라든가 신경생리학적 고찰이 보다 요구되며, 관객이 구성하는 정신적 활동의 구체화를 위해서는 인지적 서사학의 성과가 보다 요구된다. 그런 결점에도 불구하고 의식 연구가 얼마나 연극학적 논의에서도 잠재력을 지닐 수 있는지 짚어 보는 작업으로서 본고가 의미를 지닐 수 있기를 기대해본다.

22 각각 William W. Demastes, *Staging Consciousness*, Ann Arbor : University of Michigan Press, 2002, p.51 ; Daniel Meyer-Dinkgräfe, *Theatre and Consciousness : Explanatory Scope and Future Potential*, Bristol : Intellect Books, 2005, pp.55~92, 128~134 참조 ; Gordon Scott Armstrong, *Theatre and Consciousness : The Nature of Bio-Evolutionary Complexity in the Arts*, New York : Peter Lang, 2003, pp.23~29 참조.

제2부

사실주의 희곡 텍스트와 퍼포먼스

6장
1930년대 사실주의 희곡의 연행성과 시각적 논증의 수사학

1. 희곡사에서 1930년대의 위상

1930년대는 한국 희곡사상 사실주의극이 성립된 시기로 평가된다. 예컨대 유민영은 근대희곡사의 주류인 리얼리즘 희곡이 확립된 시기를 1930년대로 언급한다.[1] 서연호는 한국 연극사에서 사실주의가 가장 큰 진전을 보인 것이 1930년대 극예술연구회에 이르러서임을 지적하고 있다.[2] 김방옥에 따르면 10~20년대의 희곡은 사실주의 희곡의 준비단계로, 30년대는 형성기로, 해방 후의 희곡은 정착단계로 분류된다.[3] 이승희는 33~35년간의 과도기를 거쳐 사실주의 희곡이 전기와 후기로 나뉘고 단막에서 장막으로 형식이 변할 뿐만 아니라 전기와 후기에서 미학적 성격이 다르게 드러남을 주장한다.[4] 이승희의 경우 진화론적 관점을 취하지

---

1 유민영, 『韓國現代戱曲史』, 서울 : 새미, 1997, 303쪽.

2 서연호, 『한국연극사 : 근대편』, 서울 : 연극과인간, 2004, 187쪽.

3 김방옥, 「한국 사실주의 희곡 연구 : 서구 사실주의 희곡의 정착 과정을 중심으로」, 이화여자대학교 국어국문학과 박사학위 논문, 1987, 3쪽.

4 이승희, 「한국 사실주의 희곡 연구 : 1910~1945년 시기를 대상으로」, 성균관대학교

않지만 30년대 중반 이후를 사실주의 희곡이 변모한 중요 시점으로 삼는 것은 다른 논자와 마찬가지라 할 수 있다.

1930년대가 희곡사에서 중요한 까닭은 30년대가 돼서야 본질적으로 공연을 위한 희곡이 창작되었다는 점 때문이다. 30년대 이전 희곡작품들은 공연현장과 유리된 '읽히는 희곡'으로서만이 창작된 것이 대부분이었다. 상연을 전제로 한 문학 장르인 희곡에 부합하는 양식이 발전된 것은 실질적으로 30년대라고 할 수 있다.[5] 1931년에 발족된 극예술연구회의 사실주의극 공연에 의해 연출의 기능이 활성화되고, '제4의 벽의 원리'가 소개되며, '상자곽형 무대장치'를 사용하여 '무대 환경'의 개념이 구현된다.[6] 극작가와 연출가의 위상이 확립되는 본격적인 근대극의 출발은 30년대 사실주의극의 창작에서 비롯되었다고 말할 수 있으므로 30년대 사실주의 희곡은 한국 희곡사에서 매우 중요한 자리를 차지한다.

그간 1930년대 사실주의 희곡의 연구는 작가론에 치우치거나 연극사적 차원의 고찰이 대부분이었다. 30년대 대표 극작가인 유치진과 함세덕에 관한 작가론적 연구는 이미 연구 성과가 충분히 축적된 상태이며,[7] 연극사적 고찰 또한 극예술연구회의 활동에 대한 실증적 논의를 중심으로 총체적 이해의 기틀이 마련된 상태다.[8]

기존 논의들의 의의에도 불구하고 30년대 사실주의 희곡 텍스트들을

국어국문학과 박사학위 논문, 2001, 19쪽.

5 위의 논문, 129~130쪽 참조.

6 김방옥, 앞의 논문, 185쪽.

7 대표적인 연구서로는 이상우, 『유치진 연구』, 서울 : 태학사, 1997 ; 한국극예술학회 편, 『유치진』, 서울 : 연극과인간, 2010 ; 김만수, 『함세덕 : 현실과 무대 사이에서 표류한 극작가』, 서울 : 건국대학교 출판부, 2003 ; 한국극예술학회 편, 『함세덕』, 서울 : 연극과인간, 2010.

8 예컨대 다음의 저서들이 대표적이다. 유민영, 『한국근대연극사』, 서울 : 단국대학교 출판부, 1996 ; 이미원, 『한국근대극연구』, 서울 : 현대미학사, 1994.

제2부 사실주의 희곡 텍스트의 뼈포먼스

바탕으로 당대의 문화를 기술하려는 논의가 부재한 것은 아쉬운 점이다. 1930년대 사실주의 희곡 텍스트들의 상호텍스트성이 시대적 상황 속에서 그 상황과 의미를 부딪침으로써 새로운 의미를 생성하는 해석적 사건[9]에 관한 관심은 1930년대 사실주의 희곡 연구의 문화론적 확장을 제공할 터이지만 이에 대한 논의는 공백에 가깝다.

본고의 목적은 시각적 논증의 양상에 주목함으로써 30년대 사실주의 희곡의 연행성을 규명하는 것이다. 사실주의 양식에 관한 대부분의 기존 논의에서 리얼리즘은 재현의 새로운 과학적 양식, 인식론적 측면을 가리키거나 억압적인 사회적 리얼리티에 대한 윤리적 발견, 이데올로기적 측면을 함의한 것으로 언급되었다. 그러나 언어가 투명하지 않고 독자적인 의미를 생산하는 불투명한 매체라면 사실주의가 자신의 본원적 속성으로 주장하는 재현에의 신뢰, 진실한 것에의 정확한 묘사, 그리고 리얼한 세계와의 일치는 검증불가능하다. 글쓰기를 넘어 현실과 소통할 수 있다는 리얼리즘의 가정은 언어와 사물의 일치로부터 연원한다고 볼 수 없다. 그보다 사실주의 픽션에서 진실은 진실에 대한 믿음으로 생산되고, 진실에 대한 감각으로 전달된다. 진실의 미메시스는 오직 언어의 미메시스에 의해서 가능한 바 이런 '진실 효과'[10]에 의해 사실주의극의 관객은 외적 리얼리티에 대한 지식과 계몽, 그리고 자각의 능력을 획득한다. 바꾸어 말해 사실주의 텍스트는 본원적으로 현실상을 정확히, 진실하게, 적절히 복제한다기보다는 '삶의 모습과 같다'는 인상적 효과를 관객에게 설득력 있게 창조하여 그들의 행동, 태도, 의식을 변화시킨다. 세계와 관련한 직접적 앎의 효과를 주기 위해 시각적인 감각, 사물이 보이는 현상

---

9 송효섭, 「문학 연구의 문화론적 지평 : 새로운 실증적·실용적 인문학을 위하여」, 『현대문학이론연구』 27, 현대문학이론학회, 2006, 7쪽.

10 진실 효과에 대해서는 Pam Morris, *Realism*, New York : Routledge, 2003, pp.101~110 참조.

의 디테일한 묘사에 근거해 사실주의 텍스트는 관객의 세계에 대한 이해를 안내한다. 시각적 감각의 '현전(Presence)'[11]만큼 사실주의극에서 관객의 의식에 두드러지거나 관객의 마음을 순식간에 움직이는 대상은 없다. 세계의 그림을 틀 짓는 리얼리즘의 방식은 무대에 대한 관객의 읽기 활동을 통제하는 주요 요인이다. 따라서 사실주의 텍스트의 '시각성'은 고유하게 '논증적'[12]이다. 현상 세계의 비주얼적 검토를 통해 기존 믿음으로부터 새로운 믿음으로의 도약이 관객에게 '설득'되고, 사회현상의 원인과 결과에 대한 인식이 '확신'된다. 사실주의(Realism)의 어원(Res-ism)이 사물의 상태, 속성(Thing-ism)의 관점에서 해석되듯 사물과 환경의 물질성, 외양을 목도함으로써 사실주의 텍스트의 관객은 리얼리티를 평가한다.[13] 이러한 과정은 리얼리티를 구성하는 언어나 텍스트의 힘 자체, 사물과 현상을 유표화하는(marked) 인간 행위의 보편적 속성, 연행성(Performativity)의 국면을 구성한다고 볼 수 있다. 물론 이 과정이 곧 연극을 응시하는 관객의 시각이나 입장을 결정하는 절대적 요인이라고는 볼 수 없다. 그보다 관객을 위한 특수한 종류의 경험이 드라마 텍스트의 특

---

11 수사학에서 현존적인 것의 이용에 대해서는 Ch. Perelman and L. Olbrechts-Tyteca, *The New Rhetoric : A Treatise on Argumentation*, John Wilkinson and Purcell Weaver(Tr.), Notre Dame : University of Notre Dame Press, 1969, pp.116~117 참조.

12 논증은 수용자로 하여금 행위의 결정을 내리게 하거나 태도와 믿음을 변화시킨다. 이 점에서 논증은 단순히 메시지를 전달하는 진술과는 그 기능을 달리한다. 논증은 주장하는 것, 설득적인 것들이다. 논증적인 것은 모든 매체에, 모든 장르에, 우리가 행하는 모든 것에 존재한다. Andrea A. Lunsford, John J. Ruszkiewicz, Keith Walters, *Everything's an Argument : With Readings 6th ed*, NY : St. Martins, 2013, p.5. 문학 텍스트의 수사학적 비평이 그간 비유, 상징 등의 문체론에 치우쳤다면 좀 더 확장된 수사학적 비평은 문학 텍스트의 논증적 성격과 문체론의 결합을 시도한다. 이 점에 대해서는 오형엽, 「현대문학비평과 논증의 수사학」, 『어문논집』 56, 민족어문학회, 2007, 325~362쪽 참조.

13 사실주의 양식의 시각성에 대해서는 Peter Brooks, *Realist Vision*, New Haven : Yale University Press, 2005, pp.1~20참조.

정 의미로서 주장된다는 편이 더 정확할 것이다. 그것이 곧 이 글에서 해명하려는 30년대 사실주의극의 레토릭, 수사적 차원이라 할 수 있다. 30년대 사실주의극의 시각적 논증 양상과 그 연행성의 해명은 사실주의극의 상호텍스트성이 당대 30년대의 문화적 맥락 내에서 실제로 어떤 의미 있는 사건을 생성시키는지 구체적으로 기술하므로 기존 30년대 사실주의극 연구의 문화론적 논의 확장을 가능케 할 것이다.

연구 대상은 유치진의 〈빈민가〉와 함세덕의 〈산허구리〉, 그리고 김영수의 〈단층〉이다.[14] 유치진, 함세덕은 30년대 대표 극작가이다. 활발히 활동했던 동시대의 군소 극작가들 중에서도 독특하게 영화적 기법을 도입한 김영수의 사실주의극은 유치진, 함세덕의 사실주의극과의 동질성과 차별성을 증시하므로 논의가 필요하다. 김방옥에 따르면 농촌 3부작에 비해 〈빈민가〉는 빈민들의 궁핍한 생활을 보는 시각 면에서 많이 객관화되어, 삶의 리얼리티에 대한 진지한 모색이 시도된 작품이다.[15] 농촌 3부작과는 달리 연구자들의 많은 관심을 받지 못했을지라도 유치진의 작품 중에서 정작 사실주의극으로서의 완성도는 가장 높은 편에 속하는 작품이라 할 수 있다. 〈산허구리〉는 함세덕의 데뷔작이다. 〈산허구리〉에서 형상화된 낭만성과 사실성의 조화는 30년대 사실주의극의 또 다른 지층을 섬세하게 재구하는 데 도움이 될 것으로 기대된다. 〈산허구리〉의 개작본으로서 작품의 완성도가 더 높은 1940년대 〈무의도기행〉으로 작품 대상을 삼아야 하는 것이 아닌가하는 의문이 제기될 수 있다. 그렇지만 본고에서는 개별 작가의 작품 세계에 관한 내적 논리에 초점을 맞추

---

14 본문에서 발췌되는 면수는 다음의 단행본에서 발췌된 것이다. 유치진, 『동랑 유치진 전집 1권』, 서울 : 서울예술대학 출판부, 1993 ; 함세덕, 『함세덕 문학전집 1권』, 노제운 편, 서울 : 지식산업사, 1996 ; 김영수, 『김영수 희곡·시나리오전집 1권』, 서연호·장원재 편, 서울 : 연극과인간, 2007.

15 김방옥, 앞의 논문, 103~104쪽.

기보다 1930년대 사실주의 극의 상호텍스트성에 관심이 있으므로 〈산 허구리〉를 분석대상으로 삼는다. 김영수의 〈단층〉에서는 몽타주 기법이 시도되고 있다. 이는 유치진이나 함세덕 텍스트와는 변별된 지점이다. 하여 30년대 사실주의극의 시각성을 읽어내는 데 중요한 텍스트로 자리매김될 수 있을 터다. 이상 3편의 상호텍스트들의 시각적 논증 양상에 관한 분석을 기반으로 본론 마지막 부분에서는 30년대 사실주의극의 연행성에 관한 검토가 진행된다. 결론적으로 고찰하려는 내용은 30년대 사실주의극의 시각성, 이미지즘에 내재한 비재현성이다. 관객들이 시각적 스펙터클의 목도를 통해 경험하게 되는 것은 당대 리얼리티에 대한 불안과 그 불안에서 비롯되어 미메시스와 투명성의 '외부'에 위치해 리얼리티 그 자신을 초과하고, 위협하는 미래적 감각이다. 새로운 보기 형식의 형태화를 '주관적 관찰자로서 관객', '원형적 내면의 응시자로서 관객', '제한적, 충돌적 시선의 관객' 등으로 세분화해 본론에서는 살펴본다. 관객 자체, 관객의 경험 자체를 생산하는 레토릭으로서 이러한 유형화된 경험 등이 명확하게 구분되는 것이 아님은 당연하다. 그러나 이 글에서 관객의 유형학과 수사적 차원을 통해 보다 관심을 두고 읽어내려 하는 것은 특정 종류의 관객의 해석활동을 가능하게 한 30년대 문화적 영역, 사실주의극 텍스트의 시각성과 그러한 이미지즘을 생산하게 한 제도 사이의 교차로임을 강조하고 싶다.

2. 유치진의 〈빈민가〉와 주관적 관찰자로서 관객

한국 사실주의 연극의 기반을 다졌다고 평가되는 1930년대 유치진의 텍스트들은 다분히 '회화적'이다. 〈토막〉(1931), 〈버드나무 선 동리의 풍경〉(1933), 〈빈민가〉(1934), 〈소〉(1935) 등 그의 초기 대표작들은 모두 관찰자적 시선으로 풍경 묘사에 치중하고 있다.[16] 서사보다 묘사에 주력했기에 전망이나 현실 인식, 현실 대응의 양상이 부재한다는 점은 곧잘 유치진 초기 텍스트들의 단점으로서 지적되는 부분이기도 하다.[17] 그러나 이 같은 주장은 이미지가 관객에게 미치는 효과를 간과했다는 점에서 비판의 여지가 있다. 시각적 경험은 모든 스펙터클한 장면들이 그러하듯이 한편으로는 강력한 열정과 욕망, 감정을 생산한다. 또 한편으로 종교적 성화의 예에서처럼 윤리적 논리와 신학적 기반, 세계에 대한 앎을 창조하기도 한다.[18] 때문에 단순히 장식적, 표면적이라 치부하는 것을 넘어 스케치 풍의 장면 이미지 또한 리얼리티에 대한 평가적 태도, 설득적 힘을 지닌다는 점이 지적되어야 할 필요가 있다.

〈빈민가〉를 통해 이 점을 살펴보자.

일명 〈獸〉라고도 알려져 있는 이 텍스트는 제목처럼 상해 공장 노동자의 거주지를 배경으로 거칠고도 야수적인 인간 실존의 상황을 묘파하고 있다. 〈빈민가〉는 여타의 사실주의극과 마찬가지로 신이나 초자연적 존재가 소거된 세속적 세계의 물질적 투쟁을 다룬다. 물질적 환경과 이에 속한 대상은 등장인물의 내면에 외적 압력과 제약을 가하면서 등장인물의 삶을 환경의 산물로서 드러낸다. 무대 환경과 대상을 설명하는 장면

16 박영정, 「초기 희곡과 비평에 나타난 유치진의 연극관」, 『민족문학사연구』 34, 민족문학사학회, 2007, 458쪽.

17 예컨대 김용수는 "유치진의 사실주의극은 대체적으로 주어진 리얼리티에 대해 정서적으로나 정신적으로 반응하는 액션으로 구성" 되었음을 지적하며, "유치진의 리얼리티 탐구는 '행동하는 인간(Men in Action)'보다 인간이 처한 상황의 차원에 머문 것이다."라고 비판하고 있다. 김용수, 「유치진의 사실주의극에 대한 재검토 : 액션분석을 중심으로」, 『유치진』, 한국극예술학회 편, 앞의 책, 117쪽.

18 James A. Knapp, *Image Ethics in Shakespeare and Spenser*, New York : Palgrave Macmillan, 2011, pp.5~10 참조.

의 시각적 수사학을 먼저 주목해야 할 이유가 여기에서 비롯된다.

> 빈민가에 면한 따슨의 집. 빈한한 살림살이. 막이 열리면 이불을 싸
> 고 겨우 일어나 앉는 쇼우슨, 죽을 받아먹고 있다. 그의 할아버지가
> 떠먹이는 것이다. <u>쇼우슨은 오랜 병으로 파리하다.</u> 방 한옆에 있는 궤
> 짝은 할아버지의 성냥딱지 붙이기 내직을 하는 책상이다. <u>울긋불긋하
> 게 붙여놓은 성냥을 말리기 위해서 방 하나 가득 널려 있다.</u> 그 쪽 널
> 려 있는 것이 <u>음침한</u> 전등불 밑에 마치 각색의 꽃을 점철한 것 같아서
> <u>기괴하게 보인다.</u> (81쪽. 밑줄 : 인용자)

〈빈민가〉에서 그려지는 현실 세계는 '추'하다. "오랜 병으로 파리"한
쇼우슨의 '몸'은 그 증표다. 하지만 병든 육체를 단지 신체생리학적 질병
차원으로만 이해할 일은 아니다. 그보다 쇼우슨의 병든 육체는 환경의
산물이다. 그의 몸을 점유한 빈한한 집이 "울긋불긋하게", "가득 널려",
"음침한", "기괴하게"의 공간으로 묘사되는 바 무질서하고, 초점이 없고,
탈낭만화된 '무덤' 같은 곳으로 소묘되는 까닭에서다. 그의 몸을 억누르
는 것은 신체적, 자연적 고통이라기보다는 사회문화적 환경인 셈이다.
바꾸어 말해 〈빈민가〉의 첫 장면에서 전경화되는 것은 흔적으로서 현실
을 환기하는 몸과 공간의 '지표성'이다. 야콥슨은 시적인 것이 은유에 의
해 결정되고, 산문적인 것이 환유에 의해 결정된다고 설명하면서 특히나
사실주의 양식은 "결합"의 환유적 축을 따라 묘사적인 것들의 축적을 통
해 가능하다고 지적한 바 있다.[19] 야콥슨의 견해를 따른다면 쇼우슨의 병
든 몸과 빈민가에 면한 따슨의 집은 제유법적으로 1930년대 조선의 현실
'전체'를 대신하는 '부분'들이다. 이 제유법적인 지표들은 일종의 '시각적
증거물(Visual Demonstration)'로서 정보적 논증의 영역을 구성한다. 목도

---

19 로만 야콥슨, 『문학 속의 언어학』, 신문수 역, 서울 : 문학과지성사, 1989, 109~113쪽
참조.

의 증언, 시각적 증거 자료들이 법정에서 정보 전달 차원과 더불어 강력한 설득의 도구로 제시된다는 점을 떠올려보자.[20] 〈빈민가〉의 환경 묘사는 중국을 배경으로, 외국인을 등장인물로 하고 있지만 30년대 암울한 조선 현실의 맥락에 대한 관객의 인식론적 경험, 자각을 소통시킨다.

"성냥"이라는 디테일 역시 시각적으로 중요한 의미를 나른다. "저처럼 이나 만들어 놓구두 돈을 못 찾아온답니다."라는 따슨 어머니의 대사에서 의미되듯이 "산더미같이 쌓인 성냥갑"(85쪽)은 따슨의 파업 주도가 아니었더라면 돈으로서 교환될 수 있는 가치를 지닌 사물이다. 요컨대 "성냥"은 〈빈민가〉의 가시적 세계에서 상품, 화폐를 재현하는 바 등장인물들을 지배하는 페티시즘적 대상으로 간주될 수 있다. 자본의 순환적 시스템에 종속되어 "모든 고정된 것은 공기 속으로 녹아버렸다."고 마르크스가 『자본론』에서 갈파[21]한 것처럼 모든 사회적 조건의 끊임없는 동요, 지속적 불안정성을 물신숭배의 대상, 성냥의 이미지는 결합시키고 있다. 예컨대 "하루 종일 죽으라고 붙여서 겨우 천 개. 천 개면 돈으로 쳐서 이십 전"(87쪽)이라는 따슨의 할아버지의 대사를 통해 성냥의 형해화된 모양새는 자본의 착취 대상으로서 노동력, 피폐해진 따슨 가족의 추한 몸 이미지를 환유하게 된다. 반면 불붙은 성냥이 집을 태워버릴 수 있듯이 "울긋불긋" 하게 집을 "기괴하게"(81쪽) 수놓은 성냥갑은 돈의 강폭한 이미지를 환유하기도 한다. 페티시적 이미지로서 "성냥"은 30년대 엄혹한 현실에 대한 진실 인식이라는 이 극의 논증을 위해 관객의 관심을 끌고자 구성된 지시적 지표, 일종의 자본주의 이데올로기를 가리키는 '시각

---

20 시각적 증거 자료들이 갖는 설득적 논증의 기능에 대해서는 David S. Birdsell and Leo Groarke, "Outlines of a Theory of Visual argument", *Argumentation & Advocacy*, 43, 2007, p.109 참조.

21 Brooks, Op.cit., p.35에서 재인용.

적 기치(Visual Flag)'[22]라 할 수 있겠다.

한편 쇼우슨이 '창'을 통해 집 바깥 광경을 쳐다보는 것 역시 비주얼적으로 중요한 수사적 장면을 구성한다. 병마에 지친 쇼우슨은 할아버지에게 창문을 열어달라고 부탁한 뒤 하늘, 달빛, 거리를 들여다본다. (90쪽) 내가 그림을 보는 것 같지만 그림의 시선 역시 바라보는 나의 시선을 꿰뚫고 구성한다는 메를로퐁티의 설명을 상기한다면,[23] 쇼우슨의 응시 행위는 그 자체가 이미 그 풍경의 일부다. 관객은 쇼우슨의 보기 행위를 본다. 극 내부의 쇼우슨이 바라보는 창이 첫 번째 '작은 창', '작은 액자'를 이루고, 쇼우슨이 바라보는 것을 관객이 바라보는 행위가 또 다른 두 번째 '큰 창', '큰 액자'를 구성한다. '창'은 리얼리스트의 픽션에서 중대한 의미를 지닌다. 세계와 관련한 이해에서 지배적인 감각은 보기의 시각에서 온다고 생각되었기에 시각의 한계이자 야망으로서의 보는 순간을 제공하는 창은 사실주의 텍스트에서 주제적 의미를 띤다.[24] 문제는 쇼우슨의 작은 창 바라보기나 관객의 큰 창 바라보기를 통해 가시적으로 보이는 대상이 믿을만한 세계가 아니라는 점이다. 이 극에서 가시적 창은 '제약된 보기의 상징'일 뿐이다. 오히려 사물이 보이는 진실한 양상의 구성은 창 바라보기와 대립되는 변별적 시각의 감각에서 비롯된다. "공장엘 갔더니 대낮인데도 뿌우연 석회가루에 앞이 잘 안보이겠지요. 일하는 사람이 어른이나 애나 모두들 횟가루 투성이가 돼서 까만 눈들만 내놓곤 누가 누군지를 도무지 분간할 수가 없더군요."(91쪽)라는 따슨 어머니의

22 시각적 기치의 논증적 기능에 대해서는 Birdsell and Groarke, Op.cit., p.104 참조.

23 "지각하는 주체/지각되는 대상은 환위 가능한 한 쌍으로 경계 없이 이어져 있다." Maurice Merleau-Ponty, *Maurice Merleau-Ponty : Basic Writings*, Thomas Baldwin(Ed.), New York : Routledge, 2003, pp.253~265 참조.

24 Brooks, Op.cit, p.56.

말에서는 '말해지는 그림'[25]으로서 비가시적 세계의 그림이 묘사되고 있다. 〈빈민가〉의 가시적 세계에서 엄혹한 세계의 진실 폭로, 진실 효과를 구성하는 것은 역설적으로 가시적 창의 상징성과 대립되는 이러한 '비가시적 세계의 상징성'에서 연원한다. 가시적 세계에 침투한 비가시적인 것들이야말로 1930년대의 진실인 '불안'을 구성하는 까닭에서다.[26] 30년대는 검열 및 통제적 상황으로 인해 모든 것을 말할 수 없고, 모든 것을 보여줄 수 없으며 시계 또한 통제되는 시대였다. 때문에 부분을 통해 전체를 지시하는 환유적 환각화 과정은 한계를 가질 수밖에 없었다. 결과적으로 1930년대 유치진 사실주의극 텍스트의 유효한 독법 중 한 가지는 보이지 않는 불안에 대한 상징들이 환유적 인접성의 수단에 의해 결합되어 무대화되는 국면을 읽어내는 것이다.[27] 이를테면 〈빈민가〉의 무대 밖에서 일본 형사들이 따슨 등의 파업 주동자를 쫓는 사건은 가시적으로 드러나지 않지만, 그 긴박감은 무대 위에서

> 이윽고 A, B 뛰어들어와 급히 가구 뒤에 숨는다. 이어서 미지의 사나이, 형사, 헐떡이면서 따라 들어온다. (88쪽)
> 홍매 아버지와 외삼촌, 기웃이 바깥을 살핀다. (88쪽)
> 할아버지와 어머니, 그리고 외삼촌은 불안한 긴장에 싸인다. 어머

---

25 일종의 들려지는 언어로 보게 되는 풍경 재현(Word Painting)이라 할 수 있다. Keir Elam, "Most Truly Limned and Living in Your Face : Looking at Pictures in Shakespeare", *Speaking pictures : The Visual/Verbal Nexus of Dramatic Performance*, Virginia Mason Vaughan et al(Eds.), Madison : Fairleigh Dickinson University Press, 2010, p.63.

26 물론 이 점은 주요 극행동이 무대 밖에서 진행됨으로써 극의 대부분의 긴장력이 무대의 뒤에 집중되는 '무대리(舞臺裏) 효과'로 이미 선행 연구에서 언급된 바 있다. 박영정, 앞의 논문, 455~465쪽 참조. 본고는 그 은폐된 사건들의 상징적 특성, 비재현성을 강조함으로써 '무대리(舞臺裏) 효과'에 대한 이해의 확장을 꾀하고자 한다.

27 은유와 환유 혹은 상징과 환유의 상호의존성은 사실주의 양식을 새롭게 평가하고 이해하는 방법을 제공한다. Morris, Op.cit., p.113.

닌 숨어서 밖을 <u>엿본다</u>. (93쪽. 밑줄 : 인용자)

등으로 시각화되어 나타난다. 무대 위 이와 같은 등장인물들의 '숨어 보
기', '경계하며 살펴보기', '엿보기'의 그림들을 관객이 '봄'으로써 고통
스럽게 가시화되는 것은 시야의 한계에 대한 상징 혹은 무대 밖 재현될
수 없는 것들의 위협적 현전에 대한 상징이다. 발췌된 보기 행위들은 무
대 밖 어떤 '추상적인' 불안의 기운을 무대 위 어떤 다른 '구체적인' 것으
로 표현하는 '시각적 상징들(Visual Symbol)'[28]의 환유적 결합을 구성한다.
시각의 감각은 앎의 인식론적 영역과 연계된다. 동생 쇼우슨이 죽은 줄
도 모른 채 파업의 성공에 환호하던 따슨은 결국 동생의 주검 앞에서 형
사들에 체포돼 인식론적 파국을 맞는다. 보기의 행위에 내재한 비가시적
불안의 상징은 〈빈민가〉에서 인식론적으로 앎의 불완전성을 환기하므
로 모든 상징이 그렇듯이 관객의 파토스에 어필하는 논증적 효과를 지닌
다.[29]

　시각적 증거물, 시각적 기치와 함께 시각적 상징은 〈빈민가〉에서 외적
리얼리티에 대한 관객의 보다 '비체계적인', '급작스런' 발견의(heuristic)
체험과 반향[30]을 구성한다. 〈빈민가〉를 통해 수사적으로 구성되는 관객

---

28 시각적 상징의 논증적 기능에 대해서는 Birdsell and Groarke, Op.cit., p.111 참조.

29 이 점에 대해 이경훈 또한 일종의 카메라 들이대기로 지적하며 비슷한 맥락에서 긍
　정적 효과로 지적한 바 있다. "다시 말해 무대 위에서의 갈등 대신에 관객은 〈무대 위
　에 놓여진 가난〉을 적나라하게 발견하게 된다. 이때 그것 자체의 형상화 정도는 중요
　하지 않다. 오히려 그것은 단지 무대 위에 올려졌다는 사실만으로써도 중요성을 띄게
　된다. 이때의 무대화는 일종의 카메라 들이대기다…… 그것은 일종의 고발이 된다."
　이경훈, 「柳致眞의 初期 戱曲에 관하여 : 〈土幕〉, 〈버드나무 선동리의 풍경〉, 〈貧民
　街〉, 〈소〉」, 『연세어문학』 23, 연세대학교 국어국문학과, 1991, 107쪽.

30 시각적 논증의 심리적 기제에 대해서는 Chales A. Hill, "The Psychology of Rhetorical
　Images", *Defining Visual Rhetorics*, Chales A. Hill and Marguerite Helmers(Eds.),
　Mahwah : Lawrence Erlbaum, 2004, pp.25~40 참조.

은 주객이 분리된 채 과학주의에 근거하여 사물과 현상을 관찰하는 냉정한 객관적 시선의 관찰자로 볼 수 없다. 그보다는 무대 위 장면에 자신들의 실제 세계, 식민지적 억압 상황을 '일순간', '모호하게나마' 동일화 (Identification)시키는 주관적 시선의 관찰자로서의 관객을 이 극은 수사학적 상황의 구성요소로 생산한다. 〈빈민가〉의 논증적 효과, 설득력은 이로부터 비롯된다.

3. 함세덕의 〈산허구리〉와 원형적 내면의 응시자로서 관객

〈산허구리〉(1936), 〈동승〉(1939), 〈무의도기행〉(1941) 등 함세덕의 초기작들은 서정적 리얼리즘에 기반한 극텍스트로 평가받아왔다. 이를테면 "함세덕의 초기 사실주의 작품에서 줄기차게 나타나는 주인공의 현실도피성향이라든가 현실주의 그리고 인습적인 기성세대에의 반항(비록 좌절은 하지만) 같은 것은 극히 낭만적 주조이다. 그리고 하나같이 서정적이고 비애감이 넘치는 것도 그의 낭만적 성향에 의한 것이다"[31]라고 지적된다. 그러나 서정성이 리얼리즘과 어떤 관계를 갖고 극텍스트의 사실주의적 형상화에 어떻게 기여하는지는 소략돼 설명된 감이 없지 않다. 예컨대 〈산허구리〉나 〈무의도기행〉에 대해 "식민지 시대의 민족의 궁핍화 과정을 어두운 어촌에 조명함으로써 시정적(詩情的)으로 표출"[32]되었음을 언급하거나, 〈동승〉에 대해 "사태의 전개가 긴밀한 짜임새를 갖추고, 환경적인 분위기와 인물 각자의 의지와 심리를 섬세하고도 진실하게

---

31 유민영, 「사실과 낭만의 조화」, 한국극예술학회 편, 『함세덕』, 앞의 책, 63~64쪽.
32 위의 논문, 58쪽.

서정적으로 잘 드러냄으로써, 이 작품은 사실주의의 높은 경지를 창출하였다."[33]고 설명하는 방식은 자못 피상적일 수 있어서 서정성과 사실성의 관계를 심도 깊게 아우르지 못한 아쉬움이 남는다. 최근 연구에서 함세덕의 "많은 작품들에서 어른들로부터 위협받는 아이들의 동심 세계를 그렸고, 이를 통해 비애와 슬픔의 정서를 이끌어내는 '글쓰기 전략'을 구사"하였음이 고찰되어 "그러한 글쓰기 전략을 통해 서정적 리얼리즘의 세계를 성취"[34]하였다고 검토된 바 있다. 하지만 본고에서는 인물형상화의 면에서가 아닌 시각성이라는 차별화된 특성에 주목하여 함세덕 극텍스트의 서정성과 리얼리즘의 관계에 대한 이해를 확장해보려 한다.

〈산허구리〉를 중심으로 이를 살펴보면 다음과 같다.

우선 〈산허구리〉의 급진적 현존의 이미지로 인해 관객들은 고양된 주관적 경험을 체험한다. 이때 무엇보다도 관객에게 강렬한 인상을 남기는 이미지는 인간 몸의 상흔이다.

> 석이 : 장사래 큰누나 벌거벗은 몸에 개펄칠하고 덜덜 떠는 것은 차마 두 눈뜨고는 못 보겠드라…… 분이 콜록거리고 천정만 보고 버둥거리는 것은 못 보겠다고…… (36쪽)
> 노어부, 나무다리를 짚고 숨이 얼건-히 취해가지고 등장. 때묻은 동바지 밑에 시뻘건 피가 빙-하니 뱄다. (41쪽)
> 노어부 : 찰딱서니 없이. (주먹으로 볼치를 훔쳐 갈긴다. 석이, 비틀거리며 쓰러진다.) (43쪽)
> 어시장 사람 : 그래도 고백지 않고. (수먹으로 볼치를 훔쳐 갈긴다. 분어미 쓰러진다. 머리에 였든 조개가 우루루 쓰러진다.) (45쪽)

---

33 서연호, 앞의 책, 199쪽.

34 이상우, 「함세덕과 아이들 : 함세덕 희곡의 소년형 인물이 갖는 의미」, 『한국극예술연구』 29, 한국극예술학회, 2009, 97쪽.

처 :   ····· 석이 아머지 상어 이빨에 다리 끊어질 때 시뻘겋게
          묻은 피가 없애요····· (47쪽)
복실 :   ····· 아버지가 나무다리를 뺏기고, 비틀거리다가는 쓰
          러지고, 덤비시다간 자빠지시고 하겠지.(53쪽. 말줄임
          표, 밑줄 : 인용자)

이들 장면에서 공통적으로 인지되는 것은 '보기'의 문제로서 멜로드라
마적 양식이다. 시지각의 관점에서 봤을 때 발췌된 장면은 형태와 윤곽,
움직임 면에서 양극단적인 감각들을 자극한다. 분어미가 벌벌 떨고, 어
린 분이가 콜록거리며 버둥거리는 모습, 석이의 아버지가 과음으로 바
지에 하혈한 모습, 아버지에 의해 구타당하는 석이, 어시장 사람들에게
매 맞는 분어미, 석이 아버지가 상어에 물려 다리가 절단되는 회상의 광
경, 그리고 아버지가 마을 사람에게 폭력을 당하는 모습 등은 모두 인
간 몸의 상흔을 둘러싼 '가해'와 '피해'의 행동을 마치 '빛'과 '어둠' 사이
의 대비처럼 극명하게 보여준다. 말하자면 〈산허구리〉의 멜로드라마적
양식은 빛과 어둠의 대비 관계 및 그 변화를 입체감 있게 표현한 '명암법
(Chiaroscuro)'[35]과 같은 화폭을 관객에게 제시한다. 관객은 대립적 차이
의 윤곽만이 남은 무대 위 스펙터클의 응시를 통해 보다 감각적, 인지적
으로 고양된 리얼리티 인식의 능력을 부여받는다.

문제는 어떤 리얼리티에 대한 인식인가 하는 점이다. 〈산허구리〉의 등
장인물들의 몸에 새겨진 상흔들이 낳는 멜로드라마는 어시장에 침윤된
자본주의적 경향이나 가난한 어촌의 리얼리티에 대한 센세이셔널한 반
응으로 파악될 수도 있겠다. 그러나 멜로드라마가 '선과 악'의 도덕적 이
분법을 포함하여 '젊음과 늙음', '남성성과 여성성', '숭고한 것과 세속적

---

35 멜로드라마적 보기 양식에 대해서는 Martin Meisel, "Scattered Chiaroscuro : Melodrama
　as a Matter of Seeing", *Melodrama : Stage, Picture, Screen*, Jacky Bratton et al(Eds.),
　London : British Film Institute, 1994, pp.65~81 참조.

인 것' 사이의 극명한 대립에 의존한다는 점을 떠올려보자. 멜로드라마적 양식은 세계에 형태를 부여하기 위해 원형적인 유형들을 활용한다. 때문에 〈산허구리〉에서 대비되는 가해자와 피해자의 명암법은 인간 실존이 처한 보다 근원적인 상황, 자연 대 인간의 원형 심상에 심층적으로 기대고 있다는 것이 본고의 판단이다.

> **윤첨지 :** 없기는 왜! 지금도 산허구리쪽으로 파선한 <u>배쪼각</u>이 작
> 고 떠나려오는데.(37쪽)
> **윤첨지 :** …… 포구마다 <u>파선</u> 안 한데가 없고 설흔 척 마흔 척씩
> 행방불명 없는 곳이 없다드라. (38쪽)
> **동리아이 :** <u>집이 쓰러진 데</u>가 있대. 아조 지붕은 날려간 채 축석 주
> 저앉었다드라. (41쪽)
> 윤첨지, 뱃널(板)을 들고 힘없이 등장 /
> **처 :** <u>복조 배 부서진</u> 거예요? (47쪽)
> **젊은 어부 :** 말 떼 달려오듯 넘어온 물결이 내리치자 배밑으로 쓱
> 들어가드니…… 그 바람에 복조는 공중제비를 치고 떨
> 어지드니…… 물결이 우이아래로 억겨 내리쏠리는데 죽
> 을 기를 쓰고 어떻게 허나오니까 내 앞으로 <u>복조가 배
> 밑 널판을 붙들고 떠나려가드군요</u>. (50~51쪽. 말줄임
> 표, 밑줄 : 인용자)

발췌된 장면들에서 공통적으로 가시화되는 것은 '파편(Fragment)'의 극적 정경들이다. 폭풍으로 난파된 배의 조각들, 지붕이 바람에 날려간 채 쓰러진 분어미의 집, 그리고 배 널판만을 간신히 붙잡고 점점 성난 파도에 휩쓸려 자취를 감추게 된 복조의 몸 모두 보기가 불가능해지는 과정으로서 파편화 과정을 무대화하고 있다. 파편이 만들어지는 과정은 인위적인 무언가가 상실되거나 파괴되며 깨지는 과정이다. 파편화 과정은 불완전하게 되는 과정으로서 완전한 인공의 형태를 일그러뜨린다. 파편의 가시성 속에서 출몰하는 것은 역설적으로 파편을 낳게 한 형태를 알 수

없는 전체의 비가시성이다. 〈산허구리〉에서는 구체적, 유한적, 현재적 파편들의 가시성을 통해서 비결정적, 무제한적, 비시간적인 전체성의 감각, 비가시적인 자연의 무한함 힘이 전달되고 있다.[36]

결과적으로 〈산허구리〉의 서정성, 시적 메시지는 유사성의 은유적 관계를 맺는 항목들인 '피해자 대 가해자', '파편(인공) 대 전체(자연)'의 스펙터클 영역들을 인접성의 환유적 관계를 통해 결합시킴으로써 획득된다.[37] 바꾸어 말해 등장인물들의 멜로드라마적 피해자로서의 표식들, 상흔들은 표면적으로는 앞서 지적한 대로 1930년대 어촌의 궁핍한 현실 재현과 관련된다고 볼 수도 있겠다. 그렇지만 〈산허구리〉의 가시적 세계는 무엇보다도 측량할 수 없는 비가시성의 깊이와 맞닿아 있다. '피해자 대 가해자'의 대립적 이미지들이 종국에는 '파편 대 전체', '인공 대 자연', '유한성 대 무한성'의 대립적 이미지와 결합되는 바, 사실주의의 환경론적 인과성, 자연주의식의 환경적 결정주의는 〈산허구리〉에서 시적 특성을 얻는다. 〈산허구리〉에서 그려지는 어촌의 피폐한 현실상과 그로 인한 내면의 가학적/피학적 심리역학은 당대적 의미만을 가질 뿐만 아니라 모든 시공간 속에서도 통용될 수 있는 인간의 원형적 내면 심리, 무한함 속에 내던져진 유한자로서의 심리 상황과 연계된다. 석이네 가족의 비참한 삶의 원인은 1930년대의 사회문화적 환경에서 비롯되는 것일 뿐만 아니라 이해될 수 없고, 환원될 수 없는 자연이라는 원형이 출현시키는 비가시적, 비재현적인 불안에서 궁극적으로 비롯되는 것으로 심화된다. 피해

36 파편의 시각성에 대해서는 Sophie Thomas, *Romanticism and Visuality : Fragments, History, Spectacle*, London : Routledge, 2008, pp.20~22 참조.

37 "은유/환유의 양항대립은 무엇보다도 시학의 연구에서 가장 중요한 의미를 갖는다…… 야콥슨의 주된 관심은 언어학을 통한 시학의 해명에 있었다. 시는 소리, 형태, 의미의 병행으로 이루어진 언어예술이다. 이는 유사성의 관계를 맺는 항목들을 인접성의 관계를 통해 나열해놓은 것으로 볼 수 있다." 야콥슨의 견해는 다음의 책에서 재인용. 송효섭, 『문화기호학』, 서울 : 아르케, 2003, 103쪽.

자들이 느끼는 고통의 원인과 해결이 인과론적으로 명확히 정의될 수 없는 것이기에 더 고통스럽고, 더 고통스럽기 때문에 더 리얼하다.

> 처 : 이것은 우리 복조 아니냐. 내 정성을 봐서라도 이렇게 전신을 파먹히게 안 했을꺼야…… 나는 지금 눈에 완연히 보이는 걸. 복조 배 우이로 무지개빛 같은 고기가 슥-지나갔어. (눈 앞에 보이는 환영을 물리치는 듯이 손으로 앞을 가리며) (57~58쪽. 밑줄 : 인용자)

난파로 인해 익사한 뒤 물고기에 의해 전신을 파먹힌 복조의 육신을 응시하고서 복조의 어머니가 보게 되는 것은 복조 배 위로 무지개빛 같은 고기가 지나가는 환상적 이미지, 판타스마고리아(Phantasmagoria)다. 형태를 상실한 아들의 육체적 파편이 환기하는 것은 어머니의 이루 말할 수 없는 고통의 정서일 것이다. 〈산허구리〉에서 이 고통의 정서는 파편의 폐허 공간이 허용하는 유일한 시계, 초자연적 환각이라는 '재현을 넘어선 재현'을 통해 진정성과 리얼함을 획득하고 있다.

정리하자면 〈산허구리〉는 근원적으로 자연의 원형적 이미지, 시각적 원형(Visual Archtype)[38]을 통해서 현실을 성찰할 것을 관객에게 설득한다. 관객의 외적 리얼리티에 대한 인식은 이 시각적 원형이 주조하는 이미지들의 은유적 병렬 및 환유적 결합과 그로부터 구성된 서정성으로부터 비롯된다. 예컨대 석이의 아버지의 하혈은 과음이라는 인간적 문제를 가리키는 것일 뿐만 아니라 늙음의 신체생리학적 무력감 같은 더 큰 사연의 위력을 비유하기도 한다. 분이어미가 생선을 훔치다 어시장 어부들에게 매 맞는 것도 인간의 이해관계 현상을 가리키는 것일 뿐만 아니라 인간의 자연적, 본능적 폭력성을 비유하기도 한다. '피해자 대 가해자', '파편

---

38 시각적 원형의 논증적 기능에 대해서는 Birdsell and Groarke, Op.cit., p.105 참조.

대 전체', '인공 대 자연', '유한성 대 무한성'의 이미지들은 '피해자 대 무한성', '파편 대 가해자', '인공 대 무한성', '유한성 대 자연'의 식으로 서로가 서로에게 '원관념(Tenor)', '보조관념(Vehicle)'으로서 얼마든지 기능할 수 있다. 비유되는 대상과 비유하는 대상 사이의 지속적 변환과 통합이 일어나는 바 〈산허구리〉의 세계는 의식의 포괄적인 순간이 일어나는 시적 세계가 된다.

그러므로 유치진의 〈빈민가〉에서 무대 밖의 비가시적 세계가 식민지적 억압 상황의 불안을 환유적으로 암시하였다면, 함세덕의 〈산허구리〉에서 비가시적 세계는 환유에서 미끄러지고 낙하해 보다 원형적인 내면의 불안 심리를 무대 위에 표현한다. 유치진의 〈빈민가〉가 수평의 리얼리티를 그린다면, 함세덕의 〈산허구리〉는 수직의 리얼리티를 그린다. 유치진의 〈빈민가〉의 상징적 불안은 비재현적인 이미지이지만 그에 관한 외재적 실체의 지식이 환유적으로 소통될 수 있어서 어느 정도 명료하게 관객의 동일시화를 촉구할 수 있다. 그러나 함세덕의 〈산허구리〉에서 그려지고 있는 것은 시각적 원형에서 비롯된 주관화된 객관 세계에 관한 특수한 형태의 앎, 인과론적으로 해명되지 않고 다양하게 통합되는 사물과 환경에 대한 지식이다. 해서 고통스런 세계에 대한 인식의 확신은 관객의 보다 적극적인 참여를 요구한다. 말하자면 〈산허구리〉의 화폭은 '생략삼단논법(Enthymeme)'의 비주얼적 버전으로서 더 복잡한 내성(內省)의 추론 양식을 관객에게 요구한다.[39] 복조의 판타스마고리아

---

39 아리스토텔레스는 삼단논법에서의 전제와 근거 중 한 가지가 빠진 채 주장과 근거, 두 부분으로만 이루어진 논증을 생략삼단논법으로 정의하고, 그것의 설득적 효과를 높이 평가한 바 있다. 아리스토텔레스, 『수사학』, 이종오 역, 서울 : 리젬, 2007, 62~68쪽. 시각적 생략삼단논법에 대해서는 Valerie J. Smith, "Aristotle's Classical Enthymeme and the Visual Argumentation of the Twenty-First Century", *Argumentation & Advocacy*, 43, 2007, pp.114~123 참조.

(Phantasmagoria)를 그 어머니가 보는 것을 관객이 볼 때, 이 그림은 고통으로 가득 찬 세계에 관한 인식을 관객에게 확신시킨다. 하지만 그 인식의 근거는 30년대 궁핍한 현실 이미지에서 비롯된 것일 수도 있고, 무한한 힘을 가진 자연의 이미지로부터 비롯된 것일 수도 있어서 서로를 되비추고 비유하는 이 이미지들의 설득력의 대전제는 미결정적이고 생략적이 된다. 〈산허구리〉의 그림이 낳는 시각적 논증에서 관객은 유치진의 그것보다는 그들 스스로 주장과 근거를 결정하기를 요구받고 또한 주장과 근거의 간격을 채워 넣기를 요구받는다. 〈산허구리〉가 수사적으로 만들어내는 관객은 그래서 〈빈민가〉의 관객보다 훨씬 더 주관적인 관찰자, 원형적 내면의 응시자로서의 관객이다. "이 깜깜한데 어듸가 어딘 줄 알 수 있나."(37쪽)라는 윤첨지의 말처럼 〈산허구리〉의 암흑 속에서 관객이 외적 세계를 정확히 매핑(Mapping)하고 이에 근거해 자기 앎에 이르기는 불가능하다. 그보다는 급진적으로 현존하는 원형 이미지와 그것이 생산하는 정서에 근거해 고통스런 현실인식을 관객은 모호하지만 좀 더 드라마틱하게, 직접적으로, 본능적으로 경험하게 된다.

희생자의 고통이 일으키는 원형적 내면의 응시는 문화적 이행기인 30년대 현실 맥락에 대한 앎을 불안의 징후로서 생산한다. 세계의 앎이라는 소통 프로젝트에 있어 서정적인 사실주의는 객관적인 것의 주관화, 주체의 무력함을 나타내기보다 오히려 세계의 앎에 대한 새로운 태도, 주관적인 것을 객관화하려는 시도다. 〈산허구리〉는 인간이 처한 본원적인 정서적 상황 면에서 관객들이 동시대의 고통을 지각하고 들여다볼 수 있도록 수사적 상황을 구성하고 있다. 이는 리얼함의 회피가 아닌 리얼함의 깊이로서 간주되어야 할 터다.

4. 김영수의 〈단층〉과 제한적, 충돌적 시선의 관객

유치진이나 함세덕에 비해 군소작가로 분류되는 김영수의 사실주의 희곡에 대한 연구는 미진한 편이다. 그러나 1939년 작 〈단층〉에 대해 "당대의 많은 사람들이 체험하는 경제적, 사회적, 정신적 단층과 거기서 빚어지는 숱한 문제와 갈등을 현실감 있게 다루고자 한 점에 사실주의로서 의의와 가치가 있다."[40]는 평가가 있었던 것에서 알 수 있듯이 한국 근대 사실주의 성립에서 빼놓을 수 없는 텍스트가 김영수의 희곡들이다. 김영수의 텍스트들은 '환경극 속에 담긴 비극적 세태' 묘사에 충실하지만 〈광풍〉, 〈동맥〉(1934)의 데뷔작을 거쳐 〈단층〉(1939), 〈총〉(1940)에 이르러 통속적으로 주제가 변형되고 현실과 타협해가는 쪽으로 주제의식이 바뀐 것으로 논의된다.[41] 그럼에도 〈단층〉에서 "작품의 배경이 되는 사회적 구조와 조건에 있어서도 심각한 단층 현상을 배치함으로써 모순의 누적된 단면을 보다 확연하게 드러내고", "영화의 몽타주 수법처럼 여러 가족들의 모습을 마치 장면이 바뀌듯 자주 전환시킨"[42] 점은 1930년대 사실주의극의 시각성을 보다 섬세하게 읽어내는 데에 도움이 될 것으로 기대된다.

김영수의 〈단층〉에서도 등장인물들의 보기 행위를 관객이 보게 되는 장면들은 〈빈민가〉나 〈산허구리〉에서처럼 텍스트 해석상 의미 있는 장면을 구성하고 있다.

> **인옥** : 민주사시군. (미다지를 열고, 판장 넘어로 내다보며) 그렇면 그렇지. 아 들어오세요……
> **점순** : (나즉이) 왔군요, 왔세요.

40 서연호, 앞의 책, 202쪽.

41 유민영, 앞의 책, 439~451쪽 참조.

42 서연호, 앞의 책, 202쪽.

문씨 : 그건 또 처음 보는 사람이구려. (73~74쪽)

점순, 일어서서 귀를 기우리는 모양이 '시루엣트'로 ……

점순 : (다시 발틀을 돌린다)

허 : …… 그러면 당신은 어떠한 모험이 하고 싶단 말요.

정실 : 민적을 갈라줘요.

허 : …… / 점순의 발틀 소리만 한동안. 다시 끄치며 - (93~97
쪽)

14호실 미닫이에 문씨의 그림자가 나타난다. 허가 정실의
뺨을 치자 동시에-

정실 : (14호실을 향해서) 아무도 나오지 말아요. 아무도-

문씨의 '시루엣트' 사라진다. (99~100쪽. 말줄임표, 밑줄 :
인용자)

인옥, 점순, 정실은 각각 여성 가장인데, 이들과 이들의 부양가족들은
서울 소재 변두리의 '줄행랑식 셋집'에 각각 21호실, 15호실, 14호실에
산다. 이 같은 거주양식의 구획은 보기의 국면에서도 중요한 의의를 가
진다. 공간의 구획은 가시성의 구획을 전제로 하기 때문이다. 바꾸어 말
해 〈단층〉의 가시적 세계는 경계획정(Delimitation)적인 세계다. 인옥, 점
순, 정실네 가족들이 자신만의 방이 있는 만큼 마찬가지로 그들이 지각
할 수 있는 시야의 범위도 한계가 정해져 있다. 경계획정적인 시계는 등
장인물들의 주관적 위치화의 기표이기도 하다. 투명한 것으로 치부되는
그들의 제한적인 시계는 '줄행랑식 셋집'에 사는 개인들이 서로의 시선을
교환하고, 서로의 세계를 쳐다보며, 엿들을 수 있는 주관적 인식의 토대
다. 인용된 장면들이 그 예라 할 수 있다. 새로운 집을 구입하기 위해 21
호실에 사는 과부 인옥이 남자를 끌어들이는 장면을 15호실, 14호실의
점순과 문씨는 몰래 엿본다. 별거 중이었던 15호실의 허환과 강정실이
다시 부부관계를 놓고 다투는 것을 옆방 14호실의 점순이 엿듣는데 이는
비가시적 시선의 투영이라 해도 큰 무리가 없다. 강정실의 어머니 15호

정실 :   못가요, 못가요. 상근이는 데리구 못갑니다.

간호부 B : (전화를 받는다) 네, 잠간만 기다리세요. (아래를 향하
            여) 옥희 어머니 전화 왔는데요.

            ……백인옥 뛰어 나와서 낭하 뒤로 들어간다.

백인옥 :   (전화를 받는다) 민주사유? …… (127~128쪽)

오돌아버지 : (목소리만) 아이구 내 팔자야, 아이구, 아이구.

상근 :   (마루로 나와 찬장 속을 뒤지며) 설탕 없나봐.

정실 :   ……옛다, 10원어치만 사 오너라. (115쪽. 말줄임표, 밑
            줄 : 인용자)

　

　도시 변두리 줄행랑식 셋집에 사는 사람들의 삶에 관한 세태 묘사로
인하여 〈단층〉의 가시적 세계는 일견 초점이 부재하는 것처럼 보인다.
30년대 후반 일상 현실의 외양을 묘사할 뿐 인식론적으로 어떤 점이 중
요하고, 중요하지 않은지 이 텍스트에서 전달되는 바는 없어 보이기까지
한다. 그러나 반복적이고, 지루하며, 스펙터클이나 흥분이라곤 찾아볼
수 없는 바로 그 일상 현실의 위력이야말로 역설적으로 〈단층〉의 가시적
세계에서 의식적으로 전경화되는 대상이다. 발췌된 충돌 몽타주 장면들
을 살펴보자. 첫 번째 발췌문에서 동생 정식은 누이 강정실에게 허환과
헤어지라고 고언한다. 이 극의 주요 사건 중 한 가지는 강정실과 허환의
재결합 여부이므로 정식과 정실의 대화는 플롯 전개상 중요한 의미를 띤
다. 그런데 정식과 정실의 대화 장면에 21호실 인옥과 인옥 모인 이씨의
대화, 어머니에게 나가는 길에 담배 사다달라는 인옥의 지극히 일상적인
발화가 삽입됨으로써, 정식과 정실 사이 갈등적 대화의 드라마틱함이 훼
손되고 있다.[45] 본고는 김경희의 논문과 논의의 연장선상에 있지만 〈단

---

45 김경희 역시 극적 장면과 일상적 분위기가 충돌하는 것으로 파악하고 있다. 위의 논
　　문, 34쪽.

층〉의 시각적 수사학에 보다 논의를 집중하고자 한다.

두 번째 발췌문에서도 마찬가지다. 정실과 갈라서기로 결심한 후 허환은 아들 상근을 정실에게서 떼어놓으려 한다. 정실이 아들의 손을 놓지 않으려는 절박한 순간에 갑자기 2층의 전화벨이 울리고 전화를 받은 간호부가 21호실의 인옥에게 수화기를 건네는 평범한 장면이 삽입되고 있다. 어머니와 아들의 헤어지지 않으려는 끈끈한 가족애 장면의 드라마틱함은 때문에 그 효과가 무화된다. 세 번째 발췌문에서는 이 극의 또 다른 주요 사건, 행랑식 셋집을 비워줘야 하는 월세 임차인의 상황이 그려진다. 행랑식 셋집의 주인인 변호사가 셋집을 판 까닭에 셋방살이하는 사람들은 졸지에 거리에 나앉는 신세가 된다. 다른 사람들에 비해 마땅한 거처를 다시 구할 수 없었던 12호실의 오돌아버지는 주인의 횡포에 가장 격렬히 분개하지만, 이 파토스적 정경은 상근에게 설탕 심부름을 시키는 정실네 모습의 삽입으로 인해 마찬가지로 드라마틱함이 소거된다.

바르트가 주장한 것처럼 리얼함은 사소함의 밀도로 구성된다. 반복적인 디테일함의 묘사로써 지시되는 사물의 거기에 있음, 즉자태(卽自態), 자연태는 리얼함 그 자체다. 하찮고, 아무 필요 없는 일상적 사소함의 축적이야말로 어떤 이상화나 해석에도 저항하며 구조에도 통합되지 않은 채 모든 기능과 개념을 무화시키는 강력한 힘, 진정한 리얼함이라고 부를 수 있는 것들을 구성한다.[46] 〈단층〉의 텍스트세계에서 충돌 몽타주를 통해 가시화되는 것은 인물들의 주요 행동(Action)이 달성하려는 목적(Objection)의 최종성에 의해 정당화될 필요가 없는 기호, 일상의 위력이다. 충돌 몽타주를 통해 수많은 무익한, 중요하지 않은 디테일들이 극 사건에 지연, 역전, 중단의 양상을 부과하고 있어서 일상적인 것의 괴물성

---

46 리얼리티 효과에 대해서는 Roland Barthes, *The Rustle of Language*, Richard Howard(Tr.), Berkeley : University of California Press, 1989, pp.141~148 참조.

이 〈단층〉에서는 가시화되고 있다.

김경희의 지적처럼 1막, 2막 1장, 3막 등 각 막들의 개막을 묘사하는 무대 지시문들 또한 셋집의 일상적 풍경을 묘사하는 데 기여하는 바 극적 사건의 점진적인 발전 단계를 보여주지 않고 일상의 시간이 그냥 공전(空轉)하는 듯한 인상을 전해준다.[47] 개막의 무대지시문에서 축적되고 있는 묘사문, "문씨 마루 끝에서 풍노에 약을 데리고 있고"(1막), "점순과 문씨는 12실 앞 마당에다 자리를 깔아 놓고 다리미질을 하고 있다."(2막 1장), "15호실 미닫이가 활짝 열리고, 학수 이삿짐을 싸고 점순 발틀을 돌리고 있다."(3막) 같은 일상적 묘사의 무수한 나열은 충돌 몽타주의 효과와 마찬가지로 모든 의미를 무화시키는 신화적 위상을 지닌 것으로서의 리얼함을 추적하고 있다.

김영수의 〈단층〉에서도 비가시적인 세계는 중요하다. 〈빈민가〉에서 무대 밖 비가시적 세계의 불안이 환유되고, 〈산허구리〉에서 비가시적 세계가 환유에서 미끄러져 보다 원형적인 내면의 불안 심리의 형태로 무대 위에 표현되었다면 〈단층〉의 경우는 또 다르다. 행랑집을 팔고 임차인들을 내쫓는 집주인 변호사가 무대 밖 공간에 기거하는 것으로 보고되고 있지만 〈단층〉의 비가시적 세계에 대한 불안은 무대 밖이 아닌 무대 위로부터 비롯된다. 〈단층〉의 무대 위에서는 일상 현실의 리얼함이 상세히 가시적으로 묘사되고 있을지라도 그것은 결국 일상 전체 모든 것을 보여주지 못한다. 일상의 리얼함을 완벽히 묘사하기란 불가능하다. 무한대의 가시적 묘사로서도 포착될 수 없는 비가시성이 바로 일상적 리얼함의 진정한 의미이기 때문이다. 바꾸어 말해 궁핍한 노동자의 현실이나 어촌의 삶이라는 사회적 결과 뒤 원인에 대한 지식이 환유의 지속을 통해서건, 환유의 미끄러짐을 통해서건 〈빈민가〉나 〈산허구리〉에서는 명시적, 함

---

47 김경희, 앞의 논문, 25~26쪽 참조.

축적 형태로 소통될 수 있었다. 반면 〈단층〉의 경우 관객은 환유의 '한계'에 마주하게 된다. 정확한 세부 사항의 묘사를 통해서도 현실의 재현은 불가능하다. 〈단층〉의 주제는 바로 이 점으로부터 연원한다. 모든 인간의 극적 사건을 단층처럼 두 개의 조각으로 끊어져 어긋나게 할 수 있을 만큼 일상 현실은 괴물 같은 힘을 지니고 있다. 〈단층〉의 무대 위에서 관객이 보는 것은 역설적으로 그런 일상의 비재현성, 재현을 넘어서는 것들의 힘, 가시성 속의 비가시성, 그리고 환유의 불가능성이다.

따라서 〈단층〉에서 충돌 몽타주나 일상적 리얼함에 관한 묘사가 제공하는 소외 효과는 관객의 보다 이성적인 해석 경험을 촉구한다. 유치진의 〈빈민가〉와 함세덕의 〈산허구리〉가 관객의 파토스를 환기하는 식으로 인식의 확신과 변화를 꾀하였다면, 〈단층〉이 수사적 요소로서 구성하는 관객은 무대 위 대상으로부터 자신을 좀 더 분리시킨다. 무대 밖 관객 주체와 무대 위 대상 간의 대립은 1930년대 후반 현실에 대한 올바른 인식론적 관점이 무엇일지 관객에게 방향을 제시하는 기능을 한다.[48] 〈단층〉에서 확인할 수 있는 것은 세계에 대한 관객의 이성적 앎과 논증 능력이 이미지에 의해서도 가능하다는 점이다. 유치진이나 함세덕의 사실주의극 텍스트와는 또 다른 실제적, 사회적 세계에 대한 경험지식의 구성 방식, 논증 과정을 〈단층〉은 중시하고 있다.

5. 1930년대 사실주의극의 연행성과 '창(窓)'의 수사학

일제강점기 1920년대는 '문화통치기'로 지칭된다. 반면 1940년대는 일

---

48 충돌 몽타주 같은 서사극적 시각성의 효과에 대해서는 Maaike Bleeker, *Visuality in the Theatre : The Locus of Looking*, New York : Palgrave Macmillan, 2008, pp.40~41 참조.

본이 대동아공영권의 전체주의적 슬로건을 주창한 시기로서 일제하 식민조선은 본격적인 '전시체제'로 진입한다. 따라서 1930년대는 제국으로 편입되기 위한 문화적 이행기로 말해지는 것과 말하는 것 사이의 분열, 발화 주체의 분열이 발생하는 '재현의 위기' 상황, 직접적 '지시성의 확실성이 상실'된 시대였다. 30년대 조선은 제국의 주체와 '동일화'를 점점 요구받게 된다. 그러나 규제적 위치를 유지할 목적에서 식민지배자 일본은 피식민지인인 조선에 열등한 민족국가로서의 '차이성'을 또한 소환하게 된다. 20년대가 피식민지의 상황에서 벗어나려는 계몽적 교설극의 '수다한' 시대였다면, 40년대는 제국의 형성에 조력하는 친일 국민극이 횡행한 '침묵의' 시대였다. 1930년대는 20년대와 40년대 사이의 교량의 시기로 30년대 식민화된 존재는 말할 수도 있고, 말할 수도 없는 역설적 상황에 처한 존재였다고 볼 수 있겠다. 30년대의 식민화된 존재는 표면적으로 말할 수 있지만 말할 수 있는 그 위치는 발화 행위 자체 내 뿌리 뽑혀 있었다. 그들의 말하는 위치는 들려질 수 없고, 언표 밑에 은폐된다. 그들의 발화 장소는 보일 수 없고, 그들의 말 뒤에 숨겨진다.[49]

1930년대 사실주의극에 관한 고찰에는 언어와 세계 사이의 투명한 소통적 관계가 급격하게 흔들리는 이런 과도기적 맥락의 참조가 필요하다. 언어와 사물이 동일하다는 믿음을 넘어 당대 현실과의 관계에서 비롯된 언어의 한계와 잠재력에 주의를 기울일 때 리얼리즘 양식으로서 1930년대 사실주의극이 지닌 균열과 결점은 오히려 진실한 어떤 것의 징후, 지시성의 위기에 대한 창조적 응답으로 간주된다.

본고에서 유치진, 함세덕, 김영수 등 30년대 대표적 극작가들의 사실주의 텍스트를 대상으로 해서 비주얼적 요소의 레토릭과 관객의 수사학

---

49 30년대 지시성의 위기와 식민화된 존재의 발화행위에 대해서는 Christopher P. Hanscom, *The Real Modern : Literary Modernism and the Crisis of Representation in Colonial Korea*, Massachusetts : Harvard University Asia Center, 2013, pp.34~36 참조.

적 응답에 초점을 맞춘 것은 그 때문이다. 재현의 과정에서 언어적, 이미지적 양식 사이의 상호행위나 상호관계가 새롭게 구성되는 양상은 인식론적, 심미적 변형을 겪는 문화적 이행기의 표식이기도 하다. "20년대 극작가들이 윤리적인 문제에 집착한 데 비해 30년대 작가들은 실제적 생존 문제에 기울어져 있었"고, "그만큼 생존을 위협하는 외부세력, 즉 일제의 탄압과 수탈은 가혹"[50]했다. 해서 30년대 사실주의 희곡의 전망 부재, 세계를 인식하는 주체로서의 근대적 개인의 자각과 이를 통해 인간의 조건을 바꾸어놓을 수 있다는 개혁에의 신념이 소거된 점은 미숙한 극작술의 소치로 비판되어왔다.[51] 식민지적 근대라는 객관세계를 서정적 풍경으로 드러내려는 재현 방식상의 변화는 때문에 30년대 객관적 사회 현실의 모방적 재현 면에서 그 완성도가 떨어지는 바 "체념의 미학화"에 불과한 것으로 치부되었다.[52] 혹은 "현실대립적 액션이 아닌 현실반응적 액션" 위주의 "정서적 정신적 반응을 주로 표현한"[53] 30년대 사실주의극은 식민지 치하의 기저에 있는 제국주의적 이데올로기의 폭로 차원에서 한계를 가진다는 것이 그간의 평가였다.

하지만 잠정적으로 사실주의 양식의 왜곡을 낳는 비미메시스적인 요소야말로 30년대 사실주의극의 본질적 요소, 당대의 리얼리티를 핍진성 있게 구성한다는 것이 본고의 생각이다. 검토된 바대로 유치진의 〈빈민가〉, 함세덕의 〈산허구리〉, 김영수의 〈단층〉의 시각적 이미지의 소통 과정에서 관객의 의식, 행동, 믿음의 변화에 가장 큰 영향을 미치는 것은 오히려 가시적 세계 내 비가시적 세계에 대한 지각에서 비롯한다. 〈빈민가〉에서는 무대 밖 비가시적 세계의 불안이 환유된다. 〈산허구리〉에서

50 유민영(1997), 앞의 책, 304쪽.

51 이승희, 앞의 논문, 156쪽.

52 이승희, 위의 논문, 156쪽.

53 김용수, 앞의 논문, 119쪽.

는 비가시적 세계가 환유에서 미끄러져 보다 원형적인 내면의 불안 심리의 형태로 무대 위에 표현된다. 〈단층〉의 비가시적 세계는 무대 위 일상의 가시적 세계를 통해 표출됨으로써 관객은 가시성 속의 비가시성, 환유의 한계에 마주하게 된다. 결과적으로 이 텍스트들의 비재현성, 비사실성, 왜곡되고 불확실하게 구성된 풍경 이미지들의 재현은 30년대 객관적 현실 반영의 실패에서 연원한 것들이라고 재단할 수만은 없다. 그보다는 현재에 관한 침묵, 실망, 불연속성, 불완전성, 억압, 소외와 함께 미래에 대한 욕망, 기대, 희망, 약속 같은 것들의 '징후'로서 이 이미지들의 소통상(相)은 읽혀야 할 필요가 있다. 가시적인 것과 비가시적인 것의 '경계'에 대한 관여, 보이지 않는 것이 보이는 것 내에 거주하는 양상의 무대화는 역으로 지시적 위기, 재현의 위기에 봉착한 당대 피식민지인의 발화주체로서의 한계와 가능성에 관한 복잡한 경험들을 정확히 징후적으로 구성한다. 현실 재현의 불가능한 순간을 마련하는 이미지들의 소통을 통해 30년대 가시적 세계에 내재한 비가시적 불안, 시야의 한계를 인지했을 관객의 경험이 수사적 차원에서 위치화된다고 볼 수 있겠다. 케네스 버크가 이야기하듯이 드라마 레토릭의 논증적 설득력은 극적 스타일의 특정 관점에서 파악되는 것이 아니라 얼마나 관객 자체의 경험과 동일시(Identification)[54]되는 경험을 극텍스트를 통해 생산하는가하는 점에서 비롯된다. 이전의 무대가 배경화 위주의 무대로 일관하고 있던 상황에서 이 시기 사실주의극은 "제4의 벽면을 인식한 상태에서 3면벽으로

---

54 수사학자 케네스 버크(Kenneth Burke)에 따르면 논자가 청중과 자신을 동일시할 때, 청중은 거울 내에서 그들 자신을 보고 그들 자신의 믿음을 듣는 것으로서 논자의 말을 듣게 되는 바 강력한 설득 과정이 이러한 동일시화를 통해 성취된다. 다음의 책에서 재인용. Jeanne Fahnestock and Marie Secor, *A Rhetoric of Argument : A Text and Reader*, Boston : McGraw-Hill, 2004, p.55.

된 무대장치를 시도"하여 "사실적 관여의 확보"[55]가 가능해졌다. 하여 가시적 프로시니엄 무대를 바라보는 관객의 숨겨진 시선, 객석의 비가시적 공간의 구성 순간은 특권화된 내재성의 영역, 사적인 자유로운 주체가 발견되는 순간이기도 하였다.[56] 30년대 사실주의극의 성립 과정은 근대적 주체, 개인으로서 관객이 발명되는 과정이기도 한 셈이다. 그러나 가시적 무대와 대립되는 비가시적인 이 사적인 공간은 서구적 의미에서의 부르주아적 내면 영역을 지칭한다고 볼 수는 없다. 30년대의 관객은 서구의 관객처럼 알 수 없는 내재성의 개성적, 사적 주체이기보다는 보기 자체가 어떻게 보이는지 불안의 출처로서 비가시적인 것의 위협을 극장 밖 공간에서 항상 상기해야 하는 주체였다.

〈빈민가〉나 〈산허구리〉, 〈단층〉의 무대 밖 환유되는 비가시적 세계의 불안과 무대 위 비재현적 재현성의 응시는 객석의 관객에게 그만큼 동요와 떨림, 충격을 핍진감 있게 부여했을 것이다. 관객 자신들의 실제 불안이 무대 위 불안과 '일치화'되어 소요 중에 있는 몸의 신체생리학적 반응이 가시화되고 공공화되는 공간이 바로 30년대 사실주의극의 비가시적, 사적 공간, 객석이었다.

리얼리티는 고정된 것이 아니라 우리가 그것을 말하기 위해 사용하는 언어 등의 상징에 따라 변화하고, 그 상징에 의해 우리가 살고 있는 세계의 지각이 영향을 받는 바 수사학적 상황이 구성된다.[57] 때문에 30년대 사실주의극의 수사학적 의의는 30년대 현실을 '창'으로 얼마만큼 반

55 노승희, 「1908년부터 1950년대까지 한국 근대극 연출」, 한국근현대연극100년사 편찬 위원회 편, 『한국근현대연극100년사』, 서울 : 집문당, 2009, 123쪽.

56 W.B. Worthen, *Modern Drama and the Rhetoric of Theater*, Berkeley : University of California Press, 1992, p.60.

57 Sonja K. Foss, *Rhetorical Criticism : Exploration and Practice 4th ed*, Long Grove, Ill : Waveland Press, 2009, p.5

영하고 있는가에서 찾아지는 것이 아니다. 그보다 30년대 재현의 위기에 봉착한 현실 상황하 식민 주체에게 '창'은 아직 존재하지 않는 심미성과 실현되지 않은 세계의 윤곽을 들여다보게 해주는 기능을 한다는 점에서 수사적이다. 이를테면 〈빈민가〉와 〈산허구리〉의 정서적으로 착색된 창은 감정적 어필에서만 머무르는 것이 아니라 그것이 극장 밖에서도 지속되는 경우 탈식민적 세계에 대한 사려 깊은 반성의 확신을 관객에게 잠정적으로 촉진할 수 있다(로고스). 〈단층〉의 충돌적 몽타주는 소외 효과로 인해 이성적 판단을 발생시키지만 그것이 막이 내리고 나서도 유지되는 경우 괴물 같은 일상을 낳은 식민적 억압에 대한 도덕적 분노의 감정을 관객에게 잠정적으로 유발할 수 있다(파토스). 그러므로 1930년대 사실주의 극장의 바라보기 장소(Theatron)를 통해 사회적 현상이 반영되기보다는 무대 넘어 새로운 세계를 형태화하기 위하여 창의 응시라는 사회적 사건이 구성된다. 식민 상황에서 사실주의극은 복잡한 좌표를 구성한다. 창이 투시하는 것은 당대 리얼리티에 대한 실망과 불안일 뿐만 아니라 그 불안에서 비롯되어 미메시스와 투명성의 '외부'에 위치해 리얼리티 그 자신을 초과하고, 위협하는 미래적 감각이기도 하다. 새로운 보기 형식이 형태화되고, 새로운 앎과 비전이 추구될 수 있는 잠재력을 그것은 지닌다. 이 대목이 리얼리티 창조의 가능성, 리얼리티의 변화에 담화가 영향을 미쳐 관객이 만들어지는 등 '수사학적 상황'[58]이 구성되는 과정, 즉 1930년대 사실주의극의 연행적(performative) 국면 논의를 위한 단초를 제공한다.

---

58 Lloyd F. Bitzer, "The Rhetorical Situation", *Readings in Rhetorical Criticism 3rd*, Carl R. Burgchardt(Ed.), State College, Pa. : Strata Pub, 2005, p.67.

6. 감각의 변이 양상과 근대 희곡사

거론된 작품들의 극작술상 미숙함은 종종 거론되는 바다. 예를 들어 〈빈민가〉는 궁핍이라는 절대적 유일한 축에 의해 재단된 경향적 작품에 그쳐, 유치진의 다른 초기 사실주의극들과 마찬가지로 계몽적 요소의 청산과 인물의 창조에는 실패했다고 평가된다.[59] 〈산허구리〉의 경우 복조 어머니의 절제되지 않은 감정의 과잉은 모성의 발현으로 연민의 감정을 자극, 관객의 슬픔으로 확대되는데 이러한 점은 최루적인 신파극의 극적 효과와 상통하는 것으로 비판된다.[60] 〈단층〉에서 정실이 아들을 붙들면서 남편과의 이혼을 포기하는 통속적 장면은 관념적 허위의식의 소산으로 지적되기도 한다.[61]

사실주의 양식으로서의 치명상이 좀 더 풍만한 리얼리즘을 구성한다는 점을 본고가 주장했다고 해서 30년대 사실주의 작품들의 극작상 과오마저 옹호하는 것은 아니다. 본고가 밝히려 했던 것은 개별 작가의 극작술의 문제가 아니라 일견 결점으로 인식될 수 있는 리얼리즘 양식상의 균열, 비재현적인 양상이 검토된 텍스트들에 심미적으로 자리하며, 그 상호텍스트성은 되려 더 넓은 의미에서 핍진한 현실을 묘사하고 있다는 점이었다. 이 점은 〈빈민가〉에서 무대 밖 비가시적 세계의 불안을 환유하는 것으로 나타난다. 〈산허구리〉에서는 비가시적 세계가 환유에서 미끄러져 보다 원형적인 내면의 불안 심리의 형태로 무대 위에 표현된다. 〈단층〉의 비가시적 세계는 무대 위 일상의 가시적 세계를 통해 표출됨으로써 관객은 가시성 속의 비가시성, 환유의 한계에 마주하게 된다. 해

---

59 김방옥, 앞의 논문, 109쪽.

60 장혜전, 「함세덕의 희곡에 나타난 외국작품의 영향문제」, 극예술학회 편, 『함세덕』, 앞의 책, 92쪽.

61 김경희, 앞의 논문, 37쪽.

서 사회 재현의 불가능성을 예시하는 비미메시스적 풍경 이미지를 목도하는 순간이야말로 30년대 지시성의 위기 시대에 처한 피식민주체로서의 관객이 세계에 대한 경험지식을 '확신'하는 순간임을 본론에서 설명하려 하였다. 그 순간은 현실 리얼리티를 초과하는 미래성의 감각으로 비전을 변모시키는 암묵적 '설득'의 순간이기도 하여서 사회 현실을 새롭게 들여다보는 창의 설정 순간, 새로운 리얼리티 창조의 가능성인 연행성의 국면을 잠재화한다. 이러한 연행적 양상이 재현의 위기에 봉착한 당대의 문화적 컨텍스트와 30년대 사실주의극 텍스트의 비사실적인 의미가 부딪혀 생성하는 새로운 문화적 의미라는 것이 본고의 결론이었다.

본고는 3편의 텍스트들을 대상으로 연구를 진행했기 때문에 적용 가능성은 아직까지 제한적이다. 본 논의의 결론은 규범적(normative)이기보다는 기술적(prescriptive)이라 할 수 있다. 관객을 위한 특정 종류의 경험이 어떻게 근대 사실주의 희곡의 역사에서 구성되는지 고찰하기 위해서는 더 많은 사실주의극 텍스트를 대상으로 시각적 수사학이 분석될 필요가 있다. 그럼에도 불구하고 시각의 감각 차원에서 근대 사실주의 희곡의 수사학을 살펴본 것은 작가론이나 실증주의적 연극사 접근법과는 또 다른 근대희곡사의 기술 방법을 보여주었다는 점에서 희곡사 기술 시도에 새로운 활력소를 제공하리라 본다. 감각과 지각적 환경의 교체 및 역동적 변이 양상으로 근대희곡사를 서술하는 일은 작가 중심의, 사료 중심의 근대 연극사 기술을 보완하면서도 차별적 논의를 가능케 할 것이다.

모더니즘적, 포스트모더니즘적, 포스트구조주의적 연극들은 모두 리얼리즘 연극에 반해 담론적으로 자신들의 연극을 규정하며 더 리얼함을 주장하려 했다. 사실주의가 낡은 이념으로 치부되는 2015년 현재에도 리얼리티 TV 화면의 가상 이미지 형태로 훨씬 비주얼화되어 리얼리즘은 포스트모더니즘과 뒤섞여 회귀 중이다. 이는 리얼리즘에 대한 피터 브룩의 평가, "리얼리스트의 소설은 여전히 우리의 역사이며, 여전히 우리가 우리 자신을 이해하는 방식 중의 일부이다."[62]라는 언급을 상기시킨다. 마찬가지로 30년대 사실주의극은 여전히 현재의 한국 연극을 이해하는 방식과 연극으로 그려질 리얼리티의 미래를 가늠할 수 있는 척도를 제공한다. 따라서 30년대 사실주의극의 이해를 새롭게 모색하려는 시도, 예컨대 재현 자체의 한계 등으로 사실주의를 이해하려는 본고와 같은 시도들이 지속되는 것은 일정 부분 필요한 일이라 생각된다.

---

62 Brooks, Op.cit., p.20.

7장
유치진의 〈한강은 흐른다〉에 나타난 영화적 기법과 상호매체적 연행성

1. 유치진과 영화관

유치진은 창작 초기부터 영화에 대해 관심이 많았다. 1930년대에 이미 직접 〈도생록〉이라는 시나리오를 집필하였거니와 그는 진작부터 영화가 주는 새로운 가능성에 촉각을 곤두세운 극작가 중 한 명이라 할 수 있다. 이를테면 자신의 시나리오 〈도생록〉에서 제시된 '입 맞추는 물새'라는 부분에 대해 채만식이 입을 맞추는 물새는 세상 어디에도 없다고 비평하자 그는 다음과 같이 대응한다.

> "즉 영화의 술어로 말하자면 소위 몽타주에 속하는 게 아닌가?……
> 이렇게 공간과 시간을 초월하여 자유롭게 그리고 대담히 묘사할 수
> 있는 데 신흥 예술로서의 영화의 참신성이 있고 발랄성이 있는 것이
> 아닐까?"[1]

---

1 유치진, 「영화 옹호의 변―채만식 씨에게 보내는 글」, 『동랑유치진전집7』, 서울 : 서울 예술대학 출판부, 1993, 296쪽.

영화의 미학과 형식에 대해 그가 어느 정도 조예가 있었음을 이러한 언급이 증거하고 있다고 봐도 큰 무리는 없을 것이다. 그렇다면 그가 영화에 남다른 관심을 가졌던 이유는 무엇이었을까? 무엇보다도 영화에 관한 그의 호기심의 근원에는 연극장보다 영화관에 모이는 관객의 수가 월등하였다는 사실이 자리한다, "연극장의 손님은 귀족적이며, 영화관의 그들은 대중적"[2]이라는 점은 관객지향적 대극장주의를 옹호함으로써 연극의 경계를 넓히려던 유치진에게 분명 자극이 되는 대목이었으리라 예측해볼 수 있다.

1958년에 창작된 그의 실질적인 마지막 희곡, 〈한강은 흐른다〉를 살펴보는 것은 그래서 의미 있는 일이다. 1956년 록펠러 재단의 초청을 받아 미국 연극계와 브로드웨이 뮤지컬, 할리우드 영화계를 시찰하고 난 후 〈한강은 흐른다〉는 집필되었는데, 종래의 구심적인 삼일치식 고전극 형태의 작법을 지양하고 각 장면을 풀어 헤친 원심적 구성의 키노드라마로서 이 작품을 창작하였다고 유치진은 술회하고 있다.[3] 때문에 실제 시나리오는 아닐지라도 희곡 작품으로만 간주될 수만은 없는 해석적 잉여가 이 작품에는 남아 있다고 생각된다. 물론 오늘날의 관점에서 카메라가 실질적으로 사용된 것이 아닌 까닭으로 그 기법이 일천해 보일 수는 있다. 그렇지만 현재와 달리 영화를 당장 연극 무대에 접목할 수 없었던 1950년 당대의 기술적 제약을 감안한다면, 조명과 음악, F.I와 F.O 등의 장치를 활용해서라도 연극무대를 영화 이미지처럼 보이게 하고 마치 영화처럼 작동하게 하려 한 그의 극작술의 의도는 주목할 만하다. 이러한 변형된 형식에 내재된 문제의식을 온당하게 이해하기 위해서는 희곡적 독법 이외의 논의가 아울러 요청되어야 한다는 점에 착안하여 본고는 시

---

2 유치진, 「연극 관객과 영화 관객」, 위의 책, 306쪽.
3 유치진, 『유치진희곡선집』, 서울 : 성문각, 1959, 297쪽.

작한다.

연극은 3차원의 예술이며, 영화는 2차원의 예술이다. 연극의 주요 속성은 감각적으로 현전하는 배우의 신체성에서 찾을 수 있으며, 영화의 주요 속성은 카메라가 투사하는 현실 이미지의 평면적 스크린에서 찾을 수 있다. 연극적 무대는 배우가 자리한 시공간을 정적으로, 고정적, 연속적으로 다루게 된다. 반면 영화적 스크린은 카메라의 편집에 따라 그 같은 신체적 제약에서 벗어나서 시공간을 역동적, 유동적, 불연속적으로 다루게 된다. 연극 공간에서는 배우의 몸과 관객의 몸이 공현존함으로 배우와 관객의 대면에 따라 공동체적 황홀경의 순간이 곧잘 만들어지기도 한다. 그러나 영화 스크린을 목도하는 어둠 속 객석의 관객은 영화감독의 의도하에 편집되고, 조합된 장면 이미지를 추수해야만 하는 고독한 개인으로 종종 비유되곤 한다.[4] 두 예술 사이의 이러한 차이점을 고려했을 때 근대 사실주의 희곡의 개척자인 유치진이 그의 최종 희곡작품에서 영화적 기법을 도입하려한 것은 유치진 연구나 희곡사 연구에서 주목해야 할 변별적 대목이라 말할 수 있겠다. 하여 '원심법적 수법'의 사용이라는 유치진의 언급이 지적하듯이 영화적 구조나 형태를 환기하거나 모방함으로써, 〈한강은 흐른다〉의 텍스트적 구성이 영화적 실천에 대한 환각을 어떻게 낳고 있으며, 그것이 시사하는 바가 또한 무엇인가 같은 상호매체적 연행(Intermedial Performance)[5]과 관련된 문제를 본고는 중점적으

7장 유치진의 〈한강은 흐른다〉에 나타난 영화적 기법과 상호매체적 연행성

---

4 연극과 영화의 관계는 Andre Bazin, "Theater and Cinema", *Theater and Film : A Comparative Anthology*, Robert Knopf(Ed.), New Haven : Yale University Press, 2005, pp.110~133 참조.

5 한 기존 매체가 자신의 심미적 경계를 넘어서기란 불가능한 일이다. 문학이 영화가 될 수는 없다. 그러나 자신의 특수한 양식적 수단을 통해 다른 기존 매체의 시스템적 구조에 대한 환각을 재생산할 수는 있다. 이는 한 매체의 재현적 양식을 확장하는 상호매체성의 실천으로 간주된다. 이런 점에서 봤을 때 〈한강은 흐른다〉 또한 우리는 상호매체성의 텍스트로 읽을 수 있겠다. Irina O. Rajewsky, "Intermediality,

로 살펴보고자 한다.

그간 〈한강은 흐른다〉를 논의한 선행 연구들은 몇 가지 대립되는 입각점을 보여주었다. 첫째, 영화적 기법의 활용과 관련된 논란이다. 영화적 기법의 활용을 긍정하는 측에서는 "막의 개폐가 전혀 필요 없도록 거대한 무대 장치는 무대 위에 그대로 고착시켜둔 채 극적 사건이 진행되는 장소로만 스포트라이트를 이동하여 역동적으로 사건을 진행시키는 독특한 기법을 보여준다."[6]고 평가한다. 반면 부정하는 측에서는 "영화의 용어인 F.I와 F.O를 사용했다고 해서 그것이 반드시 그 영향이라 볼 수는 없는데, 왜냐하면 그것은 기술의 발전과 밀접한 연극의 기법이며 표현만 달랐을 뿐이지 전혀 새로운 것은 아니기 때문이다."[7]고 평가한다. 둘째, 리얼리즘에 대한 논란이다. 〈한강은 흐른다〉가 획득한 사실주의적 성과를 옹호하는 입장에서는 "객관적인 사실성을 획득하고 있는 것으로 50년대에도 여전히 사실주의극이 유효함을 보여주고 있다"[8]고 언급한다. 반면 비판적으로 보는 시각에서는 "비극적 상황으로 빠져드는 과정의 사실적인 단계를 면밀하게 추구하지 못한 상태에서 쉽게 대중적인 감정이나 표현과 타협해버려 기왕에 작가가 의도한 사실주의의 발전을 성취시키지 못한 것"[9]이라 정리한다. 마지막으로 문학사적으로 갖는 의의에 관

Intertextuality, and Remediation : A Literary Perspective on Intermediality", *Intermédialités : Histoire et Théorie des Arts, des Lettres et des Techniques*, 6, 2007, pp.43~64.

6 이상우, 『유치진 연구』, 서울 : 태학사, 1997, 246쪽. 이러한 견해를 따르는 또 다른 논의로는 윤금선, 『유치진희곡 연구』, 서울 : 연극과인간, 2004, 334~335쪽 참조.

7 이승희, 「1950년대 유치진 희곡의 희곡사적 위상」, 『한국극예술연구』 18, 한국극예술학회, 1998, 335쪽.

8 김옥란, 「유치진의 50년대 희곡 연구 : 〈자매·2〉와 〈한강은 흐른다〉를 중심으로」, 『한국극예술연구』 5, 한국극예술학회, 1995, 280쪽.

9 서연호, 『한국근대희곡사』, 서울 : 고려대학교 출판부, 1994, 354쪽.

한 논란이다. 고평하는 입장에서는 "1950년대와 60년대의 한국희곡사를 연결하는 가능성을 지닌 작품"[10]으로서 표현주의적 수법의 활용으로 인해 "본격적인 사실주의극을 완성시켰다고 인정되는 차범석, 일련의 표현주의극으로 인간의 내면심리를 추구하고 있는 오학영과 내적으로 연결"[11]되고 있음을 지적하고 있다. 반면 반박하는 입장에서는 "결국 유치진 희곡의 낭만적 요소와 계몽주의적 태도"가 "그의 리얼리즘을 허술한 것으로 만들었"으므로 이 작품은 "1950년대 희곡문학의 빈곤"[12]으로서 다가온다고 보고서 유치진이 시도한 "새로운 기운을 향한 '떨림'"이 "미완으로 끝났"[13]음을 논하고 있다.

이 논문은 〈한강은 흐른다〉의 영화적 기법의 성격에 주목함으로써 이와 같은 논점들에 대해 어느 정도 답을 찾을 수 있다고 본다. 전술한 바와 같이 여러 논란에도 불구하고, 〈한강은 흐른다〉가 시도한 영화적 기법의 형식적 특성에 대해서는 몇몇 논의가 관심을 기울인 것[14]을 제외하고는 심도 깊게 다루어진 적이 없었다. 영화적 형태와 구조를 갖는 텍스트로서 마치 영화처럼 들리고, 보여지고, 행동하는 무대로 〈한강은 흐른다〉를 본격적으로 이해한 뒤, 그것이 배태한 양식적, 역사적 의의를 '일관적으로' 해명하는 작업은 없었다고 여겨진다. 영화적 기법의 내적 논리를 〈한

---

10 양승국, 「해방이후의 유치진 희곡을 통해 본 분단현실과 전쟁체험의 한 양상」, 『한국현대문학연구』 1, 한국현대문학회, 1991, 202쪽.

11 김옥란, 앞의 논문, 280쪽. 등장인물들의 내적 심리에 천착한 논문으로는 심상교, 「유치진의 50년대 희곡 연구」, 『국어국문학』 118, 국어국문학회, 1997, 315~338쪽 참조.

12 이광호, 「리얼리즘의 변용과 통속성 : 유치진의 〈한강은 흐른다〉의 재인식」, 『한국극예술연구』 4, 한국극예술학회, 1994, 272쪽.

13 이승희, 앞의 논문, 342쪽. 이러한 입장의 연속선상에 있는 논문으로 이정숙, 「유치진의 새로운 극작 모색과 〈한강은 흐른다〉」, 『한국극예술연구』 38, 한국극예술학회, 2012, 125~150쪽을 거론할 수 있다.

14 이상우, 앞의 책, 245~257쪽 참조 ; 윤금선, 앞의 책, 335~342쪽 참조.

강은 흐른다〉의 텍스트성에 긴밀하게 연결시켜 문학적 성과를 논하는 것이 아니라, 키노드라마로서의 성격을 언급한 뒤, 곧바로 루카치식의 사실주의적 이론에 비춰 핍진성이 이 작품에서 얼마나 결여되었는지를 따진후 통속극으로서의 성격을 논하는 단계로 넘어간 논의들이 대부분이었다. 반면 본고는 영화적 기법의 해명이 〈한강은 흐른다〉가 성취한 사실주의적 가능성 및 한계와 희곡사적 자리매김 논의에 정방향성을 제공해주리라 생각한다. 역으로 말해 영화적 기법의 미학적 자질들을 섬세하게 재구하는 일은 〈한강은 흐른다〉의 사실주의적 특성과 그 역사적 의미를 보다 분명히 확인하려는 작업에 도움이 될 것으로 기대된다. 따라서 이 글에서는 영화적 기법이 어떻게 이 텍스트에서 구조화되고 있는지 살펴본후, 그것이 관객과의 상호작용에 미치는 결과를 논하는 수순으로, 〈한강은 흐른다〉와 관련된 인식지평의 문제들에 답해볼 것이다.[15]

2. 의사-카메라의 조작과 움직이는 이미지

유치진이 첫머리의 무대지시문에서 밝히고 있듯이 〈한강은 흐른다〉는 단일 장치로서 조명과 음악을 사용하여 막간 없이 22경(景)으로 진행될 수 있도록 극작되었다.[16] 드라마에서 막과 장의 구별은 심층적인 이야기의 시공간적 차원을 분절하는 재현의 기능을 담당한다. 막과 장의 의식적인 사용에 따라 극의 심미적인 스타일이 표층적으로 결정된다고 볼수 있다.[17] 그러므로 드라마의 분절 단위라 할 수 있는 막과 장의 폐기는

---

15 본론에서 인용되는 〈한강은 흐른다〉의 출처는 다음의 책에서 발췌된 것이다. 유치진, 『동랑유치진전집3』, 서울 : 서울예술대학 출판부, 1993, 313~379쪽

16 위의 책, 314쪽.

17 Manfred Pfister, *The Theory and Analysis of Drama*, John Halliday(Tr.), Cambridge :

극적 시공간의 연속성을 스타일화하는 양식의 폐기를 뜻하는 셈이 된다. 이는 고정된 시공간에서 발생하는 연극적 행동이 보다 유동적이면서도, 불연속적인 시공간에서 펼쳐지는 것으로 변화되었음을 동시에 의미한다.

막과 장의 구분이 무화된 대신, 〈한강은 흐른다〉의 연출상 조명과 음악 (소리)이 활용되고 있는 점은 그런 면에서 단순히 구조적 분절 장치로서의 의의만을 갖는 것은 아니다. 카메라의 기능을 수행하는 조명과 음악적 장치들은 일련의 편집 과정(Editing)을 전경화한다. 일반적으로 영화에서는 조명에 의해 무대 위 시각적 형상에 색깔, 분위기, 감정, 이데올로기, 톤 등이 덧붙여지거나 취소되고 강조되며 암시될 수 있다. 마찬가지로 음악이 동반됨으로써 무대 위 행동은 강조되고 인물이 속한 상황이 보다 변별적으로 드러날 수 있다. 해서 영화 속 극적 요소들이 카메라의 조작이 기능하는 서술적 목소리에 의하여 배치되고, 판단되듯이 〈한강은 흐른다〉의 조명과 음악은 일종의 이야기꾼(Storyteller)으로서 카메라가 지닌 서술적 목소리를 대리한다. 영화적 이미지가 무대 위에서 상영되지는 않는다. 그럼에도 영화적 관습이 환기되고 모방되며, 참조되고 있다. 그러므로 〈한강은 흐른다〉는 3차원의 연극이 아니라 2차원의 영화 이미지를 위한 스토리보드, 영상 속 장면의 초안을 그린 시나리오로서 읽혀져야 한다. 이러한 새로운 재현 양식은 대사, 소리, 움직임을 새롭게 무대화하는 새로운 드라마투르기적 전략인 바, 연극의 시공간과는 달리 불연속적이면서도, 유동적인 시공간에 대한 차별적인 지각 경험을 결과한다는 점에서 그 의의가 찾아진다.

그렇다면 관객은 실제 어떤 지각적 차원들을 〈한강은 흐른다〉의 관람을 통해 경험하게 되는가? 먼저 1경의 첫 장면을 살펴보자.

Cambridge University Press, 1977, pp.230~231 참조.

· 한길.

　멀리서 들려오는 포 소리와 기관총 소리에 막이 열리면 캄캄한 무
대! 포탄이 가까이 날아와 떨어진 듯 땅을 뒤흔들며 큰 건물이 허물어
지는 난다. 한구석 방공호에서 자던 두더지, 아이를 안고 무대 중앙으
로 기어나와 갈 바를 몰라 부들부들 떤다. 또 한 방의 포탄이 휭, 비단
을 찢는 소리를 내며 머리 위를 난다. 가까운 건물에 적중! 또 와르르
허물어지는 소리 난다. 두더지, 고함을 치고 도망해 버린다. 포 소리
조용해지며 무대 차츰 밝아진다. (315~316쪽)

　이 장면은 영화 구성의 기본 단위, 숏(Shot)들이 조합된 장면으로 읽힐
수 있다. 숏이란 카메라가 촬영을 시작해서 그것이 끝날 때까지 지속적
으로 기록된 장면이나 대상을 뜻한다.[18] 1경의 첫 장면은 다음과 같은 몇
가지 숏들의 결합으로 간주될 수 있겠다.

　　1. 한길
　　2. 포소리와 기관총 소리의 캄캄한 무대
　　3. 포탄으로 무너지는 큰 건물
　　4. 방공호에서 자던 두더지가 무대 중앙으로 나와 부들부들 떠는
　　　　모습
　　5. 가까운 건물이 포탄에 적중해 허물어지는 모습
　　6. 고함을 치며 도망가는 두더지
　　7. 포 소리 조용해지며 차츰 밝아지는 무대

　이러한 숏들의 구성은 20세기 초 러시아 감독 에이젠슈테인의 영화
〈전함 포템킨〉의 몽타주를 상기시킨다. 〈전함 포템킨〉에서는 시위대의
저항을 진압코자 포템킨의 수병들이 발포를 한다. 이때 계단위에서 진격

18 Frank E. Beaver, *Dictionary of Film Terms*, New York : McGraw-Hill, 1983,
　pp.311~312.

제2부 사실주의 희곡 텍스트와 퍼포먼스

해오는 군인들과 도망가는 사람들, 그리고 아이를 태운 유모차가 계단에서 굴러 떨어지는 장면이 교차된다. 여기에 잠자고 있던 형상의 대리석 사자 조각상이 깨어나서 포효하는 숏들의 결합은 영화사적으로 가장 유명한 상징적 장면으로 남아 있다. 에이젠슈테인은 자신의 영화에서 활용된 이와 같은 표현 기법들을 어트랙션 몽타주(Attraction Montage)로 명명하였는데, 그 구성의 근본 원리는 숏들이 병렬적으로 배치되는 경우 빚어지는 갈등과 충돌에서 연원한다.[19]

〈한강은 흐른다〉 1경의 첫 장면도 서로 독립적인 두 숏들의 갈등으로부터 파생되고 있다. 예컨대 1의 숏과 2의 숏은 '무음'의 한길과 '포 소리와 기관총 소리가 난무'하는 무대라는 점에서 충돌한다. 2의 숏과 3의 숏은 '아무것도 보이지 않는 캄캄한' 무대와 '시각적으로 스펙터클하게 무너지는 큰 건물'의 무대라는 점에서 충돌한다. 3의 숏과 4의 숏은 '무너지는 큰 건물'과 '부들부들 떠는' 미약한 두더지의 모습이 낳는 그래픽적 갈등이라는 점에서 충돌한다. 4의 숏과 5의 숏도 마찬가지로 그래픽적으로 충돌한다. 5의 숏과 6의 숏은 '아래로 허물어지는' 건물의 모습과 고함을 치며 무대 '한편으로 도망가는 모습'이라는 동작 면(Plane)의 갈등이라는 점에서 충돌한다. 6의 숏과 7의 숏은 '캄캄한 무대에서 허둥지둥' 도망치는 두더지와 '조용해지며 차츰 밝아지는' 무대가 생산하는 조명 및 템포의 갈등이라는 점에서 충돌한다. 이상의 숏 결합 장면은 연극 기법상으로는 다분히 표현주의적인 프롤로그에 속한다 할 수 있다.[20] 그러나 표현주의를 비롯한 아방가르드적 무대 미학이 집중했던 놀라움과 자극의 미학이 충돌과 갈등을 주조로 한 에이젠슈테인의 어트랙션 몽타주에 영향

19 Sergei Eisenstein, "The Dramaturgy of Film Form", *Film Theory and Criticism : Introductory Readings 5th*, Leo Braudy et al(Eds.), Oxford : Oxford University Press, 1999, p.36 참조.

20 이 장면의 표현주의적 양식에 대한 분석은 김옥란, 앞의 논문, 274쪽 참조.

력을 미쳤다는 것은 익히 알려진 사실이다.[21] 결과적으로 우리는 〈한강은 흐른다〉의 첫 장면에서 영화 이미지와 같이 시각적 호기심을 유도하는 어트랙션 몽타주의 흥분된 정경을 상상적으로 목도하게 된다.

물론 이 작품의 진행이 어트랙션 몽타주식의 충돌과 갈등만으로 이루어지는 것은 아니다. 프롤로그의 몽타주는 관객에게 감각적, 심리적 충격을 부여하지만, 두더지의 모습이 희숙의 비극과 겹쳐진다는 점에서 이러한 놀라움과 자극의 미학이 서사로부터의 완전한 해방을 뜻하지는 않기 때문이다. 즉 몽타주는 내레이션을 이미지로 대리하는 바, 프롤로그의 장면을 다른 부분과 차별화시키면서 돌출시킨다.[22] 다음 장에서 구체적으로 다룰 것이지만 그러면서도 또 한편으로 뒤에 이어지는 인과적, 선조적 편집에 대한 〈한강은 흐른다〉 텍스트 자체의 자기의식적 서술을 그것은 환기하기도 한다.

해서 프롤로그의 몽타주와 함께 작중 내용의 전개 과정에서 경과 경 사이의 이음매를 중간에 끊어짐 없이 아주 매끄럽게 이어 붙이려는 흐름(Flow), 연속성의 형식적 시도 또한 우리는 〈한강은 흐른다〉의 영화적 기법으로서 거론할 수 있게 된다. 4경이 한 예다. 숏 단위로 경을 분석하는

21 아방가르드 연극이 에이젠슈테인의 영화 이론에 미친 영향에 대해서는 Tom Gunning, "The Cinema of Attraction, Early Films, its Spectator, and the Avant-garde" In Op.cit., Robert Knopf(Ed.), pp.37~47 참조.

22 소비에트 몽타주 이론과 고전 할리우드의 흐름, 연속성의 편집 기법이 비서사적 vs 서사적, 이야기로부터의 해방 vs 이야기로의 몰입이라는 대립적 위상을 점하는 것이 사실이다. 그러나 〈한강은 흐른다〉의 프롤로그가 나머지 내용과 완전히 분리되는 딴 이야기라고는 할 수 없다. 또한 영화학자 데이비드 보드웰의 분석대로 실제 고전 할리우드 영화에서도 초반부에 자기 의식적, 돌출형의 내레이션을 대리할 목적으로 시공간을 압축한 몽타주 기법이 수사적 장치로서 사용되었다는 점을 떠올린다면, 몽타주 기법과 연속성의 흐름 기법을 우리는 서사적 분석도구로서 함께 사용할 수 있게 된다. 이에 대한 설명은 David Bordwell et al., *The Classical Hollywood Cinema : Flim Style & Mode of Production to 1960*, New York : Routledge, 1985, pp.29~30 참조.

것이 옳을 터이나 흐름의 현상을 좀 더 효율적으로 드러내기 위해서 개별 숏보다 개별 숏들이 조합된 큰 단위로 경을 분절해보자. 모든 이야기에 도입부와 전개부가 있듯이 경 또한 미시적으로 도입부와 전개부인 제시부와 발전부로 나누는 것이 가능하다. 4경의 전체 장면을 기능적으로 세분해서 실제 제시부와 발전부로 분석해보면 다음과 같다.

> **4경의 제시부** : 희숙이 뒤따라가 철을 붙잡는다. 철은 스승을 인민 군에게 밀고한 기억 때문에 괴로워한다.
> **4경의 발전부** : 희숙은 괴로워하는 철의 문제를 해결하기 위해 철의 스승의 아내이자 자신의 시누이인 정애를 찾아가 철을 용서해줄 것을 부탁해보겠다고 철에게 말한다. (326~337쪽)

희숙의 연인인 철이 자신의 스승인 안 화백을 인민군에게 밀고한 기억 때문에 양심상의 가책을 느끼는 숏이 4경의 초반부에 장면화된다. 반면 후반에는 그렇다면 희숙이 안 화백의 아내에게 찾아가 사죄를 청해보겠노라고 말하는 모습이 장면화된다. 4경의 제시부 행동은 4경의 발전부 행동의 원인인 셈이다. 역으로 4경의 발전부 행동은 4경의 제시부 행동의 결과이다. 그러나 이 숏들의 조합은 이전 경들의 행위와 독립적으로 떨어져서 존재하지 않는다. 4경 이전, 3경의 후반부에서 안 화백의 외동딸인 달이가 희숙과 함께 있는 철이를 보자 자신의 아버지를 밀고한 인민군임을 알아보고 자지러지는 모습에 철이 희숙의 집에서 뛰쳐나오는 것이기에 그러하다. 즉 3경 발전부에서 제시된 달이의 철에 대한 혐오는 4경 제시부에서 제시된 철의 괴로움의 원인이다. 역으로 말해 4경 제시부에서 형상화된 철의 가책은 그 같은 달이의 행동에 대한 철의 반응, 달이의 행동이 원인이 되어 빚어진 결과적 행동이라 할 수 있다. 반면 4경 발전부에서 희숙이 내놓은 해결책은 4경 이후, 5경 제시부 행동의 원인이 된다. 5경 제시부에서는 희숙은 정애에게 철을 용서해달라고 설득한다. 4경 발전부 희숙의 행동이 원인이 되어 결과 된 행동이 바로 5경 제시부의 정애에 대한 희숙의 설득 행위인 것이다. 요컨대 4경을 둘러싼 3경, 4경의 행동의 연쇄고리까지 포함해서 숏들의 제시적, 발전적 국면을 정리하면 아래와 같겠다.

> **3경의 발전부** : 안 화백의 딸인 달이가 철을 보자 인민군이라며 자지러진다. 철은 자책감에 뛰쳐나가고 희숙은 이를 뒤쫓는다.
> **4경의 제시부** : 희숙이 뒤따라가 철을 붙잡는다. 철은 스승을 인민군에게 밀고한 기억 때문에 괴로워한다.
> **4경의 발전부** : 희숙은 괴로워하는 철의 문제를 해결하기 위해 철의 스승의 아내이자 자신의 시누이인 정애를 찾아가 철을 용서해줄 것을 부탁해보겠다고 철에게 말한다.
> **5경의 제시부** : 희숙은 철을 용서해달라고 정애에게 간청한다.

(323~331쪽)

이러한 연쇄적 인과 관계의 행동 전개 과정은 비단 3~5경에만 국한되는 것이 아니다. 도미노식 인과 행동의 전개 과정은 〈한강은 흐른다〉에서 얼마든지 찾아볼 수 있다. 예컨대 5경은 어떤가? 5경의 제시부에서 희숙이 정애에게 철의 사죄를 부탁하지만 정애는 거절한다. 그런 까닭에 5경 발전부에서 희숙은 충격을 받고 전쟁 중 입었던 가슴의 상처가 덧나 쓰러지면서 자신의 운명을 비통해하는 결과적 행동이 연출된다. 5경 발전부 희숙의 비통함은 6경 제시부 철과의 대면에까지 악영향을 미치는 원인적 행동으로 기능한다. 6경 발전부에서 이렇게 점점 철을 외면하는 것 같은 희숙과의 관계 전환을 위해 해결책으로 철은 청혼하게 된다. 하지만 희숙이 거절하면서 7경 제시부에서 철이 클레오파트라 등의 사기 집단에 섞이게 되는 결과가 야기되고 있다.

이상의 행동 양상들을 도식화해보면 이 작품의 편집 과정은 훨씬 더 선명해진다.

<표 2> 장면의 해부

3경→	4경→	5경→
원2결3→	원3/결4→	원4결5→

바꾸어 말해 〈한강은 흐른다〉의 각 경들은 내재적으로 봤을 때 제시부/발전부로 분절된다. 경 내부의 제시부/발전부는 원인 행동/결과 행동으로 치환될 수 있다. 범위를 넓혀 각 경들의 연관 관계를 검토해 봤을 때 이전 경 발전부의 행동은 원인이 되어, 다음 경 제시부의 행동을 결과한다. 그러므로 공간적으로 불연속적인 경의 제시에도 불구하고 장면 행동 간에 연속성이 확립된다.

선조적, 연속적 행동의 윤곽들은 인과관계의 흐름을 확보한다. 그것은 다른 측면에서 봤을 때 영화적 이미지의 제시, 카메라 조작의 흐름 또한 상상적으로 환기시킨다. 앞서 든 4경의 예를 다시 살펴보자. 4경의 제시부는 3경의 발전부상 희숙의 집을 뛰쳐나온 철의 모습을 한길에서부터 묘사한다. 즉 먼저 씬 도입부에 사건이 벌어지는 공간에 대한 기본적 인식을 제공하는 '롱 숏(Long Shot)의 설정 숏(Establishing Shot)'과 같은 효과들을 한길로 시작하는 장면은 시사한다고 볼 수 있다. 이어서 철과 희숙의 대화의 시작은 두 인물을 한 화면에 잡는 '두 인물 숏(Two shot)'을 떠올리게 한다. 그런 연후 제시부와 발전부의 본격적인 대화 장면은 서로 일직선상(180도)으로 마주보고서 대화하는 '숏(Shot)과 리버스 숏(Reverse Shot)'의 기능을 상기시킨다. 4경의 발전부에서 희숙이 철에게 가만있으라며 자신이 안 화백의 아내, 정애에게 용서를 구해보겠다고 말한 뒤, 철을 밀어 내보내는 장면은 씬 마지막에서 공간에 대한 인식을 다시 제공하기 위해 설정되는 '재설정 숏(Reestablishing Shot)'을 환기한다.[23] 각 경들이 원인/결

---

23 장면의 해부는 Ibid, pp.60~66 참조.

과의 연쇄적 흐름으로 전개되는 것과 일치하여 카메라의 '설정 숏→두 인물(혹은 그 이상 수의 인물) 숏→숏/리버스 숏→재설정 숏'으로 이루어진 이미지 흐름의 영화 관습적 틀이 환각적으로 모방되고 있는 셈이라 할 수 있겠다. 이러한 관습적 틀은 여타 경의 연속적 편집에도 마찬가지로 적용된다.

종합해보자면 〈한강은 흐른다〉의 충격의 몽타주, 씬의 연속적 편집 기법은 3차원의 연극적 무대라는 구속에서 벗어나 영화의 2차적 이미지를 무대에서 제시하는 동력으로서 작동한다. 관객은 연극이되 영화적 영상을 상상적으로 환기시키는 영화적 연극의 무대를 본다. 그렇지만 이미지를 전시한다고 해서 그것들이 단순히 무대를 정적인 사진으로 결빙하는 것은 아니다. 에이젠슈테인이 지적하는 것과 같이 영화의 심미성은 파편화된 숏들에서 비롯되는 것이라기보다는 그것들의 결합 과정에서 생산되는 동적인 움직임에서 비롯된다.[24] 〈한강은 흐른다〉에서 관객이 마주하게 되는 지각적 체험은 그러한 동적인 이미지의 자극이다. 프롤로그에서 숏들의 충돌로 조합된 어트랙션 몽타주는 허물어지는 건물도(정), 도망치는 두더지도(반) 아닌 이야기가 시작되려는 새로운 제3의 숏의 이미지(합)를 생성함으로써 이미지의 역동성을 파생한다. 동일하게, 극 전개상 각 경들의 연쇄적 인과 관계와 그것들이 상상적으로 지시하는 카메라 관습 또한 이미지의 흐름이라는 동적인 국면을 생산한다. 무대 위에서도 움직이는 이미지(Moving Image)의 재현이 가능해지면서 무대가 영화의 스크린으로 변하고 있는 것이다. 결과적으로 조명과 음악이 지시하는 의사─카메라의 시점을 따라감으로써 리얼한 동적인 이미지의 환각을 관객이 지각할 수 있게 된다는 점이 〈한강은 흐른다〉가 거둔 형식적 의의라 하겠다.

---

24 Sergei Eisenstein, "Through Theater to Cinema" In Op.cit., Robert Knopf(Ed.), p.240.

3. 관객의 시선 통제와 기대 형성의 정치학

연극의 미장센을 영화처럼 동적인 이미지로 시각화한다는 것은 무대 공간과 관객과의 관계를 연극의 그것과는 판이하게 변화시킨다. 〈한강은 흐른다〉의 극작술이 연극적 무대 공간에 스크린화된 공간을 근접시킬 때, 물론 그만큼 관객의 시선은 시공간 제약적인, 고정적인 연극의 틀에서 벗어나게 된다. 그러나 스크린화된 공간은 또한 관객과 완벽히 분리된 정확성과 엄격성의 공간이라는 점에서 주의를 요한다. 연극적 무대가 배우와 관객의 물리적 만남에 의해 우연적 사건이 얼마든지 발생할 수 있는 자유로운 시선의 공간이라면, 영화적 화면은 관객과 상관없이 자율적으로 존립할 수 있는 절대성의 공간이다. 스크린은 관객과 독립적으로 존재하여서 감독의 의도대로 빈틈없이, 기계적으로, 체계적으로 계산된 이미지만을 관객에게 보여준다.[25]

유치진은 기존 연구에서 지적된 대로 계몽성의 의도를 지닌 극작가이다. 때문에 단일하면서도, 획일적이며, 표준형의 시선을 강제하는 스크린적 이미지를 그의 실질적인 마지막 극 창작에서 형상화하려 했다는 것은 사실주의적 성취와 관련하여 반드시 이해가 필요한 부분이다. '환각의 리얼리티'를 제공하는 연극적 수법에서 물러나 '리얼리티의 환각'[26]을

---

25 영화적 스크린 공간의 특성은 Babak A. Ebrahimian, *The Cinematic Theater*, Lanham : Scarecrow Press, 2004, pp.39~40 참조.

26 연극 무대에서 배우가 캐릭터로서 연기를 할 때, 그는 캐릭터가 분명 아니기에 환각적 존재다. 하지만 배우와 관객의 관습적 약속에 따라 배우는 캐릭터로서 인정된다. 즉 '환각의 리얼리티'가 연극 무대에서는 생성되는 셈이다. 영화는 이와 반대다. 카메라를 통해 실제 사물의 이미지가 영상에 담긴다. 해서 관객은 실제의 리얼리티를 보는 것과 같은 착각을 느낀다. 그러나 그 이미지는 스크린에 투영되는 리얼리티의 이미지라는 점에서 영화는 연극과 달리 '리얼리티의 환각'을 창조한다. Chiel Kattenbelt, "Theatre as the Art of Performer and the Stage of Intermediality", *Intermediality in Theatre*

제공하는 영화적 기법을 차용함으로써, 리얼한 이미지의 흐름에 그가 보다 접근하려 했다는 점은 앞서 말한 대로 〈한강은 흐른다〉가 갖는 희곡사적 의의다. 그러나 영화관객처럼 이 작품의 관객들을 이미지 결합에 투영된 극작가의 계산대로 통제하는 바, 익명적, 비가시적, 이상적 주체로 그들을 간주했을 터, 이 지점은 유치진이 지닌 계몽주의적 태도에 대한 그의 강박증을 형식면에서 보여준다고도 평가될 수 있는 대목인 것이다.

따라서 앞서 분석된 몽타주와 연속성의 편집에 의하여 관객의 시선이 통제되고, 이야기에 대한 몇 개의 개연성 있는 배타적 가정과 기대만이 형성되는 과정을 살펴보면 다음과 같다.

우선 프롤로그 부분과 에필로그 부분에 주목해보자. 프롤로그 부분이 두더지가 등장하여 어트랙션 몽타주식으로 재현되고 있다는 점은 이미 설명하였다. 에필로그 부분도 비슷하게 몽타주식으로 재현된다.

> 철을 앞세우고 정보원, 퇴장. 그 뒤에 클레오파트라와 미꾸라지를 끌고―부산 손님과 그의 똘마니도 따라 나가려 한다. 다시 나타난 두더지 소리친다.
>
> **두더지** : 우리 여편네르 찾아 언제 한강으 건너겠으매? 언제? 언제?
>
> 멀리서 들리는 포 소리와 기관총소리, 홀에서 흐르는 재즈 음악, 발광이나 하는 듯 더욱 높아지면서 무겁게 막이 내린다. (379쪽)

에필로그 장면에서 특히나 전경화되고 있는 기법은 수직적 몽타주다. 에이젠슈테인에 따르면 수직적 몽타주란 유성 영화에서 시청각적 이미

---

and Performance 3rd, Freda Chapple et al(Eds), Amsterdam : Rodopi, 2007, pp.29~39 참조.

지의 대립을 형성하게 되는 숏들의 결합을 의미한다.[27] 에필로그 장면은 철이 체포되는 시각적 숏과 두더지가 절규하는 시각적 숏으로 구성된다. 이 이미지들에 수직적으로 결합되는 것이 포 소리와 기관총소리, 재즈 음악의 청각적 이미지들이다. 그런데, 청각적 이미지들이 격렬하게 충돌 하기 때문에 관객이 무대 위 시각적 이미지를 낯설게 보는 효과가 생산 된다. 우선, 포 소리, 기관총 소리의 폭음이 낮은 음조의 잔잔한 재즈 음 악과 충돌한다. 그러다가 재즈음악이 발광이나 하는 듯 더욱 높아지면서 포 소리, 기관총소리와 재즈 음악과의 대립은 더욱 격해진다.

결과적으로 몽타주의 충격 기법 활용으로 인해 틈 없이 부드럽게 연속 적으로 편집되는 중간 부분과는 차별적인 장면들로 프롤로그, 에필로그 장면은 부각된다. 이러한 극단적 몽타주의 테크닉은 자기의식적, 소통적 서술을 이미지화하는 셈이라 할 수 있다. 즉 서술자가 서술을 하지 않더 라도 관객은 여타 장면과는 구별되는 이 장면들의 독특성을 감지하게 된 다. 프롤로그와 에필로그의 장면에서 관객들은 누군가 말하는 것이 아니 더라도 스스로가 "날 봬! 나는 다른 장면들과는 다른 이야기를 하려는 거 야! 다른 이야기들을 감싸 안는 무언가 상징적인 이야기를 하려는 거야!" 라는 장면 자체의 서술자적 목소리를 몽타주적 이미지의 흐름을 통해 듣 게 되는 것이다. 그것의 메시지는 프롤로그, 에필로그 장면에서 암시된 대로 희생, 파괴, 고통으로 점철된 혼란스러운 감각과 함께 전쟁터의 죽 음이 내뿜는 기괴한 풍경의 상징성일 터다. 전쟁 공간은 죽음의 공간이 다. 죽음의 형상은 언어적 매체로는 표현할 길이 없다. 죽음의 순간은 이 해할 수 없는 폭력의 순간으로 다가오고, 그것은 위험을 무릅쓴 종군 기 자의 사진기 플래시처럼 갑작스러운 포착, 몽타주를 통해서만이 가까스 로 인화된다. 해서 참화 속 죽음의 공포에 떠는 두더지의 모습(프롤로그)

---

27 Eisenstein(1999), Op,cit., p.36.

은 관객에게 이 작품의 나머지 부분에 대한 강력한 인상을 심어주는 근본적 효과(Prime Effect)[28]로서 남으면서 관객이 이 극에 대해 품는 기대, 가정의 기초를 형성한다. 관객은 텍스트에서 처음 주어지는 죽음의 이미지에 대한 정보들을 기반으로 삼으면서 "내가 왜 이 극을 보는가? 내가 이 극을 통해 듣는 것은 무엇인가?" 등의 질문을 하게 된다. 그리고서는 극의 다음 정보들을 판단해나가고, 극중 정보들을 검증해나가다가 마침내 한강의 도하, 물로서 상징되는 생사의 경계를 재현한 에필로그 부분에 이르러서 전쟁과 관련된 죽음이라는 본질적 테마로 다시 되돌아오게 된다. 그래서 무슨 일이 그간 극중에서 발생하였는지, 프롤로그와 에필로그의 강력한 인상들을 프리즘으로 하여 극작가의 계산대로 자신의 관람 행위를 '일관적' 태도로서 관객은 확립하게 된다.

이렇게 봤을 때, 프롤로그와 에필로그 부분이 감싸고 있는 극 중간 부분은 죽음의 테마를 보기 위해 관객이 거쳐 가야 하는 온갖 전쟁터의 그림들로 둘러싸인 미술관의 회랑과도 같다. 마치 이정표가 계획적으로 잘 배치된 미술관을 통과해 지나가듯이 극 중간 부분의 이미지 흐름을 텍스트가 제공하는 시선과 기대의 윤곽대로 관객은 목도해나간다. 다시 말해 전이적 순간의 프롤로그와 에필로그가 몽타주 기법을 통해 서술적 침입을 보유한 반면, 극 중간 부분의 인과적 연속성의 편집은 장면 연결을 부드럽게 한다. 그러면서, 극 중간 부분의 연속적 편집의 인과적 연쇄 고리는 이야기와 관련된 질문을 던지고, 답을 지연시키며, 그 답을 채우고, 다시 던지게 함으로써 계획적으로 미리 그와 같은 이미지 흐름을 보는 관객의 인지적 행위를 뚜렷하게 좁혀나간다.

우선 극 중간 부분의 관객의 인지적 행위에서 중요한 요인은 무엇보다도 '앎의 수준'이라 할 수 있다. 의사-카메라 기능을 하는 조명과 음악

---

28 근본적 효과에 대해서는 Bordwell, Op,cit., pp.37~38 참조.

은 모든 것을 아는 전지적인 이야기꾼이자 동시에 관객 역할을 한다. 하지만 극중 등장인물의 앎의 수준은 획득하는 정보의 파편적 특성 때문에 '제약적'이다. 대표적인 경우가 철의 앎의 수준이다. 예컨대 5경 제시부에서 정애는 철의 사과를 받아들여달라는 희숙의 부탁을 거절한다. 4경의 발전부에서 발생한 행동의 결과 행동이자 5경의 원인 행동이 재현되는 대목이다. 5경의 발전부에서 결과 행동으로서 정애는 희숙의 부탁을 거절하던 와중 희숙의 가장 아픈 상처, 가슴에 남은 육체적 불구성을 이야기하게 된다. 희숙은 충격을 받고 쓰러진다. 관객은 희숙의 시점에 동조하면서 이 장면에서 그녀의 고통에 감정이입한다고 볼 수 있겠다. 6경 제시부에서는 철이 희숙을 찾아오는 원인 행동이 연출된다. 철의 청혼에도 불구하고 여성성을 상실해서 자격지심에 싸늘하게 대하는 희숙을 이해할 수 없었던 철은 희숙의 곁을 떠나리라 결심하는 결과 행동을 취한다. 이미 희숙의 가슴에 난 육체적 상처를 모두 알고 있는 관객들은 이러한 장면에서 철의 제한적 시점에 안타까움을 표하게 되고, 희숙을 동정하게 된다. 그리고서 철이 희숙의 육체적 상처를 언제쯤 알게 될까 하는 질문은 관객들이 극을 보면서 채워야 할 간격으로 남게 된다.

둘째, 철의 제약적 앎의 수준은 관객들이 '동시적' 가정을 취하는 계기로도 작용한다. 예컨대 10경의 제시부에서 철에게 살갑게 대하는 클레오파트라의 모습이 연출된다. 10경의 원인 행동이 되는 대목이다. 후반부의 발전부에서는 결과적으로 철과 클레오파트라는 몸을 한데 뒤섞는 애정 행각을 연출한다. 희숙이 왜 철을 멀리하는지 잘 알고 있었던 관객들은 철과 클레오파트라의 연인 관계를 마냥 축복해줄 수만은 없게 된다. 그보다 이 장면을 통해 관객은 철과 희숙, 철과 클레오파트라 두 쌍의 남녀 관계에 대한 도덕적 판단이라든지, 미래적 예측을 동시에 가정하게 된다. 이와 같은 동시적 가정의 형성 때문에 관객은 〈한강은 흐른다〉의 극적 진행에서 서스펜스와 호기심을 느끼게 된다고 볼 수 있다.

셋째, 관객이 등장인물에 비해 우위를 점하고 있는 앎의 수준은 극단적으로 '배타적인, 명확한' 가정을 형성하는 동인으로서도 기능한다. 2경 제시부에서는 소장이 클레오파트라에게 다이아 반지를 팔 것을 종용한다. 2경의 원인행동이라 할 터다. 2경의 발전부에는 다이아 반지를 팔지 말고 소장, 클레오파트라, 미꾸리가 작당하여 부산 손님에게 사기를 치자고 모의하는 결과 행동이 연출된다. 그래서 부산 손님에게 사기를 어떻게 칠 것인가 하는 의문이 관객에게 채워야 할 간격으로 남는다. 관객의 의문은 7경에서 해결된다. 7경의 제시부에서는 클레오파트라가 댄스홀에 입장한 부산 손님을 유혹하는 원인 행동이 제시된다. 한편 7경의 발전부에서는 클레오파트라가 부산 사람의 다이아 반지를 훔치는 결과 행동이 연출됨으로써, 2경에서 다이아 반지 사기 사건과 관련해 관객에게 남아 있던 문제, 사기가 어떤 식으로 진행될 것인가 하는 의혹이 풀리기에 이른다. 그러나 이미 관객은 클레오파트라 등의 작당을 알고 있기에 이들의 행위가 범죄 행위로서 반드시 처벌받아야 할 행동인 바, 선처의 다른 가능성을 배척하면서 '명확하게' 악행으로 구별하게 된다.

넷째, 해서 21경의 발전부 희숙과 철의 결혼장면에서 총소리가 나고 희숙이 쓰러졌을 때, 관객들은 지금까지 형성한 가정들을 바탕으로 총성의 범인은 클레오파트라일 것임을 확신한다. 관객이 형성하는 가정은 '개연적' 속성도 포함하고 있어서, 확실할 수도 있고, 불가능한 것일 수도 있다. 하지만 〈한강은 흐른다〉의 관객들은 지금까지 어떤 사단으로 극중 이야기가 진행되어왔는지 목도해왔다. 즉 희숙이 가슴에 난 육체적 상처 때문에 철을 일부러 배척하고 있다는 점을 그들은 모두 알고 있다. 그래서 철과 희숙, 철과 클레오파트라의 관계에 대한 동시적 가정을 형성한다손 치더라도 희숙=선, 클레오파트라=악이라는 배타적, 명확한 가정을 관객들은 정립한 터이다. 자연스럽게 그들은 이러한 가정하에 21경에서 존재가 감추어져 있지만 총을 쏜 이는 클레오파트라일 것이라는 확실성, 개연성 있는 가정을 세우게 된다.

영원히 채워지지 않을 간격으로 남아 있을 것 같던 관객의 의문점, 철은 언제쯤 희숙의 육체적 상처를 알게 될까하는 질문은 이처럼 극 중간 부분 관객과 텍스트와의 상호작용 속에서 형성되는 가정과 기대를 끊임없이 축적하던 와중 22경, 극의 끝 부분에서 대답된다. 그래서 희숙의 아픔을 알게 된 철이 자신을 참회하면서 반공 사상을 설파하는 교조적 특성을 보이는 등 내용 면에서 나이브하고, 주제적으로도 피상적 측면을 보이더라도 적어도 형식면에서 만큼은 그렇지 않다는 점을 이 극은 보여준다. 극 중간 부분의 인과 관계로 연계된 연속적 편집에 상응해서 씬마다 지속적으로 관객의 간격 채우기 과정을 추동하면서, 관객이 형성하는 가정과 기대를 점점 몇 가지 뚜렷한 확실성의 배재적인 것으로 좁혀 나가는 형식적 정교함을 〈한강은 흐른다〉는 구성한다고 평가될 수 있겠다. 바꾸어 말해 리얼리티의 분석적 그림을 목표로 하는 비판적 리얼리즘으로서가 아니라 반공주의 이데올로기에 복무하는 이상적, 당위적 유형의 '리얼리티 생산 그 자체'를 위해 관객의 시선 통제와 한정된 기대 형성의 장치들이 영화의 그것들처럼 효율적으로 사용되었다고 볼 수 있다.[29]

그러나 〈한강은 흐른다〉에서는 또 다른 차원의 관객의 인지적 활동이 전개되기도 한다. 이 점은 다시 한번 프롤로그와 에필로그의 몽타주에서 제시된 문제로까지 확장해서 살펴봐야 할 부분이다. 전술한 대로 프롤로그와 에필로그는 관객의 수용 행위를 반공사상 실현을 위해 일관된 방식으로 통어하려는 형식적 장치로서 기능하기도 하지만, 그것만으로는

---

29 1917년부터 1960년도까지 이른바 할리우드 고전 영화는 연속성의 편집을 통해 관객의 인지적 행위를 통제했다. 1950년대 미국 브로드웨이와 할리우드를 시찰하고 난 후 창작된 〈한강은 흐른다〉 역시 이러한 시선 통제의 메커니즘에서 크게 영향을 받았으리라는 가설하에 본고는 고찰되었다. 고전 할리우드 영화와 관객의 인지적 행위에 대해서는 Ibid, pp.24~41 참조.

설명될 수 없는 난맥상이 처음과 끝 장면의 몽타주를 통해 또한 읽혀진
다. 1경의 첫 부분이나 22경의 마지막 부분에서는 앞서 분석한 바와 같
이 관객의 머릿속에는 전쟁과 죽음에 대한 어떤 기괴함의 상징적 이미지
가 근본 효과로서 각인되어 있다. 전쟁지역은 죽음의 욕망, 타나토스로
들끓는 곳이다. 하지만 죽음의 기괴한 분위기가 압도하는 만큼 그것에서
탈출하려는 욕망 또한 강하게 표출되는 곳이 전쟁터이기도 하다. 사랑의
이야기가 전쟁 이야기에 변증법적으로 결부되는 까닭이 여기에 있다. 여
성은 에로스적, 생산적 존재로서 죽음의 영토인 전쟁 지대를 구제할 수
있는 유일한 존재로 여겨지는 것이다. 이런 점에서 봤을 때 희숙은 에로
스적 여성이 아니라 에로스를 가장한 타나노스적 존재다. 그녀는 끊임없
이 자신의 없어져버린 젖가슴을 회상하는 까닭에서다. 상실된 대상인 젖
가슴에 대해 그녀는 우울증적인(melancholy) 집착을 보인다.

제2부 사실주의 희극 테스트와 퍼포먼스

　희숙, 정신이 썩 돌아온 듯 자기의 젖가슴에 손을 얹는다. 숨소리가
　달라진다.(328쪽)

　희숙, 얼굴을 싸고 돌아서서 흐느끼더니 젖가슴이 별안간 결리는
　듯 움켜잡고 꼼짝 못한다.(347쪽)

　희숙은 젖가슴을 안고 엎드렸다.(348쪽)

　하며 무의식 중 자기 왼쪽편 젖가슴에 손을 얹는다.(363쪽)

　희숙의 젖가슴에 대한 집착은 잃어버린 자신의 신체 일부를 되찾고 온
전했던 초기 어린 시절의 모습으로 되돌아가려는 판타지의 일종이다. 하
지만 이미 잃어버린 젖가슴을 복원할 수는 없는 것이기에 젖가슴을 부여
잡는 희숙의 제스처는 "이미 늦었다"는 강력한 회한의 파토스를 낳는다.
〈한강은 흐른다〉의 낭만주의적 색채는 멜로드라마적 요소들, 남녀의 삼

각관계, 선악의 명징한 구분, 재고적 인물들의 도식적 활용을 통한 현실 규범으로부터의 일탈(범죄 장면)에서 찾아질 수도 있겠다. 그러나 무엇보다도 이 극의 격렬한 낭만적 파토스는 바로 제거된 젖가슴을 갈구하는 희숙의 무한한 욕망에서 그 근원을 찾을 수 있다.[30] 해서 이 극이 현실과 인물의 핍진성을 그려내는 리얼리즘의 정신을 온전히 구현하지 못했다 하더라도, 그리고 멜로드라마의 초과된 감정 구조를 통해 계급, 성과 관련된 사회적 불평등의 진실을 더 생생하게 그려내지 못했다 하더라도,[31] 파토스의 감정적 리얼리즘, 역사적 진정성은 통속성의 차원을 뛰어넘어 텍스트의 잠재적 효과로서 확보된다. 수동적인 무력함의 존재로서 희숙이 지니는 욕망, 자신의 일부였던 타자적인 것과 재통합하려는 욕망은 과도한 감수성과 과장된 감정적 분출에 기반하므로 죽음으로 모든 것이 파괴되었던 전쟁의 내면적 풍경을 그것은 더 생생하게, 더 강력하게 소묘하고 있는 것이다. 에필로그에서 몽타주식으로 편집된 "우리 여편네르 찾아 언제 한강으 건너겠으매?"(379쪽)라는 두더지의 발화는 상실된 타자적인 것에 대한 희숙의 절망적 욕망을 관객에게 환기시키면서, 이 극에서 모든 간격이 채워지는 것 같지만 또 영원히 채워지지 않을 것 같은 간격 또한 관객에게 투사한다. 전쟁의 참혹한 상처, 그로 인한 신체적 고통, 죽음의 공포에 대한 기억은 말로서, 텍스트로서 재현될 수 없다. 전쟁을 표현할 수 있는 가장 순수한 단어란 오직 고통이라는, 말로 다 표현할 수 없는 그 무엇이다. 결과적으로 언제나 언어를 패배시키면서 표현 불가능할 것 같은 전쟁의 비극을, 희숙의 심장을 도려내는 것 같은 가슴

---

30 멜로드라마의 판타지에 대해서는 Linda Willams, "Film Bodies : Gender, Genre, and Excess" In Op.cit., Leo Braudy(Ed.), pp.701~715 참조.

31 멜로드라마와 리얼리즘의 관계는 Louis Bayman, "Melodrama as Realism in Italian Neorealism", *Realism and the Audiovisual Media*, Lucia Nagib et al(Eds.), New York : Palgrave Macmillan, 2009, pp.47~62 참조.

을 쥐어짜는 발화를 통해 표현함으로써 그 감정의 사실적 진실됨을 얻고 있다는 점에서 〈한강은 흐른다〉는 반공주의적 이데올로기에 복무하면서도, 이를 황폐한 내면 공간에 접합시키고도 있는 복합적 결을 보여준다.

4. 연극과 영화 사이, 상호매체적 연행

이 작품에 심혈을 기울였던 유치진의 의도나 극단 '신협' 재건이라는 전체 연극계의 기대와는 달리 1958년 〈한강은 흐른다〉 공연은 실질적으로 실패였다. 동원된 실제 관객 수가 예상보다 미달했던 터이기 때문이다. 〈욕망이라는 이름의 전차〉, 〈세일즈맨의 죽음〉 같은 명작들의 소개로 이미 새로운 내용과 새로운 형식의 연극에 익숙해져 있었던 1950년대 실제 관객에게 1958년 〈한강은 흐른다〉 상연은 개연적이지도, 그다지 참신하지도 못한 연극으로 받아들여진 듯하다. 교조적 이데올로기의 설파는 진부한 것이었고, 희숙의 기괴한 내면 묘사를 통한 전쟁의 비참함이라는 메시지 역시 반공주의의 상투적 주제에 묻혀 잘 전달되지 않은 소치일 것이다.[32]

하지만 실질적 공연의 성공 여부나 〈한강은 흐른다〉의 반공주의와 관련된 교조적 내용에 대한 가치평가와는 별도로 영화적 스크린을 환기시키는 이 텍스트의 형식적 실험은 그 이해를 보다 심화시킬 필요가 있다. 형식적 실험이 그의 계몽주의적 태도가 변하지 않는 등 세계관의 변화가 전제되지 않고 시도되었다는 까닭으로 실패한 통속적 작품이라 낙인찍기에는 좀 더 말할 만한 해석적 잉여가 남아 있다고 생각된다. 계산된 유사 영화적 이미지 흐름을 통해 연극 무대를 바라보는 자유분방한 관객의

---

32 이 점에 대해서는 이정숙, 앞의 논문, 139~145쪽 참조.

시선과 기대, 가정을 통제하려 했던 점은 사실주의가 어떤 극단까지 나아갈 수 있는지 그 임계점을 확실히 보여주고 있는 대목이다. 그것은 현실 공간의 정확하면서도, 상세한 무대적 재생산, 사건 재현의 개연성에 얽힌 행동의 심리적 동기와 의도의 재창조, 혹은 성, 계급, 인종 등과 관련된 억압적 현실의 재현과 비판과 관련된 사실주의 논의들과는 다른 관점을 요구한다. 즉 〈한강은 흐른다〉에는 리얼한 이미지에 근접하는 영화적 기법의 활용을 통해 자신이 생각했던 삶의 진실성을 좀 더 생생하게 그려내고자 했던 유치진의 욕망이 담겨져 있다. 있어야 할 이데올로기적 현실을 지금, 여기에서 그려내면서 삶과 픽션의 경계를 초월해 관객의 수용행위마저 통제하려 했다는 점에서 한편으로 그것은 사회주의적 리얼리즘처럼 관객에게 유토피아적 전망을 강제하려는 극단적 사실주의의 양상에 근접해 있다. 반면 희숙의 강박증을 통해 전쟁의 참혹함을 내면적으로 그려내고 있다는 점에서 또 한편으로는 그것은 외적 현실의 객관적 재현에서 벗어난 초경험적 감정의 구조를 전시한다. 1934년 사실주의 중심의 축지소극장의 무력화를 목도한 이후 대극장에서의 대중성 획득을 유치진이 강조했던 점이나 1956년 구미 연극 시찰 후 서양의 비서구권연극에 대한 관심을 목격하고서는 전통연희의 계승에서 비사실주의적 연극의 실마리를 그가 찾으려 했다는 점을 떠올려볼 때,[33] 〈한강은 흐른다〉는 그러한 문학적 성과들의 연장선상에 있으면서도 또한 영화적 기법의 차용으로 인해 이들과는 다른 미학적 자질들을 포함하고 있는 텍스트로 읽히는 게 바람직하다. 텍스트에 연루된 리얼한 것과 리얼하지 않은 것, 내면과 외면, 현실과 이상, 주체와 객체, 사실주의와 낭만주의의 긴장과 그것의 가능성 및 한계를 이제는 온당하게 재검토해보는 일이 유치

---

[33] 유치진의 중요한 변모에 대해서는 박영정, 『유치진 연극론의 사적전개』, 서울 : 태학사, 1997, 179~200쪽 참조.

진의 희곡 세계의 전체적 그림을 그리기 위해 급선무라 할 수 있겠다. 그 긴장과 갈등, 모순과 대립의 핵심에는 실제 삶과의 유사성이나 재현주의를 각자 자기 자신 장르의 본질적 속성으로 주장했던 연극과 영화 사이의 경계적, 심미적, 문화적, 기술적 관계들의 복잡성이 놓여 있다.

미국의 비평가 수잔 손탁은 일찍이 1960대에 '진정 연극적인 것은 진정 영화적인 것과 다른 종류의 것인가?'라는 도전적인 질문을 던진 적이 있다. 질문에 대한 손탁의 답변대로 연극과 영화의 특성에 대한 어떤 정의라도 자기 동일성을 공고히 하려는 근대성의 산물이라면 우리는 연극의 우월성, 영화의 우월성, 그리고 각각의 본질적 속성 어느 한 편만을 쉽사리 주장할 수 없게 될 것이다. 마찬가지로 '영화는 연극의 계승자인가? 라이벌인가? 연극을 구제할 존재인가?' 하는 계보학적 질문의 답 역시 결국 담론적으로 구성됨을 그녀의 논의는 환기한다고 볼 수 있을 터다.[34] 때문에 〈한강은 흐른다〉가 생산하는 연극적, 영화적 양가성에 대한 논의는 대화적 생산성을 21세기에도 여전히 열어놓고 있다. 연극과 영화에 대한 앎의 양식을 가로지르고, 유동적 질문을 창조하며, 서로의 영역 경계에 끊임없이 미끄러지게 하는[35] 등 연극사와 영화사, 그리고 상호행위적 예술사에 대한 관심을 고립된 나무가 아닌 얽혀진 숲으로서 확장케 하는 상호매체적 연행(Intermedial Performance)에 관한 학문적 작업에 〈한강은 흐른다〉 같은 텍스트들이 중요한 문학적 표지로서 자리매김될 수 있기를 기대해본다.

34 Susan Sontag, "Film and Theatre", *The Tulane Drama Review*, 11.1, 1966, pp.24~37 참조.

35 부적절, 경사, 오발, 결여, 초과, 미끄러짐 등 상호매체성과 관련된 연행 연구의 경계 넘기의 미덕에 대해서는 Rebecca Schneider, "Intermediality, Infelicity, and Scholarship in the Slip", *Theatre Survey*, November 2006, pp.253~260 참조.

8장
고선웅의 〈강철왕〉과 마술적 사실주의

1. 새로운 연극적 글쓰기

'마술적 사실주의(Magical Realism)'라는 용어는 독일의 예술비평가 프랑크 로(Franz Roh)에 의해 1925년 처음 사용되었다. 로는 포스트표현주의 회화 작품들이 묘사하고 있는 비현실적인 감정들을 적절히 기술할 수 있는 말로 마술적 리얼리즘이라는 신조어를 고안하게 된다. 대상이 사진처럼 사실적으로 그려지는 한편 일상의 감각에 미스터리한 감각이 연합되어 표면과 내면 사이의 긴장이 마술적 리얼리즘의 회화에 나타난다고 그는 설명하고 있다. 바꾸어 말해 세속적인 것과 비사실적인 것이 공존하고 병렬됨에 따라 세계를 보고 아는 방식의 혁신이 마술적 사실주의에서는 의도된다.[1] 이러한 마술적 리얼리즘은 문학 분야에서 먼저 꽃을 피웠는데 〈백 년 동안의 고독〉을 내놓은 가브리엘 가르시아 마르케스(Gabriel García Márquez) 등 1960년대 라틴아메리카 작가들의 작품들이

---

1 Stephen M. Hart, "Magical Realism : Style and Substance", *A Companion to Magical Realism*, Stephen M. Hart and Wen-chin Ouyang(Ed.), N.Y. : Tamesis, 2005, p.1.

대표적이다. 그러나 1990년대에 이르러 라틴아메리카뿐만 아니라 다양한 사회적, 역사적 조건을 성찰하고 표현하는 형식적 가능성으로서 마술적 사실주의 문학은 세계의 여러 지역에서 창작되는 국제적 양식이 되었다. 현재는 포스트모더니즘이나 탈식민주의 문학의 문제적 양식으로 간주되고 있으며 형식적 스타일과 장르적 포뮬라로서의 위치를 넘어 픽션, 영화, 예술을 가로지르는 일종의 문화적 운동으로까지 받아들여지고 있다. 마술적 사실주의의 양식들이 이렇게 동시대적 관심을 받게 된 까닭은 무엇일까? 그 이유는 근대 서구 인식론이라 이름 붙일 수 있는 것들에 대한 전복, 재형상화가 마술과 사실의 명확한 대립을 기반으로 주관성을 전경화하는 마술적 사실주의에서 가장 명확하게 드러난다는 점에서 찾아지고 있다.[2]

극작가이자 연출가인 고선웅은 '마술적 사실주의'를 자신의 연극적 관점과 방법론으로 내세우는 독특함으로 극공작소 마방진의 창단 초기부터 평단과 대중의 주목을 받았다.

> "세상에는 상식을 뛰어넘는 기이한 현상들과 행위들이 존재합니다. 그것은 신기하고 또 연구해 볼 만한 가치가 있다고 생각했습니다. 마방진 그런 소재와 내용을 담아 표현하는 극공작소입니다. 그래서 마술적 사실주의(Magic Realism)가 집단의 향로가 될 것입니다."[3]

인터뷰에서 언급하고 있는 것처럼 리얼리티의 재현에 대한 관심보다 계몽적 합리주의와 문학적 리얼리즘에 대한 저항을 마술적 리얼리스트라는 작가주의적 입장에서 고선웅은 추구하여왔다. 이러한 고선웅의 마

2 Wen-Chin Quyang, "agic Realism and Beyond : Ideology of Fantasy" In Ibid, Hart and Wen-chin Ouyang(Ed.), pp.13~16.

3 김성희, 「〈극작가와의 만남 고선웅〉 인간탐구를 넘어서 마술적 리얼리즘으로」, 『공연과이론』 21, 공연과이론을위한모임, 2006, 90쪽.

술적 리얼리스트로서의 입장은 고선웅 표 스타일의 연극을 낳는 계기가 되었다. 예컨대 고선웅의 스타일리쉬한 연극은 관객과의 커뮤니케이션을 중시하는 해석과 연극적 재미를 추수하는 진지한 놀이로, 현대 자본주의 진화에 따른 다각적 양상(특히 예술작품의 생산, 유통, 소비구조)이 고선웅 작품에서 읽혀진다고 평가되었다.[4] 물론 최근 〈부활〉(2013〉, 〈홍도〉(2015), 〈조씨고아〉(2015) 등 일련의 작품들을 통해 세상을 좀 더 살기 좋은 것으로 만들기 위한 수단으로서 연극을 간주하거나[5] 탁월한 대중적인 감각을 지닌 연출가 중의 하나로 현대적인 스타일의 대중극을 만드는 쪽으로[6] 극단 마방진 창단 초기에 선언했던 그의 마술적 사실주의가 포기되고 고선웅의 연극론이 선회한 것은 어느 정도 사실이다. 그럼에도 그가 초기에 견지했던 마술적 사실주의 연극론은 연극방법론상의 고유함이라는 면에서 동시대 한국 연극의 맥락상 주목해야 할 필요가 있다고 본다. 본고는 그러한 고선웅식 마술적 리얼리즘의 극작술에 내재한 이론적 함의를 기반으로 고선웅의 극작세계, 고선웅론을 검토하는 데 논의의 목적이 있다.

고선웅이 대본을 쓰고 연출한 〈강철왕〉(2009, 2015)은 〈팔인〉(2008)과 함께 마술적 사실주의의 작품으로 고선웅 본인이 손꼽고 있는 연극이다. 인터뷰에 따르면 고선웅은 〈강철왕〉을 그가 가장 패기만만할 때 쓴 작품이라고 토로하고 있다.[7] 2015년 극단 마방진의 창단 10주년을 맞아 〈홍

8장 고선웅의 〈강철왕〉과 마술적 사실주의

---

4 김중효, 「우리시대의 시스템과 고선웅의 스타일 ≪들소의 달≫ ≪칼로막베스≫」, 『연극평론』 63, 한국연극평론가협회, 2011, 43~48쪽.

5 김향, 「연출가 고선웅과의 만남 마술적 사실주의에서 사랑의 연출기법으로」, 『공연과 이론』 50, 공연과이론을위한모임, 2013, 228쪽.

6 백로라, 「강철왕의 재공연 : '고선웅 스타일'의 힘, 대중성의 원천」, 『공연과리뷰』 21.3, 현대미학사, 2015, 37쪽.

7 장지영, 「연출가 고선웅의 전성시대」, 『웹진아르코』, 2015.08.13. accessed by http://webzine.arko.or.kr/load.asp?subPage=10.View&idx=628&searchCate=03

도〉와 함께 공연되기도 한 만큼 극단 마방진과 고선웅에게 있어 의미가 큰 작품이라 여겨진다. 고선웅이 초기에 추구한 마술적 사실주의 연극의 한 전형이라 봐도 큰 무리가 없을 것이다. 본고에서는 이러한 〈강철왕〉[8]을 연구 대상으로 삼아 마술적 사실주의 극작술상 시공간, 인물 정체성이 어떻게 형상화되고 있으며, 리얼리티를 전복시키는 형상화 전략이 포스트모더니즘적 특징과 관련해 어떤 방식으로 나타나는지 검토하려 한다. 아직까지 동시대적 한국 연극의 지형 내에서 마술적 사실주의 연극에 대한 본격적 학술적 논의는 몇몇의 평론[9]이 있었다 하더라도 거의 찾아볼 수 없다. 그러므로 〈강철왕〉을 대상으로 하여 고선웅식 마술적 사실주의 글쓰기의 특징을 고찰하는 일은 연극 이론, 실천, 연구가 연계된 새로운 연극적 글쓰기의 가능성을 조망한다는 점에서 의의가 있으리라 예측된다.

2. 마술적 사실주의의 패러독스

마술적 사실주의라는 용어는 양립 불가능한 대립적 두 개념을 동시에 함축하고 있다는 점에서 역설(Paradox)적이다. '마술'적인 것은 기이한, 초자연적인, 이성으로 설명될 수 없는 사건이나 현상을 지칭하는 반면 '사실'은 일상적, 세속적인 사회적 환경 속에서 진위 판별이 합리적으로

---

8 2015년 8월 14일~30일까지 대학로 예술극장 소극장에서 공연되었던 앙코르 공연에 대한 필자의 관극 경험을 토대로 2009년 공연의 예술가의 집 동영상 DVD를 바탕으로 하여 본고는 기술되었음을 밝힌다.

9 백로라, 앞의 논문 ; 이용복, 「남성적인 힘과 역동성이 강조된 공연-〈강철왕〉」, 『연극평론』 52, 한국연극평론가협회, 2009, 113~118쪽 ; 이주영, 「반가운/불온한 영웅 탄생」, 『공연과이론』 59, 공연과이론을위한모임, 2015, 205~210쪽.

가능한 것들을 가리키기 때문이다. 바꾸어 말해 마술적 사실주의에서 일상적인 것은 낯설고 이상해지며, 낯설고 이상한 것은 일상이 된다. 마술과 사실의 구분은 더 이상 의미가 없는 것이 되고 만다. 해서 평범하면서도 진부한 사실이라는 명목하에 은폐되었을지도 모르는 진실이 비정상적이고 기괴해 보이건만 마술적 사실주의에서 표면으로 떠오른다. 자모라(L. P. Zamora)와 파리스(W. B. Faris) 같은 이론가들이 마술적 리얼리즘을 리얼리즘의 확장이라고 보는 것도 이러한 까닭에서다. 사실을 환상으로 '대체'하는 판타지 픽션과 달리 마술적 사실주의에서는 사실과 환상이 '공존'한다. 그래서 마술과 리얼함의 이분법적 경계를 기획하였던 이데올로기의 획일성이 문제시된다. 자모라와 파리스에 따르면 이 과정을 통해 마술적 리얼리즘은 기존에 사실적인 것으로 받아들여졌던 관념과 관습의 재검토를 수용자에게 촉발하며 다양성과 침범의 공간을 픽션의 공간 내 창조하게 된다.[10] 결과적으로 사회적 변화에 관한 정치적 욕망을 마술적 사실주의는 근본적으로 함의하고 있다.

〈강철왕〉에서 리얼리티가 보다 기이하면서도 환상적으로 재현되는 부분은 무엇보다도 주인공 왕기가 열처리로에서 아이언맨, 강철왕이 되는 장면일 터다. 강성열처리공업사 사장인 아버지 김성국이 구조조정을 위해 노동자들을 해고하자 이에 맞서 공업사의 공장 직원들은 김성국을 위협하기 위하여 성국의 아들인 왕기를 열처리로에 가둔다. 그러나 공장 직원들의 기계 조작 미숙으로 왕기는 450도가 넘는 열처리로에서 70분을 갇혀 있게 된다. 마술적인 것과 리얼함이 본격적으로 공존하게 되는 지점은 이 장면에서부터다. 의사의 보고에 따르면 열처리로에서 구출된 왕기의 뼈는 이미 스테인레스로 변하였으며, 내부 장기 또한 탄력적인

---

10 Wendy B Faris and Lois Parkinson Zamora, "Introduction : Daiquiri Birds and Flaubertian Parrot(ie)s", *Magical Realism : Theory, History, Community*, Wendy B Faris and Lois Parkinson Zamora(Eds.), N.C. : Duke University Press, 1995, p.1.

금속으로 변화하는 중이다. 은박 풍선처럼 변해버린 왕기의 몸은 더 이상 먹지도 싸지도 않아도 되는 초인간적 몸이 된다. 이러한 강철왕의 탄생은 새로운 생물체 탄생의 신호탄으로서 의사에 의하면 인류 역사를 바꿔놓을 대사건이라 극에서는 칭송되고 있다.

왕기가 열처리로에서 강철왕이 되기 이전, 〈강철왕〉의 내용은 여러 '사실적인' 갈등을 위주로 진행되었다. 예컨대 강성열처리공업사 사장인 아버지 김성국이 자신의 경영후계자 자리를 아들인 왕기에게 강요하자 애초부터 댄서가 되고 싶었던 왕기는 이에 반발한다. 아버지와 아들의 갈등, 세대 갈등이 드러나는 지점이라 할 수 있겠다. 강성열처리공업사의 직원들과 경영진인 김성국 간의 갈등은 노사 갈등을 전형적으로 드러낸다. 외부적 갈등 이외에 왕기의 내면적 갈등 또한 극에서는 엿볼 수 있다. 오프닝 장면에서 안무를 짜던 왕기는 "스테미너는 어디로 가고 멜랑콜리로 얼룩지는가? 무기력한 내 몸뚱아리를 왜 가만 두지 못하는가? 어찌하여 세상은 나를 가만히 두지 못하는가?"라고 춤을 추며 울분을 토하는데 댄서가 되고픈 왕기의 바람이 좌절되는 데에 따른 내면적 고통이 이 대사 속에는 반영되고 있다.

요컨대 부자간의 갈등, 노사갈등, 이상과 현실의 괴리에 따른 주인공의 내적 갈등 등 사실주의적 개연성을 가지고 진행되던 무대에 왕기가 강철맨이 되는 환상적 요소가 도입됨으로써 무대는 마술과 리얼, 이 두 가지 모순적 요소들에 의해 중층결정(Overdetermination)된 불완전하면서도 가변적인 무대가 된다. 경험세계에서의 흔한 장면들이 강철왕의 탄생을 거쳐 이상한, 비일상적 방식으로 탈바꿈된 채 전시되면서 마술적 세계로 확장되는 셈이다.

마술과 사실의 기묘한 공존으로 설명될 수 있는 마술적 사실주의 연극의 창작 원리는 '합성'의 유형에 대한 들뢰즈의 입장을 참조할 때 보다 설득력 있게 검토될 수 있다. 들뢰즈는 리얼리티의 구조를 시리즈(Series)의 시스템이라는 개념을 가지고 설명하는데, 그의 개념체계에서 시리즈를 구성하는 것은 '연결의 합성', '결합의 합성', '분리의 합성' 등 3가지 유형의 합성이다. 먼저 '연결의 합성(Connective Synthesis)'은 유사한 요소들의 단순한 연속을 통해 시리즈, 리얼리티의 구조를 구성한다. 둘째, '결합의 합성(Conjunctive Synthesis)'은 유사하지 않은 여러 이질적 요소들을 결합해 시리즈, 리얼리티의 구조를 구성한다. 셋째, '분리의 합성(Disjunctive Synthesis)'은 차이 자체를 통해서 요소들이 시리즈, 리얼리티의 구조를 구성한다.[11] 마술적 리얼리즘을 들뢰즈의 시각에서 해석한 에바 알디어 (Eva Aldea)는 첫 번째 유형인 연결의 합성과 두 번째 유형인 결합의 합성이 전통적인 사실주의 픽션에서 리얼리티의 구조를 구성하는 원리였다고 주장한다. 예컨대 동종적, 이질적인 사물들을 '연결'하고 '결합'하는 과정에 의하여 현실에 관한 구체적 '묘사'가 픽션 내 가능해진다. 이러한 고도의 디테일한 묘사로 인해 텍스트외적인 리얼한 현실을 픽션이 반영하고 전형적으로 형상화할 수 있다는 '재현의 환각', '지시성의 환각 (Illusion of Reference)'이 발생한다. 바꾸어 말해 연결의 합성과 결합의 합성을 기반으로 한 사실주의 픽션에서는 리얼리티와의 동질성을 지향하는 '수렴적(convergent)' 시리즈가 리얼리티의 구조로 픽션 내 창조된다. 반면 마술적 리얼리즘의 픽션에서는 세 번째 유형의 합성, 분리의 합성이 적용된다고 알디어는 지적하고 있다. 마술과 사실 간의 차이 그 자체가 충돌하여 혼재되면서, 주어진 리얼리티의 동일성으로 환원되는 것이 아닌 다층적으로 '분기하는(divergent)' 시리즈로서 리얼리티의 구조가 픽션 내 창조되는 과정이 분리의 합성 과정이다.[12]

11 Gilles Deleuze and Felix Guattari, *Anti-Oedipus : Capitalism and Schizophrenia*, Robert Hurley et al(Tr.), Minnesota : University of Minnesota Press, 1983, p.41.

12 Eva Aldea, *Magical Realism and Deleuze : The Indiscernibility of Difference in Postcolonial Literature*, New York : Continuum, 2011, pp.30~33.

마술적 사실주의 연극에서 마술과 리얼함이 역설적으로 공존하면서 충돌하고 뒤섞일 때, 관객은 사실도 마술도 아닌 그 둘을 넘어선 무언가의 존재를 어렴풋이 느끼게 된다. 따라서 기이하고 낯설며 이상한 요소들만을 가지고서 마술적 리얼리즘을 특징짓는 것은 충분치 않다. 마술과 리얼함의 역설적 공존에 따라 그 너머에 있는 것으로서 몸으로 느껴질 뿐이며, 언어로 명료화될 수 없고, 분석적으로 해석될 수 없는 비환원적 존재나 상태의 추구에서 우리는 마술적 리얼리즘의 근본적 창작 원리를 좀 더 찾아볼 수 있겠다. 들뢰즈식으로 말하자면 마술적 리얼리즘의 글쓰기에 나타나는 것은 마술과 리얼, '점'과 '점'으로 분리돼 존재하는 요소들을 흐름으로 연결해 '비행의 선(Lines of Flight)'으로 변형시키려는 '욕망하는 기계'의 리비도에 다름 아니다.[13] 공간, 시간, 인물 등 〈강철왕〉의 구성요소에서 이 양상이 어떻게 형상화되고 있는지를 살펴보면 다음과 같다.

1) 마술적 시공간과 사실적 시공간 사이에서

〈강철왕〉의 주요 공간은 "강성열처리공업사"라는 김성국이 경영하는 공장이지만 리얼한 공장을 무대화하기보다는 상상적, 마술적 공간 이미지를 전경화함으로써 일상적 리얼리티를 전복하고 있다.

우선 일하는 곳으로서 공장이 지닌 사실적 모습은 강성열처리공업사 직원들의 노동하는 모습에 의해 그려진다. 열처리 가공 과정에서 금속 재료에 가해지는 가열, 냉각, 그리고 담금질 등은 비록 구체적 형체의 기계를 조작하는 것이 아닐뿐더러 음악에 맞춰 뮤지컬의 율동처럼 공장 직원들의 몸짓과 군무에 의하여 표현될지라도 노동의 리얼리티를 지각케

---

13 Deleuze and Guattari, Op.cit., p.36.

한다. 또한 무대 위에 강철의 급랭 시 가스가 뿜어지는 소리가 들리고 가열 상태의 온도를 나타내는 붉은 빛이 조명으로 무대 위에 처리되기도 하여서 열처리 공장으로서의 장소성이 사실적으로 환기되고 있다. 그러나 아버지 성국의 강압에 따라 왕기가 강성열처리공업사의 후계자 수업을 받기 위해 공장에 들어오게 되자 공장은 일상적 공장이 아니라 사실적 영토를 넘어 자리하는 곳으로서 상상되기 시작한다. 노동자들이 성국의 구조조정 압박에 못 이겨 더 강도 높은 작업에 착수했을 때, 그 옆에서 왕기는 "함께 춤추시겠어요? 노동하는 모습 멋지다…… 이 뜨거운 열기 속에서 강력히 단련된 저 근육……"이라 말하며 춤을 춘다. 거친 노동의 몸짓과 선이 고운 무용의 몸짓은 반대의, 갈등하는 자질로 무대 위에 공존하는 까닭에 노동하는 공간으로서의 공장의 친근한, 일상적 이미지는 여기서 낯설어진다.

정상적 경험 세계와 다른 마술적 공간으로서의 공장 이미지는 왕기가 노동자들에 의해 열처리로에 갇혀 강철왕으로 재탄생하는 장면에서 보다 심화된다. 이때 열처리로를 조작하는 기계 장치는 무생물의 기계장치를 통해 무대 위에 재현되는 것이 아니라 기계가 된 배우에 의하여 한 생물체처럼 표현된다. 노동자 역할의 한 배우는 열처리로 운영 기계 장치의 모양을 한 상자를 머리에 쓰고 무대 위를 이리저리 돌아다니면서 450도까지 처리로가 가열되는 기계적 조작과정을 카운트다운을 중얼거리며 무미건조하게 몸으로 묘사한다. 이어 검은 톤 위주의 무대에 전체적으로 시뻘건 색이 채색되는 것으로 달아오르는 열처리로가 암시된다. 더불어 사이렌이 울리는 가운데 무대 중앙에서는 쇠줄에 사지를 묶인 왕기가 고온에 괴로워하는 모습이 전시된다. 이 모습은 흡사 '십자가에 못 박힌 예수'의 모습처럼 강철왕의 모습을 묘사하므로 죽음과 부활의 신성성을 공장의 일상적 공간에 드리운다.

요컨대 〈강철왕〉의 주요 무대 공간인 공장에는 공장이라는 공간이 지닌 일상적인 리얼리티와 공장 속에서는 경험적으로 발생할 수 없는 것이 발생하는 마술적 공간으로서의 성격이 혼재되어 나타난다. 마술적 공간으로서의 비정상적 성격은 공장에서 추어지는 왕기의 춤에 의해 부각되기 시작하고 왕기가 열처리로에서 강철왕의 신성한 존재로 부활하는 과정에서 그 기괴함은 첨예화된다. 바꾸어 말해 〈강철왕〉에서 공장의 공간적 자질은 혼종적(hybrid)이다. 사실적인 공장의 면모와 마술적인 공장의 면모가 극의 공간에는 동시에 함의되어 있다. 마술적 사실주의 공간성의 복수성에 천착했던 로던 윌슨(Rawdon Wilson)이 지적하고 있듯이 기존 리얼리즘은 많은 종류의 사건과 사물이 발생할 수 없고 다양성이 제거된 곳으로 픽션의 공간성을 획일화하였다. 그럼으로써 한 세계 내 숨겨져 있는 다른 세계를 말할 수 있는 잠재력, 좀 더 다층적이면서 풍부한 공간에 관한 스토리텔링의 가능성을 차단하고 서사적 미니멀리즘만을 낳게 된다.[14] 반면 공장의 사실적 공간 이미지에 뮤즈처럼 춤추어지는 공간과 예수의 부활처럼 신성한 부활이 이루어지는 공간의 자질이 부딪치며 접합되어 나타나는 바, 〈강철왕〉의 공간에는 다층적 기입의 가능성이 생성되고 있다. 이러한 복합적 공간성은 꼬여져서 안팎을 구분할 수 없는 커튼의 '주름(fold)'에 비유될 수도 있겠다.[15] 공장의 사실적 공간성과 마술적 공간성 사이에서 서로에게 접혀진 외부이자 동시에 접혀진 내부로서 기능하는 미로와도 같은 복수의 공간성이 무대에 구현되는 셈이다.

공간과 마찬가지로 〈강철왕〉의 시간성 역시 마술적 시간성과 사실적 시간성이 뒤섞여 공존한다. 그 클라이맥스는 오프닝 장면의 춤이 반복되

---

14 Rawdon Wilson, "The Metamorphoses of Fictional Space : Magical Realism", *Magical Realism : Theory, History, Community*, Wendy B Faris and Lois Parkinson Zamora(Eds.), N.C. : Duke University Press, 1995, p.226.

15 Gilles Deleuze, "The Fold—Leibniz and the Baroque : The Pleats of Matter", *Folding in Architecture*, Greg Lynn(Ed.), NJ : Wiley-Academy, 2004, pp.33~38.

고 있는 엔딩 장면에서 확인된다. 먼저 오프닝 장면에서는 왕기의 춤 연습이 무대화된다. 여자 친구인 숙영 앞에서 왕기는 출생의 순간과 출생 이후 고통스러운 삶을 표현한 춤을 다음과 같은 대사와 함께 선보인다.

> 왕기 : 끊임없이 편안했던 9달의 자양분. 메스가 찢고 들어온다. 무자비한 단절, 무방비로 나뒹구는 미지와의 조우, 바이러스와의 파산적 조우 […] 무기력한 내 몸뚱아리를 왜 가만두지 못하는가! 어찌하여 세상은 나를 가만히 두지 못하는가!

이어지는 대사에서 숙영은 도대체 문제가 뭔지 물어보고 있고 왕기는 아버지가 자신을 지배하는 채권자라는 점이 문제의 원인이라고 대답한다. 이를테면 이 춤은 부자간의 세대 갈등을 모티프로 그 정신적 고통을 왕기가 춤으로 나타낸 것이다. 엔딩 장면에서는 오프닝 장면에서의 이러한 춤과 대사가 다시 한번 변주되어 반복되고 있다. 그런데 춤과 대사를 둘러싼 맥락은 달라진다. 강철왕으로 유명인사가 된 왕기에게 아버지 성국은 광고주가 70억을 준다고 하니 마지막으로 생수 광고를 한 번만 더 찍자고 권유한다. 생수를 들이마시면 강철로 된 왕기의 몸이 더 이상 작동하지 않아 사망에 이를 것이기 때문에 아버지 성국은 생수를 들이마시는 척만 하면 된다고 왕기를 안심시킨다. 아버지의 권유를 받아들여 PD의 카메라가 왕기를 둘러싸고 회전하며 광고를 촬영하는 가운데 왕기는 오프닝 장면에서의 춤을 다시 춘다. 엔딩 장면에서의 춤에서는 오프닝 장면에서의 대사가 춤과 함께 발화되지만 거기에 다음의 대사가 추가된다.

> 왕기 : 아버지가 나를 낳았으나 양육하지 못하였고 세상이 나를 수용하였으나 내뱉기가 일쑤였고 국가가 나를 등록했으나 의무만을 강요하였고 우주가 내 욕망을 자극하였으나 해소하

지 못하였다. 하여 생수로서 내 심신을 씻어 낼 잔을 권하노
라. (생수를 들이키는 왕기)

　엔딩에서 왕기의 춤은 "생수로서 내 심신을 씻어 낼 잔을 권하노라."라
는 대사에서 드러나듯 광고주나 아버지의 이윤 추구 같은 세속적 행위에
대한 저항이라는 의미와 함께 해탈, 죽음으로의 지향이라는 의미를 동시
에 담고 있다. 오프닝 장면에서의 춤처럼 삶의 집착과 괴로움을 담고 있
는 것은 마찬가지이지만 엔딩 장면에서의 춤의 의미는 보다 확장되어 있
는 셈이다. 바꾸어 말해 극의 엔딩에서 반복되는 왕기의 춤추는 몸에는
'삶'의 괴로움과 '죽음'의 해탈에 관련된 시간의 순환적 속성이 축적되어
있다. 체현적(embodied) 몸의 감각이야말로 시간성 그 자체라는 메를로
퐁티의 설명을 상기해보자.[16] 엔딩에서 광고 속 왕기의 춤은 아버지의 명
을 쫓아 상업 광고를 찍는 고통스러운 세속적 삶의 시간과 그것을 거부
하고 죽음을 대면하려는 성스러운 시간을 동시에 구성한다. 오프닝 장면
과 엔딩 장면의 이 수미상관 구조를 바탕으로 결말 부분의 무대 위에는
마술 같은 사실적 시간의 퇴적들이 왕기의 몸을 공간 삼아 뒤섞이고 있
다.

　물론 공간과 시간을 나누어 마술적 사실주의의 패러독스를 이야기하
는 것은 분석의 편의를 위한 것으로 시간과 공간이 결부된 시공간의 차
원에서 〈강철왕〉의 마술적 사실주의의 특성을 설명할 수 있을 것이다.
한마디로 말해 〈강철왕〉의 시공간은 마술적 시공간과 사실적 시공간 '사
이'에서 애매모호하게 나타난다. 사실적 시공간도 아니고(~not), 그렇

---

16 "우리에게 지각적 합성은 시간적 합성이다. 주체성은 지각의 층위에서 시간성이
다. 그것은 지각의 주체에 불투명성과 역사성을 넘겨준다." Maurice Merleau-Ponty,
Maurice Merleau-Ponty : Basic Writings, Thomas Baldwin(Ed.), New York : Routledge,
2003, p.13.

다고 사실적 시공간이 아닌 마술적 시공간도 아닌(~not not) '리미널한 (liminal)' 변형[17]을 위한 시공간의 자질이 〈강철왕〉 같은 마술적 사실주의 연극에서는 여느 연극에서보다 훨씬 더 명시적으로 출현한다고 볼 수 있 겠다. 이로 말미암아 차이로서 분리돼 존재하는 마술적 시공간과 사실적 시공간의 합성, 그 분기된 둘을 넘어 비지시적 존재에 대한 의미 만들기 를 관객은 망설임을 느낄지라도 욕망하게 된다.

2) 인물 정체성의 마술성과 리얼함

〈강철왕〉에 등장하는 인물의 정체성을 이해하기 위해서는 시공간과 마찬가지로 마술과 리얼함의 역설적 요소들에 대한 고려가 필요하다. 강 철왕이 되는 왕기의 경우가 특히 그렇다. 왕기의 정체성을 구성하는 속 성들은 중심/한계, 자아/타자, 정상/광기, 그리고 아이/성인등의 대립적 자질들이다. 이러한 이분법적 자질들이 사실적 요소와 마술적 요소로서 동시에 나타났다가 해체되고 통합되는 과정을 통해 규범적 정체성의 전 복이 발생한다. 이를 기반으로 해서 더 나은 리얼리티를 모색할 수 있는 가능성이 극에서는 암시된다.[18]

우선 왕기는 극 초반부에 '한계적(marginal)' 인물로 그려진다. "이 아버 지 밑으로 들어오너라. 그렇지 않으면 티라노사우루스 같은 세상이 덤벼 들거다."라는 아버지 성국의 말처럼 댄서를 되기를 희망하는 왕기의 사

---

17 Richard Schechner, *Between Theater & Anthropology*, Philadelphia : University of Pennsylvania Press, 1985, p.112.

18 마술적 사실주의의 특징 중 한 가지는 인물 정체성 면에서 한계/중심 등 이분법적 자 질의 포지션을 재설정하는 데 있다. R. E. Adams, *Seeing in Unordinary Ways : Magical Realism in Australian Theatre*, The University of Melbourne, Faculty of Arts, Culture and Communication, PhD thesis, 2008, p.261.

회적 포지션은 세상의 먹잇감에 불과한 약자의 자리에 위치해 있다. "언제부터인가 창백한 페이스, 에브리데이 글루미데이, 멜랑콜리 에브리데이, 무기력한 몸뚱이"를 중얼거리며 춤만 추는 왕기는 아버지 성국이 보기에 패배주의자일 뿐이다. 성국 밑으로 들어와 강성열처리 공업사의 경영자로서 후계를 잇는 길만이 왕기가 돈으로 힘을 획득해 사회적으로 성공하는 길이고, 가계를 빛내는 길이며, 강성열처리공업사를 부활시키는 길이라고 아버지 성국은 굳게 믿고 있다. 이러한 사실적 모티프의 장면들은 아버지와 자본에 의한 사회적 억압에 예속되어 살아가는 왕기의 한계적 인물로서의 면모들을 소묘한다. 그러나 강철왕이 되면서부터 왕기는 사회적 '중심(center)'에 서게 된다. 450도의 열처리로에 70분간 감금되고도 살아난 왕기의 신체구조는 새로운 생물체를 탄생시키려는 의학계의 연구 대상이 되고, 우량기업 이미지를 홍보하려는 기업체의 광고모델이 되며, 새로운 무기를 개발고자 하는 국가의 주요관심 대상이 된다. 왕기가 강철왕이 된 후 강철왕은 시대의 아이콘으로, 국민의 우상으로 간주되고 사람들 사이에는 강철왕이 되려는 강철왕 증후군이 퍼진다. 물론 이와 같은 장면들은 모두 마술적 판타지다. 소외된 자로서 자신의 정체성에 대한 왕기의 의식은 강철왕이 된 후에도 변함이 없다. 단지 몸만 강철로 바뀌어 왕기의 몸이 소유한 그 금속성의 내구력만이 사람들의 관심을 받을 뿐이다. 결과적으로 한계의 정체성, 중심의 정체성의 대립적, 위계적 관계가 왕기가 강철왕이 된 이후 무대에서 혼재되어 새로운 형태의 주체가 출현되고 있다.

왕기가 강철왕이 되면서 자아, 타자와 관련된 고정된 정체성의 감각도 상실된다. 강철왕이 된 이후에 강철의 몸은 왕기에게도 두려운 대상으로 받아들여진다. "몸이 좀 더 하얗게 변했어", "감정이 메말라가고 있어"라는 왕기의 대사에 드러난 것처럼 강철의 기계적 몸은 왕기로서도 내 몸이 아닌 관찰해야 할 객체적 대상, 타자적인 것으로 의식되고 있다. 따라서 스테인레스의 몸은 왕기 자신의 사실적 몸이자 동시에 마술 같은 타자의 몸이 섞인 이종의 몸을 구현한다.

한편 전술한 엔딩의 춤추는 부분에서는 정상과 광기의 이분법이 해체, 통합되고 있다. 극 오프닝 부분에서 춤과 함께 발화되는 대사를 통해 세상에 적응하지 못하는 자로서 왕기는 일종의 신경증적인 태도를 보여준다. 왕기가 음료수 광고를 찍는 엔딩 부분에서는 춤과 함께 동일한 대사에 "데스-데스-데스"가 연발된 울부짖음이 덧붙여진다. 추가적으로 "아버지가 나를 낳았으나 양육하지 못하였고 세상이 나를 수용하였으나 내 뱉기가 일쑤였고 […] 하여 생수로서 내 심신을 씻어 낼 잔을 권하노라." 같은 말이 왕기의 입에서 이어진다. 광기는 한계적 위치에 있는 자만이 누릴 수 있는 특권이다. 엔딩 부분에서 죽음을 연호하는 왕기의 모습은 광인의 모습에 가깝다. 그러나 이 대사들의 광기가 내뿜는 선동성과 과장된 감정이 오히려 소비자에게 자극적인 광고를 제작하는 데 적합한 것으로 무대 위에는 간주된다. 대사와 춤을 마친 후 PD가 "환하게 웃어주세요."라고 요구하자 왕기는 카메라를 보고 웃는 표정을 짓기까지 한다. 광기로 충만한 말들이 광고의 프레임에서 정상성의 외피를 얻는 아이러니한 순간이라 할 수 있겠다. 무엇이 정상이고 무엇이 광기인지 객관적 리얼함과 마술적 비합리성의 경계가 이 장면에서는 붕괴되고 있는 셈이다.

결론적으로 말해서 왕기는 아이로 치부될 수 있지만 성인에 가까운 인물이기도 하다. 객관적인 경험세계에서 아버지 성국에게 왕기는 "매일 지하에서 춤만 추는" 철없는 아이로 간주된다. 그렇지만, 광고 한 편을 마지막으로 더 찍자는 아버지의 종용에 반하여 "내가 나를 온전하게 바라보는 시간, 타의가 아닌 자의로 말미암은 존재의 시간"을 위해 강철로 된 몸에 치명적인 생수를 들이켜고 죽음을 택하는 판타지적 장면은 왕기의 아이 같은 모습에 성인으로서의 의미를 착색하고 있다.

따라서 왕기의 캐릭터 형상화에서 눈여겨봐야 할 것은 그것이 어떤 고유한 개성의 소산이라기보다 중심/한계, 자아/타자, 정상/광기, 그리고 아이/성인 등 사실/마술과 관련된 이분법적 속성을 해체하고 통합해 변형적 주체가 출현할 수 있는 가능성을 잠재화한다는 점일 터다. 바꾸어 말해 극작술상 인물의 특수한 정체성의 형상화가 〈강철왕〉에서 중요한 것은 아니다. 그보다 자아이자 타자로서, 정상이며 광기어린, 아이 같지만 성인 같기도 한 자로서 불순한, 오염된 정체성을 가진 인물로 왕기는 형상화되고 있다. 이러한 등장인물 형상화 기법은 고정된 구체적 개성이 아니라 심리적 힘의 결정체나 활력적으로 폭발하는 정신 형상, 그 자체로서 등장인물을 창조하려 했던 표현주의 극작술의 인물형상화 기법[19]과 매우 흡사하다. 한편 파리스에 따르면 마술적 사실주의의 텍스트에서 보편적 원형이 흔하게 목도되므로 개인적 기억에 관련된 프로이트적 관점보다 집단적 관계의 미스터리한 의미를 다루는 융의 입장이 마술적 사실주의의 해독상 좀 더 설득력을 지닌다.[20] 그녀의 이런 언급 역시 왕기의 정체성에 내포된 탈개인적 측면을 짐작케 하는 유효한 근거로서 소용될 수 있을 것이다.

물론 〈강철왕〉에서 분출되는 느낌과 표현의 파토스는 표현주의 그것에 비해 강도가 떨어진다. 등장인물의 형상을 표현주의의 인물처럼 비재현적인 에너지의 폭발 자체라 언급할 수 있는 정도까지는 아니다. 그럼에도 표현주의 연극과 마찬가지로 인물의 주관성이 〈강철왕〉 같은 사실적 마술주의 연극에서 전경화되며 그것이 또한 집단적 무의식에 가깝다는 점이 지적되어야 할 필요가 있다. 가족, 기업, 의학적 담론, 언론,

---

19 Walter H. Sokel, *The Writer in Extremis : Expressionism in Twentieth Cent*, German Literature, Calif : Stanford Univ. Press, 1959, p.38.

20 Wendy B. Faris, "Scheherazade's Children : Magical Realism and Postmodern Fiction" In Op.cit., Faris and Zamora(Eds.), p.183.

그리고 국가 등의 동일자적 존재를 위해 개인을 오이디푸스적 주체로 식민화하는 것과는 다른 삶의 과정이 왕기라는 반오이디푸스적 존재를 통해 〈강철왕〉에서는 추구된다. 그 반오이디푸스적 과정은 자아/타자, 정상/광기, 그리고 아이/성인의 대립적 자질들을 해체하고 새롭게 재구성하는 욕망의 '분열증'적 과정에 준하는 것으로서 어떤 구분도 무화된 '기관 없는 신체'를 가진 실존적 존재로 왕기를 위치시킨다. 그래서 사회적 헤게모니가 상정한 중심과 한계를 재구성하고 변화시키려는 욕망을 관객에게 환류하게 된다. 물론 이 과정은 지성적 분석에 따라 사회의 모순을 이성적으로, 합리적으로 해결하는 과정이라 볼 수 없다. 그보다 왕기를 대리로 해 관객은 느낌과 감각만으로 사회적 변화에 대한 담론을 감지하며 또한 그에 반응해 감정적 동요를 일으켜 다른 관객들과 순간적인 연대감을 형성할 뿐이다. 그러나 이 점이 바로 마술적 사실주의가 함의한 정치성이 잘 드러나는 부분이기도 하다. 질 돌란(Jill Dolan)이 설명하고 있는 것처럼 연극에서 상상되는 유토피아란 완전히 실현되고 종결된 미래적 완성체로서의 리얼리티를 지칭하는 것이 아니라 현재 여기의 극장에서 시작하는 어떤 과정에 대한 가능성의 찰나적 상연에서 비롯된다. 유토피아가 유토피아일 수 있는 이유를 우리 앞에서 나타났다가 사라지는 바 그것이 항상 과정 중에 있으며 부분적으로 포착된다는 점으로부터 찾았던 돌란의 입장은 〈강철왕〉 같은 마술적 사실주의 연극에서 보다 유효하게 적용될 수 있다.[21] 사회적 헤게모니가 구축한 자아/타자, 정상/광기, 그리고 아이/성인 등 사실과 마술의 이분법적 범주를 문제 삼고 그 차이의 대립'점'들을 '선'처럼 잇고 합성하려 한다는 점에서 왕기의 인물형상화는 중심과 한계의 기존 담론을 근본적으로 전복시킬 수 있는 잠

---

21 Jill Dolan, *Utopia in Performance : Finding Hope at the Theater*, Ann Arbor : University of Michigan Press, 2005, pp.5~17.

재력을 관객에게 소환한다. 이러한 과정은 현재적 억압과 불평등한 권력 관계를 넘어 불완전한 변형의 순간, 유토피아적 상태로 관객의 경험을 이끄는 과정에 다름 아닐 것이다.

3. 리얼리티의 전복을 위한 포스트모더니즘적 특징들

마술적 사실주의의 픽션은 포스트모더니즘을 가장 잘 구현하고 있는 양식 중 하나다. 예컨대 데오 드핸(Theo L. D'Haen) 같은 학자는 마술적 리얼리즘을 포스트모더니즘의 최첨단으로 손꼽으면서 자기반성성, 메타 픽션, 문화경향으로서 절충(Eclecticism), 잉여성, 다층성, 불연속성, 패러디, 경계의 소멸, 독자의 불안정화 등의 경향들을 마술적 사실주의 텍스트 내 발현되는 포스트모더니즘적 특징들로 지적한다.[22] 웬디 파리스 역시 모더니즘이 인식론적인 앎의 문제와 관련이 된다면 포스트모더니즘은 존재론적인 문제와 관련이 된다고 설명한다. 메타픽션, 언어적 마술, 서사 내 낯설게 하기 효과의 추구, 거울 구조나 유추적 구조와 결합된 서사적 원리로서의 마술, 변형의 체현, 반관료적 경향을 통한 분명한 정치적 갈등의 제시, 원시적 믿음체계와 로컬리티적 유산을 기반으로 한 세팅, 보편적 원형을 지향하는 융적인 경향, 카니발리스트적 정신을 통한 과소비적 언어의 발화 등을 마술적 사실주의의 포스트모더니즘적 특징들로 그녀는 언급하고 있다.[23] 그렇다면 〈강철왕〉에서는 마술적 사실주의의 포스트모더니즘적 경향들이 어떻게 나타나고 있고 그 효과는 무엇이라 말할 수 있을까?

---

22 Theo L. D'Haen, "Magical Realism and Postmodernism : Decentering Privileged Centers" In Op.cit., Faris and Zamora(Eds.), pp.191~208.

23 Faris, Op.cit., pp.175~186.

우선 마술적 언어의 특성을 헤아려볼 수 있다. 왕기는 숙영에게 "스트레스를 받아 커뮤니케이션이 혼선되고 외압, 부조화, 존재의 표류, 비난에 대한 무기력, 스트레스를 계속 받아서 결국 스테인레스가 될 것 같아"라며 아버지로부터 받는 스트레스의 고충을 토로한다. 그러나 차후 극적 전개에서 드러나듯이 이러한 말은 단지 말로 그치지 않는다. 강철왕이 됨으로써 왕기의 '스트레스'는 대사에 나타난 것처럼 종국에는 '스테인레스'가 되기 때문이다. 따라서 "스트레스를 받아서 결국 스테인레스가 될 것 같아"라는 왕기의 말을 단지 말장난이나 예언으로 치부할 수만은 없다. '스트레스'를 받아 '스테인레스'가 되는 과정은 극에서 강철왕의 몸이라는 비주얼로 제시된다. 스트레스가 극대화된 상태를 '비유'하는 스테인레스라는 말이 말 그대로 '축자화(Literalization)'되어 현실로 만들어지는 셈이다. 바꾸어 말해 말과 사물 영역 사이의 간격이 좁혀지는 마술적 언어의 양상이 이 대사에서 제시되고 있다. 언어 같은 추상적, 비물질적 요소들을 가지고서 구체적, 물질적 삶을 구성하게 되는 과정은 트랜스 상태에 빠진 무당이 주문(呪文)을 발화해 세계를 구성하는 장면과도 일견 상통한다.

고선웅 연출의 극단 마방진이 내뱉는 화술은 이러한 마술적 언어 차원에서 고찰되어야 할 필요가 있다. 속사포식 화술, 기계적으로 많은 양의 대사를 쏟아내며 호흡 없이 밀어치는 스타일의 화법에 대해 고선웅은 그것이 말의 근본에 가깝다고 언급한다. 말과 표현은 포장되는 순간 송신자를 불신하게 만드는 속성을 지니는 반면 있는 그대로 안에서 차고 넘쳐흐르며 그 무엇을 드러내는 화법이야말로 연극의 표현법으로 적당하다고 그는 보고 있다.[24] 고선웅은 이를 진정성을 위한 표현법이라고 이야

24 고선웅, 「연출 노트」 푸르른 날에」, 『공연과 이론』 42, 공연과이론을위한모임, 2011, 235쪽.

기하고 있지만 또 다른 관점에서 보자면 그동안 드러나지 않았던 비환원적인 존재를 목도하고 구성하기 위한 언어적 과소비라는 진단이 가능할 것이다. 예컨대

> 내가 나를 온전하게 바라보는 시간, 타의가 아닌 나를 온전하게 바라보는 존재의 시간, 끝내 겉으로 내보이지 못하고 안으로만 말려들었던 달팽이 같은 존재감, 수선되지 못한 피노키오의 관절처럼 끼-끼-끼-

같이 지시적 필요성을 넘어 잉여적으로 발화되는 엔딩 장면의 대사에서는 통해 역으로 일상적 화법의 한계와 제약이 드러난다. 해서 반오이디푸스적 존재로서 가정, 기업, 국가 어디에도 귀속되지 않는 비환원적 존재인 왕기의 면모가 언어의 카니발과 함께 구성되고 있다.

고선웅 하면 떠오르는 빠져나오기, 엉뚱한 접합, 비틀기[25]의 전개 역시 플롯 층위에서의 과소비 차원으로 분석될 수 있겠다. 예를 들어 강성열처리공업사의 직원들을 해고하는 장면에서 성국은 "여러분과 정 들어서 직원 자르는 제 마음도 안 좋아요. 다른 직장 알아보세요."를 노랫말로 해 힙합을 선보인다. 구조조정을 막고자 아버지 앞을 가로막고 선 왕기를 성국의 정부이자 강성열처리공업사의 사환인 복자는 할리우드 무비의 주인공처럼 총을 쏘며 쫓아낸다. 성국의 해고 결정에 대한 노동자들의 대처 방식은 브로드웨이 뮤지컬에 가까운 식으로 율동에 맞춰 합창과 함께 진행된다. 요컨대 노동자 해고라는 무거운 분위기에서 '빠져나와' 힙합, 할리우드 무비, 뮤지컬 등 각 대중문화의 현상들이 무대에 이리저리 '뒤섞이고', '절충'적으로 재현되어 노사갈등의 진지한 사회적 사

25 김소연, 「고선웅과 고전 연극적인 너무나도 연극적인」, 『연극평론』 80, 한국연극평론가협회, 2016, 93쪽.

제2부 사실주의 희곡 텍스트와 퍼포먼스

건이 유희적으로 '비틀려진다.' 이러한 빠져나오기, 엉뚱한 접합, 비틀기는 관객에게 웃음을 유발한다. 그러나 그 웃음은 박수만 칠 수 없는 편치 않은 웃음이다. 노사갈등의 심각성과 대중문화의 오락성이라는 두 대립되는 문화적 양상들이 이 장면들에서 충돌함으로써 관객은 마냥 진지할 수만도 없고 또 마냥 웃을 수만도 없는 상태에 빠진다. 그렇기에 오히려 노사갈등이라는 현실의 문제를 보다 새롭게 지각할 수 있는 고양된 기회가 관객에게 제공된다. 관객은 극중 전개와 함께 한참을 웃을 수 있지만 극장을 빠져나올 때 오히려 그 웃음의 씁쓸함에 대해 반추하게 되는 것이다. 바꾸어 말해 진지한 장면에서 그와 대립되는 요소를 삽입하는 서사의 불연속적, 잉여적 구성은 빠져나오기, 엉뚱한 접합, 비틀기라는 고선웅식 스타일적 특이성을 형성한다. 이 스타일적 특이성은 관객에게 웃음을 유발하는 주요 요소로서 급진적인 차이에 기반한 두 문화적 요소들의 '마술적' 충돌을 통해 현재의 '리얼함'에 관련된 관객의 능동적 해석을 고양하게 된다.[26]

한편 무대 뒤편에 여러 개의 거울이 있어서 무대와 배우들을 되비추고 있는 것은 메타연극의 측면을 형성하는 데 일조한다. 연극은 일종의 가정법적(as if) 마술이다. 일상의 시공간에 극적 시공간이 중첩되는 이중적 상황 자체가 연극의 성립 조건으로서 그것의 마술적 속성을 지시하고 있다. 마술적 사실주의 연극은 이러한 연극의 가정법적 속성을 창작원리로 전면화하고 있는 연극이다. 사실에 기반하되 사실적, 마술적 요소들과의 병렬을 통해 사실과 마술을 넘어선 비환원적 존재, 은폐되었던 진실을 밝혀내 현실을 되비추는 것에 마술적 사실주의 연극의 창작목적이 있기 때문이다. 〈강철왕〉의 무대 위 늘어선 거울들은 이 같은 마술적 리얼리

26 마술적 리얼리즘의 웃음의 기능에 대해서는 Fishburn의 논의를 참조할 수 있다. Evelyn Fishburn, "Humor and Magical Realsim in El Reino De Ested Mundo" In Op.cit., Hart and Ouyang(Ed.), pp.155~167.

즘의 형이상학적 아젠다, "사실의 재개정"(Revision)[27]을 강조하는 데 기여한다. 무대 위 거울들은 사실을 반영하되, 사실을 재개정하려는 마술적 사실주의 무대 자신에 대한 코멘트이자, 자기 의식적 묘사, 미장아빔(Mise en abyme)이라 할 수 있다. 일종의 메타연극적 요소인 거울들은 관객이 텍스트의 공동 생산자로서 연극적 픽션의 존재론적 위상에 관여하고 동시에 보다 능동적으로 〈강철왕〉을 읽어내기 위한 한 방편이 된다.[28]

정리하자면 비유의 축자화, 언어의 카니발, 빠져나오기, 엉뚱한 접합, 비틀기, 그리고 거울의 메타연극적 요소들은 보편적 진실이라 불리는 지배적 서사에 대항하는 포스트모더니즘적 서사로서 〈강철왕〉의 마술적 사실주의를 위치시키고 있다. 마술적 사실주의 형식 안에서 특히나 이러한 기표의 과장, 과잉, 과속(의 쏟아짐), '과소비'라는 고선웅 고유의 작법은 포스트모더니즘의 잉여성, 다층성, 불연속성과 연관되면서 극의 심미적 필요성과 사회적 정당화를 위해 소용된다. 언어, 플롯, 무대 장치 면에서의 범람하는 무대 기호들은 욕망, 의식, 무의식이 동시에 작동하면서 주관성에 관여하는 무대를 형상화한다. 그 결과 현실에서 가능하면서도 불가능한, 관련 있으면서도 관련 없는, 진실 같으면서도 패러디적인, 비유적이면서도 축자적인 심미적 무대가 〈강철왕〉에서는 조형된다. 이와 같은 무대는 극에서 재현된 노동, 가족, 국가적 현실과 관련된 일상의 감각을 미스테리한 분위기와 병렬시키면서 리얼리티를 전복하는 현실적이지 않은 리얼함의 감각을 관객에게 전달한다. 이를 통해 경험주의에 대한 저항과 중심을 탈중심화려는 정치적 이슈가 마련되고 기괴한(uncanny) 분위기가 극적 공간에 유포된다.

27 Faris, Op.cit., p.178.

28 Linda Hutcheon, *Narcissistic Narrative : The Metafictional Paradox*, New York : Routlege, 1980, p.xii.

이상 〈강철왕〉의 마술적 사실주의 형식이 시사하고 있는 포스트모더니즘적 특징들은 되기, 움직임, 복수주의가 가치화된 유목민적(nomadic) 글쓰기로서 고선웅의 극작법을 고찰할 수 있는 단초를 제공한다.[29] 요컨대 〈강철왕〉의 포스트모더니즘적 경향들은 마술과 사실이 분리적으로 합성된 시공간, 인물의 양태들과 함께 고정되고 단일한 리얼리티의 버전을 거부하고 있다. 그러면서 한 가지 리얼리티만으로는 설명될 수 없는 리얼한 어떤 것이 또 다른 어딘가에 있다는 감각, 즉 고원에서 고원으로의 이동 감각을 관객에게 자극한다. "말이 안 되는 것을 마치 실제로 일어난 것처럼 표현하는 것이 마술적 사실주의가 아니라 아무도 그것을 판단할 수 없지 않은가에서 출발한 마술적 사실주의"[30]가 자신이 생각하는 마술적 사실주의임을 언급한 고선웅의 설명에서 우리는 이러한 유목민적 방황에 의한 이동의 메타포를 읽어낼 수 있겠다.

4. 마술과 사실의 대리보충, 의의와 한계

정경진이 대본을 쓰고 고선웅이 연출했던 〈푸르른 날에〉(2015)에서는 5·18광주민주화운동의 주모자들을 대라며 고문을 받는 민호 앞에 시민군이었던 기준의 유령이 나타난다. 결국 회유에 넘어가 시민군의 이름을 댄 민호를 기준의 유령은 줄곧 따라다니면서 민호에게 정신분열증을 야기하게 된다. 고선웅 극본에 그가 직접 연출을 했던 〈들소의 달〉(2010)의 마지막 장면에서도 5·18 당시 계엄군에 끌려가 고문을 당했던 양수의

---

29 유목민적 글쓰기에 대해서는 John D. Erickson, "Magical Realism and Nomadic Writing in the Maghreb" In Hart and Ouyang(Ed.), pp.247~255 참조

30 고선웅, 「[공연작업 노트] 〈들소의 달〉을 띄우기까지」, 『공연과이론』 34, 공연과이론을 위한모임, 2009, 198쪽.

고통으로 점철된 내면이 달이 떠오르는 가운데 들소들이 군무를 추는 것으로 형상화된다. 음산하면서도 이국적이며 광폭하면서도 애처로운 들소들의 군무와 함께 무대 뒷면에 열려진 문으로 양수가 사라지는 광경은 양수가 감내해야 했던 황폐화된 내면공간의 단말마적 비명에 다름 아닐 것이다. 이렇듯 고선웅의 작품들은 명시적으로 마술적 사실주의를 표방하지 않았더라도 욕망, 무의식, 판타지를 작동시킴으로써 경험주의에 저항하는 주관성의 극대화를, 극작술과 이에 연계된 무대화법의 핵심 요소로 제시하여왔다. 인간적 세계를 주관성이 투영된 마술적, 신화적 세계로 확대하지만 영토화에 대한 욕망, 새로운 역사와 리얼리티를 기술하려는 욕망을 포기하지 않고 있다는 점은 고선웅식 마술적 리얼리즘이 판타지 장르와 다른 점이기도 하다.

마술적 리얼리즘의 연극은 '대리보충(Supplement)'[31]의 연극이라 할 수 있다. 마술적인 것이 사실적인 것의 차이를 무화하기보다는 구조적으로 이항대립적인 마술적인 것과 사실적인 것이 동시에 제시되어 현동적이면서도(actual) 가상적인(virtual) 어떤 비환원적 존재의 본성이 마술적 사실주의의 연극에서 꿈꾸어지고 상상되기 때문이다. 노동하는 공간이면서도 뮤즈의 춤이 추어지고 죽음과 부활의 신성한 공간이 되는 공장, 광고를 찍는 세속의 시간에 성수를 들이키는 성스러운 시간이 겹쳐지는 모습, 아이 같으면서도 성인의 모습을 보임으로써 중심과 한계의 정체성을 교란하는 인물 정체성의 형상화 등 마술적인 것과 사실적인 것, 상보적인 두 가지를 동일한 존재론적 원칙의 일부로 볼 때 〈강철왕〉 같은 마술적 사실주의의 연극이 기존 사회의 구조, 역사, 정체성에 야기하는 균열의 양상, 그 정치성이 보다 오롯이 드러난다. 비유의 축자화, 언어의 카니발, 빠져나오기, 엉뚱한 접합, 비틀기, 그리고 메타연극적 요소와 같은

---

31 자크 데리다, 『그라마톨로지』, 김성도 역, 서울 : 민음사, 2010, 120쪽.

고선웅식 스타일리시한 극작과 무대화법의 양상은 여기도 저기도 아닌, 과거도 현재도 아닌 이러한 '변형'되는 리얼리티의 가능성을 관객이 경험하는 데 도움을 주는 포스트모더니즘적 특징들이다.

물론 직선적 전개시간 대신 윤회와 복귀의 원을 그리며 광기의 역사를 제공하고 아이의 시간과 어른의 시간이 충돌한다거나 4년 11개월 동안 비가 내리는 것으로 시간의 잔혹성을 묘사하는 등 마술적 사실주의 소설에서 볼 수 있는 시간의 적극적인 마술화를 〈강철왕〉에서 발견할 수 없는 것은 아쉬움으로 남는다. 또한 뮤지컬적 요소, 할리우드 영화적 요소의 무대적 도입이 얼마나 시공간과 역사의 전복에 기여하고 있는 것인지도 의문이다. 바꾸어 말해 마술적 사실주의 연극으로서 〈강철왕〉에서 좀 더 보완되어야 할 점은 보다 잉여적이며, 비논리적이고, 주관적인 요소들의 무대화이며 이를 통해 문화적, 사회적, 정치적 재현의 층위에서 허용되는 경계들이 확장되어야 한다는 점일 터다.

마술적 사실주의의 연극은 재현(Representation)을 포기하고 있지 않다는 점에서 재현에 반발하는 포스트드라마와 성격을 달리한다. 마술적 사실주의의 연극은 마술적 요소와 사실적 요소, 두 가지 요소에 걸쳐서 무대를 형상화하기에 아직 한편으론 사실에 발을 걸쳐 놓는다. 반면 포스트드라마는 재현을 정치적인 것이라 보며 재현에 대한 반발을 통해 역설적으로 심미적 정치성을 입상화한다. 따라서 마술적 사실주의를 연극적 방법론이자 연극론으로 삼은 고선웅이 현재 한국의 연극적 지형에서 각광을 받는 극작가이자 연출가로 손꼽히고 있다는 점은 동시대적 한국 연극의 잠재력과 한계를 동시에 보여준다고 생각된다. 사실주의를 포기하지 않으면서도 사실주의를 넘어서기 위해 무대적 실험을 다하는 모습으로부터 한국 연극의 미래적 지향점을 점쳐볼 수 있지만 공고한 사실의 토대가 또한 포스트드라마적 도전, 급진적 무대화의 시도에는 걸림돌이 된다는 점으로부터 동시대 한국 연극의 한계를 조심스럽게 가늠해볼 수 있겠다. 그럼에도 불구하고 고선웅이 마방진 창단 초기 보여준 마술적 사실주의 연극의 맥락은 애초부터 사실을 반영하되 마술적으로 사실을 재개정화하는 연극의 고유성을 명시적으로 실천하는 바 점점 상업화되는 한국 연극계의 고유한 자산이자 활력소가 아닐 수 없다. 대중극으로 자신의 연극관을 변모시킨 고선웅에게 극작가로서 초기의 마술적 사실주의의 극작이 다시 한번 필요한 이유일 것이다.

이 논문은 고선웅의 〈강철왕〉 한 작품만을 대상으로 분석되었기에 지배적 서사에 대항하는 마술적 사실주의 형식의 메커니즘이 심층적으로 논구되지 못했다는 한계를 지닌다. 마술적 사실주의를 기반으로 그가 자신만의 극작세계를 어떻게 구현했는지 고선웅론을 본격적으로 개진하는 데에도 〈강철왕〉에 집중한 본 논의가 모자람이 있는 것 또한 어느 정도 사실이다. 그럼에도 고정되며, 단일하고 동종적인 리얼리티의 비전화를 거부하면서 한국적 현실과 역사의 트라우마에 토대해 과거와 사실을 그려냄으로써 말할 수 없는 어떤 것이 느껴지는 무대를 형상화하는 고선웅식 상상력에 대한 논의가 본고를 통해 촉구될 수 있다면 본 논의 또한 의의를 지니리라 본다.

텔레비전의 허구적 양식과 퍼포먼스

1. 텔레비전 드라마에서 시작부의 중요성

이 글의 목적은 텔레비전 드라마 〈싸인〉의 세 가지 형식적 시작 방식인 첫 회의 시작, 각 에피소드의 시작, 후속 회의 시작 방식에 주목해 〈싸인〉의 서사체가 시청자와 어떻게 상호 작용을 벌이는지 분석하는 것이다. 즉 시작부의 서사적 기능을 집중적으로 논의하는 바, 서사적 연행(Narrative as Performance)으로서 텔레비전 드라마 〈싸인〉의 허구 세계와 시청자의 상호 행위가 갖는 여러 측면을 밝히는 것이 본 연구의 주제이다. 본 논의의 계기는 시작부의 수사적 기능과 그 이데올로기적 측면을 밝히려는 여타 서사 분석의 작업에 도움을 줄 수 있다는 점에서 의미가 있다. 또한 시학적 접근을 통해 문화 장치인 텔레비전 드라마에 관한 깊이 있는 연구시각과 문제의식을 제시함으로써, 현재 확대되고 있는 텔레비전 연구(Television Study)에도 일정한 기여를 할 수 있으리라 생각된다.

본고가 작성되는 시점의 기준에서 볼 때, 〈싸인〉은 방영이 끝난 지 얼마 되지 않기 때문에 학술적 논의는 아직 이루어지지 않은 형편이지만 어느 정도 성과가 축적된 텔레비전 드라마 연구들은 이 글의 논의를 진

전시키는 데 배경이 되었다.[1] 그러나 본고는 텔레비전 드라마의 서사체를 일종의 행위로 인식하고 시작부에 관한 독립적 논의를 바탕으로 시청자의 수용양상을 구체적으로 다룬다는 점에서 여타의 논의들과는 차별성을 지닌다.

본고가 주목하려는 시작부에 특별한 관심을 보인 논의는 흔치 않은 형편이다. 그럼에도 연속극의 특성상 시청자의 공감을 이끌어내기 위해 사용되는 서사상의 반복적 패턴에서 TV 드라마의 특성을 이해하려는 연구는 반복적 패턴이 시작부의 상세한 분석에도 마찬가지로 적용될 수 있는 사안이기 때문에 이 글을 착안하는 데 동기를 부여하였다. 또한 착상과 배열을 중심으로 TV 드라마의 수사학적 효과 산출 방식을 분석하는 작업은 본고의 연구 대상인 시작부가 수사학적으로 착상 단계라 할 수 있는 바, 본고에서 그와 같은 착상—배열의 방식을 본격적으로 다루지 않았지만 정독되어야 할 필요성이 있는 논의다. 〈다모〉의 1~2회가 전체 극의 도입부에 해당하고 여기서의 정보량이 텍스트와 독자 사이의 긴장 형성에 결정적인 영향을 미친다는 언급은 시작부를 단순한 오프닝 장면에 한정할 것이 아니라 전체의 서사적 진행과 관련해 다층적으로 고찰해야 한

---

1 김소은, 「TV 드라마 〈마왕〉의 쇼트 및 시점 구성 방식 연구」, 『한국극예술연구』 27, 한국극예술학회, 2008, 341~382쪽 ; 박노현, 「텔레비전 드라마와 영상 언어」, 『한국문학연구』 39, 동국대학교 한국문학연구소, 2010, 347~383쪽 ; 배선애, 「TV드라마 〈주몽〉에 나타난 영웅 신화의 형상화 방법」, 『한국극예술연구』 25, 한국극예술학회, 2007, 285~331쪽 ; 신원선, 「드라마 〈다모(茶母)〉를 보는 네 가지 방식」, 『문학과영상』 5.2, 문학과영상학회, 2004, 295~323쪽 ; 안숙현, 「TV드라마 《베토벤 바이러스》의 시각적 이미지 스토리텔링」, 『새국어교육』 85, 한국국어교육학회, 2010, 749~773쪽 ; 윤석진, 「디지털 시대, 스토리텔러로서의 TV드라마 시론(試論)」, 『한국문학이론과 비평』 36, 한국문학이론과비평학회, 2007, 101~126쪽 ; 이영미, 「방송극 〈수사반장〉, 〈법창야화〉의 위상과 법에 대한 태도」, 『대중서사연구』 24, 대중서사학회, 2010, 391~418쪽 ; 이철우, 「텔레비전 드라마의 표현양식 고찰—TV문학관을 중심으로」, 『한국문학논총』 42, 한국문학회, 2006, 247~280쪽 ; 조정래, 「〈대장금〉의 서사적 특성 연구」, 『현대문학의 연구』 31, 한국문학연구학회, 2007, 333~356쪽.

다는 점을 암시하고 있다.[2]

　이 글에서 탐구할 서사적 시작부에 대한 인식 지평은 결말 방식의 연구에 비해 협소했던 것이 사실이다. 의미의 완성 지점인 종결부가 서사적 의미의 결정(結晶)으로 인식되어 그것의 주제적 의미와 이데올로기적 기능이 큰 관심을 받아왔다면, 시작 부분은 텍스트 전개의 시발점으로서 어떠한 의미작용도 완결된 것이 아니라 간주된 까닭에서다. 그러나 만족스런 대답과 결론이 나타나는 끝 부분만큼 독자의 독서 행위에 허구적 세계를 시작하는 방식은 강력한 영향력을 미친다. 즉 복합적 갈등이 명시되는 중간부 이전 이야기 전개상 막 변화하려고 하는 일의 상태가 나타나는 시작 부분을 확인하는 것은 그것 자체가 읽는 이에게 강력한 해석 행위를 유도한다. 예컨대 시작 부분을 통해 독자는 이야기 시점의 초점을 예상할 수 있고, 첫 번째로 언급되는 인물에 대해 일련의 기대감을 표시하며, 그 이야기가 무엇에 관한 것인지, 차후 어떠한 행동과 사건이 진행될 것인지 패턴화된 예상을 전개하게 된다. 더구나 모든 픽션의 시작은 현실의 시간적 흐름을 단절시켜 제안된 가정적, 상상적 지점으로서의 속성을 지닌다. 결과적으로 서사체에서 시작의 인위적 방식은 현실 세계와 허구적 세계를 준별하는 첫 의미형상물이 되고 그런 만큼 문화적, 정치적 중요성을 가진다고 평가될 수 있다. 다시 말해 어떻게 이야기를 시작하느냐의 문제는 파블라적 시작과 슈제트적 시작의 불일치가 구성하는 다양한 유형의 간격(Gap) 조절 전략을 통해 가족, 젠더, 계층, 국가 같은 집단적 정체성의 기원이 형성되는 경로를 파악하는 데 시사점을 제공한다.

2　각각 윤석진, 「TV드라마 연구 방법에 관한 시론(試論)」, 『대중서사연구』 9, 대중서사학회, 2003, 198~199쪽 ; 이경숙, 「김수현 드라마의 수사학적 효과 산출 방식 연구 1」, 『한국극예술연구』 25, 한국극예술학회, 2007, 133~163쪽 ; 박노현, 「悲劇으로서의 텔레비전 드라마」, 『한국문학연구』 36, 동국대학교 한국문학연구소, 2009, 468쪽 참조.

발신자와 수신자 간의 상호작용이 일어나는 에너지와 효과의 장소로 서사체를 이해하고 참여들 간의 대화적 양상을 해명하는 연행론 (Performance Theory)[3]의 입장에서 텔레비전 드라마를 살피려 할 때, 시작 방식은 이상의 이유에서 중요하다는 것이 본고의 판단이다. 실행에 옮겨지고, 행동되며, 드라마 텍스트와 시청자 간의 계약, 의무, 협력, 경쟁이 체현되는 과정으로 〈싸인〉의 서사적 양상을 추적하기 위하여 시청자에게 수사적으로, 이데올로기적으로 큰 영향을 미치는 시작부의 개별성을 드러낼 수 있는 별도의 논의가 요구된다.

물론 시작 지점에 대한 탐구가 왜 꼭 텔레비전 드라마 〈싸인〉을 대상으로 하여 이루어져야만 하는가라는 질문이 제기될 수 있다. 그에 대한 답변은 여러 가지로 가능되지만, 무엇보다도 〈싸인〉의 주된 내용이 부검 행위에 초점이 맞춰 있는 바, 이 모티프가 여타 서사물에 비해 지연되고 유표화된 〈싸인〉의 시작부를 구성하게 된다는 점을 거론할 수 있겠다. 흔히 범죄 수사 내러티브는 '범죄의 발생→희생자의 발견→수사의 시작→수사의 제 국면→진상의 규명과 가해자의 확인→확인 결과→해결의 여부'로 공식화된다. 결과적으로 〈싸인〉의 부검 행위는 '수사의 시작' 단계에 속하는 가장 첫 핵심 모티프로서 그 어떤 드라마의 서사적 요소보다도 시작부를 도드라지게 하고 서스펜스를 창출하는 기능을 한다고 볼 수 있다. 더구나 〈싸인〉은 범죄 드라마의 장르적 반성이 진행되는 양상에 대한 한 지표가 된다는 점에서도 논의의 가치를 지닌다. 즉 범죄 관련 내러티브의 선조격인 19세기 탐정 소설이 사진이나 의학 기술 등 과학적 장치들을 범죄 수사의 도구로 형상화했다는 점을 떠올려보자. 이렇게 봤을 때 〈싸인〉 시작부에서 하이테크의 검시적 장면이 전시되는 양상은 범

3 연행론의 논의는 마리 매클린, 『텍스트의 역학 : 연행으로서 서사』, 임병권 역, 서울 : 한나래, 1997, 17~19쪽 참조.

죄 관련 텔레비전 드라마가 시청자의 관심을 유지하고자 그 관습적 시청각적 스타일과 주제의 문제를 내재적으로 변조시키는 과정을 잘 보여주고 있다. 요컨대 〈싸인〉의 시작부는 범죄 해결의 내러티브가 관습적으로 특화하는 서사적 패턴의 연장선상에 있다. 그러나 한편으로 그것은 극악한 범죄, 법의학적 장면, 첨단 기술의 검시 도구 활용과 같은 다양한 편차적 요소를 제공함으로써 기존의 범죄 서사의 시작부와는 다른 미학적 자질들을 또한 보여준다는 점에서 주목해야 할 연구 대상이다.

따라서 본고는 〈싸인〉의 시작 전략을 언술 차원에서 3가지로 나누고 이에 상응해 논의를 진행할 것이다. 전체 내러티브의 시작인 첫 회의 시작, 각 에피소드의 시작, 그리고 후속회의 시작이 그러한 세 가지 언술 층위에 해당한다. 이 같은 〈싸인〉 언술 층위의 구분은 장기간의 환경 속에서 방영되는 텔레비전 연속극의 특성을 보다 입체적으로 분석하는 데 도움을 줄 것이다. 다시 말해서 〈싸인〉의 시작부에 대한 분석을 세 가지 언술 층위로 구분시켜 진행하는 본고의 각 장들은 텔레비전 드라마에서 스토리 라인을 연결하는 서사적 전략의 외연을 구체적으로 확인하는 한편 그 다양한 면모를 전형적으로 보여주는 하나의 사례가 될 것이다. 결과적으로 본 논의의 중점은 시작부의 수사적, 형식적 장치에 함의된 '메디컬 범죄 수사 드라마'라는 장르적 속성[4]을 해명하는 데 있다. 이를 통해서 〈싸인〉의 허구 세계와 시청자 간 상호행위의 독특성 및 그 문화 정치적 의미에 대한 이해의 깊이를 확장하는 쪽으로 본고는 논의의 방향을

---

4 한 드라마의 장르적 규정을 위해서는 주제, 서사 구조, 스타일적 테크닉, 기대되는 시청자의 반응 등에 대한 종합적 시각이 필요하다. 이 논문은 '메디컬 수사 드라마'라는 명칭으로 〈싸인〉의 장르적 속성을 정의하겠지만, 그것은 대부분의 시청자들이 그렇게 이 드라마를 생각할 것이다라는 경험론적 문화적 합의에 의존한 장르 정의다. 텔레비전 드라마에 대한 좀 더 정치한 장르 비평을 위해서는 미리 전제된 연역적 비평 기준 또한 요청되리라 생각된다.

취하려 한다. 연구 대상이 되는 대본과 영상의 기본 자료는 방송국 홈페이지 자료[5]에서 수합한 것임을 미리 밝혀둔다.

2. 일차 언술의 시작 : 첫 회의 시작과 생물적 몸 해부의 착수

서술되는 내용을 이야기(Story)라 하고, 서술하는 방식을 언술(Discourse)이라 했을 때, 텍스트의 첫 시작을 구성하는 문장과 페이지는 일차 언술 층위의 시작 부분에 속한다. 매주 다회 연속 시청되는 것을 전제로 한 텔레비전 연속극의 경우, 1회의 시작 부분이 일차 언술의 개시 지점에 해당된다고 말할 수 있다. 물론 이야기가 시작되는 근원적인 시점이 과연 어디인가를 확정하기 위해서는 이러한 슈제트의 형식적 시작 이외에도 여러 요소들을 고려해야 한다. 예컨대 극중 캐릭터들의 과거지사는 텍스트의 한계를 넘어 퇴행적으로 무한히 이야기 될 수 있는 바, 시작 지점이 어디일지 결정하는 문제에 어려움을 야기시킨다. 게다가 극적 허구 세계를 만들고자 그 가장자리에서 나타나는 파라텍스트(Paratext)도 시청자의 첫 수용 경험에 많은 영향을 미친다. 제작진의 기획의도가 담긴 공지나, 드라마 제목, 배우들의 인터뷰 등은 드라마에 선행하지만, 텍스트를 둘러싸고 서사에 대한 시청자의 또 다른 입장 지점을 마련하는 것이다. 결과적으로 무한히 추론될 수 있는 허구적 캐릭터들의 과거 이야기와 파라텍스트가 맥락화하는 연속적 시간의 흐름상 한 지점에 구두점을 찍고 허구적 세계의 첫 인위적 시작을 부과한다는 점에서, 일차 언술의 시작은 의의를 지닌다. 바꾸어 말해 텍스트의 시학적, 형식적인 첫

---

5 http://tv.sbs.co.kr/sign/?loganal1=media_tag box&loganal2=싸인

제3부 텔레비전의 허구적 양식과 퍼포먼스

시작 지점은 이전에 존재하던 상상적, 실제적 시간의 연속체에 괄호를 치면서 그와 거리를 두고 차이를 두어 의도적으로 의미를 만들어내는 자기 반성적(self-reflexive) 시도를 유표화한다.[6]

〈싸인〉1회의 오프닝은 주인공인 법의학자 윤지훈이 의문사로 죽은 서윤형의 사체가 담긴 베드(Bed)를 어둠 속에서 밀고 나오는 모습을 점차 클로즈업하며 시작된다.

미디엄 숏(Medium shot)으로 잡히던 윤지훈의 모습은 그가 베드를 전방으로 밀고 나오면서 미디엄 클로즈 업(Medium close-up)의 모습으로 찍힌다. 이 오프닝 장면은 매우 의미심장하다. 법의학을 테마로 하고 있는 〈싸인〉이 절개 및 장기 적출 등 죽은 인간 몸의 해부를 통해 수수께끼로 남은 사인(死因)을 과학적으로 '밝혀내는 데' 플롯의 초점을 맞춘다는 사실을 이 숏들은 도상화하고 있기 때문이다. 고전적 미장센의 특징상 비가시적 '제4의 벽(fourth wall)'으로 취급되는 카메라를 정면으로 보고, 그것을 향해 캐릭터가 입장할 때, 허구 세계의 환각 유지를 위한 예술적 컨벤션이 위반된다는 점을 떠올려보자.[7] 밝은 지역과 어두운 지역 사이 급격한 대비가 이루어지는 명암 대조법(Chiaroscuro)의 조명 강도의 차이와 함께, 복도를 거쳐, 카메라, 그리고 그 카메라의 시선으로 보고 있는 시청자의 정면으로 점점 다가오는 윤지훈의 모습은 강렬한 인상을 남기

---

6 시작행위에 의해 의도되는 반성적 행위(자기 지시적 의미 구성 행위)가 가공되지 않은 리얼리티에 괄호를 치고 능동적으로 허구적 세계를 구성하는 양상은 Edward Said에 의해 지적된 바 있다. Edward Said, "Beginning", *Narrative Dynamics : Essays on Plot, Time, Closure, and Frames*, Brian Richardson(Ed.), Columbus : Ohio State University Press, 2002, pp.256~266.

7 카메라가 촬영하는 가운데 옆에 난 문을 통해 등퇴장하는 것은 방송극에서 허구적 환각을 유지하는 주요 컨벤션 중 하나다. Jeremy G. Butler, *Television : Critical Methods and Applications 2nd ed.*, Mahwah, N. J. : Lawrence Erlbaum Associates, 2002, pp.94~97 참조.

기에 충분하다. 그만큼 오프닝상 윤지훈의 등장은 드라마의 법의학적 주제를 시청각적 이미지로 압축해서 수용자에게 효과적으로 소통시키는, 허구와 실제 세계의 경계론적(liminal) 지점을 요철화한다고 볼 수 있다.

이어지는 장면에서 서윤형의 사체를 부검하는 과정의 시각적 묘사도 법의학의 힘에 대한 믿음, 객관적인 진실을 규명하는 과학적 믿음의 테마를 '자연화'한다. 특히 메스를 잡은 윤지훈의 손이나 사체의 몸 내부에서 꺼내지는 장기들이 클로즈업되고, 이에 맞춰 경쾌한 빠른 음악이 덧입혀지며 수조작과 유사하게 카메라의 흔들리는 움직임이 연출되는 것은 부검 장면을 한 편의 뮤직 비디오로 탈바꿈시킨다. 그래서 인간 몸에 남겨진 흔적의 진실 규명을 위하여 범죄 행위의 수수께끼 해결에 적용되는 현대 과학과 기술의 힘이 감각적으로 주형되고, 매력적으로 제시되는 효과를 거두게 된다.

그렇다면 이 같은 1회의 오프닝 장면이 서사적으로 하는 역할은 무엇일까? 그리고 그것이 시청자의 인지, 감정, 이해에 어떠한 영향을 미치게 되는 것일까? 서사의 수사적 이론 내에서 텍스트의 시작 부분은 제시부(Exposition)와 진수부(Launch)로 구성된다. 제시부는 캐릭터, 시공간적 환경, 사건 등에 대해 기본적인 배경 정보를 제공해주는 기능을 한다. 반면 진수부는 서사상 첫 불안정, 긴장의 집합이 드러나는 부분으로서 진수의 순간은 시작과 중간 사이의 경계를 표시한다.[8] 이렇게 봤을 때 서윤형 부검을 놓고 윤지훈과 이명한과 등 주요 등장인물 간의 불안정한 긴장 관계가 본격적으로 처음 도입되므로 1회의 오프닝인 부검 과정은 〈싸인〉의 시작부 중 진수부로 분류된다. 따라서 드라마를 최초로 여는 오프닝 부분에 진수부를 배치한 것은 생물적 몸의 부검 과정에 따른 첫 긴장

8 James Phelan, "The Beginning of Beloved : A Rhetorical Approach", *Narrative Beginnings : Theories and Practices*, Brian Richardson(Ed.), Lincoln : University of Nebraska Press, 2008, pp.197~198.

형성이 이 드라마에서 대단히 중요하다는 점을 암시한다.

또한 검시 장면의 진수부를 탄탄하게 뒷받침하는 제시부를 통해 부검 과정은 시청자의 호기심과 흥미를 보다 강력하게 견인하게 된다. 부검에 따른 파장이 몰고 올 결과가 오프닝 장면에서 플래시 포워드 기법의 점 프 컷 숏들로 제시되고 있지만 이내 곧 부검 장면의 오프닝 후 시간은 서 윤형 의문사 사건이 발생하는 62시간 전으로 되돌려진다(플래시 백). 희 생자를 둘러싼 배경 정보들이 제공되는 제시부가, 시간적으로 사후의 일 인 부검 장면의 진수부보다 후치되어 나타나는 결과, 오프닝에 유도되는 시청자의 호기심과 기대는 증폭된다. 먼저 플래시 백의 드라마틱한 재 구성 속에서 가수인 서윤형의 죽음을 두고 소속사 대표, 코디, 그룹 멤버 들에 대한 검사 정우진의 용의자 심문은 서윤형과 주변 인물들의 관계에 관련한 정보들을 시청자에게 제공한다. 서윤형을 죽인 진범인 강서연의 모습도 거친 톤의 화면과 함께 삽입 숏으로 제시되어 정보화된다. 그러 나 제시부에서 제공되는 정보들은 비단 희생자 서윤형과 용의자인 그 주 변인물의 정보 뿐만은 아니다. 드라마를 이끌어나갈 〈싸인〉의 주인공들 (윤지훈, 이명한, 정병두, 고다경, 정우진, 최이한)에 관한 정보들도 동시 에 설명되고 있기 때문이다. 특히 이 드라마에서 대립각을 세우는 윤지 훈과 이명한이 제시부에서 처음 등장하는 장면은 앞서 살펴본 오프닝 장 면과 마찬가지로 상징적이어서 드라마의 전체 방향을 가늠케 해준다.

첫 등장장면에서 윤지훈은 카메라의 아래에서 그리고 등 뒤에서 찍힌 다. 인물의 앞면을 보여주는 것이 아니라 역광과 함께 아래에서 그리고 뒤에서 인물을 제시하는 이러한 카메라 기법은 윤지훈의 캐릭터를 신비 화하는 효과를 거둔다. 진위를 명징하게 판단할 수 있는 의식의 소유자 이자 그로써 혼란해진 공동체의 질서를 바로잡는 윤지훈의 영웅적 면모 가 이미 이 등장 씬에 압축되어 나타나고 있는 것이다.

제시부에서 이명한의 첫 모습은 그의 뒷모습을 화면상 오른쪽에서 왼

쪽으로 이동시키며 찍다가, 전후방 방향의 반원 180°를 회전하여 그의 얼굴 전면이 클로즈업되는 것으로 제시되고 있다. 첫 모습의 초반부에서 카메라 프레임에 들어오는 것은 이명한이 전방으로 바라보고 있는 공간이다. 그러나 후반부에서 카메라 프레임에 들어오는 것은 이명한을 중심으로 한 후경의 공간이다. 초반부에서 후반부로의 카메라 이동(Dollying)과 그로 인한 공간상의 급격한 변환은 극 전개상 앞으로 국과수의 원장이 되어 권력과 결탁함으로써, 주 인물인 윤지훈과 첨예한 갈등을 일으켜 극의 상황에 불안정함을 가져올 그의 캐릭터를 상징적으로 시각화한다.

이외에도 플래시백되는 제시부에서는 윤지훈과 정우진이 과거에 연인 사이였음이 그들의 대화를 통해 드러나고, 윤지훈의 고등학교 졸업 사진을 통해 국과수 원장이자 그의 스승인 정병두와의 떼려야 뗄 수 없는 관계가 설명되고 있다. 또한 국과수 소속 법의학자 구성태의 내레이션에 의해 국과수의 기관들이 차례차례 소개되고 한 팀의 파트너로서 윤지훈-고다경, 정우진-최이한이 처음 관계를 맺는 장면이 연출되고 있기도 한다.

결과적으로 1회 전체에 걸쳐, 플래시백의 제시부와 부검장면의 진수부가 합쳐져 구성된 모두(冒頭) 부분이, 전체 서사 구조의 기능상 큰 비중을 차지하고 대중영화의 편집기법에 비견될 만큼 시청각적 스타일이 유표화된 데에는 아무래도 첫 회의 연출을 맡았던 이가 영화감독 장항준이었음에 기인한 바가 클 것이다.

스타일적으로 유표화된다는 것이 〈싸인〉의 장르적 특징 중 하나다. 바꾸어 말해 법의학 드라마 〈싸인〉의 장르적 속성은 범인의 체포로 도달할 수 있는 결론에서만 도출되는 것이 아니라 시작부의 서사적 연행이 진행시키는 기대와 서스펜스, 호기심 등의 전체적 총합으로도 구성된다. 진수부의 부검 과정은 생물학적 인간 몸의 해부와 인간 몸에 남겨진 흔적의 탐색을 통해 그와 같은 서사적 흥미의 증감을 조절하고 시청자를 극중 세계의 특수한 위치로 '입장(Entrance)'시키는 데 결정적 역할을 한다. 플래시백의 미학적 장치를 활용한 정교한 제시부는 법의학적 검시와 관련하여 과거, 현재, 미래를 상호 얽히게 함으로써 텍스트 시작 부분의 움직임을 좀 더 역동적으로 구성하는 바, 이러한 극중 세계로의 가담에 대한 도약의 '발판(Scaffold)'을 시청자에게 마련해준다고 볼 수 있다.

3. 이차 언술의 시작 : 각 에피소드의 시작과 사회적 몸해부의 착수

일반적인 서사체에서 일차 언술의 시작이 텍스트 첫 문장과 페이지의 출발을 뜻한다면, 이차적 언술의 시작은 각 개별 장(Chapter) 첫 문장과 페이지의 출발을 뜻한다. 텔레비전 드라마의 경우 이 논문에서는 이차적 언술의 시작을 개별 에피소드가 시작할 때로 정의할 것이다.

20부작인 〈싸인〉은 1주에 2회씩 방영되는 형태로 약 2달 남짓 방송되었다. 결과적으로 풍부한 서사정보와 다층적이면서도 집약적인 내러티브, 그리고 많은 인물들의 욕망 및 사건을 끌고 나갈 수 있는 복합적 수수께끼가 〈싸인〉의 2차적 언술을 복수화하였고, 서사적 망을 형성하였다. 이러한 에피소드들이 연결되기 위해 서사의 시작 부분이 전개되는 방식을 조망하기 전에, 일차 언술의 시작과 이차 언술의 시작이 어떠한 관계를 맺는지 우선 고찰되어야 할 필요가 있다. 다종다양한 이차 언술은 일차 언술의 내용들과 긴밀한 연계를 한 순간도 상실하지 않으며, 역으로 일차 언술의 내용은 다층적 이차 언술들을 통해 의도한 주제를 발전시키기 때문이다.

앞서 살펴본 것처럼 서윤형 부검과 그와 관련된 배경 정보의 제시가

〈싸인〉첫 회의 주된 내용이었다. 첫 회 이후에는 3회 중반까지 서윤형 부검의 에피소드가 계속해서 전개된다. 윤지훈이 공식 허가를 받지 않고 부검한 데에 대한 검찰의 국과수 압수수사가 이루어지고, 이명한의 계략과 거대 권력의 음모에 의해 윤지훈의 부검 소견서가 인정받지 못한 결과, 정병두가 국과수 원장에서 물러나며 윤지훈이 지방 분원으로 좌천된다는 것이 그 내용이다. 〈싸인〉1회에서 3회 중반까지의 첫 에피소드만 놓고 봤을 때, 1회 자체는 첫 에피소드의 시작부에 해당하는 셈이라 할 수 있다. 이후 3회 중반부터 20회까지 다양한 사건들이 전개되는데, 작은 사건들의 해결이 이루어지는 와중에 극이 끝으로 갈수록 극 초반부 서윤형 의문사 사건을 해결하기 위한 수사 쪽으로 초점이 모아진다. 즉 1회는 1회부터 3회까지 에피소드의 시작부에 해당하고, 1회부터 3회까지의 에피소드 자체는 다시 1회부터 20회까지 극의 전체 내용에 대한 시작부에 해당된다. 바꾸어 말해 1회부터 3회 중반까지는 '범죄의 발생→희생자의 발견→수사의 시작→수사의 제 국면→진상의 규명과 가해자의 확인→확인 결과→해결의 여부'라는 완결된 에피소드를 가진 서사체를 형성한다. 하지만 진상의 규명과 가해자의 확인이 제대로 이루어지지 못하기 때문에, 그 수수께끼가 3회 중반부터 마지막 회까지 드라마 전체를 이끌어나가는 동기적 요소가 된다. 결국 1회부터 3회까지의 내용만을 놓고 봤을 때, 1회 자체는 수사의 시작이라는 단계로 인식될 수 있고, 1회부터 20회까지의 전체적인 내용을 놓고 봤을 때, 1회부터 3회까지의 내용은 동일하게 수사의 시작이라는 단계로 환원될 수 있다.[9]

이와 같은 시작부의 중첩적 서사구조에 의하여 생물학적 인간 몸에

---

9 수사물, 경찰 드라마, 미스터리물, 탐정 서사 등에 보편적으로 적용될 수 있는 절차적 서사 구조와 그 기능은 Chandler Harriss, "Policing Propp : Toward a Textualist Definition of the Procedural Drama", *Journal of Film and Video*, 60.1, 2008, pp.43~59 참조.

관한 윤지훈의 법의학적 시선(Gaze)[10]은, 사회적 질서를 혼란에 빠트리는 범죄 용의자에 대한 감시의 판옵티콘(Panopticon)적 시선으로 확대된다. 구체적으로 보자면 3부 중반부터 윤지훈은 여러 사건들을 맡게 되고 희생자들을 부검한다. 예컨대 가족의 생계를 위한 보험금 때문에 자살한 가장, 부모에게 버림받고 뭇 여성에게도 거부되어 세상에 대한 복수심으로 뭉친 안수현에 의해 살해된 여성들, 미군에게 총을 맞고 죽은 건달 양정모, 그리고 재일 조선 여성의 백골사체가 그의 부검대에 올라온다. 또한 기업의 비리 때문에 오너에게 살해당한 기업 임원들, 공장의 폐수로 인한 탈륨 중독에 죽은 촌부, 학벌만능주의의 피해 의식을 게임 중독으로 풀던 이호진에게 살해당한 여성 희생자들도 그는 검시하게 된다. 마지막으로 대권후보의 딸이나 사이코패스로서 서윤형 사건의 진범인 강서연이 죽인, 서윤형 사건의 용의자들의 몸 역시 그는 해부한다. 정리하자면 윤지훈은 3회 중반부터 여러 희생자들의 몸을 검시하면서 살인 사건 수사에 관여하게 된다. 하지만 그가 집도하는 특수 부검실에 들어온 시체들은 단순히 범죄와 연관된 희생자라는 면만을 가진 것이 아니다. 그보다 증거를 찾기 위해 그가 사체에 투과하는 법의학적, 임상적 시선은 희생자의 몸을 초월해 사회적으로 구성된 사회적 몸에 대한 탐구를 검시 절차에 유의미하게 접맥시킨다고 볼 수 있다. 죽은 몸에 남겨진 흔적들과 목소리를 '읽고', '듣고', 부검 소견서에 '기록'함으로써, 그는 범죄와 연관된 선악, 진위를 '체계화'하고, '문서화'한다. 그 결과 1회 시작부의 생물적 몸에 대한 검시의 시선은 3회 이후부터 범죄와 범죄자에 관한 감시와 통제의 시선으로 확장된다. 요컨대 〈싸인〉에서 인간 몸의 해부는 생물학적 앎을 생산하고, 동시에 정상적/비정상적 시민성의 개념에

---

10 상상계적 보기 자체의 행위가 강조되는 '눈(Eyes)'의 개념과 달리 '시선(Gaze)'에는 바라보는 주체와 바라보이는 대상의 관계적 특징, 상징계적 관계가 함의되어 있다.

관한 사회학적 앎 또한 생산한다.[11] 이러한 생물학적, 사회학적 지식 생산의 착수 과정이 각 에피소드의 시작부에 배치되어 시청자 역시 흥미와 관심을 지닌 채 윤지훈의 법의학적, 판옵티콘적 감시, 규제, 통제의 시선을 관음증적으로 쫓기 시작한다고 볼 수 있다. 물론 이러한 일련의 과정을 가능하게 하는 것은 수사극의 도식적 내러티브가 확대 적용된 결과일 테다. 바꾸어 말해 윤지훈의 시선을 대리 체험하는 시청자는 사회적 범죄를 통어한다는 통제력의 우월감을 느끼지만 감시 행위의 실질적인 책임과 의무로부터 자유로움 역시 지각하므로, 〈싸인〉의 영상이미지에 보다 쾌락적으로 몰입하게 된다. 그런 바, 그것은 전형적인 수사극의 시작부로서 도식성과 오락성의 측면을 증시한다는 점을 우리는 주지할 필요가 있다.

그렇다면 법의학적 시선이 판옵티콘적 시선으로 발전되기 위해, 개별 에피소드는 실제로 어떻게 시작하고 있는가? 즉 인간의 몸이 처음 부검되기까지 각 에피소드의 시작 장면은 과연 어떠한 과정으로 구성되는가? 그리고 그 시작 전략은 범죄를 문제적 지점으로서 기원화하고 판옵티콘적 시선으로 검열하는 것과 무슨 관계가 있는가?

앞서 지적한 대로 시작의 자기 반성적 전략은 시간적 연속체를 단절시키고 시간적 연속선상의 중간에서(in medias res) 시작하는 인위적 출발의 의미를 함축하고 있다. 그러므로 시작의 전략은 곧 시간을 조절하는 방식과 항상 연계된다. 우리는 이 시간성을 언술의 시간, 스토리의 시간, 그리고 그것들이 조합돼 가리키는 외부의 지시적 시간(Reference Time)으로 분류해볼 수 있을 것이다. 다시 말해 보고하는 사건의 배열 방식(언술

---

11 법의학적 드라마의 임상적 시선에는 사회적 판옵티콘의 시선이 장르적 특성상 내재되어 있다. David P. Pierson, "Evidential Bodies : The Forensic and Abject Gazes in CSI : Crime Scene Investigation", *Journal of Communication Inquiry*, 34.2, 2010, pp.184~192 참조.

의 시간), 보고되는 사건의 배열 방식(스토리의 시간), 그리고 사건의 실제 발생 시간(지시적 시간)이 맺는 관계에 따라 사건의 기원이 인식되는 방식은 달라진다.[12]

이상의 분석도구를 수단으로 〈싸인〉의 2차 언술 시작 전략을 분석해보자.

첫째, 언술의 시작 시간이 스토리 시작 시간과도 일치하지 않고, 지시적 시작 시간과도 일치하지 않는 경우다. (언술의 시간 ≠ 스토리의 시간, 언술의 시간 ≠ 지시적 시간)

예컨대 첫 에피소드에 속한 4회에서는 남부분원으로 좌천된 후 윤지훈과 고다경이 시체 한 구를 부검하는 과정이 그려지고 있다. 부검의 시작으로 언술의 시간이 시작한다. 하지만 이 시체는 타살을 위장해 자살하였다. 자살 장면은 부검 이후 윤지훈의 추리에 의해 플래시백으로 서술된다. 즉 범죄 발생 시간인 지시적 시간은 언술 시작 이후에야 나타난다. 결국 타살을 위장하여 자살을 한 까닭이 가족의 생계를 위해 보험금을 타려는 목적에서 비롯되었다는 사실이 에피소드가 진행되면서 밝혀진다. 바꾸어 말해 스토리의 시작 시간도 언술의 시작 시간과 불일치한다.

둘째, 언술의 시작 시간이 스토리의 시작 시간과는 일치하지 않지만, 지시적 시작 시간과는 일치하는 경우다. (언술의 시간 ≠ 스토리의 시간,

---

12 예컨대 한국 전쟁의 발생일인 1950년 6월 25일은 '지시적 시간'에 해당한다. 이때 한국 전쟁의 원인이 되는 일들을 1910년의 한일합방으로까지 거슬러 올라가 파악하는 역사가가 있다고 해보자. 그렇다고 한다면 1910년은 한국전쟁에 대한 '스토리의 시간'이 처음 시작되는 지점일 것이다. 이 경우 역사가가 한국 전쟁 통사를 기술하기 위해 취하는 '언술의 시간'은 1910년에서 시작할 수도 있고, 1936년 중일 전쟁에서 시작할 수도 있고, 1950년 6월 25일 시점에서 시작할 수도 있으며, 2000년의 시점에서 시작할 수도 있다. 각각의 스토리 시간, 언술 시간, 지시적 시간이 맺는 관계에 따라 역사적으로 서사화된 한국 전쟁의 이데올로기적 지향점은 다를 수밖에 없을 것이다. Philippe Carrard, "September 1939 : Beginnings, Historical Narrative, and the Outbreak of World War II" In Op.cit., Brian Richardson(Ed.), 2008, pp.63~78.

언술의 시간 = 지시적 시간)

일례로 4회부터 7회 중반까지 이어지는 연쇄 살인마 안수현의 에피소드는 안수현이 유현주를 살해하는 장면부터 시작한다. 즉 언술의 시작 시간은 범죄 발생 시간인 지시적 시작의 시간과 일치한다. 그러나 안수현이 살인마가 되기까지의 과정, 부모에게 버림받고 짝사랑하던 여성에게도 거부되어 세상에 대한 복수심으로 뭉치기까지의 스토리는 차후에 최이한의 보고를 통해 가시화된다. 언술의 시작 시간과 범행 관련 스토리 시작 시간이 불일치하는 경우라 할 수 있다.

셋째, 언술의 시작 시간이 대부분 스토리의 시작 시간과 일치하고, 지시적 시작 시간과도 미세한 간격만을 지닌 채 일치하는 경우다. (언술의 시간 = 스토리의 시간, 언술의 시간 = 지시적 시간)

19회부터 20회까지의 에피소드에서는 서윤형 사건의 진범인 강서연이 주인공 윤지훈을 살해한다. 이 살해 사건은 윤지훈의 입장에서 그가 대면해야 하는 '현재'로서 진행된다. 환언컨대, 첫 회 강서연과 윤지훈의 거시적인 스토리를 논외로 하고, 이 에피소드만 놓고 봤을 때, 윤지훈이 이제 부검되는 피해자가 되므로, 언술의 시작과 함께 스토리의 시작, 지시적 시작의 시간이 거의 겹쳐지고 그 간격이 최소화된다고 볼 수 있다.

첫 번째 모델의 경우, 부검이 진행된 후 플래시백의 기법을 통해 '숨겨진' 범행 스토리와 범죄 발생의 순간이 보고되는 식으로 범죄가 다루어진다. 두 번째 모델의 경우는 그 반대로, 범죄 발생 당시 가해자의 폭력적인 범행이 먼저 에피소드의 '첫 장면에서' 시각화되고, 그 뒤 부검이 시행되어 용의자를 쫓는 것으로 범죄가 형상화된다. 세 번째 모델의 경우에, 범죄는 이미 남의 이야기가 아니라, 윤지훈이 범죄 희생자가 되어 '직접' 겪는 일로서 취급된다.

첫 번째 모델에 속하는 또 다른 범죄 사건으로는 재일 조선 여성의 백골 사체 부검과 관련된 에피소드와 환경오염 사건으로 인해 대방리에서 벌어진 죽음을 둘러싼 에피소드를 들 수 있다. 두 번째 모델에 귀속되는 여타의 범죄 사건에는 미 헌병대원 저스틴 상병의 양정모 살해 사건, 한 영기업 임원들의 교통사·돌연사·추락사, 이수정의 감전사, 이호진의 묻지마 살인 같은 것들이 있다. 세 번째 모델에 분류될 수 있는 것으로는 윤지훈 자신의 피살 사건과 함께, 서윤형이 속한 그룹의 소속사 대표인 주선우의 추락사를 손꼽을 수 있겠다. 주선우의 죽음 장면은 윤지훈이 그를 만나러 갔다가 주선우가 호텔에서 떨어지는 것을 실제 목격하는 바, 윤지훈의 현재적 시점으로 재현되기 때문이다.

첫 번째 모델은 대방리 사건을 제외하고 대부분 극의 초반부에 전개된다. 두 번째 모델은 극의 중반부에 집중된다. 그리고 세 번째 모델은 결말 부분과 근접하여 배치되어 있다. 첫 번째 모델에서, 세 번째 모델로 진입할수록, 시간성의 관계들에 의해 구성된 범죄의 기원적 속성은 윤지훈이 객관적 태도를 유지할 수 있는 성질의 것에서 윤지훈 자신의 정체성 발견에 있어 중요한 의미를 가지는 사건으로 발전한다. 즉 세 번째 범죄의 기원적 속성, 강서연에 의해 윤지훈이 살해당하는, 경험적 자아에게 닥친 범죄의 시작은 지훈이 증거를 위해 자발적으로 희생하여 과학적 진실을 완성시킨다는 점에서 윤지훈 자신이 재탄생하는 인식론적 기원의 서사와 맞물려 있다. 시작부는 언제나 권위, 전통, 계통, 관계들을 환기한다는 점을 주지해보자. 지훈을 괴롭히던 20년 전의 사건, 존경하던 스승인 정병두가 부검을 조작하고 그로써 "법의관은 과학적 진실만을 말한다."는 인식론적 토대가 붕괴되어 파블라의 첫 시작 부에 오염과 혼란으로 남아 있던 기원을, 지훈은 자신의 희생을 통해 새롭게 정화시키는 것이다.

정리하자면, 2차 언술의 시작부에서 범죄의 재현 순간은, 극이 전개될수록 윤지훈 개인의 인식론적 전환을 가져오는 시간적 차원으로 구성된다. 이와 함께 과학적 진실의 토대와 기원이 결정화(結晶化)되어 간다. 진실의 확립은 선악의 위계가 다시 공고화된다는 것을 의미하고 아울러 혼돈에 빠졌던 공동체의 질서가 이러한 윤지훈 개인의 인식론적 성장과 발맞추어 회복된다는 것을 의미한다. 그러므로 이 과정을 거치면서 시작부의 법의학적 생물적 몸의 탐색은 사회적 몸의 일망 감시 착수라는 소기의 목적을 달성하게 된다. 이에 따라 시청자가 선악과 진실의 통제자로서의 대리적 정체성을 획득하고, 드라마의 시작을 점점 자신의 경험론적 자아에 밀착시켜 동일시하는 연행적 효과 또한 생산된다고 볼 수 있다.

4. 삼차 언술의 시작 : 후속 회의 시작과 시청자 시선 해부의 착수

텔레비전 연속극의 개별 에피소드 시작은 후속 회의 시작과 반드시 일치하는 것은 아니다. 다시 말해 이차적 언술로서 개별 에피소드의 시작은 한 회의 방영 중간에 삽입되고, 개별 에피소드가 진행되는 중간 지점에서 보통 후속 회가 시작된다. 이렇게 시작 방식이 다변적으로 구성된 까닭은 오랜 방영 기간 동안 시청자의 흥미와 관심을 계속해서 유지하려는 의도 때문이다. 예컨대 4회에서 에피소드 1이 시작하고 5회에서 에피소드 2가 시작하는 등 개별 회 차의 진행에 맞게 에피소드가 시작하기보다는 에피소드 1의 중간에서 5회가 시작하는 것이 에피소드에서 에피소드로의 서사 발전을 긴장감 있게 인출하는 한 방편이 된다. 따라서 후속 회의 시작 속에서 우리는 3차 언술의 시작이라는 텔레비전 드라마 시작부의 또 다른 성격을 추적할 수 있다.

그렇다면 〈싸인〉 후속회의 시작은 구체적으로 무슨 내용으로 이루어져 있고, 어떻게 시작하는가? 위에서 검토한 1차 언술, 2차 언술의 시작과 3차 언술의 시작이 맺는 관계에서 어떠한 주제적 의미와 서사적 기능이 간취될 수 있는가? 그리고 그것이 시청자에게 미치는 영향은 무엇인가? 물론 후속 회의 시작에 영향을 미치는 요인에는 본고에서 논하려는 심미적 요인 이외에도, 방송극의 특성 상경제적, 기술적 요인의 문제들이 연루될 수 있다. 그러나 지면의 여건상 경제적, 기술적 요인들이 〈싸인〉 후속 회의 시작 방식에 미친 영향은 생략하고 본고에서는 심미적 요인만을 집중적으로 다룰 것이다.

먼저 후속회의 시작 부분이 담고 있는 내용에 대해 살펴보자.

11회의 한영기업 임원들의 사고사 순간, 14회의 이수정 감전사, 그리고 15회의 이호진 의 묻지마 살인 순간, 20회 지훈의 시신 발견 순간은 폭력적인 장면들로 구성되고 수사의 시작 단계에 속하여 2차 언술의 시작과 3차 언술의 시작 간에 큰 차이가 없다. 반면 이외 후속 회는 대부분 수사의 시작 부분이 아니라 본격적인 수사의 제 단계에 속하는 장면에서 시작하고 결과적으로 에피소드의 중간에서 3차 언술의 시작을 취한다. 예컨대 첫 부분적 증거 발견과 해결의 실마리가 지훈의 서윤형, 주선우 부검 소견 진술을 통해 드러난다(2회, 16회). 하지만 그러한 해답들이 극을 끝내는 기능을 하는 것이 아니라서 재차 새로운 부분적 증거들이 발견되기도 하고, 사건의 미해결에 주인공들이 좌절하기도 하며, 또한 다시 수사를 개시하는 등의 시행착오가 후속 회의 시작부에 배치되기도 한다. 부검 정당성이 일자 정병두가 재차 서윤형을 부검하게 되고, 다경이 남은 미세 샘플을 증거로 서윤형 사건의 재수사를 지훈에게 독촉하며, 안수현에 대한 새로운 증거들이 밝혀지는 농장 장면이 이에 속한다. 국과수 법의관 자격을 박탈당한 다경의 모습이 그려지는 시작 부분도 마찬가지라 할 수 있다(3회, 4회, 6회, 10회). 반면 UV 조명을 구하기 위해 지훈, 다경이 뛰어다니는 모습이나 일본 부검의 레이코와 다경의 만남, 그리고 지훈의 스승인 정병두의 자살과 장례식을 거치면서 정보원, 협력자와 주인공들과의 관계 맺음이 시작부에서 전개된다(5회, 8회, 12회). 국과수의 모토를 근거로 이명한을 지훈이 비난하고 한태주의 죽음에 대해 검찰 시민위원회실에서 지훈이 증언하는 상황, 이명한과 다경이 미세샘플을 두고 대립하는 씬에서는 증거의 입수와 국과수의 이념 때문에 드라마의 인물 간 갈등이 심화되는 모습이 시작 장면에서부터 그려진다(9회, 13회, 17회). 안수현이 다경을 뒤쫓고, 이호진에 의해 우진이 살해될 처지에 처한 순간 그리고 다경과 이호진의 만남에서는 용의자의 확인과 체포, 놓아줌이 시작 부분을 차지한다(7회, 18회, 19회).

그 시작의 방식도 여러 가지다.

첫째, 가장 기본적인 형태는 이전 회에서의 엔딩 장면이 다음 회에서의 오프닝에서 그대로 동일하게 반복되는 경우다. 예컨대 다경과 이호진의 대면 순간으로 시작되는 19회의 오프닝은 이전 회인 18회의 엔딩 장면과 거의 동일하다. 18회에서도 다경과 이호진의 대면으로 끝났고 19회의 오프닝 장면에서도 동일한 허구적 세계를 다루고 있다. 후속 회를 시작하는 가장 일반적인 방법이라 할 수 있을 것이다. 이 경우 이전 회의 장면을 놓쳤던 시청자에게도 동일한 정보를 제공해주는 이점이 획득된다. 시청자가 1회부터 20회까지 연속해서 드라마를 보리라는 가정은 절대적으로 성립될 수 없기에 다수의 후속 회에서 이 기법을 사용한다(4회, 7회, 8회, 9회, 17회).

둘째, 이전 회의 엔딩 장면을 그대로 반복하되 다음 회에서의 오프닝에 잉여적 정보가 추가되는 경우가 있다. 15회의 엔딩과 16회의 오프닝에서 이 점이 명백히 확인된다.

> 지훈 : 전신에 다발성 손상이 확인됐고 추락으로 인한 골절이 확인
>   됐습니다.
> 우진 : 그래서 자살인가요? 타살인가요?
> 지훈 : 주선우의 사망추정시간은 오후 열한시가 아닌 오후 일곱시

주선우의 사인은 추락사가 아닌 목졸림에 의한 질식사, 사망의 종류는 명백한 타살입니다. (15회 엔딩 장면)

지훈 : 전신에 다발성 손상이 확인됐고 추락으로 인한 골절이 확인됐습니다.
우진 : 그래서 자살인가요? 타살인가요?
지훈 : 눈꺼풀에 일혈점, 조직색깔 암적색, 혈액은 유도혈 장기에서는 울혈이 발견됐습니다. 이건 일반적인 질식사에서 볼 수 있는 소견입니다.
지훈 : 주선우의 사망추정시간은 오후 열한시가 아닌 오후 일곱시 주선우의 사인은 추락사가 아닌 목졸림에 의한 질식사, 사망의 종류는 명백한 타살입니다. (16회 오프닝 장면)

15회의 마지막 장면에서 지훈은 주선우의 사인을 질식사, 타살로 결론 내린다. 이 장면상 시청자는 소견서의 결론 부분만 알 수 있다. 그래서 그 상세한 내역에 대해 시청자는 궁금증을 품게 된다. 16회의 오프닝 씬에서는 이러한 궁금증이 해결된다. 15회의 엔딩 장면이 반복되면서도 부검 소견의 과학적 근거를 지훈이 더 자세하게 설명하고 있기 때문이다. 결과적으로 벽돌을 쌓듯이 추가적 정보를 덧붙이는 후속 회의 시작은 긴장감, 기대감을 배태해 시청자를 극중 허구 세계에 보다 더 깊이 관여하게 만든다. 증거 발견과 범죄 해결의 단초를 제시하는 장면들이 대부분 이 기법을 사용하고 있어서 그것은 시청자의 시선이 지훈의 법의학적, 판옵티콘적 시선을 관음증적으로 쫓는 데 지대한 기여를 하게 된다(2회, 5회, 13회, 18회).

셋째, 이전 회의 엔딩 장면과 시공간적으로 분리된 장면이 후속 회의 오프닝에서 시작하는 경우가 있다. 11회의 엔딩 장면에서는 정병두가 20년 전 부검 조작 문제로 괴로워하다가 급기야 자살을 하고 그의 사체를 지훈과 다경이 발견하는 것으로 끝이 난다. 12회의 오프닝 장면에서는 시공간적 배경이 옮겨져 국립과학수사연구소를 정병두의 영정이 한 바퀴 돈 후 장례식차가 장지로 향하는 광경이 연출된다. 지훈의 죽음이 발견되는 20회의 오프닝 장면도 19회의 엔딩에서는 재현되지 않은 장면이다. 19회는 지훈과 강서연이 서윤형 사건의 마지막 증거 자료인 CCTV 녹화 테이프를 놓고 첨예하게 맞서는 순간 끝이 난다. 그리고 20회 시작 부분에서 지훈의 아파트를 찾은 다경에 의해 지훈의 시체가 목격되는 까닭에 지훈이 어떻게 죽었는지에 대한 이야기는 공란으로 누락되는 바, 그의 죽음이 지닌 비극성이 심화된다. 이렇게 이전의 엔딩을 그대로 반복하지 않고 내용상 차이를 지닌 장면들로 후속 회를 시작하는 경우 이전 회의 장면과 단절되거나 그로부터 점프하여 보다 더 드라마틱한 극구성이 가능해진다. 예컨대 급박한 이야기 전개나 가해자가 범행을 저지르는 상황에서 이 기법은 효율적으로 사용되고 있다(3회, 6회, 11회, 10회, 14회, 15회).

결론적으로 말해, 3차 언술로서 후속 회의 시작은, 내용상 범죄 실행의 폭력적인 장면에서 출발하는 수사 시작 부분 혹은 에피소드 중간부에 해당하는 수사상의 제 단계로 이루어진다. 그래서 연속극이 오랜 시간 동안 방영되기 위한 조건, 수용자의 시청 경험이 허구 세계에 대한 인지적, 감정적 '증가일로'의 경험이 되는 데 그것은 결정적 구성소로서 기능하게 된다. 형식적으로 봤을 때, 이전 회의 엔딩 장면과 3차 언술의 시작은 등가적, 잉여적, 결핍의 관계를 맺는다. 해서 이전 회의 엔딩과 후속 회의 오프닝은 구분된 것이 아니라 이중적이며, 비결정적인 차원의 해석적 인자가 되어 이어지는 장면들을 위해 시청자의 지각경험을 예열시키는 기능을 하게 된다. 그로 인해 영화와 달리 주의가 분산되는 밝은 곳에서 허구 세계를 목도하는 방송 드라마 시청 경험의 제약에도 불구하고 현실 세계와 허구 세계의 탄력적인 중재가 이루어진다고 볼 수 있다.

법의학 드라마 〈싸인〉의 장르 해명에 후속 회의 시작 부분이 중요한 이유는 바로 이 지점이다. 후속 회의 오프닝은 실제 우주와 허구적 우주 사이의 지렛대이자 받침대로서, 시청자가 현실 세계에서 허구 세계로 등정하는 데 결정적인 역할을 한다. 때문에 후속 회의 시작은 시청자의 반응, 허구 세계로의 몰입과 그것으로부터의 이완을 예측해보고, 장르적 특성에 대한 기대에 따라 시청자의 정체성이 형성되는 과정을 탐구할 수 있는 한 지표가 된다.

앞서 지적했듯이 첫 회의 시작은 죽은 몸에 대한 지훈의 법의학적 시선을 노출한다. 이후 개별 에피소드의 시작은 법의학적 시선이 확대되는 과정으로 감시적, 통제적 목적을 가진 지훈의 판옵티콘적 시선이 에피소드 발전에 맞춰 제공된다. 그 결과 법의학 드라마로서 〈싸인〉의 장르적 속성이 시청자에게 자연스럽게 받아들여진다. 이 과정은 후속 회의 시작 부분에서 더 강화된다고 볼 수 있다. 예컨대 부검을 통해 증거를 채취하는 2회, 16회 시작 부분이나 지훈이 국과수의 모토로서 "객관적이고 과학적인 증거로 사건의 진실 규명"을 강변하는 9회의 시작 부분에 의해 그러한 공식적 상태의 시선이 시청자에게 자기 검열의 형태로 내재화된다. 시청자는 사체 내부를 메스로 절개하고 미세섬유를 CG 그래픽으로 확대시켜 영상화하는, 돌출되고 고양된 시청각적 스타일의 시작 부분들을 지각하는 바, 한 인간의 몸을 통제하는 검시적 시선을 보다 더 강렬한 기억으로 지훈과 공유하게 된다. 또한 "과학적 진실 규명"의 발화로 시작되는 장면에서 작동되는 판옵티콘적 시선 역시 지훈의 캐릭터에서 찾아지는 도덕적 권위로 인해 정당화되어 각인력을 가지고서 시청자에게 내접된다고 볼 수 있다. 이러한 양상의 결정판은 20회의 오프닝 부분에서 살인자의 흔적을 자신 몸에 남기고 자기 자신이 스스로 증거 자체, '싸인'이 되어 죽음을 맞이한 것으로 그려지는 지훈의 모습에서일 것이다. 개별 에피소드의 시작에 해당하는 부분과 후속 회의 시작 부분이 중첩되는 까닭에 20회의 오프닝은 장르적 테크닉의 효과로써 시청자들의 반응과 이에 상응하는 에너지를 강력하게 용출시키고 있다. 즉 여기서 우리는 사회적 리얼리티를 객관화된 생물적 표지로 환원시키는 극도의 신체정치학을 엿보게 된다. 개인의 문화적 정체성을 신체적 표지로 단선화시키는 방법으로 지훈의 살신 성인적 면모를 연출하는 이 오프닝 장면은 사회적 질서의 중요성을 끊임없이 정립하고, 악행 제거의 필요성을 다시 한번 확인하는 범죄 드라마의 장르적 관습과 문법[13]을 되풀이하고 있다.

하지만 시청자들의 시선이 법의학적, 판옵티콘적 시선을 무조건적으로 추수(追隨)하는 것만은 아니다. 20회의 오프닝에 대해 극단적이라는 시청 소감이 터져 나왔듯이, 수용자로서 시청자는 허구 세계의 의미를 분쇄할 수도 있는 능동적 존재이기도 하다. 그 가장 큰 원인을 우리는 각 후속 회의 오프닝에서 폭력적, 자극적으로 그려지는 부검 장면과 범죄자들의 범행 장면, 희생자들의 죽음 순간에서 찾을 수 있겠다. 이러한 장면들이 임상적, 일망 감시의 통제적 시선을 시청자에게 대리 체험하게 하기도 하지만 역설적으로 그것은 의미상의 혼란을 야기하기도 한다. 왜냐하면, 썩어가는 시체와 몸의 내장, 분비물 그리고 사회적 터부인 극악한 범죄, 범죄자는 본질적으로 어브젝트(abject)한 존재들이기 때문이다. 줄리아 크리스테바(Julia Kristeva)가 지적한 대로 어브젝트는 인간에게 필멸성, 물질성을 환기시켜 주체와 대상, 자아와 타자 사이에 의미론적 충돌과 위협을 가져온다. 하지만 어브젝트한 것들은 모호하고 경계가 불분명하기 때문에 공포의 대상이자 매혹의 대상이 되기도 한다. 따라서 후속 회의 〈싸인〉 오프닝 부분에서 사체의 부검 장면, 잔인한 살해 장면 등이 다루어질 때, 특권적 위치로 인해 그것은 인간 몸을 향한 강력한 어브젝트의 시선을 일차, 이차 언술의 동일 장면에 비해 보다 강도 높게 시청

---

13 Brooks Robards, "The Police Show", *TV Genres : A Handbook and Reference Guide*, Brian G. Rose et al(Ed.), Westport, Conn. : Greenwood, 1985, pp.11~31.

자의 시선에 침전시킨다. 이 경우 주로 활용되는 포인트오브뷰 숏(Point-of-view Shot)은 시청자들이 법의관이 되어 평소에 볼 수 없었던 것을 볼 수 있게 하는 비쥬얼적 스펙터클의 매력을 제공한다고 볼 수 있다. 혹은 범죄자의 주관적 시선을 통해 희생자를 뒤쫓는 착각을 느끼도록 분위기를 조장하여서 그것은 시청자들이 사체에 냉담한 법의학적 시선만을 견지할 수 없도록 유도하기도 한다. 그래서 법의학적, 판옵티콘적 시선을 시청자들이 음미하기는 하나, 정체성, 시스템, 질서의 감각이 삭감되고 파탈되는 이미지들을 이들 장면을 통해 시청자들은 아울러 지각하게 된다.[14] 요컨대 법의학적, 판옵티콘적 시선과 어브젝트한 시선 사이, 질서 감각이 구비된 신화와 혼란한 감각의 반신화 사이, 강력한 코드화와 의미망의 내밀함이 떨어지는 코드화 사이로, 드라마 〈싸인〉 후속 회의 오프닝은 시청자 시선의 해부를 착수한다. 뒤집어 말하자면, 시청자는 그와 같이 오프닝에 내재한 양가적 긴장감을 내면화한 채 드라마 〈싸인〉의 허구 세계에 입사하며, 텍스트 전체에 대한 해석력을 암시받는다. 이러한 모습은 허구적 텍스트와 시청자 사이에 펼쳐지는 상호행위의 양상이라 할 수 있다. 허구적 텍스트와 시청자 간의 협력, 경쟁, 갈등, 기대감, 욕망의 인정 투쟁이 촉발되고 자극되는 틈새, 빈공간의 동학(動學)을 그것은 입상화한다. 그런 바, 〈싸인〉의 후속 회 시작 부분은 드라마 텍스트와 시청자 간에 벌어지는 상호작용의 에너지, 효과가 집약적으로 나타나는 일종의 연행적 무대일 것이다.

---

14 어브젝트의 시선은 Pierson, Op.cit., pp.193~196 참조.

5. 텔레비전 드라마의 시작부, 장르적 관습과 혁신 사이

이 논문은 시작 방식이 텔레비전 드라마 〈싸인〉의 허구 세계와 시청자 간의 상호 작용, 연행론적 이해에 괄목할 만한 의의를 가진다는 점을 전제로 하여 논의를 전개하였다. 끝 부분과 함께, 아니 그 이상으로 수용자의 기억에 가장 강렬하게 남는 부분이 어떤 다른 부분보다도 시작 지점이라는 보편적 사실은 이 논의 과정의 정당성을 뒷받침해준다. 더구나 매주 2회씩 방영되고 주의가 쉽게 분산되는 환경적 제약 속에서 방송되는 텔레비전 연속극의 특성상 시청자의 극중 세계로의 입사를 효율적으로 매설할 수 있는 곳이 필요하다는 점은 시작 방식에 대한 정치한 분석의 필요성을 암시하는 대목이다.

결과적으로 본고의 논의를 요약하자면 우선 〈싸인〉의 형식적 시작 방식이 첫 회의 시작인 일차 언술의 시작, 각 에피소드의 시작인 이차 언술의 시작, 후속 회의 시작인 삼차 언술의 시작으로 분류된다는 것을 지적할 수 있겠다. 일차 언술의 시작이 법의학적 시선으로 생물적 몸의 해부를 착수한다면, 이차 언술의 시작은 부검실을 넘어 사회 이곳저곳의 광역대로 임상적 시선을 확장시키는 바, 판옵티콘적 시선의 관점에서 사회적 몸의 해부를 착수하게 된다. 시청자는 이러한 시선들의 정치 문화적 효과에 따라 생물적 몸과 사회적 몸을 투시하며 그것의 통제를 관음증적으로 쫓고 법의학의 장르적 속성을 받아들이기 시작한다. 이때 스토리의 시간, 언술의 시간, 지시적 시간의 조합이 구성하는 범죄적 사건의 속성은 〈싸인〉의 파블라적 시작과 슈제트적 시작이 맺는 불일치의 간격을 서사적으로 조절하고 시청자를 드라마의 이데올로기적 지평으로 끌어들이는 데 유의미한 역할을 하게 된다. 그래서 그것은 〈싸인〉의 서사체를 시청자와의 상호작용이 일어나는 장소로 이해하게 하는 데 단초를 마련한다고 볼 수 있다. 특히나 시청자들이 〈싸인〉의 허구적 세계에 기입되고 동화되려 애쓰는 것만은 아니라는 점은 주목할 만한 내용이다. 법의학적, 판옵티콘적 시선으로 통어될 수만은 없는 극적 긴장감이 그 같은 시선의 대상이 되는 시체, 범죄 상황, 범죄자들의 형상에 은닉되어 있기 때문이다. 그것은 법의학적, 판옵티콘적 시선을 훼방해서 사회적으로 비준된 진실, 선악의 상징적 가치의 의미를 삭감시키려는 어브젝트한 시선의 충동이라 명명될 수 있겠다. 삼차 언술의 시작 지점은 현실 세계에서 허구 세계로 시청자를 견인하는 문턱이 되기 때문에, 부검, 범행 실행의 장면이 제공됐을 때, 이 어브젝트한 이미지는 일차, 이차 언술의 시작 지점의 동일 장면들에 비해 보다 더 강력한 시청자의 반응을 이끌어낸다. 그래서 법의학적인 판옵티콘적 시선과 어브젝트한 시선의 양시론적 긴장감의 시각을 가지고 〈싸인〉의 극중 세계에 시청자들이 입장하는 데 후속 회의 시작은 중요한 상황인으로서 기능하게 된다. 비유컨대 그것은 시청자의 시선을 해부하는 밑자리인 셈이다. 종합하자면 일차 층위부터 삼차 층위에 이르기까지 〈싸인〉의 다양한 언술 시작 지점은 드라마 텍스트와 수용자 간의 협력과 경쟁을 다방향적으로 굴절시키고, 구체화하는 여러 연행적 측면을 보여준다고 말할 수 있다.

　한 편의 드라마 〈싸인〉만을 가지고 연행론적 입장에서 시작부의 기능을 논하였으므로 본고의 결론은 대중문화의 전체적인 맥락을 고찰하는 데에 제한적이다. 그러나 〈싸인〉의 시작부를 재구해봄으로써, 범죄 드라마의 장르적 진화와 장르 내적 반성의 방향, 그리고 그로 인한 대중 예술사적 큰 흐름의 단편을 어느 정도 그려 볼 수는 있을 것이다. 예컨대, 개별 에피소드 시작부에서 사회적 몸이 판옵티콘적 시선으로 결박되는 장면은 수사물의 통속적 취향을 반증한다. 반면 여기에 대중 영화에서나 볼 수 있는 카메라워크로 부검 장면이 연출되고, 첨단 테크놀로지가 덧붙여지는 것은 그 같은 관습과 조화된 〈싸인〉만의 새로움이자, 도식성을 구체화하는 〈싸인〉만의 개별작품으로서의 개성이다. 그것은 범죄 드라마로서 〈싸인〉이 가지는 장르적 반성성의 자기의식에 준하는 것이다. 요약하자면 생체 기술이 몸을 점점 식민화하는 21세기의 시대 상황 속 관객의 흥미를 이끌어 내고 그들의 대리만족을 충족시키기 위해, 〈싸인〉은 부검이라는 새 테마와 영화적 스타일의 편집 기법을 수사물의 시작부가 가지는 뻔한 이야기 틀에 결합시켰다. 그 결과 〈싸인〉의 통속적 취향, 도식성은 이전 수사물과의 공통분모를 유지하면서도 그 참신함을 인정받아 대중적 오락성을 가장 효과적으로 서사적 시작 부분에 이끌어내게 된다. 이 같은 양상은 대중예술의 대중성이라는 실체에 가까이 다가설 수 있게 하는 단초이자, 수용자 집단과의 상호작용이 발견되게 하는 장소라는 점에서 몇 가지 시사점을 던져 줄 수 있으리라 판단된다.[15]

물론 텔레비전 드라마에 내재된 서사적 연행의 차원을 좀 더 확대하고 진전시키기 위해서는 보다 많은 텍스트의 시작부를 대상으로 하여, 시청각적 스타일 및 편집 기법을 분석하고 장르적 문법을 연구하는 일이 수반되어야 한다. 또한 시작부의 '착상' 단계가 실제로 본론에서 어떻게 '배열'되며 종결 부분과는 어떠한 상관관계가 있는지 전체 서사적 패턴을 고찰하는 작업도 시작 부분의 서사 구조와 기능에 대한 총체적 이해의 기틀을 마련하기 위해 꼭 필요할 것이라 생각된다.

텔레비전에서 발화되는 것은 "시장일 뿐만 아니라 동시에 민주주의라 불리는 것의 조건, 모든 사람이 공적 공간에서 어떤 대상에 대해서든, 어떤 사람에 대해서든 자유롭게 표현할 조건"[16]이다. 이제 타자와의 주된 소통 통로가 된 텔레비전의 위상을 인정하고, 그것을 온당하게 평가하기 위해서는 텔레비전 드라마와 시청자가 어떻게 상호작용을 벌이는지, 그

15 대중예술의 통속성과 개성에 대한 설명은 김혜련, 『아름다운 가짜, 대중문화와 센티멘털리즘』, 서울 : 책세상, 2005, 83~85쪽 참조.

16 자크 데리다 · 베르나르 스티글러, 『에코그라피 : 텔레비전에 관하여』, 김재희 · 진태원 역, 서울 : 민음사, 2002, 95쪽.

연행적 국면의 독자적 성격이 학문적으로 규명되어야 한다. 본고의 논의
가 이러한 전망에 대한 개별 사례로서 의의를 지닐 수 있기를 기대해본
다.

10장
〈황금의 제국〉에 나타난 대화의 연행성과 캐릭터화 기법

1. 텔레비전 드라마의 문체

2013년 방영되었던 SBS 드라마 〈황금의 제국〉은 텔레비전 드라마에서 그간 다루어지지 않았던 자본가와 노동자 간 '부의 재분배' 문제를 직접적으로 형상화한 드라마다. 밀면 가게 아들인 주인공 '장태주'가 재벌가인 '성진기업' 오너 가문의 부를 정복하려다 실패하는 과정을 통해 돈이 계층의 유일한 척도가 된 자본주의 사회의 병리적 질곡을 〈황금의 제국〉은 실감 있게 그려내고 있다. 주기적이면서도 순환적인 시청의 리듬으로 인해 진부함이나 무차이를 배제할 수 없는 텔레비전 드라마의 반복적 속성을 떠올려 볼 때,[1] 사회과학서적이나 경향소설에서나 나올 법한 계층 갈등 양상을 텔레비전 전면에 내세운 〈황금의 제국〉의 스토리는 이채롭기까지 하다.

〈황금의 제국〉의 사건이 발생하고 전개되는 주 무대는 거실, 집무실,

---

[1] 반복과 관련된 텔레비전 드라마의 미학에 대해서는 주창윤, 『텔레비전 드라마 : 장르 · 미학 · 해독』, 서울 : 문경, 2005, 15~37쪽 참조.

침실 등의 실내 공간이다. 화려한 볼거리의 액션 장면보다도 〈황금의 제국〉은 황금을 둘러싼 주인과 노예의 변증법이라는 심리적 갈등을 남김없이 그려내기 위해서 응접실 드라마의 형태로 인물들의 대사에 집중하는 셈이라 할 수 있다. 서민 장봉호의 아들 '장태주'와 대기업 창업 1세대인 최동성의 딸 '최서윤', 최동성의 동생 최동진의 아들인 '최민재'가 황금의 주인이 되기 위해 벌이는 대결은 한정된 공간 내 갈등의 담화를 통해 진행됨으로써 감정적 강도를 더하게 된다. 성진기업의 재산을 자기 것으로 만들려는 싸움 중 폭력적으로 발화되는 인물 간 대화는 시청자들로 하여금 등장인물들의 특징을 추론케 하는 중요한 '문체적(stylistic)' 요소이다.

본고의 목적은 텔레비전 드라마 〈황금의 제국〉에 나타난 언어적 커뮤니케이션 중 불공손어법의 대화에 초점을 맞춰 대화적 연행성(Performativity)에 의해 등장인물들의 특수한 인상이 시청자의 머릿속에 어떻게 창조되는지 검토하는 것이다. 대화는 담화가 가진 상호 행위로서의 특징을 드러내기에 캐릭터화(Characterization) 과정을 논의하고자 할 때 주목해야 할 필요성이 있다. 인간은 이미 그들 자신의 정체성을 본질적으로 소유하고 있기 때문이 아니라 그들이 '말하는 방식' 때문에 그들 자신이 된다. 인간의 정체성은 상호 행위자와의 대면 상황하 언어의 '사용' 속에서 형성된다. 바꾸어 말해 대화를 통해 특수한 사회문화적 정체성이 연행되고(perform), 이 과정을 거치면서 주체는 출현한다. 대화적 연행성의 차원이란 바로 단순한 일차원적 차원의 재현이 아닌 언어 사용의 방식을 통해 특수한 정체성과 주체가 구성되는 과정을 일컫는다. 대화에 등장인물의 독특한 성격이 '그대로' 반영되기 보다는 대화를 경유해 인물의 고유한 속성이 '사후적'으로 구성된다고 볼 수 있겠다. 특히나 상대방의 체면(Face)을 공격하는 모든 언어적 활동을 지칭하는 불공손성의 어법은 사회적 이데올로기, 규범, 문화적 스키마, 권력 등 맥락적 조건의 영향 아래에서 대화 참여자의 정체성이 타협되고, 생성되는 중요한 사회적 과정을 노출시킨다.[2] 그러므로 냉혹한 비즈니스 세계에서 사적 소유권으로서의 자본을 증식, 확장할 목적으로 인물 간의 도전, 쟁취, 그리고 갈등이 빈번하게 입상화되는 〈황금의 제국〉 같은 드라마에서 등장인물들이 어떻게 저마다의 특수한 성격을 구축해나가는지 온전히 밝혀내기 위해서는 불공손어법의 대화적 연행성에 무엇보다도 관심을 두어야 한다는 것이 본고의 판단이다.

  그동안 텔레비전 드라마의 담화에 대한 연구는 중요성이 간과된 면이 없지 않다. 비디오의 이미지 트랙뿐만 아니라, 오디오의 사운드 트랙 또한 텔레비전 드라마의 메시지 전달에 유효한 기제임에도 불구하고, 텔레비전 드라마의 언어학적 양상은 소수 연구[3]를 제외하고는 투명한 것으로 치부되어온 것이 사실이다. 이미지의 시각적 장면들이 텔레비전 드라마의 장면 구성과 해석을 위해 결정적이라는 의견은 적절하다 할 터이지만, 시청자의 경험과 이해에 마찬가지로 기여를 할 수 있는 캐릭터들이 말하는 방식과 그것들이 비주얼적 요소들과 통합되는 방식에 대한 연구가 소략하게 처리된 것은 문제적이라 할 수 있다.[4] 연극이 배우의 예술이

---

2 불공손어법은 거친, 예의 없는, 매너 없는, 공격적인 것과 연관되어 상대방의 정체성에 위해를 가하는 언어적 폭력이라 정의될 수 있다. 내가 나 자신에 대해 어떻게 느끼는가 하는 것은 타인이 그 자아에 대해 어떻게 느끼느냐에 달려 있는 바, 타인에 의해 가정되는 자아로부터 자기 자신을 주장하고자 하는 욕구, 곧 체면(Face)의 상실을 불공손법은 결과한다. 불공손법의 사건은 협력의 원리에 기반해 격률을 중심으로 맥락의 의미를 다루는 화용론(Pragmatics), 대화구성과 정체성의 배열에 관심을 두었던 종족방법론(Ethnomethodology), 화자 자신과 특정 그룹을 동일화, 차별화하기 위해 어떤 언어적 특징을 선택하는지 연구하는 사회언어학(Sociolinguistics) 등 다양한 차원에서 접근될 수 있다. Jonathan Culpeper, *Impoliteness : Using Language to Cause Offence*, Cambridge : Cambridge University Press, 2011, pp.20~30 참조.

3 구현정, 「드라마 대화에 반영된 갈등 표현 양상」, 『화법연구』 22, 한국화법학회, 2013, 9~32쪽 ; 이다운, 「TV드라마와 내레이션 : 2000년대 미니시리즈 작품을 중심으로」, 『한국극예술연구』 41, 한국극예술학회, 2013, 319~344쪽.

4 텔레비전 드라마 대화의 언어학적 접근에 대해서는 Kay Richardson, *Television*

고, 영화가 감독의 예술이며, 텔레비전 드라마가 대본 작가의 예술[5]이라 정의될 수 있다면 본고의 대화 분석은 텔레비전 드라마 텍스트의 미학 고찰 방법 면에서 새로운 흥미를 끌 수 있으리라 본다. 한편 시청자에게 모방의 대상이 되고, 정체성 확인의 지표가 되며, 역할 모델의 준거로서 기능하는[6] 등 텔레비전 캐릭터는 텔레비전 드라마의 효과에 일익을 담당한다는 점에서 해석적 중요성을 지닌다.[7] 캐릭터 분석에 대화가 중요한 방법론적 도구가 될 수 있다는 점은 인정되어왔지만, 대화에 집중한 실제 연구는 그다지 활발한 편은 아니었다. 결과적으로 어떻게 대화적 양상이 캐릭터화에 일조하게 되는지 탐색하는 것은 텔레비전 드라마 캐릭터 이론의 시스템적 정교화에 한 전형적 설명을 제공할 것이다.

이 글의 본론 부분에서는 여타 인물에 비해 성격의 역동적 변모를 보이는 주인공 '태주'를 중심으로 불공손어법의 대화 양상을 해부하고자 한다. 평면적 인물들과 달리 입체적 인물인 '태주'의 언어 행위에 대한 분석을 통해 〈황금의 제국〉이 표상하려는 주제적 의미가 가장 적확하게 포착될 수 있을 것이라 본다. 드라마의 언어학적 연구에 관심을 기울여 온 Culpeper에 따르면 불공손어법의 사건은 기능 면에서 감정적, 유희적, 강압적인 것들로 분류될 수 있다. 감정적 불공손법은 화와 복수심 같은 고양된, 부정적 감정을 전시한다. 유희적 불공손법은 잠재적 희생자를 착

Dramatic Dialogue : A Sociolinguistic Study, Oxford : Oxford University Press, 2010, pp.3~20 참조.

5 텔레비전 드라마는 연속극적으로 반복되기에 오랜 기간 방송되더라도 긴장의 끈을 놓치지 않는 것이 중요하다. 때문에 연극이나 영화에 비해 상대적으로 대본 작가의 비중이 중요하다고 볼 수 있다.

6 Monika Bednarek, *The Language of Fictional Television : Drama and Identity*, NY : Continuum International Pub. Group, 2010, pp.24~25.

7 이에 대해 윤석진은 "등장인물이 살아 있어야 드라마가 재미있다"고 간명하게 지적한 바 있다. 윤석진, 『김삼순과 장준혁의 드라마 공방전』, 서울 : 북마크, 2007, 1부 참조.

취하는 상징적 언어폭력을 통해 오락적 장면을 설계한다. 강압적 불공손법은 권력의 실행, 서열의 위계화와 관련된다.[8] 이러한 연구를 참조하여 본론 첫 번째 부분에서는 감정적, 유희적, 강압적인 기능이 스타일화되는 불공손어법 사용 양상의 규명과 함께 태주의 성격에 대한 유형학적 고찰이 시도될 것이다. 이때의 언어 사용 양상과 성격의 유형학적 논의는 통합적, 연속적인 것이지만 분석적 편의를 위해 극적 의미 생성에 중요한 유표적인 현상들을 중심으로 기술적으로 분류한 것임을 미리 밝혀 둔다. 본고에서 언급하는 성격이란 등장인물이 가진 정체성의 속성 중 여러 맥락에 걸쳐 '지속적'으로 형상화되면서도 다른 등장인물과 다르게 그 인물만이 가진 것으로 '전경화되는', '독특한', '차별적' 속성을 가리키며, 캐릭터화란 그러한 성격을 구축하는 '과정'으로 정의된다.[9] 본론 마지막 부분에서는 태주의 성격 변화를 통시적으로 조망함으로써 이상의 캐릭터화 기법이 함축하는 주제의식이 무엇일지 논의하려 한다.[10]

2. 불공손어법과 주인공 '태주'의 캐릭터화 과정

1) 감정적 불공손어법 : 거칠고도 도전적인

"역린, 용의 비늘이죠. 천둥에도 번개에도 태산처럼 버티던 용이 그 비

8 Culpeper, Op.cit., pp.220~252 참조.

9 Jonathan Culpeper, "Inferring Character from Text : Attribution Theory and Foregrounding Theory", *Poetics*, 23.5, 1996, pp.335~361 참조.

10 〈황금의 제국〉은 2013년 7월부터 9월까지 조남국 연출, 박경수 극본으로 총 24회에 걸쳐 방영되었다. 본론에서 인용되는 장면들은 SBS 홈페이지에서 발췌한 것이다. http://wizard2.sbs.co.kr/sw11/template/swtpl_iframetype.jsp?vVodId=V0000378336&vProgId=1000892&vMenuId=1019129

늘만 만지면 고통을 못 참고 비명을 지른대요. 장태주씨의 역린은 아버지예요. 평생 성실하게 살아왔지만 평생 가난했고 평생 남한테 고개 숙이던 아버지.''(21회)라는 서윤의 지적처럼 태주의 가장 큰 인간적 약점은 죽은 아버지의 존재다. 밀면 가게를 운영하던 태주의 아버지 장봉호는 보상금 문제로 성진건설의 최민재가 보낸 철거 용역에 맞서다가 화상을 당해 수술비용이 없어 끝내 비참한 죽음을 맞는 존재로 극 초기에 그려진다. 그래서 "나는 못 이겨봤지만, 너는 세상에 꼭 이겨라.''(2회)는 아버지 장봉호의 절규는 태주에게는 한 맺힌 응어리로 남아 있다. 마지막 회에서 사랑하는 설희에게 "내가 왜 성진그룹의 회장이 되면 안 됩니까? 장봉호의 아들이라서 안 됩니까? 최동성의 아들은 앞을 못 보는 장님이라고 해도 운전을 해도 되고, 장봉호의 아들은 면허증이 있어도 운전석에 앉으면 안 됩니까?"라고 태주가 광폭하게 되묻는 장면을 통해 아버지의 죽음이 태주에게 야기한 세상에 대한 분노와 화야말로 이 극을 관통하는 비극적 감정임을 시청자들은 깨달을 수 있다.

그러나 이러한 감정적 상태가 꼭 충동적이라고 볼 수만은 없다. 오히려 아버지로 인해 태주가 느끼는 비극적 감정들은 성진기업 오너 최동성의 후계자로 지목된 서윤과 대결할 때, 태주가 전략적으로 그녀를 상대할 수 있는 표현적 도구가 된다.

> **서윤** : 얼마를 원하죠?
> **태주** : 십…… 억……
> **서윤** : 무리예요. 회사에도 규정이 있어요. 2억까지는 마련해볼게요. 장태주 씨. 주차장 옆 나대지 두 평이에요. 적정한 가격은 2억이에요.
> **태주** : 삼십 년 동안 단 하루도 쉰 적이 없어. 새벽부터 밤까지 일하고…… 또 일하고…… 땀을 흘렸어. 그 땅 당신들이 훔쳐갔어. 언제나 당신들이 정했어. 우리 아버지 장봉호…… 사망 보상금 목숨값…… (울며) 오…… 백…… 만 원…… 당신들이

필요로 하는 땅 두 평 그 가격은 내가 정한다. 십…… 억……
서윤 : 당신은 누구죠? (3회)

아버지 장봉호를 죽음으로 몰아넣은 민재에게 복수하기 위해 민재의 복합문화공간 사업 인허가에 꼭 필요한 주차장 옆 나대지 2평을 설희의 도움으로 손에 쥐게 된 태주는 민재와의 경쟁 관계에 있던 서윤에게 이를 팔려 한다. 그러나 서윤은 태주와 민재 사이에 벌어졌던 사건의 내막, 태주의 아버지가 철거 반대 농성을 벌이다가 민재가 보낸 용역 깡패들에 의해 화를 입게 된 경위를 모르고, 또 전날 태주가 민재가 보낸 건달들에 의해 상해를 당한 것을 알지 못한 상태에서 태주를 맞는다. 결과적으로 태주가 아버지의 목숨값으로 서윤에게 나대지 2평에 대해 10억을 요구하는 울분과 분노의 감정적 상황은 대화를 할 때 "관련성 있는 말을 하라"는 '관련성의 격률(Maxim)'과 "표현의 불명확성을 피하라"는 '태도의 격률[11]'를 어기고 서윤의 자아를 공격하는 불공손함을 낳는다. 하지만 이 장면에서 태주가 행하는 감정적 불공손성은 단순히 고양된 화의 감정을 전시하는 것에서 그치는 것이라 볼 수 없다. 그보다 이러한 감정적 불공손성을 수단으로 태주는 권력의 위압에 굴복하지 않고 자신의 이익추구를 감행하는 거칠면서도 도전적인 성격의 소유자로 캐릭터화된다. 깡패를 보내 폭행을 일삼고 협박을 가하는 대기업 오너 가의 횡포에 보통 사람이었으면 주눅이 들어 아무 말도 못했을 것을 태주는 감정적 분노를 드러내지만 그 화를 민재의 사업을 좌초시키는 동인으로 근성 있게 활용한다는 점에서 독특한 인물됨의 특성을 보여주고 있다.

아버지에 대한 기억이 콤플렉스를 구성할지라도, 상흔의 기억을 가진 자와의 대결을 위한 동기로서 태주가 활용하고, 더불어 그것을 발판 삼

---

11 이하 격률에 대해서는 Paul Grice, "Logic and Conversation", *Pragmatics : Critical Concepts IV*, Asa Kasher(Ed.), New York : Routledge, 1997, pp.145~161 참조.

아 태주 본인이 가진 자본의 확장을 꾀하려는 움직임을 보이는 것은 이 드라마에서 지속되는 양상이다.

> **태주** : …… 우리 아버지 장봉호의 상가, 당신의 아버지의 최동성의
> 상가가 왜 달라야 되죠? 가난한 집에서 태어나서 일하고, 일
> 하고, 일하고 그러다 떠나고…… 뭐가 다릅니까?
> **서윤** : 아빠 성진 그룹 42개를 일군 분이예요.
> **태주** : 그렇게 많은 죄를 짓고 살았는데, 이 세상에는 상만 받고 떠
> 났네.
> **서윤** : 많은 분들이 아빠 존경하고 있어요.
> **태주** : 고등학교 때요. 조스라는 별명의 선생이 있었습니다. 수업
> 하는 시간보다 촌지 세는 시간이 더 많았었는데요. 춘호라
> 는 친구가 조스라는 별명을 불렀다고 엄청 때렸습니다. 선생
> 을 존경하라면서요. 그런 생각을 했습니다. 하나만 하라고
> 요. 존경받는 선생이 되든지 촌지를 사랑하는 생활인이 되든
> 지. 아 당신 아버지도 하나만 하세요. 존경받는 기업가가 되
> 든지, 다른 사람 땀 훔쳐서 돈을 번 욕심 많은 노인네가 되든
> 지. (9회)

서윤의 아버지 최동성이 9회에서 숨을 거두고 난 후, 서윤의 오빠인 원재와 협업해 서윤의 기업경영권을 흔들고자 장례식에 온 태주는 보통의 상갓집에서는 금지된 터부의 말들을 서윤 앞에서 웃으면서 쏟아낸다. 서윤의 아버지, 성진기업의 회장인 최동성의 죽음과 철거 용역에 의해 세상을 뜬 태주 자신의 아버지의 죽음이 다를 바가 뭐가 있느냐는 것이 분노가 실린 태주 말의 골자다. 서윤의 자부심이었던 아버지에 대한 모욕이기에 태주의 발화들은 공격적 불공손함으로 서윤의 자아에 당혹감을 일으킨다. 서윤은 아버지 최동성을 "42개의 계열사를 일군", "많은 분들이 존경하는" 아버지로서 기억하려 한다. 그렇지만 성진기업을 대기업으로 키우기 위해 최동성이 자행한 수탈과 사기, 모략을 열거하며 최동

성이 세상의 귀감으로 기억되는 것을 부당한 처사로 태주는 비난하고 있다. 그의 발화는 관련 있을지라도 서윤이 듣고 싶지 않을 쓸데없는 '잉여적 정보', 다시 말해 태주의 고등학교 시절, 촌지로 생활을 영위한 '조스'라는 고등학교 교사의 개인적 일화들을 삽입함으로써 불공손성을 배가하게 된다. "요구되는 것만큼의 정보를 가지고 대화에 기여를 하되 요구되는 것보다 더 많은 정보의 기여를 하지 말라"는 '양의 격률'을 태주는 의도적으로 어기고 있다. 그 결과 다른 사람들에게 아버지 최동성이 바람직하게 받아들여지고 동시에 자신의 이미지마저 긍정적으로 이해되기를 원했던 서윤의 체면은 위험에 빠지고, 부의 불평등한 분배 방식이 도마에 올라 거친 방식으로 도전받게 된다. 동시에 태주의 이익추구행위는 정당성을 확보하게 된다.

마지막 장면에서 악덕 국회의원 김광세를 살해한 일로 인해 모든 것을 잃게 된 태주가 서윤과의 통화에서 서윤 자신이 이겼다는 서윤의 말에 "아이고 그 쪽한테 진 거 아닙니다. 최동성 회장한테 진 것이지. 그 사람이 만든 세상에서 그쪽을 어떻게 이기겠습니까?"라고 반박하는 것도 억지나 패배적 변명이라 치부할 일만은 아니다. 최서윤에게 진 것이 아니라, 그녀의 죽은 아버지 창업 1세대 최동성에게 졌다는 말은, 최서윤과 장태주의 개인적 능력이 원래는 동일함을 함축하고 있으며, 이기고 지는 결과가 나타나게 된 것은 최동성이 만든 세상이 애초에 약자에게 불리하게 설계된 부당한 시스템임을 함축하는 바, 결론적으로 태주가 진 것이라도 진 것 아님을 항변하고 있기 때문이다. 서윤의 입장에서 보면 그녀 자신의 사업 수완과 처세술로 결국 태주를 이기고 성진 기업의 오너 자리에 오른 것이기에, 태주의 이 마지막 발화는 대화를 할 때 근거를 들어 신뢰성 있는 말을 해야 한다는 '질의 격률'을 위반함으로써 서윤의 자아에 손상을 가져오게 되는 불공손한 언사다. 반면 태주는 서윤에 맞서 이러한 분노의 불공손한 태도를 끝까지 견지함으로써, 바다로 뛰어들어 자살하는 그의 최후가 포기가 아닌, 죽음이라는 절대적 한계와의 부딪힘을 통해서라도 이긴 자들의 부도덕성을 폭로하려는 거친 도전의 지속임을 암시하고 있다.

2) 유희적 불공손어법 : 승부사적이면서도 냉소적인

극중에서 태주가 주식 지분, 부채 상환의 경제적 결정 사안을 놓고 성진기업의 가문 사람들을 상대하는 방식은 오락적이라는 점이 특징이다. 설희의 도움을 받아 부동산업으로 큰 성공을 거둔 태주는 성진 기업 오너가의 식탁에 같이 앉을 기회에 한층 다가서게 된다. 하루에 수백억의 손실이 나도 성진가의 아버지 최동성의 꾸지람 한마디로 손해가 무마가 되는 황금의 제국의 식탁 상석에 앉기 위해 태주는 언어적 폭력의 유희성을 극대화하는 방식을 전략적으로 취하고 있다.

> 태주 : 기분 풀자고 치는 골프입니다. 스트레스 받으면서 홀에 공을
>   넣을 필요는 없죠.
> 민재 : 태주야 골프 제대로 배워 폼도 피니시도 엉터리야. 바람이
>   부는지, 거리는 얼마인지, 잔디는 어떤지 그 정도는 보고 쳐
>   야지, 언제나 풀 스윙을 하니까 언제나 몇 년째 그대로지.
> 태주 : 그래도 그립홀 골프는 최민재 사장님하고 승률이 비슷합니다.
> 민재 : 벙커에 태주 네가 많이 빠졌어. 난 한 번도 빠진 적이 없
>   고……
> 태주 : (말없이 바라본다.)
> 민재 : 태주야. 이번 드라이브 내가 시키는 대로 해보자. 그립홀이
>   될 거야. 어쩌면 홀인원이 될지도 모르고……
> 태주 : 최민재 사장님이 왜 한 번도 안 빠지신 줄 아십니까? 내가
>   먼저 쳐서 그렇습니다. 내가 그립홀 되면 그대로 먼저 따라
>   치셨고 내가 벙커에 빠지면 살짝 옆으로 빠져 치셨고…… 이
>   번에도 내가 먼저 날리면 그대로 따라오세요. (11회)

IMF 시기 외환보유고 부족으로 성진기업이 위기를 맞게 되자 10억 달러 단기차입금을 가진 태주는 성진의 회장 자리에 있던 서윤에게 태주 소유의 10억 달러와 성진기업 주식 일부의 맞교환을 제안한다. 민재 또한 성진기업의 회장 자리를 서윤에게서 빼앗아올 수 있는 절호의 기회라고 생각하고, 10억 달러를 본인에게 넘기라고 태주를 종용한다. 발췌된 대화록에서 보듯이 이 셋 사이에서 누가 10억 달러를 움켜쥘 것인지는 골프 경기에서 누가 승자가 되는가 하는 문제로 비유되고 있다. 바꾸어 말해 성진기업 주식 지분의 주도권 다툼은 스포츠를 위시한 일종의 오락적 게임처럼 간주되고 있다. 이 경쟁의 게임에서 태주는 상대방 민재를 패배시키고, 굴복시키며, 잠재적 희생자로 만든다. 대화의 구조에서 이 점은 분명히 드러난다. 민재와 태주의 대화 교체(Turn)는 마치 핑퐁 게임의 주고받기와도 같이 비슷한 분량으로 긴장감 있게 진행된다. 10억 달러를 어떤 사람이 점유하는가의 문제는 대화의 주도권을 누가 쥐는가의 문제와 같다. "언제나 풀 스윙을 하니까 언제나 몇 년째 그대로지."라고 민재가 대화 규제의 주도권을 잡을라치면 태주는 "그립홀 골프는 최민재 사장님하고 승률이 비슷합니다."라고 응수해 그 공격을 무마한다. 다시 "벙커에 태주 네가 많이 빠졌어. 난 한 번도 빠진 적이 없고……"라고 민재가 대화의 주도권을 잡으려고 하면, 태주는 "최민재 사장님이 왜 한 번도 안 빠지신 줄 아십니까? 내가 먼저 쳐서 그렇습니다."라고 응수함으로써 대화교체의 지배권을 선점해 민재의 체면을 깎아내리고, 대결 구조로 진행된 민재와의 대화에서 승기를 잡는다.[12] 그래서 아무리 10억 달러라는 큰돈을 손에 쥐었다 하더라도 너무 많은 액수이기에 보통 사람이라면 쉽게 표출하지 못하는 승부사 기질, 도박사 기질이 태주의 독특한 특

---

12 대화 구조의 분석은 Vimala Herman, "Turn Management in Drama", *Exploring the Language of Drama : From Text to Context*, Jonathan Culpeper et al(Eds.), New York : Routledge, 1998, pp.19~33 참조.

성으로 유희적 불공손한 언사를 거쳐 이 장면에서 구성되고 있다.

　유희적 불공손어법을 통해 태주의 승부사적 속성이 전경화되는 장면은 성진 가문의 이해당사자를 태주가 모두 한자리에 모이게 한 12회의 장면에서 절정을 이룬다. 최서윤, 최민재, 최동성의 두 번째 아내이지만 이전 가족사로 인해 최동성에게 복수를 속으로 다짐해온 한정희, 그리고 최동성의 장남이나 동생 최서윤에게 회장 자리에서 밀려나서 다시 회사로 복귀할 날만을 기다리는 최원재 등 최동성 사후 성진그룹의 주인이 되고자 서로 진흙탕 싸움을 벌이는 성진 가문 사람들을 태주는 따로 따로 부른 것으로 속이고 결국 한곳에 대면하게 만든다. 태주는 이 회합에서 증권 시장의 경매원처럼 역할하면서 성진기업의 주식을 차지하기 위해 꼭 필요한 태주의 10억 달러를 이 네 사람이 얼마만큼의 매수호가로 구입할 의사가 있는지 경매에 붙인다. 이를테면 "룰은 내가 정합니다. 최서윤씨는 계열사 10개를 제안했습니다. 콜 or 레이스? 설마, 다이?"라는 태주의 발화에서 예시되듯이 이 판을 마련한 것은 태주이기에, 대화 교체 전환이나 배분의 통제권은 태주에게 있고, 성진 기업의 운명 또한 태주에 의해 통제된다. "사이좋게 지내시지 이게 뭡니까? 이게요, 다 먹자고 덤벼서 생긴 일입니다. 사이좋게 반으로 뚝딱 반만 먹으면 얼마나 좋습니까? 반만 먹으십다."의 언급 또한 10억 달러의 시장 가격을 아예 태주 본인이 통어하려는 모습과 함께 극적 대화까지 상위적으로 조절하려는 태주의 모습을 전시한다. 너무 무리한 요구라고 항변하는 민재나 서윤에게 "마부가 왜 끼어드시나?", "그럼 이쪽은 다이"라고 저지하고, "내가 가진 10억 달러에 누가 되었든 그 주식을 보태면 성진그룹의 주인이 될 것이고요. 맞습니까?"의 언급을 통해서는 발언 기회 부여의 권리가 본인에게 있음을 태주는 다시 한번 확인하고 있다. 대화에서 태주의 발언은 망설임이 없고, 매끄럽게 이어지지만, 나머지 사람들의 발언은 태주에 의해 대화적 흐름이 제어되는 까닭에 중단되고, 무력하며, 불완전하다. 해서 이러한 대화 중 서윤, 민재, 정희, 원재는 태주로부터 자아의 영역을 침범당하는 불공손성의 무례함을 느끼게 된다. 역으로 경쟁 경기에서 승리하는 태주의 도박사적 특성이 유감없이 전시됨으로써, 시청자 자신도 태주처럼 재벌가 사람보다 윗사람이 될 수 있다는 상상의 쾌락과 재벌가 사람들도 보통 인간처럼 쩔쩔 맬 수 있다는 것을 관찰하는 관음 증적 쾌락을 이 장면은 시청자에게 제공하게 된다. 태주의 승부사, 도박 사 기질은 〈황금의 제국〉에서 태주의 독특한 성격으로 일관성 있게 구성 되고 있다. 그 모습은 도박(9회), 사냥 경기(16회), 올림픽 예선전과 결승 전(17회), 메이저리그(23회) 등등 주식 지분 싸움을 유희적 게임의 양상 으로 간주하는 태주의 불공손한 대화적 발화에서 지속적으로 반복되면 서, 태주라는 캐릭터에 시청자들이 동화되는 계기를 마련한다.

그렇다면 태주가 이렇게 성진가문의 사람들과의 관계에서 승부사, 도 박사처럼 행동하는 이유는 무엇일까? 이전 장에서 다루어진 것처럼 그 이유는 아버지 장봉호라는 존재로 말미암은 거친 도전의식에서 기인한 것이기도 하겠지만, 보다 직접적인 '동기'는 태주의 유희적 불공손함을 통해 또 달리 추론해볼 수 있다.

> **서윤** : 민재 오빠 분양 횡령 사건에 자기는 빠지고 장태주 씨한 테······
>
> **태주** : 해님, 달님, 호랑이는 쫓아오고 하늘에서 동아줄 내려오고 난 동아줄 안 잡습니다. 호랑이하고 싸웁니다.
>
> **서윤** : 장태주씨, 당신이 무사할 수 있게······
>
> **태주** : 이번 판돈 당신이 땄습니다. 개평은 안 받으렵니다.
>
> **서윤** : 겁나지 않아요? 검찰 조사 곧 시작될 거예요.
>
> **태주** : 내가 겁나는 건 당신한테 꼬리 흔들까 봐······ 당신한테 무릎 꿇고 살려달라 할까 봐······ 그게 겁났는데, 아직은 아니에 요. 수십 번의 고소를 당했고 몇십 번의 검찰 조사를 받았고, 불량 시멘트로 큰돈을 벌고 멀쩡한 회사를 자금 압박해서 인

수하고, 42군데의 계열사를 만든 당신 아버지, 최동성 회장
난 그 사람이 마음에 드는데…… 나도 최동성 회장처럼 살아
볼렵니다. (7회)

서윤을 압박하기 위해 민재와 손을 잡고 성진스위트홈 분양사업을 시
작했다 실패로 돌아가자 서윤에게 사업권을 내준 태주가 서윤과 대화를
나누는 7회의 장면이다. 이 대화에서 분양 횡령 사건을 화제로 서윤이 이
야기를 꺼내지만 태주는 서윤의 말을 멈추게 한다. 그러고서는 난데없
이 해님, 달님 오누이 설화로 화제를 전환하고서는 태주 혼자 길게 말을
한다. 결과적으로 서윤의 발화는 무시되고, 그녀의 체면은 손상을 입는
다.[13] 이 불공손성의 대화 구조는 서윤을 토크 게임에서의 상대방처럼 패
배시키고 희생시키는 놀이와도 같이 진행되고 있다. 하지만 정작 태주가
참여하고 싶은 불공손한 유희는 태주의 마지막 발화에서 또 한 번의 화
제 전환을 통해 이야기되듯이 서윤의 아버지처럼 역할하는 놀이, 최동성
놀이이다. 그 놀이는 "수십 번의 고소"를 당하고, "몇십 번의 검찰 조사"
를 받으며, "불량 시멘트로 큰돈"을 벌고, "멀쩡한 회사를 자금 압박해서
인수"하는 등의 뻔뻔함, 수치심 없음에서 비롯될 수 있는 놀이다. 바꾸어
말해 어떠한 도덕적 비난이나 윤리적 평가, 그리고 양심선언에도 냉소적
일 수 있는 시니컬한 자만이 최동성 회장처럼 거대한 부를 축적할 수 있
음을 태주는 간파하고 있다. 자본을 축적하기 위해서는 인간이 인위적으
로 정한 사회의 관습, 전통, 도덕, 법률, 제도 따위를 과감히 부정하고 미
끄럼 놀이하듯 그것으로부터 빠져나올 수 있는 능력, 시니시즘의 성격이
요구된다. 착한 자는 자본을 축적할 수 없다. 그것이 자본주의의 윤리다.
서윤, 민재 등과 황금의 주인 자리를 놓고 벌이는 게임 속에서 표출되는

13 Neil Bennison, "Accessing Character through Conversation : Tom Stoppard's *Professional
Foul*' In Ibid, Jonathan Culpeper et al(Eds.), pp.71~72 참조.

태주의 불손하면서도 유희적인 승부사적, 도박사적 기질은 그 성격과 동전의 양면을 이루는 그의 이런 독특한 시니컬함으로부터 유래한다.

3) 강압적 불공손어법 : 냉혈한적이면서도 탐욕스러운

강압적인 불공손어법은 권력의 실행과 관련되는 불공손어법이다. 합법화된 비대칭적 권력의 상황하에서 도구적 수단으로서 강압적 불공손어법은 곧잘 실행된다. 예를 들어 군대에서의 신병 훈련, 스포츠 선수의 트레이닝, 신입사원의 교육, 법정에서 검사의 피의자 추궁 과정 등등 위계적 권력구조가 내면화된 장소에서 합리적 절차라는 긍정적 의의를 가지고서 강압적 불공손성은 자연스럽게 제도적 불공손성으로 고착된다.[14]

강압적 불공손성의 태도는 드라마 초기에는 주로 서윤, 민재가 보여주던 행동 패턴들이었다. 그들은 이미 최동성, 최동진에게 물려받은 사회적 지위와 부, 권력이 있었기 때문에 강압적 불공손성을 통해 다른 사람들에게 불공손할 자유를 더 많이 가지고 있었다. 태주는 이들의 강압적 불공손성의 자연스런 내면화가 부당한 권력을 유지하기 위한 도구로 소용될 수 있음을 비판하던 입장이었다. 태주는 서윤과 민재가 가진 재벌의 부정한 힘을 일컬어 '미사일 신드롬'이라 일컫는다. "화려한 미사일 발사실에 앉아서 우아하게 커피를 마시면서 단추를 누르는 군인한테 사람을 죽인다는 의식이 없죠. 그 미사일로 수많은 사람들이 죽고 다쳐도 자기는 단추만 눌렀을 뿐이라고…… 당신도 그랬겠지…… 상가를 철거하라는 전화만 했을 뿐이라고……"(4회) 라며 민재를 비판하는 대화에서 드러나듯 태주는 도덕적, 윤리적 정상성의 감각을 허무는 가진 자들의 강압적 불공손성에 대해 적대적이었고, 동시에 자신은 아무리 지위가 높

14 Culpeper, Op.cit., 2011, pp.227~228.

아지더라도 서윤과 민재와는 다를 것이라고 항변한다.

극의 말미에 이르러 정치적 후원자였으나 사랑하는 설희를 능욕하고 자신을 속인 국회의원 김광세를 살해한 일로 태주는 최민재와 한정희에게 약점을 잡혀 코너에 몰린다. 난국을 헤쳐 나가고자 착수했던 한강변 택지개발 사업도 더 많은 보상금을 요구하는 철거민들의 농성으로 와해 직전에 이르게 된다. 결국 문제를 해결하고자 강압적 불공손성을 통해 권력의 실행을 태주 또한 추구하게 되고, 가장 가까운 동료들이었던 필두, 설희, 춘호로부터 사람이 너무 많이 변했다는 말을 듣기에 이른다.

설희 : 병원으로 갈게. 일단 병원비하고 수술비하고 줄게
태주 : 하지 마세요.
설희 : ······태주야······
태주 : 치료비를 지급하는 건 우리 책임을 인정하는 것입니다. 보상금, 권리금 줄 돈 없습니다. 1지구 건물 2군데 아직 건설 중입니다. 그 사람들 나가라고 하세요, 부상자, 치료비는 그 뒤에 줄 것입니다.
설희 : ······.
설희 : 태주야, 잊었니? 네 아버지 어떻게 돌아가셨는지, 기억 안나? 네 아버지 수술비 구하러 다닐 때 어떤 마음이었는지? 부상자가 26명이야. 그 사람들 그때 너 같은 마음이야.
태주 : 우리 건물을 불법 점거한 사람들입니다. 농성 주도한 사람들 형사고발하세요.
설희 : ······태주야······ (23회)

보상금 협의회를 요구하는 철거민들을 태주가 용역을 불러 강제해산하자 설희는 철거민 중에 옛날 태주 아버지처럼 부상을 당해 사경을 헤매는 노약자도 있다는 사실을 태주에게 알리지만 태주는 이를 외면한다. 인용된 대화문에서 유표화되는 것은 "하지 마세요", "나가라고 하세요", "형사고발하세요" 등의 명령문 형식으로 실행되는 태주의 강압적 불공손

제3부 텔레비전의 허구적 양식과 퍼포먼스

성의 언사다. 사회적 직분상 태주-설희는 사장-이사 관계이므로 명령형의 지시는 합법적 절차로 인정될 수 있다. 그러나 설희는 말보다 더 많은 의미와 감정을 함축한 '침묵'을 통해 태주의 강압적 불공손함의 명령이 서윤과 민재의 미사일신드롬처럼 얼마나 강자의 이익을 위하고, 약자를 짓밟는 냉혈한적인 것인지 항의하고 있다. 갈등 상황에서 설희의 침묵은 태주의 강압적 불공성의 부당성과 인정 없고 냉혹하게 변해버린 그의 성격에 문제를 제기하는 일종의 액션으로서의 기능을 수행한다.[15]

극 막바지에서 태주의 이런 모습은 일회적이 아니라 반복적으로 나타난다.

> 필두 : 요구하는 보상금이 너무 크다. 일차 분양보다 덩치가 2배가
> 넘어. 아파트만 2만 세대가 넘는데, 협상이 쉽지가 않네.
> 태주 : 쉬운 일 누가 못합니까? 철거민 대표부터 매수하세요. 내부
> 분열부터 유도하시고요.
> 필두 : 장대표!
> 태주 : 이 세상에 쉬운 일은 없습니다. 쉽게 해결하는 사람들은 있
> 죠. 난 조필두 이사님이 그런 분일 줄 알았습니다. 춘호야 도
> 와드려라.
> 춘호 : 알았어. 태주야.
> 태주 : (고함지르며) 어서요! (23회)

일상에서 자신의 의견을 말하는 것은 다른 사람과의 대화를 시작할 수도 있고, 끝을 낼 수도 있는 역설적 기능을 한다. 예컨대 "그것은 나의 의견일 뿐이에요."라고 말하는 것은 나의 의견에 확신할 수 없다는 의미를

---

15 갈등 상황에서 침묵의 기능에 대해서는 Deborah Tannen, "Silence as Conflict Management in Fiction and Drama : Pinter's Betrayal and a Short Story 'Great Work'", *Conflict Talk : Sociolinguistic Investigations of Arguments in Conversations*, Allen D. Grimshaw(Ed.), Cambridge : Cambridge University Press, 1990, pp.260~279 참조.

내포하고 있고, 진술문에 대한 화자의 헌신을 경감시키는 효과를 가져오므로, 얼마든지 타인과의 대화를 시작할 수 있는 열린 창의 기능을 한다. 반면 "그것이 나의 의견이에요."라고 말하는 것은 다른 사람이 어떻게 생각하든 나는 신경을 쓰지 않겠다는 의미를 내포하고 있고, 진술문에 대한 화자의 헌신을 증가시키는 효과를 가져오므로 타인과의 어떠한 대화도 종결해버리는 닫힌 문의 기능을 한다.[16] 고용인인 태주가 피고용인인 필두에게 "철거민 대표부터 매수"하고, "내부분열 유도"하라며 발화하는 강압의 불공손성은 후자의 대화구조를 전형적으로 보여준다. "이 세상에 쉬운 일은 없습니다. 쉽게 해결하는 사람들은 있죠."라는 의견은 외적 세계의 객관적 사실 확인 여부에 관계없이 저자로서 태주 자신의 입장만이 드러나는 강도 높은 주관화된 서술이다. 해서 의견만이 담지된 논증구조는 필두의 어안을 벙벙하게 만든다. 태주와 필두가 대화에 참여하고 있다 하더라도 이 같은 대화 양상은 태주 혼자만이 이야기하는 '독백적 대화'나 진배없다. 이 폐쇄적 진술을 통해 철거민들의 현실에 대한 구체적 지각을 태주가 잃어가고 있음이 드러난다. 결국 외적 현실과는 유리된 채, 발사실에서 미사일 발사버튼만 누르면 되는 자폐적인 나르시시스트의 모습, 그래서 이익을 위해서는 수단, 방법 가리지 않을 수 있게 된 탐욕스러운 자본가로서 태주의 모습이 전시된다.

태주의 강압적 불공손성은 상황적 맥락에 따라 어쩔 수 없이 취해진 불가피한 선택이 아니라, "선택도 내가 하고, 책임도 내가 집니다."(23회)는 태주의 단언처럼, 그 자신의 능동적인 결정에 따라 행해진 것이다. 그렇게까지 할 필요가 무엇이 있겠냐며 태주의 동료인 필두, 설희, 춘호가 만류하지만 태주가 2차분양사업의 마무리를 위해 용역을 700명이나 부

---

16 Deborah Shiffrin, "The Management of a Co-Operative Self during Argument : The Role of Opinions and Stories" In Ibid, Allen D. Grimshaw(Ed.), pp.247~248.

르겠다고 단언하는 것도(23회) 보통사람으로서는 내뱉을 수 없는 말이다. 따라서 극 후반부에서 반복적으로 나타나는 탐욕스러우면서도 냉혈한적인 그의 속성은 그동안의 태주의 인물됨에서 일탈된 것이지만, 오히려 태주의 성격을 입체적인 것으로, 역동적인 것으로 소묘하는 독자적한 특성으로 파악될 수 있다.

3. 캐릭터화의 주제적 의미 : 자본의 정치경제학과 욕망의 정치경제학

감정적, 유희적, 강압적 불공손함 등 상호행위의 역동성에 민감한 언어 사용의 전략적 조작을 통해 '거칠고도 도전적인', '승부사적이면서도 냉소적인', '냉혈한적이면서도 탐욕스러운' 태주의 여러 성격이 구축되는 과정을 살펴보았다. 다음에서는 이러한 태주의 성격들의 변화 양상을 점검하여 태주라는 캐릭터의 입체적 면모가 상징적으로 주제 면에서 어떤 의미를 가지는지 검토하려 한다.[17]

우선 장태주와 최서윤, 최민재 간 황금의 제국의 주인이 되기 위한 싸움에는 근원적으로 성진기업의 창업주로서 황금의 제국의 원주인인 최서윤의 아버지, 최동성의 이미지가 짙게 착색되었다는 점이 지적될 필요가 있다. 성진기업이 가진 자본의 주인이 되기 위한 정치경제학적 싸움 과정은 한 번도 세상에 이겨보지 못한 태주의 아버지 장봉호, 형 최동성의 그늘에 가려 성진기업의 마부같이 살아온 민재의 아버지 최동진 등 무력한 아버지처럼 살지 않고 권력, 법의 상징인 서윤의 아버지 최동성

---

17 캐릭터의 기능과 의미에 대해서는 Jens Eder et al., "Characters in Fictional Worlds : An Introduction", *Characters in Fictional Worlds : Understanding Imaginary Beings in Literature, Film, and Other media*, 2010, Jens Eder et al(Eds.), Berlin : De Gruyter, pp.45~46 참조.

처럼 살기 위해 자식들 간에 벌어지는 욕망과 리비도의 정치경제학적 싸움으로 읽힌다.

〈황금의 제국〉은 24부작으로 극 전개의 흐름을 범박하게 3부분으로 나눈다면 1회부터 8회까지의 첫 부분, 9회부터 16회까지의 중간 부분, 17회부터 24회까지의 마지막 부분으로 분류될 수 있다. 1회부터 8회까지는 최동성이 죽기 전 태주, 서윤, 민재가 서로를 대면하게 되는 것과 관련된 에피소드가 진행된다. 9회부터 16회까지의 중간 부분에서는 최동성 사후 성진기업을 차지하기 위한 이들의 각축전이 전개된다. 17회부터는 24회까지는 태주가 결국 성진기업의 실질적인 오너 자리에 올랐다가 몰락하는 과정이 그려진다.

철거농성으로 아버지 장봉호가 죽은 시점부터 태주가 성진기업의 주인이 되었다가 서윤과 민재처럼 그 스스로 철거민 강제해산을 지시하기 직전인 3회부터 22회까지의 방영분에서는 아버지의 죽음으로 인한 감정적 분노와 함께 최동성처럼 살아 보기 위한 태주의 '거칠고도 도전적인' 성격이 일관되게 유지되고 있다. 1회와 2회에서 평범한 고시생으로 형상화되던 태주는 아버지의 억울한 죽음을 계기로 3회부터 '거칠고도 도전적인' 성격으로 변하는데, 이러한 성격 양상은 끝과 한계 없이 초과이윤을 추구하는 '자본의 흐름'을 상징한다. 신자유주의 사회의 자본주의적 흐름은 그 자신의 한계를 지속적으로 능가하려는 움직임, 초과 이윤을 위해 모든 제약과 연대를 집어던지는 힘의 에너지로부터 비롯된다. 자본으로서 돈의 순환은 한계 없이 전 영토를 침범하며 모든 생산의 제약된 양식을 뛰어넘어 기존자본의 자기 확장을 꾀한다. 그것은 가족, 학교, 일터 등 사회의 모든 영토를 최동성 같은 죽은 상징적 아버지의 목소리로 잠식하게 되는 오이디푸스적 제국주의의 욕망을 배면으로 한다.[18] 따라

---

18 Gilles Deleuze, Felix Guattari, *Anti-Oedipus : Capitalism and Schizophrenia,* Robert Hurley

서 3회부터 22회까지 태주의 '거칠고도 도전적인' 성격은 한계에 도전하고, 장애를 탈구시키며 사회의 영역 어디든지 식민화하는 자본, 아버지, 그리고 법의 힘에 대한 추구를 상징적으로 재현하고 있다.

'거칠고도 도전적인' 성격과 함께 3회 중반부터 22회까지의 전개에서는 부동산투자회사 '에덴'을 세우고 서윤과의 정략결혼을 거쳐 성진가문 사람들과 황금의 주인을 놓고 대립하는 과정 속 유희적 불공손함을 통해 '승부사적이면서도 냉소적인' 태주의 인상이 동시에 창조되고 있다. 앞서 지적한 대로 태주의 이러한 성격은 잉여 가치를 끊임없이 산출하기 위해서는 인습과 선악의 기존 규범에 관해 얼마든지 시니컬해지고 위선적일 필요가 있는 '자본 축적'의 양상을 상징한다. 태주는 성진기업의 오너가족인 서윤, 민재, 원재, 정희 등의 혈족 관계를 이익을 위해 분해되고 재편성될 수 있는 유동적 관계로 변화시킨다. 이를테면 성진가문의 사람들인 서윤, 민재, 원재, 정희는 혈연으로 맺어진 고착된 관계를 형성하므로, 비유컨대 이 관계는 고정자본적이라 할 수 있다. 그들의 가족 관계는 비교적 장기간에 걸쳐서 생산 활동에 사용되는 재화인 제조공업에서의 설비·장치·기계처럼, 오너가가 세습하는 성진기업의 입장에서 보면 그 내구성이 한계에 이를 때까지 몇십 차례의 생산과정에서 이익추구를 위해 고정적 기능을 수행하게 되는 불변의 재화와도 같다. 고정된 형태를 유지하던 이 관계에 태주가 끼어듦으로써, 성진 가족의 고정자본적 관계는 유동자본화된다. 자본의 회전기간 동안에 고정자본인 기계는 그 형태를 계속 유지하고 있지만, 반면에 유동자본인 노동력이나 원료는 반복적으로 일시에 소비되고 새롭게 충전되는 양상을 거듭한다. 성진기업의 주인이 될 목적에서 태주는 때로는 민재에 맞서 서윤과 협력하고, 때로는 서윤에 대항해 민재와도 손을 잡으며, 때로는 서윤, 민재 모두와

_____

et al(Tr.), Minnesota : University of Minnesota Press, 1983, pp.227~231 참조.

대결하고자 정희, 원재와도 동맹 관계를 이룬다. 이 양상 속에서 가족 관계라 부르기 어려울 정도의 서로 간 배신과 모략이 전개됨으로써, 성진 가문 사람들의 인척 관계는 유동자본처럼 일시적 소비와 소모의 대상이 된다. 고정자본과 유동자본을 활용해 초과 이익의 현재 상태를 지속적으로 시니컬하게 회의하며 새롭게 돈이 돈을 낳는 이윤증식 흐름의 도박 베팅에 모든 것을 거는 자본 축적의 형태가 태주의 '승부사적이면서도 냉소적인' 성격과 그로 말미암은 고정자본적이면서도 유동자본적인 성 진가문의 가족관계의 양상에서 상징적으로 재현되고 있는 것이다.[19]

한편 23회에서 보상금협의회를 요구하는 철거민들을 강제해산하고, 그들을 죽음으로 몰아넣는 태주의 '냉혈한적이면서도 탐욕스러운' 모습 은 '자본의 괴물적 자폐성'을 상징한다. 김광세 국회의원 살해 사건으로 궁지에 몰린 태주는 서윤과 민재처럼 밀폐된 미사일 발사실에서 누가 죽 든 말든 발사버튼만 누르면 되는 군인처럼 폐쇄적 존재로 23회에서 성격 의 변모를 보인다. 자본가가 양심의 가책을 받지 않고 이윤을 추구할 수 있는 것은 노동의 구체적 현실을 망각하고, 노동을 추상화시켜 자본의 확장적 흐름에 그것을 형해화된 형태로 귀속시키기 때문이다. 소위, '노 동의 소외'가 야기하는 인간적 가치저하의 문제는 자신의 아버지가 철거 용역 깡패들에 의해 목숨 잃는 장면을 생생하게 목도했음에도 불구하고 한강변택지분양사업을 조속히 추진하기 위해 철거민의 현실을 외면하는 태주의 '냉혈한적이면서도 탐욕스러운' 성격에서 여실히 나타난다. 자본 의 흐름은 무한한 확장을 추구하는 개방적 성질을 가지고 있지만 동시에 그것은 이렇게 폐쇄적 자폐성, 괴물 같은 나르시시즘을 동반한다.[20] 전술

---

19 고정자본과 유동자본의 순환을 통한 자본주의적 확장, 그리고 시니시즘을 핵심으로 하는 자본축적의 경향에 대해서는 Ibid, pp.146~147, 225~226 참조.

20 노동의 소외와 추상화에 대해서는 Ibid, p.303, p.313 참조.

된 자본의 흐름이 지닌 무한한 개방성이라는 것도 기실 '폐쇄성의 무한한 확장과 개방'에 다름 아니라는 역설을 태주의 '냉혈한적이면서도 탐욕스러운' 모습은 상징하고 있다.

그러나 24회에서 태주는 "선택도 내가 하고, 책임도 내가 집니다. 내가 지은 죄, 내가 벌주렵니다."(24회)는 말을 하며 자신의 자본주의적 욕망에 스스로 브레이크를 건다. 폭주기관차처럼 점점 악덕 기업가로 변해가는 태주를 멈추기 위해 설희는 김광세 국회의원의 살해범이 실은 태주였음을 검찰에서 시인한다. 태주는 이를 회피하지 않고 검찰에 송치된 설희를 다치지 않게 하고자 자수의 뜻을 밝히고서는 모든 성진기업의 주식 지분을 서윤에게 넘기고 검찰 출두 전 바다에 뛰어들어 생을 마친다. 이 결말 부분에 대해 표층적인 결과만을 놓고서 야망보다 사랑에 따라 자살을 택한 낭만주의적인 상투적 결말이라 해석할 수도 있겠다. 그러나 바다에 몸을 던지기에 앞서 태주가 시도하는 서윤과의 마지막 통화와 이어진 태주의 내레이션은 야망이냐 사랑이냐의 주제만으로 이 드라마를 접근하는 것이 피상적일 수 있음을 암시하고 있다. "아이고 그 쪽한테 진 거 아닙니다. 최동성 회장한테 진 것이지. 그 사람이 만든 세상에서 내가 그쪽을 어떻게 이기겠습니까?"(24회)라는 태주의 발화는 이전 절에서 분석된 대로 감정적 불공손함의 형태를 띠며 태주의 '거칠고도 도전적인' 성격을 다시 한번 입상화하고 있다. 무엇에 대한 도전인가? 바다에 뛰어든 후 보이스 오버만으로 가상적으로 진행되는 태주가 설희에게 건네는 마지막 대화, "아이고 난, 천국 안 갈렵니다. 성진 그룹, 그 집안, 지옥 맞습니다. 선배, 그런데 지옥에서 살아남으면 거기가 천국 맞습니다"(24회)가 뒷받침하고 있듯이 이 드라마에서 태주가 그토록 도전하려던 대상은 근원적으로 성진그룹의 아버지 최동성과 그가 영토화한 승자독식의 천국, 자본주의적 욕망 그 자체다. 이 마지막 대화는 지금까지 구성된 태주의 선행적 인물됨을 전방조응(Anaphora)적으로 지시하고 그 성격들을 재범주화하기 위해 소용된다.[21] 바꾸어 말해, '거칠고도 도전적인', '승부사적이면서도 냉소적인', '냉혈한적이면서도 탐욕스러운' 태주의 성격 구축 과정이 자본가의 윤곽을 창조하기 위한 것이 아니었음이 이 대화를 통해 결정적으로 드러난다. "착한 놈은 못 버티는 세상입니다. 모진 놈이 이기고 제일로 뻔뻔한 놈이 다 먹는 세상이죠"(11회)라고 말하면서도 태주 자신이야말로 끝까지 모질지 못하고 뻔뻔하지 못했음이 24회의 엔딩 장면에서 밝혀진다고 볼 수 있겠다. 결과적으로 뒤돌아 생각해보았을 때 초과 이윤의 무한한 추상적 흐름만을 추구하는 '자본주의적 욕망'과 최동성이라는 상징적 아버지처럼 되어서 모든 영토를 식민화하려는 '오이디푸스적 욕망' 등 자본의 정치경제학과 리비도의 정치경제학적 공모를 폭로하고 파괴하기 위해 고아로서 태주가 '항해'하는 과정이 지금까지의 성격화 과정이었다는 사실이 이 대화를 통해 상징되고 있다. 거론된 바와 같이 자본주의적 욕망은 잉여 가치를 위한 무한한 추상적 돈의 흐름을 추구하지만 밀폐된 미사일 발사실에서 구체적 현실과 유리돼 미사일 버튼만을 반복적으로 누르는 군인의 모습처럼 그것은 사실 '폐쇄성의 무한한 확장과 개방'에 다름 아니다. 최동성의 뒤를 이어 성진그룹 집안의 지옥에서 살아남은 최서윤이 성진기업이라는 천국의 가문을 물려받고 또 그녀의 살아남은 아이가 똑같은 과정을 거쳐 지옥을 천국으로 여기며 살겠지만 성진 가문의 번영 또한 사실 아버지 최동성이라는 슈퍼에고에 의해 조종된 복제인형들만이 범람하는 '폐쇄성의 무한한 확장과 개방'에 다름 아니다. 폐쇄성의 확장임에도 자신들의 욕망을 한계 없는 무한한 흐름이라 미화함으로써 자본과 아버지에 의해 '억압되기를 욕망'하게 만드는 자본주의적 욕망과 오이디푸스적 욕망에 마지막으로 다시 한번 대항하기

21 극중 플롯의 진행에 따른 등장인물 성격의 재범주화에 대해서는 Jonathan Culpeper, *Language and Characterisation : People in Plays and Other Texts*, New York : Longman, 2001, pp.277~278 참조.

제3부 텔레비전의 허구적 양식과 퍼포먼스

위해 태주가 시도하는 것이 바다에 몸을 던져 자살하는 것이다. 태주의 자살은 끝과 한계를 모르는 자본주의적 욕망과 오이디푸스적 욕망에도 환원될 수 없는 절대적 끝과 한계가 있다는 사실을 제시함으로써 역으로 그것들에 포착되지 않는 새로운 삶의 흐름이 존재할 수 있는 가능성을 시사하게 된다. 그 반자본주의적 욕망과 반오이디푸스적 욕망[22]은 바다에 수장되는 고통과 공포로 점철된 잔인한 희생 의례임에도 불구하고 마지막 장면에서 태주가 바다로 뛰어든 후 한 척의 배가 화면에 나타나는 것에서 추론할 수 있듯이 새로운 땅을 발견하고, 새로운 기억술을 생산하려는 항해를 위해 새 생명을 어머니의 양수 깊숙이 가라앉히는 잔혹극의 제의적 실행으로 간주될 수 있다.[23]

4. 대화, 등장인물, 그리고 텔레비전 드라마의 미학

이 글은 불공손어법의 대화적 양상을 중심으로 텔레비전 드라마 〈황금의 제국〉의 주인공 '태주'의 성격이 구축되는 과정을 검토하려 하였다. 드라마가 '갈등'의 장르로 설명되는 까닭에 불공손어법이 유표화되는 갈등의 대화 상황만큼 등장인물의 지속적이면서도 고유한 속성인 성격을 잘 보여주는 요소는 없으리라는 전제에서 본고는 출발하였다. 분석적 선명성을 위해 '감정적', '유희적', '강압적' 불공손성으로 불공손한 대화의 양상을 분류하고, 그에 따라 태주의 성격이 어떻게 유형화되고 발전되

---

22 이를 일컬어 들뢰즈는 분열증(Schizophrenia)적 욕망이라 명명한다. 들뢰즈에게서 이 분열증적 욕망은 편집증적 성격의 자본주의적 욕망과 대조돼 긍정적인 것으로 평가되는데, 〈황금의 제국〉의 태주는 이러한 분열증적 욕망을 지닌 캐릭터로 해독해야 한다는 것이 본고의 궁극적 입장이다. Deleuze and Guattari, Op.cit., p.260.

23 잔혹극으로서의 기억술에 대해서는 Ibid, p.145, p.322 참조.

며, 상징으로서 주제적 의미를 띠는지 본론에서 논의되었다. 본론 첫 번째 부분에서는 불공손어법의 문체적 요소가 돌출시키는 태주의 성격 유형을 '거칠고도 도전적인', '승부사적이면서도 냉소적인', '냉혈한적이면서도 탐욕스러운' 것으로 이해하였다. 본론 두 번째 부분에서 이 성격들이 어떤 일관적 인상을 구성하고, 플롯의 발전에 상응하여 어떤 방식으로 변화해가는지를, 자본과 욕망의 정치경제학이라는 주제적 의미와 관련시켜 고찰하였다. 그 결과 일견 자본을 인격화하는 상징적 의미를 갖기도 하지만, 긴밀히 연관된 자본주의적 욕망과 오이디푸스적 욕망에 대항해 새로운 영토를 갈망하는 등 심층적으로는 반자본주의적 욕망과 반오이디푸스적 욕망이 환기되고 있음을 태주의 캐릭터를 통해 밝혀냈다.

등장인물은 대단히 복잡한 대상이다. 실제 사람 중 한 명을 상기시키지만 매개된 기호로서만 존재하기도 하고, 책이나 화면 등 우리 앞에 바로 있는 것 같지만 실제 거리에서 그들을 만나볼 수 없으며, 수용자에게 미치는 그들의 영향력은 때로는 막대하지만 그 영향력은 또한 언제나 잠재적이라 할 수 있다.[24] 특히나 텔레비전 드라마의 등장인물은 텔레비전 드라마의 연속적, 반복적, 주기적 속성과 관련하여 고찰될 때만이 그 특수성이 드러난다.[25] 범박하게 말해서 24회분의 방영에 걸쳐 태주의 '거칠고도 도전적인', '승부사적이면서도 냉소적인' 성격은 상대적으로 안정적인 태주의 성격을 구성한 반면, '냉혈한적이면서도 탐욕스러운' 성격은 캐릭터의 급작스러운 변화를 유도함으로써 태주라는 캐릭터에 깊이와 폭을 부여하였다고 볼 수 있다.

비즈니스 세계를 다룬 텔레비전 드라마 〈야망의 세월〉(1990), 〈영웅신

24 Eder et al, Op.cit., p.3.

25 Roberta Piazza et al., "Introduction : Analysing Telecinematic Discourse", *Telecinematic Discourse : Approaches to the Language of Films and Television Series*, Roberta Piazza et al(Eds.), Amsterdam : John Benjamins, 2011, p.9.

화〉(2004), 〈자이언트〉(2010)와 〈황금의 제국〉이 장르적 계보상 연속선상에 있으면서도 장르적 일탈에 성공한 작품이라 평가할 수 있는 이유는 연속극의 축적적 형태에도 불구하고 이러한 성격화의 과정이 역동적으로 중첩되고, 탈구되는 과정을 통해 '샐러리맨 신화' 성공담을 기대했던 시청자의 예상을 흥미진진하게 위배했다는 사실로부터 비롯한다. 물론 태주와 설희, 민재와 은희, 유진의 관계에서 멜로문법이 확인되고 설희가 악녀에서 성녀로 변모되는 과정의 개연성이 충분하지 못하다는 점은 작품 완성도 면에서 아쉬움으로 남는다. 그러나 보수주의의 편향성이 팽배한 텔레비전 드라마의 제작환경을 감안했을 때 서윤의 "혁명은 위대해. 그러나 혁명은 슬퍼"(3회) 같은 대사들이 안방 드라마에서 검열 없이 발화될 수 있다는 사실은 텔레비전 드라마가 지배와 저항 이데올로기 간의 문화적 포럼으로 격상될 수 있는 가능성을 보여줬다는 점에서 고무적이다.

텔레비전 드라마는 연속극적 형태로 방송되는 터라 캐릭터에 관한 더 충만한 탐구를 허용한다. 그중에서도 귀에 잘 들어오는 흥미진진한 대화는 분석적 도구로서 가치가 있다. 그 이유는 첫째, 대화야말로 대본 작가가 시청자를 텔레비전 앞으로 끌어들이고 연기자들이 호흡을 맞춰볼 수 있는 주요한 극적 요소이기 때문이다. 둘째, 상호 행위 중 캐릭터의 정체성과 성격이 구성되는 실질적인 과정이므로 대화적 양상은 캐릭터화 분석을 위해서도 심층적인 탐구를 요한다. 태주 이외에 서윤, 민재 등의 다양한 캐릭터 유형에 대한 분석,[26] 장르와 캐릭터의 연관관계, 캐릭터 군

---

26 예컨대 불공손성의 분석적 틀을 가지고서 태주, 서윤, 민재의 캐릭터화 과정의 공통점과 차이점을 분석할 수도 있으리라 본다. 태주, 서윤, 민재는 공통적으로 유희적이면서도 강압적인 불공손어법을 발화한다. 해서 그들은 승부사적이면서도 냉소적인, 냉혈한적이면서도 탐욕스러운 성격을 공유한다. 결과적으로 이런 공통점들 때문에 시청자는 누구에게 감정이입을 해야 할지 주저하게 된다. 역으로 보자면 시청자는

의 공통점, 차이점의 의미와 캐릭터들의 원형 분석, 수용자에게 캐릭터가 미치는 영향력, 시청각적 요소들과 대화적 요소들이 결합하는 양상이 지면의 여건상 본고에서 미비하게 다루어졌을지라도, 캐릭터화에 따른 대화의 중요성에 대한 강조는 텔레비전 드라마 미학의 고찰에 일방향성을 제공하리라 본다.

이 과정에서 태주, 서윤, 민재 어떤 사람에게나 순환적으로 감정이입할 수 있다. 이것만 가지고 보자면 선악의 구분은 인물들에게서 명확하게 드러나지 않는다. 그러나 감정적 불공손어법의 전시로 인한 성격 구축과정은 차이를 보인다. 서윤이 존경하는 아버지 최동성을 닮기 위해 아버지를 멸시하는 경쟁자들에게 분노의 감정적 불공손어법을 전시한다면, 민재는 자본가의 하수인으로서 마부처럼 산 아버지 최동진으로부터 벗어나 성공한 자본가 최동성처럼 살기 위해서 아버지처럼 넌 "안돼"라고 말하는 라이벌들에게 복수의 감정적 불공손어법을 전시한다. 반면 태주는 한 번도 세상에 이겨보지 못한 아버지에게서 벗어나 최동성처럼 살고자 하였으나 종국적으로 다시 황금의 주인인 최동성의 삶을 혐오하는 까닭에서 자본가의 핏줄인 서윤, 민재에게 화의 감정적 불공손어법을 전시하게 된다. 따라서 감정적 불공손어법을 경유한 캐릭터화 과정은 차이점을 보인다. 이를테면 아버지 최동성을 동생인 최동진의 수고도 모르고, 노동자의 눈물도 모르는 악덕자본가로 비하하는 태주, 민재에 대항해 서윤이 아버지를 옹호하는 분노의 감정적 불공손어법을 전시함으로써, 그녀의 성격은 일가친척도 멀리하며, 부하직원들과 인간적 교류도 없는 '폐쇄적 성격'으로 점점 변해간다. 모두와의 싸움에서 승리한 서윤이 마지막회에서 혼자 식사를 하며 끝내 울음을 터트리는 모습에서 드러나듯이. 그녀가 감정적 불공손어법을 통해 아버지를 옹호하면 할수록 그녀는 점점 같이 식사할 사람 하나 남아 있지 않은, 다시 말해 사랑할 가족 한 명 남지 않게 된 가장 비인간적인, 비현실적인 성격의 캐릭터를 입상화하게 된다. 이 점이 감정적 불공손어법을 통해 추론 가능한 태주의 성격화 과정과 서윤의 성격화 과정의 차이다. 물론 이는 한 단초일 뿐 좀 더 정치한 분석은 또 다른 지면을 요한다.

11장

메타 텔레비전 드라마 〈온에어〉의 반성성과 연행성

1. 텔레비전 드라마의 자기 의식성

'자기 반성성(self-reflexivity)'이란 20세기 초반 조지 허버트 미드(George Herbert Mead) 같은 인류학자 등에 의해 논의되기 시작한 개념으로 이를 보다 체계화한 바바라 밥콕(Barbara A. Babcock)에 따르면 "자기 지시성, 자기의식에 대한 의식"으로 정의된다. 반성적 순간을 통해 주관화된 1인칭의 자아(I)와 객관화된 3인칭의 자아(me) 간의 대화가 이루어진다고 밥콕은 말한다. 바꾸어 말해 반성적 사고에 의하여 단지 어떤 것에 대해 생각하는 차원을 넘어 사고방식이나 사고 과정 자체에 대해 사고하게 되는 메타커뮤니케이션이 발생한다. 요컨대 그녀가 묘사하듯이 반성적 행위는 자기 의식적인 자기 비평의 행위로서 자아 자체를 대상으로서 구성할 수 있는 능력, 자기 자신을 넘어 자신을 고양시킬 수 있는 능력을 가리킨다.[1] 이는 자기 자신을 반영(reflect)하는 데서 그치는 것이 아니라 자신의

---

1 Barbara Babcock, "Reflexivity: Definitions and Discriminations", *Semiotica*, 30, 1980, pp.1~14 참조

정체성을 자아가 스스로 만들어내는 과정이다.

최근 텔레비전 드라마 중에서는 텔레비전 자기 자신 자체를 의식하면서 텔레비전 프로그램이 만들어지는 과정 자체를 드라마화한 작품이라든지 의도적으로 자기 자신이 텔레비전 드라마임을 드러내려는 프로그램들이 부쩍 많아졌다. 예컨대 〈프로듀사〉(2015)는 예능국 안에서 벌어지는 스타와 예능국 PD 간의 사랑을 주된 테마로 그리고 있지만 〈1박 2일〉이나 〈개그콘서트〉 같은 예능 프로그램이 어떻게 만들어지는지를 드라마의 내용으로 풀어내고 있다. 전작인 〈지붕 뚫고 하이킥〉(2009~2010)의 결말에서 식모로 역할했던 배우 '신세경'이 교통사고로 비극적 죽음을 맞이한 것을 시트콤 드라마 〈하이킥 : 짧은 다리의 역습〉(2011~2012)에서는 해피엔딩 버전으로 패러디했다. 전작에 죽은 것으로 처리됐던 극중 식모 역할의 배우 '신세경'이 속편인 〈하이킥 : 짧은 다리의 역습〉에서 환생하여 행복한 순간을 맞이하는 것으로 그려지자 시청자들 사이에서는 시청자의 기대를 저버린 전작의 비극적 결말을 사과하기 위해 하이킥 시리즈의 PD인 '김병욱' PD가 의도적으로 환생, 해피엔딩 장면을 삽입한 것이라는 설이 분분했다. 연출자의 의도가 무엇이었든지 간에 본고에서 초점을 두려는 부분은 전작의 한 에피소드를 속편에서 통째로 패러디하는 과정은 텔레비전 드라마 내 텔레비전 드라마 자신에 대한 의도적 의식, 대상화 과정이 없었더라면 불가능했을 것이라는 점이다. 직장남녀의 비밀스럽고 발칙한 연애 이야기를 그린 〈직장연애사〉(2007)에서는 여주인공들이 좌절에 빠져 있을 때마다 말을 거는 목소리가 등장한다. "남자들한테 이기려면 더 나쁜 악녀가 돼야 해요"라고 말하며 용기를 북돋워주는 이 목소리는 여주인공들과 대화를 전개하지만 실제 주인공 외에 다른 사람들은 들을 수 없다. 이러한 서술 기법은 텔레비전 드라마의 허구적 환각을 깨고 "봐, 이건 텔레비전 드라마야"라는 메타 메시지를 생성하므로, 시청자가 보고 있는 것이 텔레비전 드라마임을 의도적으로 폭로하는 기제라 할 수 있다. 복고 테마로 큰 인기를 거둔 드라마, 〈응답하라 1994〉(2013), 〈응답하라 1988〉(2016)의 내용에서도 텔레비전 드라마의 자기 의식성, 자기 지시성이 찾아진다. 〈응답하라〉 시리즈에서 시청자의 관심을 가장 끈 부분은 여주인공이 주변 남자인물들 중 누구와 결혼할 것인가였다. 이 의문점은 드라마의 결말에서 그 해답이 밝혀지기 때문에 드라마 내내 퍼즐과 수수께끼의 양식으로 시청자들에게 각인되었다. 이와 같은 퍼즐과 수수께끼, 추리와 게임의 서사는 언제나 그 자체로 자기의식적이다. 시청자들은 퍼즐과 수수께끼를 통해서 퍼즐과 수수께끼의 플롯 구조를 고안한 드라마 작가의 존재를 기대하게 되고 그녀와 두뇌게임을 펼치는 것과 마찬가지인 놀이 상태에 몰입하게 되기 때문이다.[2] 〈응답하라〉 시리즈의 작가 '이우정'이 작품의 주인공들만큼 얼마나 큰 명성을 얻게 되었는지를 떠올려보자. 〈응답하라 1994〉나 〈응답하라 1988〉은 명시적이지는 않지만 은폐된 자기 반성성을 지니고 있는 텔레비전 드라마라 할 수 있겠다.[3]

이 논문은 자기 반성적 TV, 텔레비전 드라마에 관한 텔레비전 드라마, 자신이 텔레비전 드라마임을 의식적으로 드러내, "봐, 이건 텔레비전 드라마야"라는 메타커뮤니케이션적 메시지를 생성하는 텔레비전 드라마를 '메타 텔레비전 드라마'로 규정하고 그것의 미학적 성과와 의의를 가늠하려 한다. 분석 작품은 신우철 연출, 김은숙 대본으로 2008년 방영되었던

2 추리, 게임 서사의 은폐된 반성성에 대해서는 Linda Hutcheon, *Narcissistic Narrative : The Metafictional Paradox*, New York : Routlege, 1980, p.31 참조. 텔레비전 드라마의 추리 서사에 대한 상세한 논의는 권양현, 「수사드라마 장르 연구 : 〈마왕〉을 중심으로」, 충남대학교 국어국문학과 석사학위 논문, 2010 참조

3 예능 프로그램에서도 자기 반성적 TV로서의 속성은 쉽게 찾아볼 수 있다. 예컨대 다양한 미디어의 포맷을 패러디, 해체, 차용하는 〈SNL 코리아〉라든지, 인터넷과 모바일의 실시간 커뮤니케이션을 통해 시청자가 말풍선의 모양으로 생방송에 참여하는 〈마이 리틀 텔레비전〉 등이 반성적 TV의 한 부류로 설명될 수 있겠다.

〈온에어〉[4]다. 여배우, PD, 연예기획사 매니저 그리고 방송작가 역할인 4명의 주인공들이 한 편의 텔레비전 드라마 〈티켓 투 더 문〉을 만들기까지의 과정을 〈온에어〉는 다루고 있다. 텔레비전 드라마가 어떠한 과정을 거쳐 탄생하는지를 극화하고 있기 때문에 〈온에어〉는 일종의 '텔레비전 드라마에 대한 텔레비전 드라마'로 정의될 수 있겠다. 반성의 과정을 통해 자아의 대상화가 달성되는 것처럼 〈온에어〉는 텔레비전 드라마 자체를 가리키면서 자기 자신에 대해 말하려는 텔레비전 드라마다. 가장 명시적인 방식으로 텔레비전 드라마의 반성성을 드러내고 있기 때문에 메타 텔레비전 드라마의 대표적인 작품이라 봐도 큰 무리가 없겠다.

특히나 〈온에어〉에서 텔레비전 드라마의 본질을 무엇으로 규정할지를 두고 극중 세계의 방송작가 영은과 PD인 경민이 서로 대립하는 장면은 주목을 요한다. 시청률이 얼마나 잘 나오는지에 가치를 염두에 두며 텔레비전 드라마를 쓰고 제작해야 하는지 아니면 그보다는 작품성을 중시하면서 깊이 있는 텔레비전 드라마를 쓰고 제작해야 하는지 영은과 경민은 극중에서 끊임없이 대립한다. 신인 작가나 영화감독들의 좋은 등용문이자 새로운 연출과 스토리 구성을 과감하게 시도할 수 있었던 텔레비전 단막극 〈MBC 베스트셀러극장〉이 2007년에 폐지되고, 비슷한 성격의 프로그램이었던 〈KBS 드라마시티〉가 2008년 광고수입과 시청률 저조의 문제로 방송중단이 되었던 것을 떠올려보았을 때 2008년 〈온에어〉의 이런 방송 장면은 예사롭지 않게 보인다. 실제로 2008년 즈음해서는 방송국을 드라마 소재로 다루는 드라마들의 제작이 다수 시도되었다. 표민수 연출, 노희경 극본으로 드라마국 사람들의 사랑과 삶을 조명했던 〈그들이 사는 세상〉(2008)은 〈온에어〉(2008)와 함께 대표적 작품이라 할 수 있

---

4 본론에서 인용되는 〈온에어〉의 장면들과 대사들은 해당 방송국 홈페이지의 영상에서 발췌하였음을 밝혀둔다. https://programs.sbs.co.kr/drama/onair

다.[5] 그만큼 한국 텔레비전 드라마의 사적 고찰에 있어 2007~2008년은 중요한 지점이고, 이런 시기에 텔레비전 드라마의 시청률과 작품성 자체를 텔레비전 드라마의 주제로 다룬 〈온에어〉 같은 메타 텔레비전 드라마가 나온 것은 곱씹어 볼 만한 점이라 하겠다.

본론은 크게 두 부분으로 나뉘어 진행된다. 우선 본론 첫 번째 부분에서는 〈온에어〉의 메타 텔레비전 드라마로서의 성격, 반성적 TV로서의 '생산 기법'이 인공성과 불연속성의 특성을 중심으로 인물, 대사, 구조 차원에서 분석된다. 본론 두 번째 부분은 이러한 반성적 TV의 텍스트적 차원이 과연 어떤 '기능'을 하는지, 드라마를 둘러싼 실제와 허구의 인식에 어떤 영향을 미치며, 시청자의 시청 행위를 어떻게 변모시키는지 파악할 것이다. 이를 기반으로 결론 부분에서는 〈온에어〉가 메타 텔레비전 드라마로서 거둔 미학적 성취의 공과를 정리하면서 텔레비전 드라마를 둘러싼 변화된 미디어 환경에 대해 간략하나마 논구하려 한다.

2. 텔레비전 드라마에 대한 텔레비전 드라마
: 인공성과 불연속성 드러내기

반성성은 자신에게만 집중하는 유아론적 사고와는 완전히 다른 의의를

---

5 물론 텔레비전 드라마가 무엇인지 본격적인 성찰이 돋보이는 〈그들이 사는 세상〉이 메타 텔레비전 드라마의 성격을 잘 보여줄 수도 있지만 보다 대중적으로 각광을 받은 〈온에어〉를 이 글에서는 메타 텔레비전 드라마의 연구 대상으로 삼는다. 본론에서 다루어질 터이나 메타 텔레비전 드라마의 메타적 기능이란 결국 텔레비전 드라마와 시청자의 관계에 대한 새로운 인식을 환기하게 된다. 대중에게 크게 어필하였던 〈온에어〉는 〈그들이 사는 세상〉에 비해 텔레비전 드라마와 시청자의 관계에 대한 더 많은 함의를 가지고 있다고 판단되는 바 이 글에서는 〈온에어〉를 메타 텔레비전 드라마의 전형적 사례로서 다루고자 한다.

지닌다. 반성적 과정을 통해 자신을 대상화하고자 할 때, 우리는 지금까지의 삶의 경험과는 다른 '불연속적' 순간에 처하게 되어, 자연스러웠던 자신의 모습을 낯설게 느끼며 그동안 자신을 구성해왔던 것들의 '인위성'이 폭로되는 장면과 맞닥뜨리게 된다. 반성적 행위에 의해 자기 자신을 들여다볼 수 있는 계기는 역설적이게도 자기 자신 바깥에 자신을 위치시켜 자신의 '인위성'을 노출하게 되는 '불연속성'[6]으로부터 연원한다.

텔레비전 드라마 〈온에어〉가 자기 반성적으로 생산되는 지점도 마찬가지다. 텔레비전 드라마의 기존 생산 관습과 '유희적'으로 관계를 맺으면서 텔레비전 드라마 그 자신이 확립한 관습적 경계의 인위성을 드러낼 때, 〈온에어〉가 지닌 텔레비전 드라마적 환각은 파괴된다. 이러한 인공성에 의하여 텔레비전이 소통의 '투명한' 매개체일 수 있다는 상투적 가정 또한 전복되며, 그 결과 서사적 흐름의 불연속성이 전경화되기에 이른다.

그 사례들을 살펴보면 다음과 같다.

우선, 〈온에어〉에는 현실에서의 수많은 스타들의 실명이 거론되고, 종종 그들이 카메오로도 실제 등장하고 있다. 예컨대 극중에서 연예기획사 매니저인 장기준이 과거에 발굴하고 스타로 키운 이로 '전도연'(2회)이 얼굴을 비춘다. 배우 '김민준'은 극중 톱스타인 오승아의 연예계 친구로 오승아와 함께 차를 마시는 장면에 짧게 나온다. 이 자리에서의 "나 장동건과 사귄다고 기사 날까?"라는 농담을 통해서 승아는 또한 현실 속 실제 배우인 '장동건'을 지시하고 있다. 〈온에어〉의 극중극인 〈티켓 투 더 문〉의 예상 여자주인공으로 여배우 '강혜정'과 '엄지원'이 말해질 뿐만 아니라 이들 여배우들이 〈온에어〉의 정식 출연진이 아님에도 불구하고 '강

---

6 스탬에 따르면 반성적 성격의 영화와 문학의 스타일은 서사적 불연속성을 특징으로 취한다. Robert Stam, *Reflexivity in Film and Literature : From Don Quixote to Jean-Luc Godard*, New York : Columbia University Press, 1992, p. xi.

혜정'과 '엄지원'이라는 실제 이름 그대로 〈온에어〉의 극중 세계에 잠깐 출현(5회)하기도 한다. 탤런트 '이서진'은 극중 매니저 역할인 장기준의 친구로 깜짝 등장하는데(11회), 실제의 인물인 '이서진'에게 기준은 극중극 〈티켓 투 더 문〉의 남자주인공 역할을 제안한다. '이서진'이 거절하자 신인배우를 찾으려는 매니저 기준에게 기준의 기획사 소속 톱스타 승아는 '장동건', '이병헌'의 실명을 열거하면서 "장동건, 이병헌 아니면 나 이 드라마 안 해"(11회)라고 선포한다. 극중 인물 승아의 CF 촬영 현장에 실제 인물, 탤런트 '송창의'(11회)가 우정 출연하는 모습이 장면화되는가 하면 극중극 〈티켓 투 더 문〉의 제작발표회 장면에서는 개그맨이자 사회자인 '김제동'이 현실의 제작발표회에서처럼 '김제동'이라는 실명을 내걸고 사회를 맡는다(15회). 카메오 출연의 절정은 16회 탤런트 '김정은'이 나오는 장면에서다. 16회에서 기준은 자신의 연예 매니저 기획사를 보다 확장할 목적에서 톱스타 승아 이외의 또 다른 톱탤런트를 찾아가는 바, 그녀가 '김정은'이다. 드라마 「온에어」가 방영될 당시 탤런트 '김정은'은 실제 SBS 방송국의 음악콘서트 프로그램의 사회자이기도 하였다. 이 현실의 실제 음악콘서트에 허구적 등장인물인 기준이 '김정은'을 섭외하고자 찾아가는 것으로 〈온에어〉에서는 그려진다. 배우들을 아끼는 기준의 마음에 감동한 것으로 설정된 현실 속 배우 '김정은'은 자신이 진행하는 실제 음악콘서트 방송의 객석에 앉아 있던 극중 인물 장기준을 가리키며 고마움을 표시하고 더불어 그에게 박수를 함께 보낼 것을 콘서트장에 있던 관객에게 유도한다. 이처럼 실제 현실 속 스타들을 〈온에어〉의 허구적 극중 세계에 삽입하는 것은 비유컨대 시청자들이 친숙하게 여기는 허구외적 세계의 사람들을 허구내적 세계에 보쌈해 데려온 것과 마찬가지인 까닭에 텔레비전 드라마에 의한 "하이재킹(Hijacking)"[7]을 연상시킨다.

---

7 텔레비전의 반성적 기법으로서 하이재킹에 대해서는 Stephen Jr. Price, *Exploring*

항공기 납치사건(Skyjacking)으로 대표되는 하이재킹의 납치행위처럼 현실의 배우들을 허구세계에 '끌고 오므로', 실제 사람들의 현실적 이미지에 따른 텔레비전 드라마 생산의 인공성이 가시화되고 드라마적 환각은 파괴되며 서사의 불연속성이 부각된다.

둘째, 〈온에어〉에서는 다른 미디어 텍스트가 곧잘 인용되기도 한다. 대부분 대사 차원에서 여타의 영화나 텔레비전 드라마 작품들이 인유되고 있지만 이러한 상호텍스트적 인용의 양상은 텔레비전 드라마 텍스트를 자기 반성적으로 생산하고 구성하는 데 기여한다고 볼 수 있다. 실제 배우 '김민준'이 등장했을 때 허구적 인물인 장기준은 '김민준'이 2007년 주역을 맡았던 텔레비전 드라마 〈외과의사 봉달희〉를 잘 보고 있다고 인사를 건넨다. 2006년 봉준호 감독의 개봉 영화 〈괴물〉의 여주인공 섭외가 들어오면 배역을 따낼 수 있는지를 소재로 매니저인 기준과 배우인 승아가 잡담을 나누기도 한다(4회). 〈온에어〉의 승아 역은 실제로는 배우 '김하늘'이 맡고 있는데, 그녀의 2003년 출연 영화 〈동갑내기 과외하기〉가 〈온에어〉의 승아의 입에 오르내린다. 극중극 〈티켓 투 더 문〉의 엔딩 씬을 위한 대만 해외촬영 장면에서는 촬영지를 물색하던 중 대만의 지우펀 지역을 촬영지로 했던 홍콩영화 〈비정성시〉가 극중 〈티켓 투 더 문〉의 PD 역할인 경민과 작가 역할인 영은의 대화를 통해서 인용되고 있다. PD 역할의 경민을 연기하는 배우 '박용하'의 2003년 출연작인 텔레비전 드라마 〈올인〉의 ost가 「온에어」의 배경음악으로 깔리기도 한다(8회). 또한 작품 완성도를 중시하는 극중 PD인 경민은 멜로성향의 작가인 영은과 부딪히는 와중에 히치콕 감독의 명작 영화들을 나열한다(11회). 이상의 〈외과의사 봉달희〉, 〈괴물〉, 〈동갑내기 과외하기〉, 〈비정성시〉, 〈올

Audience Responses to Self-Reflexivity in Television Narratives, Communication Department PhD Dissertation, University of Missouri-Columbia, 2011, p.174 참조.

인〉, 그리고 히치콕 영화 같은 상호텍스트적 인용이 전시될 때 다른 미디어 텍스트 '사이'에 자리한 〈온에어〉의 위치가 암시된다고 볼 수 있다. 바꾸어 말해 이 여타의 작품들에 대한 시청자들의 재고지식을 바탕으로 〈온에어〉에 대한 반응을 보다 적극적으로 이끌어내기 위해 상호텍스트적 인용의 발화들이 스타일적 장치로서 의식적으로 고용되고 있다. 결과적으로 비록 대사 차원에서의 발현에 그친다 할지라도, 이렇게 〈온에어〉에 다양한 미디어 텍스트들이 상호텍스트적 인용의 형태로 공존하고 있기 때문에 여러 텍스트들을 변형시키고, 조작하는 텔레비전 드라마의 문화적 "매개자로서의 위상"[8]이 잠재적이나마 부각된다. 역으로 말해서 상호텍스트적 인용을 거쳐 다른 텍스트들의 내용을 매개하는 과정은 〈온에어〉 텍스트의 생산 과정을 고의적으로 드러내고 그것의 인공성, 구성적 성격을 단언하는 반성적 과정을 함의한다. 그 인공성이 드러날 때 서사적 자연스러운 흐름의 연속성이 일시적으로 중단된다.

셋째. 인물의 차원이나 대사의 차원이 아닌 보다 구조적인 차원의 자기 반성적 생산 양식 역시 간취될 수 있다. 텔레비전 드라마 〈온에어〉에 자체적으로 삽입되어 있는 극중극[9]이 대표적인 경우다. 〈온에어〉 3회에서는 극중 세계에서 방송작가가 직업인 서영은이 그동안 자신이 대본을 썼던 텔레비전 드라마를 시청하는 장면이 삽입된다. 일종의 멜로드라마에 해당하는 이 극중극, 텔레비전 드라마 속의 텔레비전 드라마는 방송

---

8 텔레비전 드라마의 상호텍스트적 인용이 갖는 반성적 기능에 대해서는 Katherine Lander, *That's So Meta : Contemporary Reflexive Television and its Textual Strategies*, College of Communication M.A. Theses, DePaul University, 2013, p.32 참조.

9 〈온에어〉에는 몇 개의 극중극이 전시된다. 이를테면 3회에서는 〈온에어〉의 실제 방송작가인 '김은숙'이 썼던 텔레비전 드라마 〈파리의 연인〉(2004)의 한 장면이라든지 극중 톱배우인 오승아가 자신의 논란이 되는 연기력을 체크하고자 대학로 연극무대에 서는 장면 같은 것들이 나오기도 하고, 11회에서는 '박언희' 극본에 배우 '김옥빈'이 출연했던 텔레비전 드라마 〈하노이 신부〉(2011)의 한 장면이 나오기도 한다.

작가인 서영은이 그간 매달려 왔던 상업적 가치, 트렌디 드라마의 맹점을 여실히 폭로하고 있다. "(남자 주인공) 제 마음은 테이크 아웃이 안 됩니다.", "(여자 주인공) 아주 출근 도장을 찍는구만." 같은 극중극의 대사가 시청자들에 의하여 일명 '명대사'로 각광을 받지만 작가주의적 연출을 추구하는 PD인 경민의 지적처럼 깊이가 없는. 경박한 감각에만 호소할 뿐인 대사임을 이 극중극을 다시 집에서 되돌려보면서 작가 서영은은 깨닫게 된다. 극중극에서 다른 여성인물을 가리키며 "실은 너랑 나랑은 자매야"라고 여주인공이 내뱉자 이를 시청하던 서영은은 영은의 작품에 진정성이 없다는 경민의 말을 떠올리면서 낯이 뜨거워져 얼굴을 가리는 모습을 보인다. 이 장면을 통해 출생의 비밀이나 불치병에 걸린 주인공, 재벌과의 결혼으로 신분 상승하려는 신데렐라 이야기를 드라마의 주된 소재로 삼았던 방송작가 서영은 자신에 대한 자기비판이 이루어지고 있다. 방송작가를 캐릭터화함으로써 텔레비전 드라마 글쓰기를 '탈신비화'하고, 텔레비전 드라마의 생산 메커니즘이 폭로되고 있는 셈이다.

텔레비전 드라마는 대중문화의 한 차원으로서 다루어질 수도 있고, '황인뢰', '노희경', '인정옥' 같은 특정 연출가나 작가의 미학에 초점을 맞추는 경우 예술 작품으로서도 접근될 수 있다. 그렇지만 무엇보다도 그것의 산업적 속성을 또한 무시할 수 없다.[10] 이를테면 방송작가의 글쓰기는 텔레비전 드라마 제작과 관련된 기획사, 투자자, 배급처, 광고주, 방송국, 협찬업체, PD, 방송장비 기술자, 배우 등 텔레비전 산업에 종사하는 생산주체들의 행위와 직간접적으로 영향을 주고받을 수밖에 없는 관계에 놓여 있다.

막장 드라마 작가라는 오명에서 벗어나 아들에게 부끄럽지 않은 드라

---

10 이 점에 대해서는 박상완, 「문화산업으로서 TV드라마 연구를 위한 텍스트 선정에 관한 소론」, 『한국문학이론과 비평』 64, 한국문학이론과비평학회, 2014, 251~276쪽 참조.

마를 써 보겠다는 결심에 영은은 극중극 〈티켓 투 더 문〉을 구상하게 된다. 〈티켓 투 더 문〉은 부모에게 버려진 장애아가 사회적 독립과 성취를 이루게 되는 과정을 줄거리로 하는 드라마로 극중 인물인 승아가 극중극 〈티켓 투 더 문〉의 장애아 역을 맡는다. 시청률보다 작품성에 방점을 두려는 영은의 의도가 담긴 작품이라 할 수 있는 까닭에 〈티켓 투 더 문〉의 대본이 완성돼가는 과정에서 시청률을 목표로 하는 텔레비전 드라마 제작 과정의 관행과 충돌이 빚어진다. 그러면서 텔레비전 드라마 글쓰기 과정에 필연적으로 결부된 산업적 측면이 적나라하게 노출된다. 시청률이 잘 나올 것 같은 대본을 써야지 왜 분위기가 다운될 수 있는 장애아 이야기를 쓰려하느냐며 기획회의에서 방송국 제작국장 최국장은 영은에게 언성을 높인다. 시청률이 나오지 않는 드라마를 쓰는 작가는 결국 버려져야 할 소모품이라는 최국장의 일갈은 텔레비전 드라마 작가가 텔레비전 산업 제도에서 어떤 위상을 점하는지를 보여주고 있다(6회). 〈티켓 투 더 문〉에 출연하게 된 승아 역시 영은에게 드라마를 찍기 전 대본의 수정을 요구한다. 대중의 사랑을 먹고 사는 스타의 입장에서 드라마가 너무 진지하면 재미가 없어 시청자들이 드라마를 보지 않을 것이고 자신의 인지도 또한 떨어질 것이라는 우려감에서 배우 승아는 작가 영은에게 캐릭터의 수정을 요청하게 된다(7회). 그러나 영은이 자신의 멜로적 성향을 온전히 버린 것은 아니었다. PD인 경민은 영은의 대본을 검토하면서 〈티켓 투 더 문〉의 5부와 6부의 내용을 다시 고치라고 말한다. 〈티켓 투 더 문〉에서 남자주인공으로 설정된 변호사가 여자주인공인 장애아의 모든 문제들을 해결해주는 식의 신데렐라 판타지는 보다 진정성 있는 드라마를 만들고 싶었던 경민에게는 마음에 들지 않는 줄거리였기 때문이다(10회). 대만 해외 촬영을 위해서 영은은 대만을 배경으로 한 〈티켓 투 더 문〉의 마지막 회 16회 대본을 먼저 완성해놓은 상태였다. 허나 다른 회차의 대본은 나오지 않은 상태에서 마지막 회인 16회 〈티켓 투 더 문〉 등장인물의 감정선을 연기력이 부족한 승아가 이해하기란 매우 어려운 일이었다. 해서 승아의 매니저인 기준은 작가인 영은에게 아직 작성되지 않은 회차의 내용들을 승아에게 설명해줄 것을 영은에게 권유한다. 영은은 배우에게 줄거리나 인물이 느끼는 감정을 작가가 차근차근 설명할 수는 없다며 이에 맞선다. 대만의 한 해변의 예정되었던 촬영지에서는 조명, 사운드를 담당하는 대만 현지 스탭이 며칠간 지속되었던 철야 작업으로 피곤을 견디지 못해 철수해버린다. 해변에서의 촬영이 불가능해지자 PD인 경민은 아예 장소의 배경이 바뀐 대본을 지금 이 자리에서 새로 써줄 것을 영은에게 지시한다(13회). 타 방송사의 드라마 프로그램과의 경쟁에서 기선을 제압하기 위해 방송국 제작부장 최국장은 원래 60분이었던 1~2회를 80분 분량으로 늘려 대본을 써 줄 것을 영은에게 요청한다(15회). 〈티켓 투 더 문〉에 자본을 투자해주던 외주제작업체의 진사장이 자신의 회사 소속 여배우의 〈티켓 투 더 문〉에서의 역할 비중을 늘려달라며 영은에게 대본 수정을 강압하는 장면이 연출되기도 한다(17회).

환언하자면 〈온에어〉의 극중극 〈티켓 투 더 문〉의 대본이 완성돼가는 과정은 텔레비전 드라마 텍스트가 단순히 작가 혼자에 의해서만 창작되는 것이 아님을 드러내고 있다. 방송작가 영은의 글쓰기는 제작국장, 배우, PD, 매니저, 스탭, 투자자 등등 〈티켓 투 더 문〉의 제작과 관련된 여러 주체들과의 길항 관계에 놓인 채 이루어진다. 결과적으로 텔레비전 드라마의 글쓰기가 진행될 때 텔레비전 산업에 관여하는 여러 이해집단의 '해석과정'이 동시에 담겨져 집단적으로 인공적 텍스트를 구성하게 되는 과정을 극중극 〈티켓 투 더 문〉은 시사하고 있다. 텔레비전 산업 내부의 집단적 "해석적 시스템으로서 문화적 텍스트",[11] 그것이 바로 한 편의

---

11 미국의 인류학자 클리포드 기어츠(Clifford Geertz)는 문화를 상징의 해석적 체계로서 텍스트로 파악했다. 기어츠의 문화텍스트의 개념은 영화나 텔레비전 생산 공간, 프로덕션 문화를 분석하는 데 유용하게 적용될 수 있다. John Thornton Caldwell, *Production*

텔레비전 드라마 텍스트가 만들어지는 과정임을 〈티켓 투 더 문〉의 글쓰기는 묘사하고 있는 것이다. 이러한 극중극의 구조적으로 발현되는 반성성을 통해 역으로 〈티켓 투 더 문〉을 둘러싼 액자틀인 〈온에어〉 텍스트의 구성성, 인공성이 드러난다. 〈온에어〉 텍스트의 글쓰기 또한 그렇게 기획사, 투자자, 배급처, 광고주, 방송국, 협찬업체, PD, 방송장비 기술자, 배우 등 한 편의 텔레비전 드라마 생산과 관련된 수많은 사회적 집단의 해석적 실천에 의하여 구성되는 문화적 텍스트임이 암시된다. 이 같은 자기 지시적, 자기 반성적 순간은 〈온에어〉의 극중 세계의 환각을 파괴하면서 서사적 불연속성을 불러일으키는 순간이기도 하다.

3. 허구와 실제 사이에서

그렇다면 〈온에어〉는 텔레비전 드라마의 제작현실을 이야기한다는 점에서 사실이나 실제 삶을 다루는 다큐멘터리에 가까운 작품이라 할 수 있을까? 아니면 배우, 방송작가, PD, 그리고 매니저 등 현실에서 연인으로 맺어질 가능성이 실제로는 희박한 4명의 주인공들이 극중에서는 2쌍의 커플로 맺어지는 결말을 결국 이야기한다는 점에서 사랑을 주테마로 기존 상투적인 이야기 관습을 되풀이하는 허구적 텔레비전 드라마에 불과한 것인가? 〈온에어〉 같은 작품들이 미학의 성취 면에서 중요한 이유는 바로 이러한 질문에 답하고자 할 때 그 답변이 어느 한 편으로 기울어질 수 없다는 점으로부터 기인한다. 바꾸어 말해 텔레비전 드라마에 대한 텔레비전 드라마, 〈온에어〉의 자기반성적 성격은 텔레비전 드라마라

Culture : Industrial Reflexivity and Critical Practice in Film and Television, Durham, N.C. : Duke University Press, 2008, p.1.

는 픽션의 존재론적 위상에 대해, 그리고 이를 대하는 시청자의 복합적 시청 행위의 본성에 대해 고찰의 실마리를 던져준다.

이러한 문제의 규명을 위하여 반성적 메타 텔레비전 드라마에 나타나는 두 가지 역설의 현상, '텍스트의 패러독스'와 '시청자의 패러독스'를 거론할 수 있겠다.

먼저 텍스트의 패러독스에 대해 알아보자.

〈온에어〉는 물론 '허구적' 텔레비전 드라마다. 극 전개의 중반부를 넘어가면서 멜로의 비중이 늘어나는 것도 그렇고 작가와 배우가 그렇게 가깝지 않은데 극중에서는 영은과 승아가 매번 부딪치다가 나중에는 서로의 고민을 들어주는 사이가 되는 것으로 묘사되는 것도 그렇다. 판타지적 요소도 있다. 연예기획사 매니저인 기준이 오로지 진정한 배우를 키우기 위해 승아에게 헌신한다는 설정은 이윤을 추구하는 연예기획사의 현실적 모습과 유리된다. 명문대 법대 출신에 가족에게 헌신적이고 잘생기기까지 한 PD로 이경민이라는 캐릭터를 설정한 것 역시 다분히 전문직 트렌디 드라마를 브랜드화하기 위한 비현실적인 인물 설정이라는 비판을 면키 어렵다.

이런 허구성에도 불구하고 〈온에어〉는 새로운 차원에서 그 허구성을 시청자의 실제 삶과 연계시키는 드라마라 할 수 있다. 앞선 장에서 거론되었던 대로 배우 '김정은' 같은 수많은 실제 인물이 허구적 드라마에 카메오로 출연하는 경우, 이를테면 시청자들은 실제 배우 '김정은'이 사회를 맡은 음악콘서트 방송을 떠올리면서 그 기억을 지금 여기의 〈온에어〉에서의 '김정은'의 출연 장면과 비교, 대조하는 인지적 과정을 거친다. 8회에서 승아가 〈동갑내기 과외하기〉를 인용할 때 시청자들은 승아 역의 실제 배우 '김하늘'이 2003년 출연했던 영화 〈동갑내기 과외하기〉를 상기하고 승아와 배우 '김하늘'을 연관 짓는다. 극중극 〈티켓 투 더 문〉의 대본이 완성돼가며 제작이 완료돼가는 과정은 시청자들에게 〈온에어〉가 생산되는 현실, 텔레비전 산업의 제도적 맥락에 대한 궁금증과 문제의식 및 탐구의식을 촉발한다. 실제 인물의 카메오 출현, 상호텍스트적 인용 그리고 〈티켓 투 더 문〉 같은 극중극의 활용을 통해 텔레비전 드라마 〈온에어〉는 텔레비전 드라마 자기 자신을 지시하며, 자기 자신이 어떻게 생산되는지를 자기반성적으로 말하려 한다. 비유하자면 텍스트가 내는 목소리는 나르시시스트적이다. 그러나 자기 자신의 내부로만 관심을 향하는 자기 반성적 텍스트의 구성 과정은 역설적이게도 외부를, 텍스트 바깥에 있는 시청자의 시청 경험의 기억이나 텔레비전 드라마 제작 현실에 대한 실제적 관심을 끌어들인다. 결과적으로 텍스트 자기 자신에 대한 관심이 자기 내부를 향하는 동시에 자기 외부, 시청자에게로도 향하는 상황이 조성된다. 이 점이 텔레비전 드라마에 대한 텔레비전 드라마, 메타 텔레비전 드라마로서 〈온에어〉 텍스트가 갖는 패러독스다. 텔레비전 드라마 텍스트가 텔레비전 드라마 텍스트 자기 자신의 구성과정에 관심을 기울이면 기울일수록 역설적으로 텔레비전 드라마 텍스트 자신과 외부에 있는 시청자 사이의 거리는 좁혀진다. 해서 시청자는 텔레비전 드라마 텍스트의 의미 생산과정에 있어 '공동생산자'로서의 위치를 점하게 된다. 이를테면 극중극 〈티켓 투 더 문〉은 흔히 방송되는 텔레비전 드라마처럼 한 편의 '완성된 산물(Product)'의 '이야기(Story)'로서 〈온에어〉에 삽입되는 것이 아니다. 전거한 대로 텔레비전 드라마 텍스트가 완성되기 전까지의 '과정(Process)'을 스토리텔링하는 '스토리텔링의 이야기(Story of Storytelling)'로서 〈온에어〉에 삽입되는 까닭에 극중극 〈티켓 투 더 문〉은 시청자에게 보다 적극적인 해석 경험을 유도한다. 예컨대 극중 캐릭터로서 방송작가 서영은이 설정되어 그녀의 텔레비전 드라마 텍스트 〈티켓 투 더 문〉이 완성되기 전까지 어떤 과정을 겪었는지 방송국, PD, 배우, 외주제작업체와의 길항 관계 속에서 텍스트가 어떻게 바뀌어갔는지 텔레비전 드라마 텍스트 자신의 생산 과정이 〈온에어〉에는 스토리텔링된다. 이 스토리텔링의 세부묘사가 상세하면 상세할수록 "봐, 이것은 드라마야"라는 메타커뮤니케이션적 메시지가 생성되는 바 역설적이게도 극중극 〈티켓 투 더 문〉 더 나아가 〈온에어〉는 닫힌 텍스트가 되는 것이 아니라 시청자의 기억, 해석, 평가 행위를 적극적으로 끌어들이는 열린 텍스트가 된다. 다시 말해 〈티켓 투 더 문〉의 텔레비전 드라마 텍스트의 글쓰기 행위와 그것을 보는 행위는 〈온에어〉라는 허구적 세계를 기반으로 하지만 또한 그것은 〈온에어〉가 아니더라도 현실에서의 일반적인 텔레비전 드라마 텍스트 쓰기 행위와 그것의 보기 행위를 시청자에게 연상시킨다. 텍스트가 속한 허구와 시청자가 속한 실제의 간격은 좁혀지고 텔레비전 드라마 텍스트 자신의 생산 과정을 다루는 〈온에어〉의 부분은 픽션이면서도 동시에 논픽션이 되는 것이다.[12]

둘째, 시청자의 패러독스에 대해 살펴보면 다음과 같다.

우선 〈온에어〉의 의미 생산과정에서 시청자는 적극적인 해석 과정, 공동생산자로서의 역할을 떠맡게 된다는 점을 지적할 수 있다. 예를 들어 2003년 방영되었던 텔레비전 드라마 〈올인〉의 OST가 〈온에어〉의 8회에는 배경음악으로 깔린다. 〈온에어〉에서 경민 역의 실제 배우 '박용하'는 드라마 〈올인〉에 출연했었고, 〈올인〉의 OST도 직접 불렀다. 때문에 〈온에어〉의 8회에 드라마 〈올인〉의 OST가 들려지는 것은 다분히 의도적이다. 그것은 시청자들의 '미디어 문식성(Media Literacy)', 미디어를 읽고 쓸 수 있는 능력을 자극한다고 볼 수 있다. 2003년에 〈올인〉을 보았던 시청자들은 〈온에어〉에서 들려지는 〈올인〉의 OST를 통해 "〈온에어〉에 출연하고 있는 배우 '박용하'가 〈올인〉에도 출연했었지. 그래서 이런 곡이 지금 〈온에어〉에 깔리는구나" 하는 식의 해석적 쾌락을 경험하게 된다. 그러나 〈올인〉을 보지 못한 시청자들은 〈온에어〉에 〈올인〉의 OST가 왜 들

---

12 텍스트의 패러독스에 대해서는 Hutcheon, Op.cit., pp.3~5 참조.

려지는지, 그것이 어떤 곡인지 알 수 없다. 바꾸어 말해 반성적 TV 〈온에어〉의 의미생성 과정은 미디어 문식성을 갖추고 있어서 극중 허구 세계에 좀 더 적극적으로 관여할 수 있는 시청자들을 전제로 한다. 앞서 기술된 실제 인물의 카메오 출현, 상호텍스트적 인용 그리고 〈티켓 투 더 문〉 같은 극중극의 활용 장면에서도 마찬가지다. 이러한 생산 기법들은 바로 그것들이 생성하는 반성적 메시지의 의미를 이해하고 그것들에 보다 적극적으로 관여할 수 있는 시청자들의 미디어 문식성의 능력을 요구하며 또한 가리킨다.

  그러나 시청자의 극중 세계에 대한 관여 행위가 반드시 극중 세계 '안'으로 들어가는 것만을 의미하는 것은 아니다. 〈온에어〉는 텔레비전 드라마에 대한 텔레비전 드라마다. 텔레비전 드라마가 어떻게 만들어지는지에 관한 텔레비전 드라마이기도 하지만 텔레비전 드라마의 생산 메커니즘에 대해 비판하고 있는 텔레비전 드라마이도 하다. 해서 텔레비전 드라마의 생산 메커니즘에 대해 비판이 진행될 때 시청자는 〈온에어〉의 극중 허구 세계에서 의식적으로 한 발자국 '밖'으로 물러나 거리를 두게 된다. 일례로 승아는 연말 방송국 시상에서 다른 남자 배우와의 연기 공동 대상 수상을 방송국의 시상식 나눠먹기 관행이라 비판하며 거부한다. 승아의 전 기획사 사장 진상우는 승아에게 "사람들이 널 사랑하게 만들지 마. 널 동경하게 만들어."라고 스타 시스템의 허상을 냉소적으로 비꼰다 (1회). 기준은 "배우들은 다른 대형 기획사에서 돈 조금만 더 준다면, 등 돌리는데 0.1초도 안 걸려."라고 배우들의 배금주의를 비판하기도 하고, 막장 드라마로 방송작가로서 입지를 다져온 영은에게 "싸구려 복수극으로 전파 낭비하지 말고요."라고 핀잔을 주기도 한다(2회). 경민은 작가 영은의 작품들에 대해 "드라마가 깊이가 있어야죠. 깊이가 있어서 연출가가 개입할 여백이 있어야줘"라고 비평한다. 승아는 영은에게 "작가님은 PPL(상품간접광고)를 많이 쓰시죠."라고 말하며 영은의 드라마가 상업주의에 물들어 있음을 지적한다(3회). "깊이고 나발이고 시청자는 재미만 있으면 돼요.", "필요한 것은 95%의 상투성에 5%의 신선함이에요."라는 대사들을 통해서 시청자들이 경박한 감각적 이야기만을 좋아하는 것에 대해 영은은 노골적으로 불만을 표시하면서도 방송작가는 생존을 위해 이를 따를 수밖에 없다고 토로한다(4회). 경민의 설득에 좀 더 작품성 있는 텍스트를 써 보려 "요즘 시청자들도 똑똑해요."라 영은은 강변하지만, "텔레비전 드라마는 엉망이어야 해. 그래야 시청률이 잘 나와."라는 방송국 제작국 최국장의 날 선 비판에 좌절하기도 한다(6회). 승아의 연기력도 비판의 도마에 오른다. 극중 연기에 집중하지 않고 승아는 스타로서이미지에만 신경을 쓰려 한다. "시청자는 극중에서 내가 비누 만드는 거잘 연기하는지 신경 안 써요. 오승아가 보톡스 했는지 만을 신경 써요."라고 승아는 말한다(9회). 기준은 그런 승아에 대해 "언제까지 가짜 배우할 건데요?"라고 묻는다(10회).

이상의 발화들로 인해 〈온에어〉는 '텔레비전 드라마 텍스트'이기도 하면서 동시에 '텔레비전 드라마에 대한 비평적 텍스트'로서의 성격도 지니게 된다. 〈온에어〉가 텔레비전 드라마에 대한 텔레비전 드라마, 메타 텔레비전 드라마이기 때문에 이 점은 어찌 보면 당연한 것이다. 이때 시청자의 위상도 달라진다. 메타 텔레비전 드라마로서 〈온에어〉는 시청자의 미디어 문식성을 환기해 극중 세계 '내'로의 '몰입'을 시청자에게 유도한다. 하지만 텔레비전 드라마에 대한 '비평적 텍스트'로서의 성격이 〈온에어〉 텍스트에 구성될 때 시청자들은 브레히트식의 생소화 효과를 경험하면서 극중 세계와 '거리'를 두게 된다. 극중 세계 '외부'로 물러나와 텔레비전 드라마의 제작현실에 대한 '이성적 사유'를 시청자는 경험하게 되는 것이다. 따라서 반성적 TV 〈온에어〉의 시청으로 인하여 시청자는 복합적 수용 양상을 경험하게 된다. 극중 내부에 몰입하면서도, 동시에 극중 외부로 물러나와 거리를 두는 수용경험, 이것이 바로 시청자가 〈온에어〉

같은 메타 텔레비전 드라마를 접할 때 체험하는 패러독스다. 메타 텔레비전 드라마의 시청자는 '시청자'이기도 하면서, 드라마적 의미의 공동생산자로서 '작가'이기도 하면서, 더불어 텔레비전 드라마 자체에 대한 비판적 사유를 전개하는 '비평가'이기도 하다.[13]

픽션은 리얼리티와 구분되면서 리얼리티를 반영하는 수단으로서 정의되어왔다. 그러나 텔레비전 드라마 텍스트 생산의 현실을 담론화하는 텔레비전 드라마 〈온에어〉 같은 메타텔레비전 드라마는 사실과 허구, 픽션과 리얼리티 사이의 경계를 횡단하며 그 구분에 문제를 제기한다. 사실 같은 픽션이 인정될 수 있다면, 픽션 같은 사실 또한 존재하기 마련이다. 픽션과 리얼리티는 다른 틀일 뿐이다. 해서 〈온에어〉에 나타나는 텍스트의 패러독스는 텔레비전 드라마의 픽션으로서의 존재론적 위상,[14] 즉 픽션이기도 하면서 텔레비전 화면을 넘어 시청자의 세계로 침입해 리얼리티가 될 수도 있는 텔레비전 드라마의 속성을 시사한다. 반면 〈온에어〉에 나타나는 시청자의 패러독스는 오늘날 달라진 시청자의 위상을 암시한다. 더 이상 수동적으로 텔레비전을 시청하는 존재로서가 아니라 텔레비전 드라마의 허구적 세계 내 밀착하고 몰입하는 동시에 밖으로 물러나와 거리를 두는 행위를 끊임없이 전개하면서 적극적인 수용 문화를 생성하는 주체로서 시청자의 위상(Fan Culture)에 대해 우리는 짐작해볼 수 있다. 결국 〈온에어〉 등 메타 텔레비전 드라마의 시청행위가 암묵적으로 컨텍스트화하고 것은 각종 디지털 미디어, 인터넷 팬 문화, 유튜브 등을 통해 텔레비전 드라마에 대해 '원격 참여(Tele-Participation)'[15]를 활발히

---

13 수용자의 패러독스에 대해서는 Ibid, p.36.

14 허구, 리얼리티와 관련된 메타픽션의 존재론적 위상에 대해서는 Patricia Waugh, *Metafiction : The Theory and Practice of Self-Conscious Fiction*, London : Methuen, 1984, pp.100~101 참조.

15 Lander, Op.cit., pp.90~91 참조.

전개하고 있는 오늘날의 시청자의 달라진 본성일 터이다.[16]

4. 텔레비전 드라마의 자기 조직화 경향과 연행성

메타 텔레비전 드라마에서의 메타언어란 텔레비전 세계 자체를 설명하기 위해 TV 드라마 텍스트에 사용된 반성적 장치들을 일컫는다. 메타 텔레비전 드라마는 반성적 장치들을 통해 텔레비전 드라마 자체를 대상화하여 텔레비전 드라마 자신에 대한 새로운 해석을 이끌어낸다. 또한 텔레비전 드라마와 시청자가 맺는 관계를 문제 삼음으로써 텔레비전 드라마에 대한 인식 자체를 재구성한다. 텔레비전 드라마에 대한 텔레비전 드라마라 할 수 있는 〈온에어〉는 자신이 이런 메타 텔레비전 드라마임을 명시적으로 표방하는 작품이라 할 수 있다. 본고의 논의는 '메타 텔레비전 드라마'로서 〈온에어〉의 미학적 성과와 의의를 가늠하려 시작되었다. 본론 첫 번째 부분에서는 반성적 장치가 드러내는 텔레비전 드라마의 인공성과 그로 인한 서사적 불연속성을 실제 인물의 카메오 출현, 상호텍스트성 그리고 극중극 등 인물, 대사, 구조의 차원에서 살펴보았다. 메타 텔레비전 드라마 텍스트의 의미 생산은 또한 의미 수용의 양상과 깊이 연루된다. 메타 텔레비전 드라마 텍스트의 의미는 생산과 수용의 컨텍스트하에서만이 파악될 수 있는 '컨텍스트화된 의미'이기 때문이다. 그래서 메타 텔레비전 드라마의 허구적 세계의 생산이 어떻게 실제 경험 세계에서의 시청자의 수용과 긴밀히 연결되면서도 복합적 양상을 띠게 되는지 본론 두 번째 부분에서는 고찰하였다. 텔레비전 드라마 생산에 관한 이

16 디지털 시대 변모된 시청 행위의 성격에 대한 보다 상세한 논의에 대해서는 윤석진, 「디지털 시대, TV드라마 연구 방법 시론」, 『한국극예술연구』 37, 한국극예술학회, 2012, 199~230쪽 참조.

야기를 다루는 〈온에어〉의 세계는 허구일지라도 허구를 넘어 허구와 실제를 횡단한다. 〈온에어〉의 내용이 텔레비전 드라마 자신의 구성 과정에 관심을 기울이면 기울일수록 동시에 그 관심은 시청자를 끌어들이면서 텔레비전 드라마 자기 자신의 외부를 지향하게 된다. 시청자가 〈온에어〉의 텔레비전 드라마 제작 현실을 실제 텔레비전 드라마 제작 현실과 얼마든지 관련지을 수 있는 까닭에서다. 텍스트의 패러독스란 바로 이 점을 지칭한다. 그러나 시청자가 극중 세계에 밀착하거나 동일화되는 양상만을 보이는 것은 아니다. 〈온에어〉는 텔레비전 드라마가 어떻게 생산되는지를 다루고 있지만 한편으로 텔레비전 드라마 텍스트 생산 과정에 대한 비평적 성격을 지니기도 한다. 텔레비전 드라마 텍스트 제작 현실의 관행이 〈온에어〉에서 비판될 때 시청자는 극중 세계 외부로 물러나 생소화 효과를 경험하면서 이성적 사유를 거듭하게 된다. 결과적으로 시청자는 극중 세계 내부에 있다가 외부로 물러나오는 식의 궤적을 반복한다. 시청자의 패러독스는 이 점을 가리킨다. 메타 텔레비전 드라마 〈온에어〉에서 시청자는 공동생산자로서 작가이자, 텔레비전을 보는 시청자이며, 동시에 극중 세계에서 제기된 텔레비전 산업 현실의 문제를 고찰하는 비평가로서의 위상 등을 점하는 것으로 다변화되는 셈이다.

비록 결말에서 멜로 스토리의 완성이라는 기존 드라마 관습을 답습하는 한계를 보여줬지만 메타 텔레비전 드라마로서 〈온에어〉가 거둔 미학적 성취는 위와 같은 이유에서 평가절하될 수 없다. 분석된 〈온에어〉의 반성적 장치들이 함의하는 것은 무엇보다도 텔레비전을 둘러싼 달라진 미디어 생산과 수용의 환경이다. 〈온에어〉가 텍스트적 전략으로서 보여주고 있는 반성성은 시청자의 참여와 상호행위성을 프로그램 전략에 반영해야만 하는 점점 더 포스트모던해진 오늘날의 미디어 환경을 암묵적으로 투사하고 있다. 시청자들은 디지털 기술의 출현으로 인하여 유튜브, 카카오톡, 페이스북 같은 미디어들을 통해 텔레비전 드라마 프로그램을 평가하고, 소유하며, 그것의 제작에 기여하려하는 등 보다 주도적인 수용 주체로서 변모해 가는 중이다. 이에 조응해 생산자 또한 시청자에게 쾌락과 보상을 부여하기 위해 시청자들의 미디어 문식성을 환기하면서 그들이 놀이할 공간을 제공해야만 하는 기능을 떠맡게 되었다. 반성적 TV, 메타 텔레비전 드라마는 이처럼 달라진 미디어 환경을 고찰하기에 적합한 개념 중 하나일 것이다. 하여 TV의 반성성이 수용자의 상호행위성을 자극해 텔레비전 산업의 이윤 추구에 오용될 수 있는 위험성을 외면해서도 안 되겠지만, TV의 반성성이 텔레비전 산업 자체에 대한 비판적 능력을 고양하는 계기가 될 수 있다는 사실 또한 무시돼서도 안 된다. 〈온에어〉의 미학적 성과가 거둔 가능성과 한계를 주목해야 할 이유는 이로부터 연원한다.

대부분의 반성성, 메타픽션의 이론가들은 반성성이 모든 예술의 고유한 속성이라고 입을 모아 말한다. 예컨대 문학이론가 린다 허천(Linda Hutcheon)은 모든 문학작품은 어느 정도 메타픽션적 요소를 가지고 있다고 기술하고 있다. 어떤 픽션이라도 픽션이 무엇이며, 리얼리티가 무엇인지, 그래서 픽션의 픽션 됨을 어느 정도 드러내야 할 것인지 내재적으로 의식하기에 자기 반성성은 오랜 문학 전통의 일부라고 그녀는 주장한다.[17]

비슷한 선상에서 영화학자 로버트 스탬(Robert Stam) 역시 예술사의 변천이 환각주의 대 반성성 사이의 끊임없는 긴장성 속에 전개되어왔음을 지적하고 있다. 이런 주장들을 고려했을 때 작품 완성도를 추구했던 텔레비전 단막극 프로그램인 〈MBC 베스트셀러극장〉이 2007년에 폐지되고, 비슷한 성격의 프로그램이었던 〈KBS 드라마시티〉가 2008년에 폐지된 산업적 위기 상태에서 〈온에어〉 같은 메타 텔레비전 드라마가 2008년에 제작된 것은 예사롭지 않다. 이 일련의 상황에 대해 우리는 텔레

---

17 Hutcheon, Op.cit., p. x vi.

비전 문화 자체의 반성성을 거론해볼 수 있겠다. 좀 더 상세한 근거들이 서술되어야 하겠지만 〈온에어〉의 방송과 큰 인기는 텔레비전을 둘러싼 문화적 담론이 "스스로를 조직화하여 기술하려는 경향…… 문화가 스스로 그 자체를 향하는 경향",[18] 텔레비전 문화 자체의 반성성을 나타낸다. 그러한 반성성은 텔레비전 드라마의 가치를 어디에 두어야 하고, 어떤 방식으로 달라지는 미디어 환경에 응전해야하는지 산업적 정체성의 갈림길에서 "스스로를 경계지으면서, 틀거리를 만드는"[19] 데 관심을 두기 시작한 텔레비전 문화 자체의 '연행적 속성(Performativity)'을 일부 시사한다고 생각된다. 해서 앞으로의 텔레비전 드라마 연구에서 '연행성(Performativity)', '연행으로서 문화'[20](Culture as Performance)와 관련된 방법론적 모색을 촉발하는 데 본고의 논의가 기여할 수 있다면 이 논문 또한 의의가 있으리라 본다.

---

18 송효섭, 『문화기호학』, 서울 : 아르케, 2001, 300쪽.

19 위의 책, 300쪽.

20 연행성은 다양하게 정의될 수 있는데, 스스로를 경계지으면서, 틀거리를 만드는 행위의 속성이기도 하고 상호행위의 속성이기도 하다. 연행성의 다양한 정의에 대해서는 주현식, 「탈춤 연행의 반성성 연구」, 서강대학교 국어국문학과 박사학위 논문, 2010 참조.

텔레비전, 리얼리티, 그리고 시각적 문화

12장

현실을 연행하기, 〈정글의 법칙〉의 리얼리티 효과

1. 텔레비전 리얼리티의 역설

2013년 2월 방송가는 텔레비전 프로그램 〈정글의 법칙〉 조작 논란으로 뜨거웠다. 〈정글의 법칙 : 뉴질랜드〉(2013.03.08.−2013.05.10.)에 출연했던 탤런트 박보영의 소속사 대표가 페이스북에 올린 글로 '거짓 방송' 파문이 일었던 것이다. 이후 네티즌들이 "오지 촬영이 아닌 관광코스 촬영"이라는 글과 함께 각종 증거사진을 올려 '조작 논란'을 부추겼다.[1]

'진정성 대 위조' 논란이 일어난 까닭은 텔레비전 장르상 〈정글의 법칙〉이 '리얼리티 TV 프로그램'으로 정의되는 데서 기인한다. 달인 개그로 유명해진 코미디언 김병만을 족장으로 사람의 발길이 닿지 않는 세계의 오지에서 스타들의 생존기를 담은 〈정글의 법칙〉은 "정상적, 비정상적 상황에 처한 '실제' 사람들의 비연기적 행위를 최소한의 대본을 가

---

1 김동석, 「박보영 소속사 김상유 대표 "리얼다큐? 개뻥 프로" 파문!」, 『동아일보』, 2013.02.13. http://news.donga.com/3/all/20130207/52890571/1

지고서 담아내는"[2] 리얼리티 텔레비전 프로그램의 장르적 관습 내에서 그 스타일의 특징이 논의될 수 있다. 자신이 리얼한 것의 담론임을 자기 의식적으로 주장한다는 점이 리얼리티 TV의 본질인데, 최근 전 세계에 걸쳐 이러한 대중적 리얼리티 TV가 유행하는 실정이다. 예컨대 2000년대 영미권에서는 *Survivor, Big Brother, The Amazing Race, American Idol Brother, Got Talent, Top Model, MasterChef, Dancing with the Stars, Deal or No Deal, Who Wants to Be a Millionaire, Weakest Link* 등을 비롯해 각종 리얼리티 쇼가 전통적 픽션 장르인 텔레비전 드라마와 함께 시청자의 뜨거운 반향을 얻었다. 한국에서도 〈슈퍼스타 K〉, 〈위대한 탄생〉, 〈프로젝트 런어웨이〉, 〈도전! 슈퍼모델〉, 〈아빠 어디 가〉, 〈나는 가수다〉, 〈댄싱 위드 더 스타〉, 〈코리아 갓 탤런트〉, 〈우리 결혼했어요〉 등 수많은 리얼리티 프로그램이 제작되고 있어서 텔레비전 채널 어디를 틀어도 실제 사람들의 영상을 심심치 않게 볼 수 있게 되었다. 이들 프로그램들의 포맷 또한 게임, 데이트, 다큐드라마, 대중적 탤런트 쇼, 토크쇼, 법정 공방, 경찰 수사, 리얼리티 시트콤, 스타 실험 등으로 형태화되어 기존 텔레비전 프로그램 장르가 광범위하게 상호텍스트적으로 혼성 모방되는 상황이 진행 중이다. 이렇듯 영향력을 넓혀 나가고 있는 리얼리티 프로그램은 문화적 형태로서, 제도적, 사회정치적 발전으로서, 그리고 재현적 실천으로서 텔레비전 문화에 대한 새로운 이해를 촉구한다고 볼 수 있겠다. 오락에 치중할 것인가, 정보 전달에 신경 쓸 것인가 혹은 상업주의가 먼저인가, 공공적 기구로서 책임이 우선인가 혹은 현실의 진실을 담아내야 하는가, 사실을 재구성함으로서 새로운 현실을 창조해야 하는가라는 사업 이윤, 공공적 서비스, 진실, 허구와 관련된 텔레비전의 심미적, 문

---

2 Susan Murray and Laurie Ouellette, "Introduction", *Reality TV: Remaking Television Culture*, Susan Murray and Laurie Ouellette(Eds.), New York: New York University Press, 2009, p.3.

화적 힘에 대한 재고를 리얼리티 텔레비전의 출현은 지시하고 있는 것이다. 〈정글의 법칙〉 조작 논란의 기저에는 이처럼 텔레비전 장르의 최근 발전 양상과, 산업적, 문화적 기구로서 텔레비전의 역할, 그리고 수용자의 소비 패턴과 관련된 문화적 변형의 새로운 관심들이 함의되어 있다.

리얼리티 텔레비전은 방송학계, 언론학계에서 먼저 주목되었다.[3] 방송학계, 언론학계의 연구는 리얼리티 프로그램에 현실이 얼마만큼 반영되는지에 편중되었던 것이 사실이다. 리얼리티 텔레비전의 리얼리티를 연구 대상으로서 이해하는 데 이들 연구들이 집중하고 있지만, 리얼함의 진정성이 생산자에 의해 형상화되는 방식과 그것이 시청자에 의해 수용되는 방식의 복합적 상호 활동에 대한 면밀한 분석은 여전히 부족하다고 생각된다. 리얼한 것에 대한 호소를 통해 시청자의 승인을 받는 리얼리티 TV 장르의 담론적 효과를 규명하기 위해 리얼한 세계의 매체적 재현이 시청자에 의하여 어떻게 진실한 리얼리티로서 획득되는지, 수용 경험 중 생산자의 의도와 다르게 시청자가 리얼리티를 인식하는 부분은 없는지, 그 과정을 정밀하게 읽어내려는 작업이 필요한 시점이라 할 수 있다.

이 글의 목적은 리얼리티 프로그램인 〈정글의 법칙〉의 리얼리티 효과를 규명하는 것이다. 조작 논란이 불거진 것에서 알 수 있듯이, 〈정글의 법칙〉은 리얼리티 프로그램에 접근하는 데 있어 시사하는 바가 큰 프로

3 박인규, 「다큐멘터리의 사실성과 장르 변형」, 『현상과 인식』 30.12, 한국인문사회과학회, 2006, 148~170쪽 ; 김예란 · 박주연, 「TV 리얼리티 프로그램의 이론과 실제」, 『한국방송학보』 20.3, 한국방송학회, 2006, 7~48쪽 ; 이경숙, 「혼종적 리얼리티 프로그램에 포섭된 '이산인'의 정체성」, 『한국방송학보』 20.3, 한국방송학회, 2006, 239~276쪽 ; 김미라, 「리얼 버라이어티쇼의 재미유발기제에 관한 연구」, 『방송통신연구』 7, 한국방송학회, 2008, 143~168쪽 ; 홍지아, 「리얼리티프로그램의 서사전략과 낭만적 사랑의 담론」, 『한국방송학보』 3.2, 한국방송학회, 2009, 567~608쪽 ; 홍숙영, 「가상 리얼리티 프로그램의 장르적 특성」, 『한국 콘텐츠학회 논문지』 10.3, 한국콘텐츠학회, 2010, 202~212쪽.

그램이라 할 수 있겠다. 특히나 본고에서 논의하려는 리얼리티 효과는 프랑스의 기호학자 롤랑 바르트가 정의한 상세하고도 긴 묘사가 제공하는 사실주의적 동기보다는 좀 더 넓은 의미를 지칭한다.[4] 이 글에서 다루는 리얼리티 프로그램의 리얼리티 효과란 리얼함의 환각을 구성하고 재현하는 텔레비전의 장치들이 수용자에게 발생시키는 몰입의 시청 경험이라는 의미로 사용된다.[5] 〈정글의 법칙〉에서 리얼한 환각을 주기 위해 어떠한 재현의 구조와 시청각적 스타일이 활용되고 있는가? 그리고 그와 연관되어 드러난 다른 사람의 실제 삶에 대해 다양한 층위에서 접근하고 있는 시청자의 보기 행위는 어떤 리얼함의 감각을 지니는가? 등의 질문들이 본 논문에서 논의하려는 핵심적 실체다. 이러한 분석을 위해 텍스트적 세계에 대한 수용자의 몰입 경험을 중시한 마리에-로이어 라이언의 서사론이 본론 첫 번째 부분, 아프리카의 재현 방식과 관련하여 방

---

4 Roland Barthes, *The Rustle of Language*, Richard Howard(Tr.), Berkeley : University of California.

5 물론 사실주의적 텍스트의 구성에 대한 관점은 다양하게 존재해왔다. 예컨대 현실 사물의 진실한 재현이란 관점에서 텍스트의 사실성이 판가름될 수도 있다. 혹은 실제 세계에서 실현될 수 있는 상황을 얼마나 잘 묘사하고 있는가 하는 개연성, 핍진성의 차원에서 텍스트의 사실성이 해석되기도 하였다. 발화 행위 이론에서는 저자-서술자-피서술자-독자 사이에서 발생하는 커뮤니케이션, 발화 행위의 실현여부가 텍스트의 사실적 감각을 실현한다고 전제한다. 본고는 이러한 다종다양한 리얼리즘의 관습적 관점 이외에 서술되는 사건에 수용자를 관여시키는 환각적 기법으로서 사실주의적 서사 전략과 스타일적 도구들을 〈정글의 법칙〉을 대상으로 해 분석할 것이다. 현실 속 사물을 얼마나 있는 그대로 텍스트 내에 드러내느냐 하는 점은 사실성에 대한 환각주의적 모델에서는 중요하지 않다. 그보다 텍스트 세계에 대한 수용자의 몰입적 관여로 인해 텍스트의 독립적인 리얼리티가 어떠한 방식으로 창조되는가 하는 점을 텍스트의 사실성에 대한 판단기준으로 환각주의적 모델에서는 중요시한다. 따라서 해당 탐험 지역과 공간의 리얼리티를 최대한 강조하는 방식으로 시청자의 몰입을 유도하면서 기본적으로 연출일 수밖에 없는 〈정글의 법칙〉의 리얼리티를 분석하는 데 이 같은 사실성에 대한 환각주의적 모델은 분석적 이점을 지니리라 본다.

법론으로서 활용된다.[6] 라이언이 설명하듯 텍스트 세계에 대한 몰입 경험, 즉 텍스트 세계의 공간 여기에 수용자가 함께 있고, 텍스트적 지금 시간에 수용자가 생생한 긴장감을 느끼며 등장인물의 심정적 상태에 감정적으로 친근감을 느낄 때, 텍스트적 세계는 수용자에게 곧 리얼한 세계 자체로서 받아들여진다. 그러나 그것은 환각적 수용 경험이라 할 수 있는데, 왜냐하면 텔레비전에 사실 리얼한 것은 없기 때문이다. '리얼리티 TV'란 말 자체가 역설이라 할 수 있는 것이 특정 카메라 앵글과 특정 숏의 맥락, 특정 사운드 효과와 특정 양식의 내레이션 등으로 어느 정도 변조되거나 제약되고 허구화되지 않고서는, 즉 환각화되지 않고서는 리얼리티가 텔레비전 속에서 제시될 수 없는 까닭에서다. 이러한 리얼리티 프로그램의 리얼함에 관한 환각주의적 모델은 관객과 배우의 관습적 약속에 의해 실제 무대 위 시공간과 인물을 드라마 속 시공간과 인물로 믿어버리는 연극적 환각과 너무나도 유사하다. 그러므로 리얼리티 프로그램의 리얼함은 비유컨대 '연행되는(performing) 현실'[7]이라 할 수 있겠다. 이러한 연행되는 현실로서 리얼함의 환각이 시청자에게 어떤 진실 게임을 유발하는지 본론 마지막 부분에서 다루려 한다.

〈정글의 법칙〉 방영이 왜 논란을 일으켰는지 헤아리기 위해서는 후속 편들의 전범이 된 방송 초창기 작품이었던 2011년 시리즈 1 〈정글의 법칙 : 아프리카 편〉(2011.10.21~2012.01.22)[8]을 연구 대상으로 삼는 것이

---

6 Marie-Laure Ryan, *Narrative as Virtual Reality : Immersion and Interactivity in Literature and Electronic Media*, Baltimore : Johns Hopkins Univ. Press, 2004, pp.120~162 참조.

7 리얼리티 TV의 현실을 연행으로 보는 입장에 대해서는 John Corner, "Performing the Real : Documentary Diversions" In Op.cit., Susan Murray and Laurie Ouellette(Eds.), pp.44~64 참조

8 본고에서 인용되는 〈정글의 법칙 : 아프리카 편〉 장면들은 연구자의 시청 경험과 SBS 홈페이지 영상 자료를 바탕으로 한 것이다. 영상자료는 http://wizard2.sbs.co.kr/ w3/template/tp1_review_list.jsp?vVodId=V0000353336&vProgId=1000730&vMenu

온당할 터이다. 결과적으로 〈정글의 법칙 : 아프리카 편〉의 리얼리티 효과를 분석하는 과정을 통해 본고의 논의는 리얼리티 TV 속 연행되는 현실에 관한 논의의 하나의 사례로서 리얼리티 텔레비전 연구에 기여할 것이라 본다. 더 나아가 허구적 텔레비전 드라마에 초점을 맞추어왔던 영상 문학 연구 경향에도 텔레비전 문화 연구에 대한 학문적 자극을 제공할 것이라는 점에서 본고는 의의를 가질 것이다.

2. 아프리카의 재현과 몰입의 시청 경험

1) 공간에로의 몰입과 함께 있는 여기의 환각

2011년부터 방영된 〈정글의 법칙〉은 지금까지 아프리카, 파푸아, 비누아투, 시베리아, 아마존, 뉴질랜드, 히말라야, 그리고 캐리비언 등을 무대로 하여 촬영되었다. 모두 다 오지라 할 수 있는 장소들이다. 미국이나 유럽 같은 국가가 지배하는 곳들을 벗어나 특수한 자연적 환경에 의해 정의되는 지역성의 감각을 이들 장소들은 구성한다고 볼 수 있겠다. 동식물의 생태 환경, 기후 영역, 공동체의 민속학적 삶, 지리, 역사, 신화, 방언 등의 지방색이 이러한 지역들의 심층적, 중층적, 밀도 있는 인상을 환기시킨다. 그러므로 〈정글의 법칙 : 아프리카 편〉이라는 제목에서 드러난 '아프리카'라는 지명은 아들을 아프리카에 보내야 하는 황광희 부모의 인터뷰에서 인식되는 것처럼 "원주민들이 창 들고, 뱀 나오는 무서운" 곳이라는 구체적, 표준화된 인지적 틀로서 시청자에게 제일 먼저 다가오게 된다. 여기에 '나미비아', '악어섬', '쿠네네강', '힘바족 마을' 등 낯선

Id=1015707 참조.

개별 지역을 독특한 지시대상으로 갖는 고유 명사가 발화나 자막을 통해 재현되고 있는 양상은 아프리카라는 이미 만들어진 공간적 그림의 국지적 무게감을 시청자에게 상기하는 요인들이라 할 수 있을 터다.

〈정글의 법칙 : 아프리카 편〉에서는 고유지명 이외에도 등장인물을 둘러싼 화면의 공간적 여백에 시청자를 보다 근접하게 하기 위해 언어적, 시청각적으로 표현되는 다채널의 묘사가 활용된다. 언어를 수단으로 하는 문학적 매체에서는 길고 상세한 묘사가 가능하다. 반면 이미지와 소리의 편집이 가능한 텔레비전 매체에서는 그러한 언어적 묘사만의 긴 나열이 오히려 시청자의 공간적 몰입감을 떨어뜨릴 수 있다. 해서 언어적, 시청각적 매체의 복합적 전달을 통해 전달되는 묘사적 정보의 강도를 높이는 것이 텔레비전 매체의 특징이다.

첫 번째 임무인 '악어섬에서 살아남기'를 수행하고자 악어섬으로 병만족이 진입하려 할 때, 이 같은 구체적 디테일이 실현된다. 악어섬에 이르는 길은 먼저 나미비아 공항에서 내려 차로 이동해야 한다. 이때 지나치는 사막이나 오아시스의 전체 모습은 원근감이 큰 와이드 앵글 숏(Wide Angle Shot)[9]으로 이미지상 깊이가 포착된다. 쿠네네강에 다다라 헬리콥터에서 쿠네네강과 악어섬의 모습이 내려다보이는 하이 앵글 숏(High Angle Shot)이 연출되기도 한다. 쿠네네강을 건너가면서는 수면 위 암초와 나무들의 단면이 돌출된 악어 머리를 떠올리게 하여서 수면 위 한 지점들이 급격하게 강조되는 샬로 포커스(Shallow Focus)가 형성된다. 카메라 동선과 더불어 서술자 윤도현의 "사막이 푸른 띠를 두른 것 같군요.", "조용한데 뭐라도 튀어나올 분위기입니다."라는 언급이나 김병만의 "바위가 살짝살짝 올라와 있는데, 다 악어 같다."라는 말 역시 악어섬의 장

---

9 카메라 편집 기법은 Jeremy G. Butler, *Television : Critical Methods and Applications, Mahwah*, N.J. : Lawrence Erlbaum Associates, 2002, pp.93~129 참조

소적 현전성의 감각을 시청자에게 부여하는 요소들이다. 악어섬의 모래 바닥에서 일행들이 매에게 포식당한 새 깃털을 찾아내고, 악어에 희생된 동물 뼈의 잔해들을 찾아내며, 카메라가 수직적으로 움직이는 틸트(tilt) 기법에 의해 정글 속 나무들의 울창함을 역동적으로 촬영한 장면들이 영국 가수 프로페서그린의 〈정글〉이라는 리믹스 곡에 얹혀 구성되는 것도 악어섬에 관한 묘사적 장면의 일부를 이룬다고 볼 수 있다. 두 번째 수행 과제인 '힘바 마을 사람들과 친해지기'에서도 마찬가지다. 병만족이 마을에 도착했을 때 소 떼와 등장한 힘바 마을 청년들이 소를 둘러싸고 소를 쓰러트리는 장면은 먼 거리에서 피사체가 촬영되는 롱 숏(Long Shot)으로부터 청년들과 소의 몸 대부분이 포함되는 미디엄 롱 숏(Medium Long Shot)으로 옮겨져 촬영된다. 이 모습에 할 말을 잃은 병만족의 서 있는 모습이 미디엄 롱 숏으로 잡혀지고 동시에 맹수들의 침입을 막기 위해 울타리를 세운 힘바 마을의 모양새가 헬리콥터에서 하이 앵글로 포착됨으로써 야생의 지역에 위치한 마을의 전체적인 인상이 감각적으로 묘사되고 있다. 시청각적 편집과 결합된 인물들의 발화나 몸짓을 통해 악어섬이나 힘바 마을에 관한 정보들이 강도 높게 전달되고 있어서 소설의 수려한 묘사만큼이나 시청자들이 아프리카 정글에 가 있는 듯한 몰입적 환각을 쉬이 느끼게 되는 셈이다.

시청자들이 병만족과 함께 아프리카 오지에 함께 가 있는 것과 같은 기분은 비단 장소의 정적인 묘사에서 비롯되는 것만은 아니다. 〈정글의 법칙〉 등 극한 상황 속에서 살아남기를 추구하는 서바이벌 리얼리티 쇼는 일종의 어드벤처 이야기로서, 문명화되지 않은 야생 지역의 탐험 속에서 등장인물들의 성장을 꾀한다.[10] 해서 여러 장소들 간 등장인물의 이

10 Steven S. Vrooman, "Self-Help for Savages : The "Other" Survivor, Primitivism, and the Construction of American Identity", *Survivor Lessons : Essays on Communication and Reality Television*, Matthew J. Smith, Andrew F. Wood(Ed.), Jefferson, N.C. : McFarland

동과 여행이 주로 다루어지는데, 병만족의 아프리카 탐험 경로는 프리젠테이션된 지도를 활용하여 병만족의 이동경로에 따라 변화하는 세계상을 시청자들도 적극적으로 상상하게끔 유도하고 있다. 예컨대 방송 초반부에 한국→홍콩→나미비아 등 항공 여정의 시뮬레이션이 지도로 시각화된다. 악어섬에 들어가서 김병만과 리키 김이 악어섬 이곳 저곳을 탐방할 때는, 악어섬의 지형도가 섬1, 섬2, 섬3라는 표기와 함께 영상화된다. 힘바 마을의 위치도 지도를 통해 상세하게 안내되고 있다. 결과적으로 한국, 나미비아, 악어섬, 힘바 마을이 분리된 채 존재하는 것이 아니라 등장인물들의 여행에 의해 교차되는 공간임을 시각화된 지도는 효율적으로 나타낸다. 그리고 그것은 시청자들이 장소들의 네트워크를 거쳐 자아 정체성의 변형을 감행하는 실험인 병만족의 탐험을 따라가는 계기로 작용한다.

고유명사의 활용, 다채널의 감각적 묘사, 이동경로의 지도화는 시청자들을 〈정글의 법칙 : 아프리카 편〉 텍스트가 지시하는 세계, 즉 아프리카 정글로 옮겨놓는다. 그렇지만 병만족이 아프리카 정글에서 겪는 모험의 이야기 세계(Story World), 재현되는 사건의 장면에 시청자들이 좀 더 적극적으로 관여되는 양상은 다른 측면에서 고찰될 수 있다.

이 경우 문제가 되는 것이 또 다른 출연자 윤도현의 역할이다. 화면에 보이지 않는 상태에서 목소리가 들리는 보이스 오버(Voice Over)를 통해 우리는 윤도현이 소설의 서술자처럼 병만족의 모험을 중재해주고 있다는 인상을 받는다. 그러나 서술자가 기본적으로 과거의 사건을 매개해주는 위치에 있다면, 서술자로서 윤도현의 위치는 이와는 다르다. 간명하게 말하자면, 과거 사건을 전달해주는 서술자 역할이 기저를 이루지만 윤도현은 현재 발생하고 있는 사건을 뉴스의 기자처럼 관객에게 전달

& Company, 2003, p.185.

해주고 있다는 환각을 창조하기도 한다. 분명 윤도현의 입장에서도 병만족의 탐험은 과거의 사건이다. 하지만 선조적인 언어매체가 아닌 동시적 의미전달이 가능한 시청각적 매체를 통해 그것을 전달하는 윤도현의 입장을 떠올려볼 때, 그의 보이스 오버는 병만족의 사건을 현재적 입장에서 전달한다는 착각을 불러일으킨다. 이를테면 병만족의 체험과 윤도현에 의한 그것의 중개가 동시적 시간대에 발생하고 있다는 환각이 발생한다고 볼 수 있다. 이 점이 중요한 까닭은 이러한 윤도현의 위치가 바로 병만 족의 이야기를 지켜보고 있는 시청자들의 위치를 이상적으로 대리하고 있다는 점에서다. 바꾸어 말해 윤도현은 사건을 전달하는 기술적 (descriptive) 중재자의 위치를 넘어 〈정글의 법칙〉 이야기에 대해 이것저것 해석적으로 논평하는 시청자의 모습을 환기시킨다.[11] 역으로 보자면 실제 시청자는 윤도현이라는 렌즈를 통해 자신의 공간적 좌표를 전환하여 병만족이 겪는 이야기 세계의 장면들에 보다 적극적으로 연루되게 된다고 볼 수 있다.

예컨대 아프리카로 떠나기 직전 잔뜩 기대감에 부푼 병만족에게 윤도현은 "당신네들 놀러 가는 게 아냐!"라고 질책한다. 악어섬에서 모기장으로 물고기 잡을 투망을 만드는 병만족에게 "모기장으로 고기잡이를 하려 하다니 대단한데요"라고 감탄을 연발하기도 한다. 내성적인 성격 때문에 김병만이 힘바족하고 잘 어울리지 못하자 그는 "내일은 얼마나 더 가까워질 수 있을까요?" 안타까움을 표하기도 한다. 쿠네네강에서 일행이 서로 등목을 시켜줄 때는 "이런 게 사나이들의 우정이 아니겠습니까?"라고 해석해 시청자들에게 되묻기도 한다. 일견 서술자, 중재자 윤도현만의 발화 같지만 사실상 그의 발화는 〈정글의 법칙〉을 보고 있는 평범한 사

---

11 이 같은 중재자의 입장에 대해서는 James Friedman, "Attraction to Distraction : Live Television and the Public Sphere", *Reality Squared : Televisual Discourse on the Real*, James Friedman(Ed.), New Brunswick, N.J. : Rutgers University Press, 2002, p.148 참조.

람들의 생각, 감정 등을 전형적으로 대신하며 촉발한다고 볼 수 있겠다.

재현되는 사건들─윤도현, 윤도현─수신자 사이의 거리가 이렇듯 가까워지면 가까워질수록 등장인물로서 병만족의 목소리, 중재자로서 윤도현의 목소리가 상호 복제되거나 혼합되는 국면이 종종 관찰된다. 시청자들의 공간적 몰입이라는 차원에서 이 또한 주목할 만한 사항이다. 우선 중재자 윤도현의 스토리텔링 행위가 현재이고, 방송의 이야기 세계도 현재로 진행되기 때문에 윤도현이 이야기 세계 내 병만족의 말을 옮길 때 간접 화법보다는 직접 화법이 주로 사용되곤 한다. 예를 들어 3회 방송분에서 병만족이 악어섬에 시원한 야자수로 된 집을 완성하자, 윤도현은 다음과 같이 말한다.

> 이어서 김병만족, "아프리카 입소를 정식으로 신고합니다." 저도 입소하고 싶습니다.

> "집도 짓고, 배도 채웠겠다. 천국이 따로 있을까요? 우리가 누운 이 곳이 정글 속 파라다이스." 어쩌면 이들이 생존이 아닌 생활 그 자체를 터득한 게 아닐까요? (큰따옴표 : 인용자)

큰따옴표 안에 인용된 말들은 모두 윤도현에 의해 상상된 병만족의 목소리이고, 이외의 부분은 윤도현의 목소리로 경계가 구분 지어진다. 윤도현이 직접화법식으로 등장인물의 목소리를 완벽히 복제한 셈이라 할 수 있다. 그런 까닭에 시청자들은 중재자와 등장인물이 지닌 관점을 교차적으로 왕복하게 된다. 하지만 좀 더 극적인 상황에서는 중재자의 목소리인지 등장인물의 목소리인지 혼동되는 발화가 언급되기도 하다.

> 역시 사냥은 병만 씨와 리키 씨에게 맡겨야겠습니다. 악어 조심하시고…… 야! 월척이다. 아프리카 만세! 김병만 만세!

한자리에 모여 태양을 피하고 있는 이 오후. 서로 말은 안 하지만
힘듦도 아픔도 우리는 함께합니다. 우리는 이미 한 가족이니까요.(밑
줄 : 인용자)

어제, 거기, 오늘, 여기 등 시공간 관련 부사어의 변환을 통해 자유 간
접화법이 곧잘 실현되는 영어 문화권이 아닌 한국어 발화라는 점에서 논
란의 여지가 있겠으나 밑줄 친 부분 윤도현의 목소리는 병만족의 목소리
인지, 중재자 윤도현의 목소리인지 애매모호하다. 첫 번째 발화는 김병
만이 물고기를 잡았을 때, 두 번째 발화는 그렇게 잡아온 물고기로 점심
식사 후 배가 풍만해진 병만족이 함께 모여 오수를 즐길 때 윤도현의 언
급이다. 이러한 발화들은 중재자와 등장인물 사이의 중간 지점에 시청자
를 위치시킨다. 그리고 다층적 목소리 간의 공명 현상 때문에 시청자들
의 상상력을 촉진하면서 그들을 이야기 세계 내 장면에 참여자적 관점으
로 재배치하는 장치로서 역할한다.

요컨대 중재자로서 기능하는 윤도현의 목소리는 시청자의 목소리를
대리적으로 체현하는 동시에 등장인물의 목소리를 복제하거나 혼합하는
방식을 통해 시청자들이 〈정글의 법칙 : 아프리카 편〉 이야기 세계의 장
면들과 상상적 거리감을 최소화할 수 있도록 기여하고 있다.[12] 이러한 전
략들은 주의 산만의 잠재적 위험에 끊임없이 노출될 수밖에 없어서 영화
에 비해 공간에 대한 수용자의 몰입이 저하되는 텔레비전[13]의 매체적 특

---

12 2013년 4월부터 방영되고 있는 MBC의 리얼리티 프로그램 〈진짜 사나이〉에서는 다
수의 연예인들이 돌아가면서 내레이터를 맡고 있다. 이렇게 한 명이 아니라 여러 명
이, 그것도 성별, 나이대가 다른 복수의 사람들이 수시로 돌아가며 내레이터 역할을
하는 양상 역시 시청자들을 스토리 세계에 몰입하게 하는 장치의 기능적 분화 측면에
서 차후 연구가 요구된다.

13 공간의 편집이 자유자재로 가능하고 이를 수용자가 불이 꺼진 공간 속에서 보게 되
는 영화에 비해 텔레비전이 처한 일상적 환경의 제약 때문에 시청자의 텔레비전에
대한 공간적 몰입 정도는 떨어진다. Marie-Laure Ryan, 'From The Truman Show to

제4부 텔레비전, 리얼리티, 그리고 시각적 문화

성을 보완한다고 볼 수 있겠다.

2) 시간에로의 몰입과 긴장감 있는 지금의 환각

"원시, 대자연 속에서 잃어버린 순수를 찾고 새로운 나에 도전한다."는 팸플릿[14]처럼 〈정글의 법칙〉은 자아의 성장이나 발견 등을 그것의 테마로 하고 있다. 일상 영역을 넘어 정체성 변형의 원칙을 실현하는 일종의 매체적 제의[15]를 〈정글의 법칙〉 같은 리얼리티 프로그램 등은 실천하는 셈이다. 그러므로 변형을 위한 제의, 문턱의(liminal) 전이적 경험[16]으로서 텔레비전 외적 시간성과는 다른 차원에서 그것의 시간성이 다루어져야 할 필요가 있다.

〈정글의 법칙 : 아프리카 편〉의 극중 시간은 9월 달의 달력으로 측정된다. 정확히 말해 9월 19일의 녹화분을 1회에 내보내고, 9월 28일의 녹화분을 시리즈 마지막 회인 6회에 방영한다. 악어섬에서 7일, 힘바 마을에서 3일, 총 10일의 아프리카 체험을 방송하고 있는 셈이다. 그러나 〈정글

Survivor : Narrative versus Reality in Fake and Real Reality TV", *Intensities : Journal of Cult Media*, 2, 2001, pp.1~13 참조.

14 〈정글의 법칙〉 홈페이지 참조

15 매체적 제의란 미디어를 통해 발휘되는 규범적, 훈육적 힘이다. 매체에 의해 사회적 공간, 사회적 행동들이 어떻게 정형화되는지에 그것은 관심을 갖는다. 무엇보다도 매체적 제의는 일상 공간과 달리 매체 공간에서 정체성의 변형이 일어날 수 있다는 점을 그 원칙으로 한다. Nick Couldry, "Teaching us to Fake It : The Ritualized Norms of Television's 'Reality' Games" In Op.cit., Susan Murray and Laurie Ouellette(Eds.), pp.57~74.

16 Van Gennep이 지적하듯이 제의적 경험은 정체성이 변형되는 전이 단계의 문턱으로서의 경험을 체화한다. 이러한 전이 단계로 진입하기 위해서는 탈일상적인 시공간적 조건이 요구된다. Arnold Van Gennep, "The Territorial Passage", *Performance : Critical concepts in Literary and Cultural Studies I*, Philip Auslander(Ed.), New York : Routledge, 2003, pp.27~35.

의 법칙〉의 생활에서는 달력이나 시계 등의 공식적, 외적 시간의 흐름이 중요한 게 아니다. 등장인물 그 누구도 시계를 차고 있지 않다. 시간의 흐름은 태양이 뜨고 지는 광대한 장면에 의해서만 느껴질 뿐이고, 시청자 또한 태양의 운행을 빠른 속도로 촬영한 익스트림 롱 숏(Extreme Long Shot)에 의해서만 병만족이 활동하는 장소들의 시간을 가늠할 뿐이다. 혹은 그러한 자연적 시간의 순환에 조응하여 밥 먹을 때가 되었거나 땡볕을 피할 때가 되었거나 하는 신체적 반응을 통해서만이 시간은 얼추 짐작된다. 이러한 자연적, 내적 시간의 형상화는 정확한 일자보다, 병만족이 아프리카에서 생활해나가는 일수의 단위, 즉 '악어섬에서의 1일차, 2일차⋯⋯ 힘바마을에서의 1일차, 2일차⋯⋯' 같은 시간의 흐름을 전경화하는 효과를 거둔다. 혹은 악어섬에서 빠져나가는 탈출 날, 힘바마을에서의 마지막 날 같은 데드라인을 강조하는 결과를 낳기도 한다. 해서 '1일차, 2일차⋯⋯ 그리고 데드라인'으로 세어진 시간 단위들은 한국에서의 시간 단위와는 별도로 악어섬에서의 주관적 시간 경험, 힘바 마을에서의 내면적 시간 경험을 생성시키는 데 일조하게 된다. 즉 역사적, 사회적으로 계산되는 시간의 연속적 흐름에 일탈하여, 아프리카 오지만의 새로운 시간적 영역을 〈정글의 법칙〉은 보여주고 있다. 그러한 시간 영역은 공식적 시간이 아니기에 얼마든지 재구성이 가능하다. 바꾸어 말해, 병만족이 악어섬, 힘바마을 이외에도 아프리카 정글을 더 탐험하였더라면, 그곳에서의 '1일차, 2일차⋯⋯ 데드라인'의 시간적 지속 경험이 또다시 생성되었을 것이다. 이는 9월, 10월 같은 달력의 시간 일주 계산을 대체하는 자의적 시간단위들이 어느 때라도 다시 시작할 수도 있고, 뒤로 되감겨질 수 있으며, 끝날 수 있음을 의미한다. 〈정글의 법칙〉에서 생성되고 있는 시간성은 고정적, 기계적 시간성이 아니라, 유동적 시간성이라 할 수 있는 셈이다. 이와 같은 유동적 시간성은 병만족의 아프리카 생존기가 체현하는 '지금'의 생생한 감각을 강조하는 결과를 생산한다고 볼 수 있다. 그것은 추상적, 보편적인 사회문화적 시간에 위치화될 수 없는 현재적 시간을 전경화함으로써, 시청자가 좀 더 구체적, 실제적, 직접적인 감각을 가지고서 살아있는 병만족의 시간적 경험에 몰입하게 되는 계기를 마련한다.[17]

그렇지만 리얼리티 프로그램에서 사용되는 현재적 시간의 생생함을 오로지 현재 차원에서만 바라볼 수는 없을 것 같다. 현재적 시간의 생생함에는 항상 과거까지, 미래 예지적 차원이 공속된다. 과거는 현재 속에서 생존하고, 현재는 뒤따라오는 것을 시사한다. 해서 우리는 〈정글의 법칙〉 같은 리얼리티 TV 시간성의 특징인 현재적 생생함을 과거의 일이 폭로되고 미래의 일이 암시되는 서스펜스의 차원, 정보의 불확실성이 시청자에게 결과하는 정신 상태의 관점에서 다시 살펴볼 수 있다. 그럴 경우 시청자의 몰입 차원 역시 〈정글의 법칙〉의 현재적 시간성이 구성하는 서스펜스에 초점을 맞춰 다양한 각도에서 검토될 수 있을 것이다.

분석에 앞서 이러한 서스펜스가 단순한 공포나 놀라움이 수용자에게 야기하는 인지적, 감정적 자극과 구분된다는 점에 먼저 유의해야 할 필요가 있다.[18] 〈정글의 법칙〉에는 수많은 두려움들이 전시된다. 일상의 사람들에게 완전히 비예측적, 비합리적인 것으로 치부될 수밖에 없는 자연의 힘, 토착민의 원시성 등이 병만족이나 시청자로 하여금 두려움을 갖게 하는 원인이다. 그렇지만 앞서 말한 대로 서스펜스란 시간적 흐름 속

---

17 리얼리티 TV의 시간성은 Misha Kavka and Amy West, "Temporalities of the Real : Conceptualising Time in Reality TV", *Understanding Reality Television*, Su Holmes and Deborah Jermyn(Eds.), New York : Routledge, 2004, pp.136~153 참조.

18 대부분의 리얼리티 TV는 즉각적이면서도 복합적인 시청자들의 반응을 끌어내고자 범죄, 사건, 자연 재해, 그 밖의 일상사의 두려움을 오락거리, 볼거리로서 활용한다. 그러한 공포를 소재로 하여 시청자들의 특정 사고와 감정을 이끌어내기 위해 이 프로그램들의 서사가 어떻게 구조화되는지 추적하는 것이 중요하다. Cynthia Freeland, "Ordinary Horror on Reality TV" In Op.cit., Marie-Laure Ryan(Ed.), 2004, p.247.

정보의 확실성과 불확실성의 구조화와 관련 있는 것이므로 이러한 두려움이 곧바로 서스펜스를 낳는다고 볼 수는 없다. 역으로 놀라움과 두려움의 장면이 화면에서 보이지 않더라도 서스펜스의 촉발은 가능하다.

먼저 악어섬에서의 7일을 '어떻게' 보내는가와 연관된 서스펜스가 〈정글의 법칙〉에 구조화된다. 병만족이 처음에 악어섬에 도착했을 때, 악어섬은 말 그대로 무인도로 병만족에게 충격적으로 다가온다. 한국에서는 볼 수 없는 가시투성이의 식물들과 나무들로 우거져 있고, 모래바닥에는 죽은 동물들의 유해가 널려져 있으며, 새 깃털들도 여기저기 흩어져 있는 등 전혀 사람이 살 수 없고 생태계의 무자비한 약육강식만이 발생하는 곳으로 악어섬은 병만족에게 드러난다. 그러므로 '어떻게 악어섬에서 생존할 것인가?' 같은 질문이 병만족에게 뿐만 아니라 시청자에게도 수수께끼 형태를 띤 서스펜스를 유발한다. 이 불확실한 정보의 문제에 관한 해결책에 시청자의 관심이 쏠릴 수밖에 없다. 집짓기, 화장실 만들기, 낚시하기, 뱀이나 뿔닭 사냥하기, 애벌레 잡기, 식수 마련하기, 투망 만들기, 밥그릇 만들기 등 병만족의 악어섬에서의 생존 체험은 그러한 수수께끼에 대한 답으로서 점진적으로 시청자들에게 주어진다. 생존의 성공을 목적으로 하는 서바이벌 리얼리티 쇼의 장르적 관습에 따라 결국 병만족이 악어섬에서 빠져나올 것임을 미리 시청자들은 예견하고 있다. 결과적으로 병만족의 행동들은 악어섬에서의 생존 성공을 시청자들이 사전적으로 예상케 하는 발전적 국면으로 이해된다. 그리고 그것은 최초의 질문, '어떻게 악어섬에서 생존할 것인가?'에 결부된 정보의 불확실성이 해결되고, 폭로되는 서스펜스의 차원을 전개한다고 볼 수 있겠다.

두 번째로, 힘바 마을 사람들과 친해지기라는 병만족의 두 번째 임무는 힘바 마을 사람들은 도대체 '누구인가?' 의문과 관련된 서스펜스를 프로그램에 구조화한다. '힘바 종족은 도대체 누구인가?' 질문은 마치 추리 탐정물에서 초반부에 제시되는 '살인자는 누구인가?' 같은 미스터리적 질문과 유사하다. 힘바족 마을에 처음 도착했을 때, 마을 사람들의 따뜻한 환대에 병만족은 마음을 놓는다. 그러나 환영의 뜻을 전하면서도 소떼에 들어가 소를 맨손으로 기절시키는 마을 청년들의 호전적 모습은 병만족에게 두려움을 주기도 한다. 온정적이면서도 공격적인 힘바 마을 사람들의 모순적 태도는 병만족과 시청자에게 일종의 미스터리였을 것이다. 4회부터 6회까지 〈정글의 법칙〉 후반부는 힘바 마을 사람들과 친해지기라는 임무를 통해 병만족이 미지의 존재인 힘바 종족의 실체를 파헤치는 내용이 주를 이룬다. 마을의 대가족 체계, 소 몰기와 식사 준비하기로 분업된 힘바족의 남녀 역할 모델, 나무를 굽혀 소똥을 덧입힌 힘바 하우스의 구조, 힘바 떡이나 팜 와인 등의 전통적 식재료, 힘바족의 상징인 오카 천연화장품과 스커트의 복식문화 등을 마치 탐정, 조사관, 다큐멘터리 작가, 종족지 기술자(Ethnographer)처럼 병만족은 시청자들에게 보고하고 있다. 힘바족의 정보들이 점진적으로 드러남으로써 '힘바 종족은 누구인가?'의 질문이 낳는 서스펜스가 역동적으로 입체화되는 셈이다.

세 번째로, '무엇이' 다음으로 일어날 것인가의 질문에 연계된 서스펜스가 프로그램에 구조화된다. 첫 번째 임무인 악어섬에 생존하기에서 김병만과 리키 김은 집을 어떻게 지을 것인가 문제로 갈등한다. 김병만은 뱀이나 독충 등을 사전에 차단하기 위해 나무 위에다 집을 짓자고 주장한다. 반면 리키 김은 나무 위에 집을 짓는 것은 인력이 많이 필요하므로 모래 위에 집을 짓되 나무를 층층이 쌓는 방식으로 뱀과 독충을 방지하자고 주장한다. 이 둘의 갈등은 차후 어떻게 프로그램이 진행될 것인지 시청자의 기대를 촉진하는 단초로서 작용한다고 볼 수 있다. 두 번째 임무인 힘바 마을 사람과 친해지기에서도 마찬가지다. 힘바 마을 사람들과 친해지는 방식은 병만족 내부에서도 등장인물의 특성에 따라 분기된다. 활발하고 유머러스한 류담은 힘바족에게 적극적으로 농담을 건네며 화기애애한 분위기를 만드는 등 사교적인 모습을 보인다. 반면 낯선 사람과 관계 맺는 것에 어느 정도 거부감이 있는 김병만은 그늘집을 만들어 선물해주는 것으로 힘바족과 친해지려 한다. 힘바족과 친해지는 문제에 대한 두 가지 반대 방향의 해결책을 류담과 김병만은 전형적으로 보여주면서 그 사이에서 무슨 일이 발생할 것인가 같은 호기심과 서스펜스를 관객에게 유발한다고 볼 수 있겠다.

마지막으로, '메타적' 서스펜스의 차원이 프로그램에서 구조화된다. 예컨대, 아프리카로 출발 전 병만족 개개인은 아프리카에서 어떤 일을 겪을지 설레는 모습을 내비춘다. 그들의 기대와 예상은 시청자들에게도 마찬가지로 이 프로그램을 지속적으로 보게 하는 동기로서 기능한다. "과연 이들에게 어떤 일이 발생할 것인가? 아프리카로 떠나기 전과 후 그들은 어떻게 달라질 것인가?" 같은 거시적 질문들은 수용자들을 이 프로그램에 몰입하게 만든다. 후기에 해당하는 마지막회 6회에서 방영되었듯 "포기하고 싶었지만 계속 도전을 시작"하겠다는 김병만의 달인적 면모, 여자 같았던 "나 자신이 보다 성장"했다는 황광희의 남성적 면모, "아프리카 사람들도 우리와 똑같다."라는 미국인 리키 김의 탈식민적 면모, 그리고 "같이 버텼기 때문에 이제 가족 같다."라는 결혼을 앞둔 류담의 가족주의적 면모 등으로 병만족이 이 여정을 통해 어떤 깨달음을 얻게 되었는지가 답변된다. 해서 이러한 정체성 변형의 최종적 인식에 이르기까지의 과정 단계 단계가 메타적인 관점에서 놓고 보면 시청자에게는 서스펜스로 받아들여졌으리라 여겨진다.

완료된 과거의 생산물을 관객에게 내놓는 영화와 달리, 실시간 방송이 가능하다는 점이 텔레비전 매체의 특징이다. 리얼리티 TV는 이러한 텔레비전 매체의 시간적 직접성과 친근성의 장점을 최대한으로 부각한다. 〈정글의 법칙〉에서는 현재적 시간의 생생함 속에 서스펜스적 장치를 적극적으로 활용하여 시청자의 시간적 직접성과 친근성, 몰입을 유도한다고 볼 수 있다. 결국 그것은 프로그램을 보는 시간과 동시에 발생하는 것 같은 '현재' 행위에 어떤 과거의 정보가 착색되어서, 미래의 종국적 앎이 어떻게 가리켜질 수 있는지 그 긴장감을 환각으로서 생생하게 시청자에게 제시하는 일과 관련된다.

3) 등장인물에로의 몰입과 진정한 감정 경험의 환각

그러나 리얼리티 텔레비전에 시청자들이 몰입하는 이유는 무엇보다도 등장인물이 시청자와 똑같은 보통 사람인 데서 비롯한다. 〈정글의 법칙〉처럼 개그맨, 모델, 가수로 잘 알려진 스타들이 출연하는 프로그램이라 하더라도 사정은 마찬가지다. 김병만, 류담, 리키 김, 황광희 같은 스타들도 극한 상황에서는 모두 유명세의 가면을 벗고 시청자와 똑같이 희로애락의 일상적 존재가 될 수밖에 없다는 것이 리얼리티 프로그램의 모토다.[19] 해서 시청자들이 실제 시공간을 벗어나서 〈정글의 법칙〉의 이야기 세계에 상상적으로 관여하고, 허구적 시공간 속에 자신을 참여시키는 데 등장인물에로의 몰입, 특히나 자발적인 감정적 몰입은 중요한 요소라 할 수 있다.

그렇다면 시청자는 어떤 때 등장인물에게 가장 심정적으로 관여하게 되는가? 〈정글의 법칙〉 같은 리얼리티 TV에서 시청자가 등장인물에로 몰입하는 과정을 이해하기 위해서는 '성실성(Sincerity)"과 '진정성(Authenticity)'[20]의 개념을 우선 구분해야 할 필요가 있다. '성실성'이란 자

---

19 해서 리얼리티 프로그램은 계층 간 사회적 유동성, 대중 매체의 민주주의 향유와 관련된 사회의식을 자극하기도 한다. Anita Biressi and Heather Nunn, *Reality TV : Realism and Revelation*, London : Wallflower Press, 2005, p.8.

20 Carolyn Davis Hedges, *Performing the Self : Character Agency and Impression Management within the Narrative of Survivor : Samoa*, Mass Communications PhD Dissertation Syracuse University, 2011, pp.44~45 참조.

신에게 부여된 역할을 충실히, 정직하게 해내는 것을 말한다. 반면 '진정성'이란 우리가 자신의 느낌을 통제할 수 없을 때 나타나는 진실한 표현이다. '성실성'에는 인위적인 면모가 있지만, '진정성'에는 인위적인 것의 개입 없이 자연스럽게 분출되는 감정적인 무언가가 있다.

김병만, 류담, 리키 김, 황광희는 연예인이다. 하지만 그들은 〈정글의 법칙〉에서는 연예인의 역할에서 벗어나 아프리카 정글에서 살아남는 역할을 수행하게 된다. 이때 그들의 고군분투와 치열한 생존 노력은 시청자들에게 '성실한' 것으로 받아들여질 것이다. 그만큼 프로그램에서 자신에게 맡겨진 역할, 병만족의 역할 수행을 힘들다고 포기하지 않고 충실히, 정직하게 해냈기 때문이다.

병만족의 성실한 역할 수행을 통해서 시청자들이 발견하고 싶은 요소가 바로 '진정성'이라 할 수 있다. 정글에서 부족민으로서 가장해 생활해 나가면서, 알려지지 않은 자아의 면모를 병만족의 구성원들이 어떻게 조우하게 되는지가 시청자의 감정적 반응을 유발하게 되는 것이다. 이러한 진정성의 차원을 상호행위적 차원과 개인적 차원으로 나누어 〈정글의 법칙〉에서 살펴보면 다음과 같다.

먼저 상호행위적 차원을 통해 출현하는 진정성의 국면이 있다. 예컨대 악어섬에 정착한 첫날 김병만과 리키 김은 집을 나무 위에 지을 것인가, 모래바닥에 지을 것인가로 대립한다. 그들의 팽팽한 신경전은 지켜보던 류담과 황광희도 자못 움츠리게 만든다. 문명사회에서 야생 지역으로 들어온 첫날이라 모든 것이 불확실한 상태에서 병만족 전원이 신경이 예민해지고 긴장했던 까닭에 이런 사건이 발생했다고 볼 수 있다. 그들의 화해는 해가 기운 후 끓인 어죽을 모닥불 주위에 함께 둘러앉아 나눠 먹는 순간 이뤄진다. 구성원 간의 불신, 갈등 양상이 정글에서 생존하기 위한 역할 수행에서 비롯된 필연적 시행착오였다면 상호 신뢰 회복의 과정은 출연자 상호 간에 보다 진정성 있는 감정을 이끌어내는 동기를 부여한다. 이 과정은 카메라 이동을 통해서도 이미지화된다. 어죽을 맛보면서 김병만과 리키 김은 "야! 맛있다", "속이 예술이에요"라 말한다. 그러면서 병만족 4명은 어죽을 밥그릇에 담아 돌려 먹는다. 그들이 어죽을 돌려 먹을 때, 카메라도 함께 한 명 한 명을 클로즈업하면서 촬영한다. 그러다가 "우리 그거 먹고 싸우지 말자!"라고 김병만이 화해의 제스처를 취하자, 모닥불을 쬐고 있는 4명의 전체 모습이 한 프레임 내 미디엄 롱 숏으로 포착된다. 병만족이 하나로 된 모습을 포착하던 미디엄 롱 숏은 하늘을 향해 병만족이 드러누운 후 어느새 은하수가 펼쳐진 밤하늘의 광대한 정경을 익스트림 롱 숏으로 담으면서 그같이 함께한다는 기쁨의 진정성을 낭만적으로 형상화하기에 이른다. 그렇지만 연대감의 진정성이 비단 병만족 내부에서 관찰되는 것만은 아니다. 힘바 마을에서의 체류 마지막 날, 병만족과 힘바족의 이별 파티에서도 상호 신뢰적 감정의 진정성을 시청자는 확인할 수 있다. 첫날 소 내장의 형태로 병만족을 마을에 들일지 말지를 점치기까지 하던 힘바족은 거듭되는 병만족의 친화적 몸짓에 경계심을 늦추고 급기야 떠나기 마지막 날 병만족을 위하여 마을에서 축제를 열어줄 정도로 가까워진다. 방송 프로그램 목적으로 서로가 만나게 되었지만, 마지막 밤 병만족과 힘바족이 서로 어울려 춤추고 노래하는 모습에서 함께 지냈던 날에 대한 아쉬움이나 석별의 정 같은 감정적 진실성, 진정성을 시청자는 목도하게 된다. 힘바 마을에서 빠져나올 때 80세의 추장이 순연히 눈물을 글썽이며 목이 메어 말도 제대로 하지 못하는 장면은 진정한 신뢰감의 절정으로 시청자에게는 받아들여졌을 것이다.

다음으로 개인적 차원에서 출현하는 진정성의 차원으로 병만족 개인을 향한 인터뷰 장면을 거론할 수 있겠다. 사회학자 어빙 고프먼(Erving Goffman)이 지적하듯이 사회생활을 영위하는 데 있어 자아는 전면(Front)과 후면(Backstage)에 속한 자아를 갖는다. 전면의 자아란 다른 사람들 앞에서 역할 연기하는 자아이며, 자신의 사회적 인상을 관리하는 자아다. 반면 후면의 자아란, 관객 역할을 하는 다른 사람이 없을 때 나타나는 자아, 사적인 자아다.[21] 후면의 자아 때문에 우리는 전면의 자아를 구성된 자아, 관리된 인상이라고 인식하게 된다. 이러한 고프먼의 입장에 따를 경우 리얼리티 TV의 개별 인터뷰를 통해 발화되는 것은 전면에서 후면으로 물러나온 사적 자아다. 카메라의 시선, 시청자의 시선을 무시할 수 없으므로 역설적으로 '공개된 사적 자아'를 인터뷰 과정은 포착한다고 볼 수 있다. 우리는 평상시 다른 사람의 내밀한 속까지 알지 못한다. 좀 더 친밀해져서야 들을 수 있게 되는 것이 그 사람의 속마음이다. 따라서 병만족의 인터뷰는 일종의 고백적 담화로서 출연자의 진정성을 시청자로 하여금 지각하게 하면서 등장인물들의 심정에 몰입하게 하는 장치다. 대표적으로 김병만의 인터뷰 담화를 살펴보자. 아프리카 생존 첫날 리키 김과 집 짓는 문제로 갈등한 문제에 대해 행해진 인터뷰에서 김병만은 "동물원 밖이 아니라 안에 있게 된 것이니까요. 그래서 서로 예민해 졌겠죠. 하지만 물고기가 있어서 다행이었습니다. 아니면 저 포기했을 겁니다."(2회)라 말한다. 발생한 일에 대해 원인을 자가적으로 사후 진단하는 치료적 성격의 고백과 닮은 발화라 할 수 있다. 물론 이렇게 속마음을 끄집어내는 인터뷰에 대해 김병만은 심한 거부감을 가지고 있었다. 현지에서 생존 그날그날 저녁에 행해지는 인터뷰에 관하여 "속애기 끄집어 내지 않았으면 좋겠어요. 어떻게든 살아야 하는데 미션 끝내야 하는데, 싸우게 되잖아요……"(3회)라는 그의 문제제기에서 암시된 것처럼, 인터뷰는 서로의 내면을 폭로하는 껄끄러움을 그에게 연상시켰던 것이다. 그러나 차후 인터뷰에서 그는 달라진 모습을 보이게 되는데,

---

21 Erving Goffman, *The Presentation of Self in Everyday Life*, N.Y. : Doubleday, 1959, p.106, 112 참조.

예컨대 7일 동안 지낸 악어섬에서 빠져나온 후의 인터뷰에서 "그동안 나도 힘들었다. 솔직한 표현의 눈물…… 그동안 정말 일주일 동안 수고했다."(4회)처럼 커밍아웃과 비슷하게 나머지 세 사람에 대한 자신의 속내를 보여주기도 하고, 힘바 마을에 도착한 이후에는 "낯가림이 심한 편이죠. 낯선 사람에 대한 두려움이 있어요. 대인관계를 어떻게 해야 할지 모르겠어요."(5회)같이 자전적 기억을 바탕으로 힘바 족과 친해지고 싶은 심경을 고백하기도 한다. 김병만의 인터뷰는 자아에 대한 말하기가 단순한 개별적 자아의 드러내기 차원을 넘어 개인적 변화의 과정, 집단의 구성원으로서 자아를 변화시키는 과정으로서 구성되는 양상을 제공하고 있다.[22] 이러한 고백의 진정성은 공동체적 연대감 형성 장면의 진정성과 함께, 시청자들도 병만족과 마찬가지로 문명의 도시에서 체험하지 못한 진정한 진실한 인간관계, 공동체적 가치, 연대감에 관련된 감정 등을 경험한다는 환각을 불러일으킨다.

2~3시간의 상영시간을 갖는 영화와 달리 텔레비전 방송은 하루 24시간, 일주일 7일, 일 년 52주라는 광범위한 시간대에 그 서사가 걸쳐져 있다. 결과적으로 대부분의 텔레비전 서사양식은 연속극(Serial Drama)이나 시리즈 드라마(Series Drama)의 형태를 띠며 주 인물 못지않은 비중을 지닌 다양한 등장인물군의 에피소드들로 복수적 플롯라인을 형성한다. 발단-전개-절정-결말로 이루어져서 엄격히 잘 짜인 플롯이 보다 중시되는 영화에 비해 텔레비전의 시청자들의 관심은 그만큼 더 등장인물에게로 가 있다고 볼 수 있다. 〈정글의 법칙〉은 등장인물들에 대한 그러한 시청자의 감정적 밀착을 공동체가 형성될 때의 감정적 힘을 통해서, 그리고 연대적 과정에 이르기까지 등장인물들이 겪었을 내면적 의식의 주관

---

22 매체 내 고백적 말하기의 사회적 성격에 대해서는 Jon Dovey, *Freakshow : First Person Media and Factual Television*, London : Pluto Press, 2000, p.113 참조.

적 발화를 통해서 환기하는 셈이다.

3. 다큐테인먼트로서 자연 : 오락적 가상 리얼리티와 다큐의 실제 리얼리티 사이

전술한 공간에로의 몰입, 시간에로의 몰입, 등장인물에로의 몰입 경험을 겪으면서 함께 있는 여기, 긴장감 있는 지금, 진정한 감정을 시청자는 환각적으로 경험하게 된다. 이러한 시청 경험은 텔레비전 속 세계가 허구일 뿐이라는 불신을 중지시킨다. 그리고서는 재현된 아프리카와 〈정글의 법칙〉의 이야기 세계 속으로 시청자가 일상의 다른 걱정과 문제들을 잊어버리고 집중하게 하는 계기를 마련한다. 적극적인 상상적 몰입의 결과 시청자의 의식과 텔레비전 세계가 하나로 일치되고, 아프리카 재현의 스토리 세계가 현전의 아우라를 띤 채 독립적인 리얼리티로서 환각이지만 실존감을 부여받는 과정을 이 같은 재현 양식들은 지시하고 있다.

그렇다면 창조된 아프리카의 환각적 리얼리티는 프로듀서나 시청자들에게 실제 어떻게 받아들여지는 것일까? 텔레비전 생산자와 수용자들 모두가 〈정글의 법칙〉의 리얼함에 대한 인식적 기준을 동일하게 설정하고 있을까? 아니면 달리 판단하고 있는 것일까? 〈정글의 법칙〉 등의 리얼리티 프로그램이 허구적 텔레비전 드라마와 다른 점은 '오락적 리얼'이라는 점에 있다. 이러한 별칭에서 알 수 있듯이 진실과 허구의 문제가 리얼리티 프로그램 장르 관습상 깊숙이 관련되는 까닭에 리얼리티 TV의 관련 주체들이 어떤 목적을 위해, 어디에다가 강조점을 두고 리얼함을 위치시키는지 읽어내는 일이 필요하다. 단초가 되는 것은 2013년 터진 〈정글의 법칙 : 뉴질랜드 편〉(2013.3.8~ 2013.5.10) 조작 논란이다. 조작적 장면들을 비판하면서 시청자들은 프로그램의 진실성 있는 방송을 요구한 반면 담당 프로듀서는 〈정글의 법칙〉을 예능으로서 봐달라고 응답했다.[23] 2011년 방영되었던 〈정글의 법칙 : 아프리카 편〉의 리얼리티에 대한 인식 또한 이 연장선상에서 가늠될 수 있으리라 본다. "명품 다큐, 휴먼 드라마, 리얼 버라이어티가 공존하는 신개념 프로젝트"라는 방송 팸플릿의 선전대로 다큐적 영상을 포함시키면서도 오락적 측면에 방점을 두는 것이 프로그램 생산자의 의도였을 게다. 반대로 세계 곳곳의 위험한 지역에서 생존해 나가는 모습을 담는 미국 Discovery Channel 프로그램 "Man vs Wild 의 한국식 버전"을 보고 싶다는 한 시청자의 의견처럼 정보적 측면에 방점을 두는 것이 일반 시청자들의 기대였을 게다.[24] 바꾸어 말해 〈정글의 법칙〉에 내장된 리얼함의 감각은 지향점이 다른 리얼함의 감각이 혼재되어 있다고 말할 수 있겠다. 역으로 보자면 오락(Entertainment)을 위해 인위적으로 고안된 가상 리얼리티의 측면과 다큐적(Documentary) 진실을 위한 날것 그대로의 생생한 리얼리티의 측면이 혼재되어(hybrid) 있는 국면, 다큐테인먼트(Docutainment)로서 자연 속 병만족의 생존기를 다룬다는 점이 〈정글의 법칙〉의 장르적 속성이다.

〈정글의 법칙 : 아프리카 편〉의 오락적 리얼과 다큐적 리얼을 좀 더 나누어서 살펴보면 다음과 같다.

시청률을 견인할 목적으로 프로듀서 입장에서 〈정글의 법칙〉의 프로그램 내용을 좀 더 재미있게 만드는 일이 관건이었으리라는 것은 쉬이 짐작할 수 있는 대목이다. 해서 〈정글의 법칙〉이 리얼리티 프로그램일지라도, 우리는 게임과 같은 유희성에 기반한 가상(virtual) 리얼리티의 측면을 목도하게 된다. 간명하게 말해서, 〈정글의 법칙〉은 병만족이라는 탐험가 집단을 주인공으로 하는 어드벤처 게임의 리얼리티를 일정 정도

23 『동아일보』, 앞의 기사 참조.

24 〈정글의 법칙〉 홈페이지 참조.

구현한다. 시공간적 배경은 아프리카 정글을 미장센으로 해서 프로그램 제작자, 프로듀서에 의해 미리 설계되었다고 볼 수 있다. 비유컨대 생산자가 의도하는 게임의 목적은 미리 제공된 아프리카의 자연이라는 세트 내에서 병만족이 플레이어로서 액션을 취해 나가며 악어섬, 힘바 마을을 거쳐 여정의 지도를 완성하는 것이다. 마치 폐허에서 도시를 일구는 도시 개발 가상 시뮬레이션 게임 심씨티(SimCity)처럼 아프리카의 세계는 탐험자인 병만족의 발견을 기다리는 이야기로 가득 찬 공간인 셈이다.[25] 아프리카를 배경으로 한 탐험의 거시적 얼개가 주어져 있지만, 악어섬, 힘바마을을 거쳐 탐험과 발견과 관련된 행동적 시퀀스의 가능성을 완성시키는 것은 오로지 병만족의 몫이라 할 수 있다.

해서 설정된 아프리카의 자연 환경 내 그리고 주어지는 미션에 대한 응전으로 병만족이 어떤 '전략적 행동'을 취하는가가 오락적 요소를 부각시킨다. 야자수 잎으로 지붕과 벽을 엮어 집짓기, 무인도에서 탁수를 정화해 식수 구하기, 빈 캔으로 밥그릇 제조하기, 새총으로 식용을 위해 애벌레 잡기, 꿩닭이나 뱀 둘러싸고 몰아 집단 사냥하기, 모기장으로 투망 만들어 고기 잡기, 잡은 물고기를 그릇에 넣고 흔들어 어죽 만들기, 쿠네네 강 건널 수 있는 뗏목 만들기, 힘바 마을 사람과 친해지고자 함께 팜와인 마시러 나무 올라가거나 간이 목욕탕 만들어주기 같은 행위들이 탐험자의 게임 플레이어로서 아프리카 오지의 비밀을 파헤치게 되는 병만족의 전략적 행위들을 예시한다. 이러한 병만족의 전략적 행위들을 통해 시청자 또한 한 단계, 한 단계 아프리카를 발견해나가는 상상적 경험의 기쁨을 추체험하는 것이 제작진의 의도인 것이다. 보드게임, 스포츠처럼 승패가 분명하거나 레벨 통과가 확연한 게임은 아니나 제작진이 설정한

---

25 게임의 가상 리얼리티 분석은 Marie-Laure Ryan, *Avatars of Story*, Minnesota : University of Minnesota Press, 2006, pp.276~291 참조.

미션 규칙과 미장센 내에서 어드벤처 게임, 시뮬레이션 게임, 아이들의 장난감 게임처럼 시청자들은 아프리카의 자연을 가상적 리얼리티로 삼아 자유로운 판타지적 게임의 오락을 아바타인 병만족과 함께 즐기게 되는 것이라 말할 수 있다.

반면 조작 시비에서 짐작되듯이 보통의 표준적인 시청자 집단은 예능보다 생생한 다큐를 원했다. 그래서 전체적인 연출 자체가 야생에 집중 못하고 너무 뭔가 만들어내려고 하며 겉도는 장면들은 야생의 생생함을 프로그램 속에서 기대하던 많은 시청자들에게는 적지 않은 실망이었던 것 같다. 하지만 〈정글의 법칙〉에 아프리카의 실제 리얼리티에 대한 관찰이 아주 부재하는 것은 아니다. 〈정글의 법칙〉의 병만족에게는 18세기, 19세기 아프리카 대륙을 관찰한 현장조사자(Field Worker)의 종족지 기술자(Ethnographer)로서의 모습이 착색되어 있기도 하다. 예컨대 병만족은 울타리 쳐진 힘바 마을 바깥쪽에 야자수 잎으로 집을 짓는다. 이는 현지인, 토착민의 일상생활을 직접 관찰하고자 캠프나 촌락 밖 높은 언덕 위에 텐트를 쳤던 18~19세기 유럽의 종족지학자의 모습을 연상시킨다. 언덕 위. 텐트 입구에서 캠프나 촌락에서 일어나고 있는 것을 봄으로써 대상을 객관적으로 관찰할 수 있다고 이 시기 종족지가들은 생각하였다.[26] 그 같은 사실적 현지 보고, 르포의 관찰 경험은 병만족에게서도 동일하게 발생한다. 남자는 소를 몰고 여자는 식사를 준비하는 성별 분업형태, 나무를 굽혀 소똥을 발라서 온도와 습도에 적응하게 한 힘바하우스, 대가족체계라 할 수 있는 힘바마을의 호구 및 가족관계, 마을 사람들과 친해지고자 학습되는 힘바족의 언어, 힘바의 운송수단인 당나귀, 태양의 붉은 전사라 자신들을 믿기에 힘바족이 자신의 몸에 바르는 천연 화장품

---

26 종족지 기술에 대해서는 제임스 클리포드, 『문화를 쓴다』, 이기우 역, 서울 : 한국문화사, 2000, 133~166쪽 참조.

인 오카, 주류 팜 와인 등 힘바마을의 민속학적 생활 양상이 마치 기자가 중계하는 것처럼 병만족에 의하여 시각적 경험, 보기의 경험으로서 보고 되고 있다. 그러나 다큐멘터리, 종족지 기술에는 이러한 관찰의 내용만 담기는 것은 아니다. 유럽의 고전적 종족지가들이 토착민에 대한 관찰을 통해 목가적 생활 형태를 이상화하고 문명의 대안적 관점을 주장하려 했 듯이 관찰, 증언 이외에도 다큐멘터리, 종족지 기술에는 관찰자가 속한 현 문화 상황에 관한 문제제기, 대안적 관점이 제시된다. 병만족이 힘바 마을 사람들과의 상호작용을 통해 창발시키는 공동체적 연대감의 감각 이 그러한 대안적 관점 제시의 다큐적 리얼리티를 형성한다고 볼 수 있 겠다. 광희가 추장의 모습을 담은 초상화를 그려주는 장면, 건축학도인 병만이 힘바마을 어린이집 건축을 위해 그늘집을 지어주는 장면, 힘바마 을 아이들이 거울로 자신들의 얼굴 비춰보게 광희가 도와주는 장면, 리 키 김이 카메라를 힘바마을 청년들에게 건네주어 그들로 하여금 병만족 과 힘바마을 청년들이 어울리는 모습을 찍어보게 하는 장면, 류담이 힘 바마을 아이들에게 노천탕을 만들어주고 함께 목욕하는 장면, 광희가 아 이들에게 영롱이, 엉뚱이, 더듬이, 새침이 이름 불러주는 장면, 힘바마을 의 붉은 오카를 병만족이 실제 자신들의 몸에 바르고서 힘바족의 스커트 를 입고 명실공이 병만족으로서 변신하게 되는 장면, 그리고 완성된 그 늘집에서 병만족과 힘바부족이 서로 어울려 집단으로 춤을 추는 장면 등 이 그 예에 속한다. 이와 같은 장면들은 문명 대 야만, 외래민 대 토착민, 인공 대 자연, 개발 대 원시 같은 대립적 삶의 형태와 관련된 정체성들을 상호작용하게 하고, 되비추어보게 함으로써, 문명인이나 원주민 어느 한 쪽으로도 치우칠 수 없는 '우리'로서의 공동체적 감각을 출현시키게 된 다. 그것은 병만족과 힘바부족 사이의 관계맺음과 정체성 교류를 거쳐 이루어지는 상호변형적 자아화(Selving)의 연행(Performance)이라 할 수 있는 바, 이 장면들의 방영을 통해 아프리카 자연과 야생성의 리얼리티는 관찰과 제시의 대상이 되는 것을 넘어 〈정글의 법칙〉 시청자에게 대안적 현실로서 영향력을 미치고 사용가치를 가지는 다큐 기능을 실현한다.[27]

시공간과 등장인물에게로의 몰입에 의해 독립적 리얼리티로서 환각적으로 존재하게 되는 아프리카의 자연환경은 〈정글의 법칙〉의 관련 주체들에 따라 오락적 가상의 리얼리티와 공익적 정보의 다큐적 실제 리얼리티 등으로 분기되어 위치화된다. 결론적으로 말해 이러한 다양한 리얼리티 기저에 존재하는 것은 숭고의 감각이라 할 수 있다. 수용자들이 병만족을 통해 대리체험하게 되는 것은 일종의 매체화된 '숭고'의 경험이다. 자연의 힘에 대한 불가항력성은 인간으로 하여금, 인간의 신체적 무력성을 인지하게 한다. 그러나 동시에 그것은 자연에 독립된 자로서 자연보다 우월성을 갖는 자로서 인간 자신을 판단하게 하는 능력을 드러낸다. 숭고는 자연과 인간과의 역설적 관계에 의해 특징지어지는 것이다. 인간은 야생의 자연 속에서 꾸준히 공포심을 가지고 겁먹지만, 또한 동시에 원시적 자연에 대한 특정 지배력과 힘을 느끼게 된다. 아프리카 자연의 리얼함을 오락적 기쁨을 위해 가상적으로 변형하든, 공익적 사용가치를 위해 실제적으로 전유하든, 아프리카 야생에 대한 환각적 리얼리티의 근저에는 그러한 숭고함의 감각이 내재되어 있다. 〈정글의 법칙〉의 다양한 리얼리티가 시청자에게 환기시키는 것은 숭고함의 감각에 내접한 자연과 인간 사이의 역설적 관계이다.[28]

하지만 〈정글의 법칙〉의 리얼리티 효과를 논하고자 할 때, 프로그램을 둘러싼 이데올로기적 리얼리티에 대해서도 우리는 간과할 수 없다.

---

27 고전적 다큐멘터리 기능의 세부 분류는 Corner, Op.cit., pp.48~52 참조.

28 칸트식의 숭고미가 서바이벌 리얼리티 프로그램에 어떻게 환기되고 있는지에 대해서는 Anand Pandian, "Authenticity of the Wilderness : Surviving with Bear Grylls and Les Stroud", http://www.jhu.edu/anthmedia/Projects/wilderness/index.html 참조

간명하게 말해 〈정글의 법칙〉은 자본주의적 리얼리티의 자연화된 버전이다. 이윤 추구의 기업 환경은 단적으로 약육강식의 정글이지 않은가? 마치 정글 속에서 병만족이 살아남은 것처럼 시장은 자본주의적 시스템의 어두운 면을 숨기고 샐러리맨의 신화와도 같이 누구나 노력하면 성공할 수 있다는 판타지를 유포한다. 병만족이 정글에서의 생존에 실패하리란 법은 없다. 계속되는 위험과 장애물 속에서도 병만족은 살아남을 것이다. 하여 병만족의 부족주의는 존재했다가 멸종당한 전근대적, 산업화 이전의 태고적 공동체를 함의하는 것으로 이상화될 수 없다. 그보다 프랑스의 사회학자 미셸 마페졸리가 지적한 대로 병만족이 표방하는 부족주의는 차이성의 긴장이 소그룹들의 연대성과 유기성을 위해 활용되는 후기 자본주의의 새로운 대중적 질서를 암시한다.[29] 병만족은 후기 자본주의의 생활 패턴, 특정 장소에 기반하지 않고 블로그, 인터넷을 중심으로 온오프라인을 왕래하며 끊임없이 증식과 소멸을 반복하는 후기 자본주의적 새로운 공동체의 메타포다. 중요한 것은 시즌을 거듭하며 방영되는 사례를 통해서 알 수 있듯 이러한 후기 자본주의적 공동체인 병만족의 탐험이 지속된다는 사실이다. 정확히 말해서 병만족의 생존기에 의해 자연에 대한 숭고적 경험은 오락거리로서, 정보나 앎의 획득 경로로서 반복적으로 소비된다. 자연은 그 어떤 실체보다도 강고하게 자리하고 있다. 해서 시즌의 방영 중 부족민의 생존기는 시청자에게 숭고의 판타지를 부여함으로써, 자연의 정복 가능성, 변형 가능성, 그리고 인간에 의한 그것의 구성성을 환기한다. 그러나 다시 한 시즌이 끝나고, 새로운 시즌이 시작할 때는 자연을 절대 변형 불가능한 실체로서 방송은 다시 박제화한다. 개인의 새로운 존재양식인 부족들이 샐러리맨의 신화처럼 자

29 Michel Maffesoli, *The Time of the Tribes : The Decline of Individualism in Mass Sociaty*, Don Smith(Tr.), London : Sage Pulishing, 1996, p.100.

본주의적 정글의 싸움에서 승리하여 시장의 구성성, 인위성을 드러내기도 하지만, 또다시 경쟁에서 낙오할 때면 반복적으로 시장의 변형불가능성, 고착성, 절대적 힘을 깨달아야 하듯이 말이다. 언제나 대중문화는 자기선전을 위하여 자기비판을 자신의 재현구조 속에 내장한다. 그러므로 유희적 요소와 공공적 가치의 리얼함이 이중적으로 얽혀 환각적으로 제시되더라도, 이 새로운 감정과 앎의 구조 속에 연루된 재현 시스템과 상품적 기능 사이의 정치적, 문화적 상호관계 또한 〈정글의 법칙〉이 연행하는 현실, 대중적 리얼리티라는 점을 간과할 수 없겠다.

4. 환각으로서 리얼함의 감각

리얼함에 대한 견해는 수많은 해석에 따라 다양한 형태를 갖는다. 예컨대 사실주의적 텍스트가 얼마나 현실의 양상과 일치하느냐의 진실성 여부를 중심으로 리얼함의 감각을 판명할 수 있다. 혹은 발생한 사건이 아니라 발생할 만한 상황을 얼마나 잘 묘사하느냐 하는 개연성의 정도에 따라 리얼함의 근거가 판단될 수 있다. 혹은 저자-서술자-피서술자-독자 사이에서 발생하는 커뮤니케이션, 발화 행위의 실현여부가 리얼함의 감각을 판가름할 수도 있다. 다종다양한 리얼리즘의 스펙트럼이 존재하지만 본고는 시청자의 시공간에로의 몰입, 등장인물에로의 몰입과 관련된 환각주의의 모델을 따라 리얼함의 감각을 리얼리티 프로그램 〈정글의 법칙〉에서 섬세하게 재구해보려 하였다. 〈정글의 법칙〉 같은 리얼리티 프로그램의 리얼함의 잣대는 현존의 아우라, 믿을 만한 자율적인 독립적 리얼리티를 얼마만큼 화면 속에 창조할 수 있는가에 달렸다. 하여 리얼리티 프로그램의 리얼함의 환각주의적 모델은 관객과 배우의 관습적 약속에 의해 실제 무대 위 시공간과 인물을 드라마 속 시공간과 인물로 믿어버리는 연극적 환각과 너무나도 닮아 있다. 이 논문에서 리얼리티 텔레비전 〈정글의 법칙〉의 재현적 현실을 연행되는 현실로서 전제하고 그것의 오락적, 다큐적 기능에 관한 논의를 전개한 것은 이러한 이유에서다.

연행되는 현실로서 리얼리티 프로그램의 성행은 프랑스의 문화학자 장 보드리야르가 지적하듯 재현의 시대가 끝나고 재현보다 우위를 점한 시뮬라시옹적 이미지 시대의 대두를 증시한다. 보드리야르에 따르면 이미지는 기본적 리얼리티를 반영하지만, 기본적 리얼리티를 가장, 왜곡할 수 있으며, 더 나아가 기본적 리얼리티를 은폐하고서는 이미지 자체가 리얼리티가 된다.[30] 〈정글의 법칙〉도 마찬가지로 아프리카의 정글을 반영하지만, 시청자를 텍스트 세계에 끌어들이기 위해 다양한 환각적 재현 장치를 구조화함으로써, 오리지널 리얼리티를 가장, 모방하는 것이 아니라 이미지 자체가 리얼리티가 되는 쪽으로 그 발걸음을 진행 중이다. 〈정글의 법칙〉의 여행기를 담은 책들이 출판되어 인기리에 판매되는 상황은 이미 이미지가 오리지널 그 자체가 되어버린, 텔레비전 자체의 화면이 리얼리티가 되어 버린 연극적인, 연행적인 텔레비전의 자기 인식적 상황을 극명하게 보여준다.

그러나 리얼리티 TV의 리얼함의 환각 생산에는 시장의 시선이 깊게 배어져 있다. 이윤 추구의 사회경제적 시장의 시선에서 리얼리티 TV의 환각적 세계는 자유로울 수 없다. 환각을 통해 시청자의 상상적 개입이 최대한 허용되어 자율적 주체로서 탐험가적 게임 플레이어 혹은 야생을 기록하고 문명사회의 대안적 현실을 제시하는 현장조사가로서의 정체성

---

30 장 보드리야르의 이미지화 단계, 실제보다 더 실제 같은 환각의 이미지들은 모든 사회문화적 행위를 연행으로 간주하는 연행 연구에 시사하는 바가 크다. 여기에 대해서는 Richard Schechner, *Performance Studies : An Introduction*, New York : Routledge, 2002, p.117 참조.

을 시청자들이 공고히 하더라도 그것은 시장의 시선이 제조한 판타지적, 신화적 자아 이미지다. 리얼리티 프로그램 연구에 대한 자극과 텔레비전 드라마를 넘어선 텔레비전 문화에 관한 새로운 관점 모색의 필요성 제시라는 의의를 본고는 가진다. 그럼에도 불구하고 리얼리티 TV의 환각적 리얼리즘을 위한 재현 구조, 그리고 그것의 정치학적, 문화론적인 좀 더 정치한 해석, 예컨대 다른 사람의 실제 생활 '엿보기'의 이데올로기적 함의에 대한 사회학적 고찰이 본고의 과제로 남는 것은 그 때문이다.

13장

〈한국인의 밥상〉과 음식 다큐멘터리 TV의 연행성

1. 미디어화되는 음식 문화

일상에서 대화의 토픽으로 자주 거론되는 것은 무엇일까? 우리가 다른 사람과 이야기할 때 빠지지 않는 것 중 하나가 음식이다. 다른 사람과 점심 식사를 같이 하면서 공적, 사적 이야기를 나눌 수도 있고, 혹은 오늘 저녁에 어떤 걸 먹으러 갈지가 대화의 도마에 오르기도 한다. 텔레비전 공영 방송에서는 한식 전문가가 진행하는 정통적 요리 프로그램부터 개그맨들이 주로 출연하는 쿠킹 예능까지 다양한 장르의 요리 프로그램이 하루도 거르지 않고 방영되고 있다. 케이블 방송에서는 국내의 맛집 기행과 해외의 맛 탐방이 엔터테인먼트와 교육을 위해 고정 프로그램화 되었고, 불황기를 맞은 서점에서도 상품성 있는 책 목록으로 요리책을 판매대에 올린다. 인터넷 블로그에서는 지난 주말에 탐방했던 맛집 기행문이 심심찮게 올라오고, 카카오톡이나 카카오스토리를 통해 유명한 맛집이 실시간으로 공유되며, 팟캐스트를 통해서는 유명인이 아닌 일상 사람이라도 자신이 개발한 요리 비법을 시범보일 수 있게 되었다. 잡지와 신문에서는 스타 대접을 받는 이름난 셰프에 대한 인터뷰 기사나 이달의 요리가 저널리즘의 관심에서 빈번하게 소개된다.

따라서 오늘날 요리만큼 모든 사람이 관심을 갖고 공통적인 흥분된 반응을 보이는 문화적 대상을 찾아보기란 쉽지 않다. 모든 사람은 어느 정도 음식에 대해 말할 거리를 가졌다. 누구나 독특한 개인성을 갖췄듯 누구나 한 가지의 요리쯤은 할 줄 안다. 음식만큼 단순하면서도 친근한 기반을 사람들 사이에 제공하는 것은 없다. 음식은 모든 사람이 참여할 수 있는 문화의 측면을 암시하며 어떤 문화적 대상보다도 모든 사람에게 열린 평등한 대상이다. 대중문화를 많은 사람들이 향유하는 문화라고 간단히 정의할 때, 음식과 관련된 문화적 실천은 그 어떤 것보다도 대중적이다.

본고는 현재 급증하고 있는 음식 문화의 대중적 측면을 텔레비전 미디어를 중심으로 살펴보려 한다. 다른 미디어들과 비교했을 때, 음식에 접근하는 새로운 방식들이 텔레비전에서가장 활발하고도 다양하게 탐구되고 있기 때문이다. 예컨대 〈결정 맛대맛〉, 〈찾아라 맛있는 TV〉, 〈트루맛 쇼〉, 〈테이스티 로드〉, 〈마스터 셰프 코리아〉, 〈올리브 올리브 쇼〉, 〈한식대첩〉의 프로그램 명칭에서 암시되듯 푸드 엔터테인먼트, 푸드 에듀케이션, 푸드 서바이벌, 요리 게임, 음식 여행 등 각양각색의 포맷으로 텔레비전은 음식을 먹는 것을 본다는 것이 어떤 의미인지 탐색하고 있다. 따라서 대중적 삶의 가장 공통적인 분모로서 음식이 갖는 의의를 해명하는 일에 텔레비전 요리 프로그램들의 문화적 의미에 대한 규명은 일정 정도 기여하는 바가 있으리라 생각된다.

주 연구 대상은 2011년부터 지금까지도 방영되고 있는 KBS 다큐멘터리 프로그램 〈한국인의 밥상〉이다. 〈한국인의 밥상〉은 2014년 현재 매주 목요일 저녁 7시 30분에 방영되며, 비드라마적 프로그램으로서는 높은 시청률인 10%대 시청률을 기록하고 있는 KBS 대표 장수 프로그램 중 하나다. 〈한국인의 밥상〉의 기획진이 홍보 전략으로 내세우고 있는 것은 〈한국인의 밥상〉 프로그램이 고품격 음식 다큐멘터리, '푸드멘터리(Foodmentary)'를 지향하고 있다는 점이다. 푸드멘터리라는 용어가 상징하듯 상업성과 음식점 광고 효과에 지나치게 물들어 있는 여타 텔레비전 쿠킹 프로그램과 다르게 〈한국인의 밥상〉이 지역 토속 음식들의 사실적 세계를 진실하게 영상에 옮긴다는 점은 연구 대상으로서 그것의 가치를 제고한다. 시청률이 프로그램의 완성도를 가늠하는 척도가 될 수는 없다. 하지만 프로그램의 높은 시청률이 함의하는 것이 대중성일 터이므로, 〈한국인의 밥상〉은 또한 연구의 의의를 지닌다. 바꾸어 말해 시골 할머니, 어머니들이 차려 놓은 밥상에 대한 사실적 영상의 기록이 대중 문화적 형태로서 왜 의미를 갖는 것인지 연구의 필요성이 제기된다. 〈한국인의 밥상〉은 어느 음식 관련 프로그램보다도 우리가 먹고 마실 때 느끼는 가장 원형적인 감정과 기억들을 생생하고도 민첩하게 창조해낸다. 그러므로 미디어화된 다양한 대중적 음식 프로그램들의 논의에도 〈한국인의 밥상〉에 관한 해석은 풍부한 참조점이 될 것이라 본다. 이러한 점들로 인해 텔레비전을 통해 음식을 먹는 것을 본다는 것이 어떠한 의미를 지니며, 무엇 때문에 그러한 소통적 사건이 발생하는가라는 질문의 해답을 위하여 푸드멘터리 〈한국인의 밥상〉의 고찰이 요구된다.

이 글의 목적은 〈한국인의 밥상〉을 대상으로 해서 음식 다큐멘터리 TV의 형식과 그것이 제공하는 수용 경험을 분석하고 이를 기반으로 영상 에스노그라피적 관점에서 그것의 대중문화 실천으로서의 의의를 헤아려 보는 데 있다. 본고의 연구는 미디어화된 대중문화로서 음식 문화가 갖는 리얼리티 구성의 효과, 연행성(Performativity)의 고찰을 궁극적인 목표로 한다. 다시 말해서 '한국적 맛' → '한국적 맛의 미디어화' → '한국적 맛의 미디어화를 수용하는 시청자의 리얼리티 구성 과정'이 본론에서는 고찰될 것이다.

본론은 먼저 푸드멘터리로서 〈한국인의 밥상〉이 어떤 고유성을 지니고 있는지 재현 양식의 특수성을 조망한다. 뒤이어 그것이 결과하는 시청자의 수용 경험이 분석됨으로써, 먹는 것을 본다는 것이 수용자에게 어떤 다양한 참여 구조를 제공하는지 검토하려 한다. 본론 마지막 부분에서는 타자에 대한 관찰자의 글쓰기라 할 수 있는 영상 에스노그라피의 관점에서 〈한국인의 밥상〉의 리얼리티 구성 과정, 연행적(performative) 국면을 설명할 것이다. 그럼으로써 재현 양식과 수용 양상을 둘러싼 푸드멘터리의 대중 문화적 형태로서의 의의, 대중 매체 프로그램으로서의 맥락이 규명된다.

2. 푸드멘터리로서의 재현 방식

제작진에 의하면 〈한국인의 밥상〉은 지역 대표음식들의 숨겨진 이야기와 역사, 그리고 음식문화 등을 영상과 취재를 통해 매주 한편의 푸드멘터리로 꾸며내기 위해 기획되었다. 푸드멘터리란 음식과 다큐멘터리의 합성어로서 '음식의 원류와 함께해 온 사람들의 이야기'라고 소개되고 있다.[1] 생물학적 리얼리티와 문화적인 리얼리티의 교차로인 식생활에 관한 새로운 보기와 이해하기의 가능성이 신조어 '푸드멘터리' 속에 압축되어 있는 것이다. 음식의 물질성과 상징성은 실제의 세계에 대해 풍부한 함의를 가져왔다. 음식의 공급과 분배, 음식에 얽힌 노동의 분할, 연대성을 위한 음식의 제의적 사용, 가정생활과 공동체에서의 음식을 매개로 한 소통 양상 등은 사회학의 중요한 연구 대상이기도 하다.[2] 따라서 삶의

1 〈한국인의 밥상〉 프로그램 홈페이지에서 인용. http://www.kbs.co.kr/1tv/sisa/table/program/index.html

2 Priscilla Parkhurst Ferguson and Sharon Zukin, "What's cooking?", *Theory and Society*, 24, 1995, pp.193~199.

실제적 사건을 진정성 있게 설명하기 위하여 제작되는 다큐멘터리에 적합한 소재 중 하나가 음식 먹기와 관련된 사건임을 푸드멘터리라는 용어는 잘 드러내고 있다. 그렇다면 어떤 방식으로 텔레비전에서 한국적 음식 세계의 지시적 진실이 재현되고 있을까?

일반적으로 다큐멘터리는 4가지 방식을 가지고서 실제적 역사적 세계를 재현한다. 해설적 다큐멘터리 양식, 관찰자적 다큐멘터리 양식, 반성적 다큐멘터리 양식, 시적 다큐멘터리 양식 등이 그것이다. 물론 역사적으로 경쟁하면서 관습화된 주요 4가지 다큐멘터리 양식들 사이의 경계가 항상 분명히 구분되는 것은 아니다. 한 다큐멘터리 안에서 한 가지 이상의 양식들이 활용되는 것이 다반사다.[3] 〈한국인의 밥상〉에서도 이 같은 다큐멘터리 재현 양식들이 다양하게 형상화되고 있다. 2011년 첫 회 방영분인 "정에 취하고 맛에 반하다, 거제 겨울 대구"와 2014년 최근 방영된 "백년의 유혹, 평양냉면"을 중심으로 푸드멘터리적 재현 방식의 윤곽에 대해 논의하면 다음과 같다.[4]

첫째, 〈한국인의 밥상〉의 서술자 발화는 '해설적 다큐멘터리 양식'을 구성한다.

> **서술자** : 주문이 없어도 준비하는 것은 생대구탕입니다. 생대구로 탕을 끓일 때는 뼈마디를 잘 찾아 자르는 것이 중요합니다, 뼈에서 나온 진액이 국물 맛을 더 시원하고 깊게 만들어주기 때문이죠. 높은 온도에 빨리 끓여내는 것도 맛의 비법입니다. 싱싱한 대구를 넣어 단시간에 끓여내야 살이

---

3 다큐멘터리 양식에 대한 설명은 Richard Kilborn and John Izod, *An Introduction to Television Documentary : Confronting Reality,* Manchester : Manchester University Press, 1997, pp.57~87 참조.

4 1회 방영분과 최근 방영분의 분석을 통해 〈한국인의 밥상〉 프로그램이 관습화하고 있는 다큐멘터리적 재현 방식의 전형성이 가늠될 수 있으리라고 본다.

퍼지지 않고 쫄깃한 식감을 유지한다고 합니다.

첫 회 "거제 겨울 대구"편에서 보이스 오버 내레이션은 생대구탕의 조리법을 직접적으로 시청자에게 전달하였다. 내레이터의 서술은 현재적이지만 한편으로는 생대구탕을 끓일 때의 온도와 조리 시간, 대구 손질법 등에 대한 과거적 기록에 기반한다. 또 한편으로는 방송이 끝난 후 시청자가 미래 시점에 생대구탕을 끓이는 행동을 취하는 데 활용되는 정확한 규칙, 요리 시학의 지도안을 구성하기도 한다. 결과적으로 〈한국인의 밥상〉 서술자의 목소리는 절대적 권위, 객관성을 가진 '신의 목소리'처럼 제시된다.

요리법과 별도로 재료 또한 요리의 중요한 요소이기 때문에 해설적 코멘트의 대상으로 흔히 다루어진다.

> **서술자** : '이리'는 거제 사람들이 가장 좋아하는 대구 부위 중의 하나로 수컷 대구의 정소입니다. 흔히 '곤'이라 부르는 것이죠. 이리가 대구탕에 들어가게 되면 고소하면서도 진한 국물 맛을 내게 됩니다. 여기에 '미나리'와 천연 조미료 역할을 하는 '모자반'까지 넣어 국물을 더욱 진하게 만들어줍니다.

음식 준비의 핵심에는 물질적으로 강력하게 현전하는 싱싱한 재료가 필요하다. 대구탕의 진한 국물 맛의 경우에는 '이리'나 '미나리', '모자반' 같은 천연 재료가 첨가되어야 한다고 서술자는 설명하고 있다. 그의 내레이션은 '이리' 등의 재료들을 팔팔 끓는 대구탕에 집어넣는 조리 장면의 재구성 영상을 동반한다. 그 결과 싱싱한 토속적 재료의 중요함이 시각적으로 지각된다. 시청자들은 서술자의 안내하에 대구탕의 국물 맛을 제대로 우려내기 위한 '표준화된', '전형적인' 방식을 제공받는다.

그러나 음식과 관련된 인간 행위의 체계가 재료의 가공과 요리 준비 과정에 국한되는 것만은 아니다. 넓게 보아서는 식재료의 생산과 저장, 공급, 분배와 교환, 그리고 먹기로 상정할 수 있는 음식 소비 및 처리까지의 과정들이 모두 음식 체계의 행동 사이클을 구성한다.[5] 이 과정에도 서술자의 해설이 관여된다.

① 서술자 : 거제 제일의 항구 외포항, 한겨울이면 이곳 외포항은 밤낮이 없습니다. 바로 대구 때문이죠. 칼바람을 맞으며 배들은 만선의 희망을 품고 바다로 하나둘 바다를 향합니다······ 20분쯤 뱃길을 따라가자 대구 황금어장 진해만에 다다랐습니다. 이곳에서 미리 쳐둔 그물을 거둘 모양입니다.

② 서술자 : 국내 최대의 대구 시장 외포항! 대구잡이를 나갔던 배들이 돌아오면 조용하던 항구는 금새 활기로 넘쳐납니다. 알이 통통하게 밴 대구는 거제의 대표적인 특산물인 만큼 찾아오는 손님이 끊이질 않습니다······ 경매가 시작되면 상인들은 바빠집니다. 특히 눈 깜짝할 사이에 경매가 이루어지기 때문에 알이 꽉 차고 싱싱한 대구를 사기 위해서는 빠르고 정확한 눈이 필요합니다.

③ 서술자 : 거제도 사람들은 단지 고춧가루와 고추만을 얹어 한기 모른 찜통에 넣고 쪄 냅니다. 적당히 마른 대구에서 수분이 나오고 대구에 얹은 고춧가루와 수증기가 찜 속으로 살짝 스며들어 첫맛은 매콤하면서도 끝 맛은 담백한 얼짝찜이 만들어집니다.

---

5 음식 체계와 관련된 인간 행위의 특성에 대해서는 Barbara Kirshenblatt-Gimblett, "Playing to the Senses : Food as a Performance Medium", *Performance Research*, 4.1, 1999, pp.1~30 참조.

첫 번째의 내레이션은 대구 황금어장 진해만으로 출항하는 대구잡이 배들을 통해 수산물의 '생산', '저장'과 관련된 행위들을 서술하고 있다. 두 번째의 내레이션은 국내 최대의 대구 시장 외포항의 모습을 묘사함으로써, 어물의 '공급', '분배', '교환'에 연관된 상업적 거래를 설명하고 있다. 세 번째의 내레이션은 음식과 연계된 최종적인 행동 중 하나로서 대구로 만든 얼짝찜 '먹기 행위', 감각적 맛보기 경험에 대해 이야기하고 있다. 요컨대 맛은 여러 행위 과정이 순환하고, 반복되며, 겹쳐진 결과로 경험되고 실천된다. 거제의 대구 먹기와 관련된 역사적 사건의 리얼함에 대한 환각은 이상의 포괄적 음식 행동의 사이클을 서술자가 위조 없이 엄격하게 기록해 말하고 있다는 인상을 통해 구성된 셈이다.

미각과 관련된 경험은 후각과 더불어 의미가 분절되기 어려운 감각 중 하나다. 목구멍으로부터 몸 내밀한 곳까지의 신체생리학적 반응에 종속되는 본능적인, 자연발생적인 감각이 미각, '직접적 맛'이다. 그러므로 '직접적 맛'에 대한 경험은 항상 좀 더 고도의 인지적 개념을 거쳐 해석될 수 있을 때만이 소통 가능하다. 미식 전문가들의 음식에 대한 평가적 발화에서 보듯이 원시적인 '직접적 맛'이란 언제나 인지적인 '해석된 맛'으로 재현된다.[6] 전통적, 토속적 한국의 음식 생활을 포착하려는 〈한국인의 밥상〉 같은 푸드멘터리에서 해설적 양식이 우세한 이유는 그런 점에서 비롯한다. 송승환에 이어 서술자로 분한 최불암의 목소리는 다큐멘터리의 다른 요소들, 한국적 음식의 직접적 이미지와 소리들을 반성적 (reflexive)으로 해석하면서 고정하는 묵직한 닻이라 비유될 수 있겠다. 한국적 음식의 직접적 맛은 서술자 최불암의 해석적 목소리를 통해 규제되고 분절되어 애매모호함 없이 시청자에게 전달된다. 그의 발화는 음

6 Michael Shaffer, "Taste, Gastronomic Expertise and Objectivity", *Food & Philosophy : Eat, Drink, and Be Merry*, Fritz Allhoff et al(Eds.), Malden : Blackwell Pub, 2007, pp.73~87.

식 체계와 관련된 생산, 저장, 공급, 분배, 교환, 소비 등의 행동 등을 증거로 들며, 한국적 맛의 지각적 경험에 내재된 심미성을 증시하려는 한식 전문가의 진실감 있는 발화를 연상시킨다. "삽을 든 구부정한 뒷모습이나, 말없이 텅 빈 들판을 바라다보는 뒷모습만으로도 깊은 감동을 주는…… 진정성을 절감하게 만들어주는 배우"[7]라는 것이 〈전원일기〉의 배우인 최불암에 대한 일반적 찬사다. 최불암이 갖는 이런 진정성의 이미지는 한국적 맛에 관한 해석적 서술에 신뢰성과 권위, 통제력을 부여하는 효과를 갖는다.[8]

둘째, 일상 사람들에게 보다 가까이 다가가는 '관찰자적 다큐멘터리의 양식'[9] 또한 푸드멘터리로서 〈한국인의 밥상〉의 재현 방식에 기여한다.

  ① **할머니** 1 : 이것은 쓸개, 이것은 내장, 이것은 알개미…… 안에
         알이 있는데 요렇게 씻어야지. 그래야 알개미 이 나쁜
         게 빠지지. 요렇게 소금만 씻으면 돼요.
  제작자 : 아.

---

7 「초대석 : 우리시대 아버지의 표상−최불암」, 『도로교통공단 웹진』, 2011.03.10.

8 이러한 권위적 발화는 실내 가정이라는 환경적 요인과 다채널의 선택권 때문에 주의 분산이 쉽게 일어날 수 있는 텔레비전 수용의 조건하에서 시청자들의 주의이탈을 통어하는 기능을 하기도 한다.

9 관찰자적 다큐멘터리의 대표적 예는 프랑스의 영화운동 중 하나인 시네마 베리테(Cinema Verite)다. 시네마 베리테는 일상적 상황에서 사람들이 실제로 사용하는 말과 자연스러운 행동을 실제 대화나 인터뷰 등을 통해 보여주려 하였다. '시네마 베리테'는 이후 상호행위의 다큐멘터리로 발전하게 된다. 관찰자적 다큐멘터리 양식은 미국에서 1960년대 발흥한 다이렉트 시네마(Direct Cinema) 기법도 포함한다. 다이렉트 시네마에서는 관찰의 순수성이 강조되는 까닭에 다큐멘터리의 무매개 과정을 중시한다. 인터뷰 또한 매개과정이고 사람들의 현실적 삶을 인위적으로 왜곡시킬 수 있다고 다이렉트 시네마 옹호자들은 본다. 〈한국인의 밥상〉에서는 이러한 다이렉트 시네마 양식은 잘 찾아볼 수 없기 때문에 본 연구에서는 설명을 생략한다. Kilborn and Izod, Op.cit., pp.70~72 참조.

② **할머니 2** : 오늘은 이 집에 하고 내일은 저 집에 하고 돌아가면
　　　　　서 차례차례 하니까 이렇게 모여 앉아서 먹고 김치도 먹
　　　　　고 이 집에 가서 먹고 하면서 서로서로 나눠 먹기도 하
　　　　　고 아들도 주고 딸도 주고 김치 담가 가지고 이게 거제
　　　　　도 정이고 우리 동네 정이에요.

③ **할머니 3** : 생각 많이 나지요. 우리 아버지 생각. 그 말은 다 못합
　　　　　니다만. (눈물을 훔친다)
　　제작자 : 그렇게 아버지가 잘 드셨어요?

　　"거제 겨울 대구"편의 인터뷰는 일차적으로 시청자들의 대구 요리에
관한 앎의 욕구를 만족시키기 위해 행해진다. 첫 번째 인터뷰에서 동네
할머니는 대구의 부위들이 어떤 것인지 설명해준다. 그래서 이 장면은
뉴스에서 일상화된 형태로 접했던 저널리즘의 인터뷰, 현장 조사의 인상
을 시청자에게 상기시킨다. 하지만 할머니가 카메라를 쳐다보는 것이 아
니라 화면에 보이지 않는 카메라 옆 제작자를 쳐다보면서 대화를 건네고
있다는 점에 주목한다면 인터뷰의 의미는 달라진다. 비가시적인 제작자
는 시청자를 대리한다고 볼 수 있다. 때문에 대화는 할머니와 제작자 간
에 이루어지지만 이를 매개로 궁극적인 대화는 할머니와 시청자 간에 발
생한다. 바꾸어 말해 대본상의 독백을 발화하는 배우를 쳐다보기보다는
실제 사람과의 대화에 참여한다는 느낌을 시청자가 가질 수 있도록 인터
뷰가 행해지고 있다. 방영분의 중간 부분에는 거제도 사람의 말을 시청
자가 직접 듣는 것 같은 이런 친밀성의 인터뷰가 다수 실행된다. 사람들
의 삶에 가까이 가게 된다는 의미는 방송분의 후반부에서 더 커진다. 방
송분의 후반부로부터 발췌된 두 번째와 세 번째 인터뷰에서 보듯이 종반
부에 도달할수록 점점 내적 감정을 토로하는 할머니들의 자서전적 내용
이 인터뷰에서 발화되고 있기 때문이다. 두 번째 할머니는 마을의 공동
체적 연대감에 대한 애정을 표현하고, 세 번째 할머니는 개인 가족사에

서 비롯된 슬픔을 표현한다. 이웃과 함께 만든 대구 김치는 마을 사람들에게 감각적 경험뿐만 아니라 감정적 경험을 공유하게 되는 계기를 마련해주었을 터다. 함께 먹는다는 사회적 경험의 본 의미는 보상의 요구 없이 언제나 환대의 자질이 충만한 분위기 속에서 안락함, 친근감, 우호, 관용의 나눔을 함의한다. 대구 김치처럼 강렬한 맛과 향, 색깔을 가진 음식을 가족이나 이웃과 같이 만들고 둘러 앉아 먹는 감각적 경험의 구체성은 그래서 보다 큰 반향을 지닌 감정적 기억으로 할머니들에게 각인되었을 것이다. 푸드멘터리의 관찰자적 양식에서 시청자들이 관찰되는 인물에게 보다 큰 친밀감을 느끼고 감정이입을 하게 되는 때는 바로 음식 먹기의 감정적 속성들과 기억을 다큐멘터리 등장 주체가 표출할 때라 할 수 있겠다. 이와 같은 친숙함의 감각을 달성하고자 다큐멘터리 주체들을 살아 있는 사람으로서 양각화하려는 영상 이미지가 시도된다.

화면의 가로 세로를 3×3으로 분할했을 때, 인터뷰 장면들에서 할머니들은 정중앙이 아니라 좌, 우 조금씩 치우쳐 있다. 이러한 배치는 할머니들을 개성적, 사적인 인물로 입상화해서 시청자들의 관심을 견인하는 장치로 기능한다. 정중앙에 관습적으로 자리하는 뉴스 앵커의 공식적 이미지가 얼마나 지루한지 생각해보자. 이렇게 화면에서 양각화된 할머니들을 훨씬 더 생생한 개성적 인물로서 요철화하는 것이 배경의 이미지다. 할머니들을 둘러싼 배경은 평면적이지 않고 입체화되어 있다. 바꾸어 말해 냉장고와 문이 그대로 촬영된 배경은 화면에 깊이를 부여하고 이들이 처한 곳이 스튜디오가 아니라 현실의 장소라는 점을 떠올리게 한다. 해서 결과적으로 인터뷰하고 있는 인물들도 입체감 있는 현실 속의 인물이라는 점을 시청자들은 주지하게 된다. 두 번째 할머니의 인터뷰 장면과 세 번째 할머니의 인터뷰 장면이 연속적으로 편집되는 것도 할머니들을 화면 속 평면적 인물 이미지로부터 벗어나게 만든다. 두 번째 할머니의 인터뷰 장면에서 장면 '우측'에 위치한 할머니는 대구와 관련된 '공동체적 감정'에 대해 토로한다. 이어지는 세 번째 할머니의 인터뷰 장면에서는 세 번째 할머니가 '좌측'에 앉아 있고 대구 김치와 관련된 '개인적 감정'을 토로한다. 그 결과 이 두 인터뷰 장면들은 '충돌의 몽타주'를 형성하게 된다. 세 번째 할머니가 자신의 속을 내비친 후, 충돌의 몽타주는 20~30초간 정적의 순간으로 마무리되는 바, 강력한 극적인 감정을 시청자에게 환류하고 있다. 결국 이런 충돌의 몽타주, 침묵의 극적 속성은 시청자들에게 깊은 시청각적 흥미를 불러일으키고 조절되지 않는 감정으로 흔들리는 할머니들의 몸을 전경화한다. 요컨대 몸이 공현존(Co-Presence)하는 생생한(live) 일상의 시공간에서 그녀들과 대화하고 있는 것 같은 환각을 시청자는 갖게 된다.[10]

〈한국인의 밥상〉에 나오는 음식들은 벌교 꼬막, 정선 겨울 밥상, 흑산도 홍어, 동강의 보릿고개 밥상, 영광 보리, 옥천 민물고기 밥상처럼 날것 자연 그대로의 음식들이나 순환하는 절기에 맞춰 먹는 음식들로 그려진다. 음식을 만들어 밥상을 차리는 주체 또한 이윤행위를 추구하는 음식점의 주인들이 아니라 홍도 어촌마을 사람들, 강진의 할머니, 지리산 주민 등 시골 지역의 일상에서 시청자가 흔히 만날 수 있는 연륜의 보통 사람들로 묘사된다. 자연적인 음식, 자연 친화적인 사람들의 삶이 유지하는 '있는 그대로의' 양태성은 한국적 맛에 관한 리얼리티의 '표면', '진정성'을 중계하는데 유용하다. 그 결과로 추구된 것이 인터뷰 형식이라 할 수 있다. 스튜디오가 아니라 실제로 살고 일하며 먹는 일상의 시공간 속 사람들에게 말을 건네고 그들을 관찰하면서 그네들과 함께 있다는 감각이 인터뷰를 거쳐 시청자에게 부여되고 있는 것이다.[11]

---

10 인터뷰상의 카메라 배치와 편집에 대해서는 Nancy Kalow, *Visual Storytelling : The Digital Video Documentary*, Durham : CDS Publication, 2011, pp.7~10, p.25 참조.

11 텔레비전은 거실에 설치된 매체다. 그런 까닭에 거실에서 가족들과 담소하듯 텔레비전에 등장하는 인물과 친해지고자 하는 욕망을 시청자는 가지고 있다. 신의 목소리를

셋째, 반성적(reflexive) 다큐멘터리 양식은 〈한국인의 밥상〉에서는 거의 찾아볼 수 없다.

> **최불암** : 냉면 한 그릇을 먹자고 이렇게 긴 줄을 서신 걸 보니까 경탄스럽기도 하고 <u>어떻게 제가 냉면을 좋아하니까 어떤 의미에서 더 정감이 가는 것 같아요.</u>

> **최불암** : 여기가 차이나타운이에요. <u>그렇게 옛 모습하고 변하지 않은 것 같아요.</u> 하여간 인천은 일제강점기 때부터 냉면으로 유명했다는 전설을 따라 오늘 취재를 왔습니다. 안녕하세요. 오랜만입니다. <u>인천이 제 고향인 건 아시죠.</u>
> **이종복(프레젠터)** : 저희 초등학교의 대선배님인 것도 아는데요…… 인천의 냉면이 얼마나 유명했는지 서울까지 배달하는 모습이 장관이라는 말을 했대요.
> **최불암** : 글쎄 나도 신문에 났던가 2m 되는 목판 큰 주전자에다가 육수인 모양이야 그거 쥐고 핸들은 안 잡아요. 중심을 잡고서, <u>그게 기사란에 있었던지 하여간 사진에서 본 건 틀림이 없어요.</u> (밑줄 : 인용자)

2014년 방영된 "백년의 유혹, 평양냉면"편에서는 화면 내 진행자이자 화면 밖 서술자이기도 한 최불암이 자신의 개인적 취향이나 회고를 드러내는 장면이 간취된다. 그는 냉면을 좋아하는 자신의 음식 취향을 서두에서 밝히고 있고, 고향이 인천임을 언급하며, 인천에서 냉면을 배달하던 장관을 찍은 사진을 본 기억이 있음을 떠올린다. 자신의 사적인 기호나 경험, 기억을 이야기한다는 점에서 그의 언급은 자기 지시적(self-

---

가장하고 자신의 본 모습을 가면 아래 숨긴 해설적 다큐멘터리의 서술자에게서 시청자는 거리감을 가질 수밖에 없다. 그러므로 다큐멘터리에 등장하는 주체의 행위와 말에 좀 더 직접적으로 접근하려는 시청자의 욕망을 충족시키기 위해 인터뷰 등의 상호행위 장면이 설정된다.

reference)이고 자기 의식적(self-consciousness) 요소를 다큐멘터리에 부여한다. 그러나 그의 자기 지시성이나 자기 의식성이 정작 시청자에게 어떻게 드러나고 어떠한 다큐멘터리적 형식의 실험으로 이어질 수 있는지 의식되지 않는다는 점에서 그것을 자기 반성적이라고까지 말할 수는 없다. 일반적인 다큐멘터리 양식에서는 제작자와 세계 사이의 대면이 강조되는 반면, 반성적 다큐멘터리에서는 제작자와 수용자 사이의 대면이 강조된다. 이를 통해 반성적 양식은 리얼리티에 대한 단일한 관점의 해체를 수용자에게 요구하게 되고, 결과적으로 사실의 세계에 대해 갈등적 질문을 던진다. 〈한국인의 밥상〉에서는 반성적 양식이 부재하는 바, 한국적 음식의 리얼리즘에 관한 믿음 체계의 갈등, 불투명성은 제거되고 오직 있었던 그대로의 한국적 맛에 관한 리얼리즘이 '투명'하게 제시되고 있다.[12]

넷째, 시적 다큐멘터리 양식은 음식에 관한 지시적 리얼리티보다는 시청자에게 심미적 효과를 제공할 목적으로 〈한국인의 밥상〉에서 장면화된다. "평양냉면"편에서는 시작부와 후반부에 남성 중창단이 나와서 가곡 〈냉면〉을 합창하는 장면이 대표적 경우다. 곡의 분위기는 시원한 냉면을 연상시키듯 경쾌하다. 가사도 "물냉면에 불냉면에 비빔냉면 회냉면"의 내용을 담고 있는 까닭에 냉면의 다양한 면발에 대한 감각을 고양한다. 냉면을 육수에 담그는 슬로우 모션의 클로즈업 장면은 노래에 결합되어 냉면에 관한 식감을 돋우고 있다. 맛은 혀끝으로만 지각되지 않는다. 음식은 시각적으로 보이고, 냄새 맡아지고, 재료들이 만져지고, 구워지거나 튀겨져 소리로 들려질 때도 맛볼 수 있다. 주방장이 유념해야

---

12 다큐멘터리적 반성성에 관해서는 Jay Ruby, "The Image Mirrored Reflexivity and the Documentary Film", *New Challenges for Documentary*, Alan Rosenthal, John Corner(Eds.), Berkeley : University of California Press, 1988, pp.35~36 참조.

할 격언은 "잘 차려진 음식은 이미 반쯤 맛본 것"[13]이라는 말이다. 시적 다큐멘터리 양식의 활용에 의해 〈한국인의 밥상〉에서 음식은 지시대상으로서가 아니라 표현적, 충격적, 감각적 스타일을 지닌 미적 대상으로 제시된다. 그럼으로써 시청자는 음식으로부터 얻는 기쁨, 감정적 커뮤니케이션의 형식을 제공받는다.

푸드멘터리로서 〈한국인의 밥상〉이 갖는 재현상의 특성을 간추려보면 다음과 같다.

〈한국인의 밥상〉이 푸드멘터리로서 강조하고 있는 것은 한국적 음식과 관련한 경험주의적 리얼리즘의 투명성이다. 〈한국인의 밥상〉에서 그 지역 사람들의 삶과 그들이 먹는 음식의 토착적, 전통적 의미는 있는 그대로, 꾸며지지 않은 채 제시된다. '관찰자적 양식'을 통해 포착하려는 것은 바로 인조적, 상업적인, 인스턴트식의 탈근대적 먹을거리의 풍성함 속에서 어느새 망각하게 된 옛날 할머니, 어머니들이 차려내는 밥상에 관한 감정적 기억, 그것의 날것으로서의 이미지다. 때문에 다큐멘터리 양식을 급진적으로 재구조화하려는 '반성적 양식'의 실험은 〈한국인의 밥상〉에서는 누락되어 있다. 그만큼 한국적 맛의 세계는 분열적, 과정적, 불투명한 것이 아니라 단일한, 완료된, 투명한 것으로 재현된다. 이 시대의 아버지상이라 평가받는 진정성의 캐릭터, 최불암이 '해설적 양식'의 권위적 내레이션을 진행함으로써, 이러한 한국적 음식의 리얼리티의 투명한 표면은 전형화, 표준화의 경로를 거친다. 여기에 '시적 양식'의 드라마틱한 사용은 한국적 맛의 투명한 세계에 미학적 구성과 효과를 제공한다.[14]

---

13 Kirshenblatt–Gimblett, Op,cit., p.3.

14 이러한 푸드멘터리로서 〈한국인의 밥상〉이 갖는 재현 양식의 특성은 비슷한 다큐멘터리 작품과 비교, 대조를 해보면 더 선명해진다. 2008년 12월 초 부터 2009년 3월 말까지 KBS에서 방영된 〈인사이트 아시아—누들로드〉는 푸드멘터리의 시초로서 고

3. 수용의 양상 : 음식에 관련된 진실을 학습하기와 TV 화면을 밥상으로 상상하기

그렇다면 푸드멘터리로서 〈한국인의 밥상〉을 보는 시청자는 과연 어떤 수용적 국면을 체험하게 되는가? 해결의 단초는 다큐멘터리의 기능에서 찾을 수 있다. 다큐멘터리는 단지 리얼리티를 기록하는 것이 아니라 특별한 관점에서 리얼리티를 보기를 시청자에게 촉구한다. 때문에 다큐멘터리의 주요 기능은 사회적, 역사적 세계의 '지시적 대상'이 갖는 의미에 대해 '논증'하는 것이다. 그렇지만 다큐멘터리의 생산 목적은 리얼리티를 창조적으로 해석하는 데에도 있다. 세계를 다양하게 스타일화하여 제시하는 '비지시적' '심미적 속성'도 다큐멘터리의 고유한 자질 중 하나다. 역설적으로 말해 심미성이 시청자에게 제공하는 주관적 경험이야말로 다큐멘터리가 사회적인 사실성의 의미를 좀 더 효과적으로 논증할 수 있는 기반이 된다. 공개적으로 미학을 추구하는가와 함축적으로 미학을

평되는 작품이다. 〈누들로드〉는 인류의 음식 중의 하나인 국수 요리의 유래와 발전 등을 알아봄으로써, 인류 문명의 발전과 특징을 밝혀내는 접근 방식을 이용해 관심을 받았다. 다른 다큐멘터리와는 달리 컴퓨터 그래픽의 극적 활용, 내용의 빠른 전개가 두드러졌으며, 작곡가 윤상의 전자 음악을 배경음악으로 사용함으로써 다큐멘터리의 새 장을 열었다는 평가를 받았다. 『위키백과』 참조. http://ko.wikipedia.org/wiki/%EC%9D%B8%EC%82%AC%EC%9D%B4%ED%8A%B8_%EC%95%84%EC%8B%9C%EC%95%84_-_%EB%88%84%EB%93%A4%EB%A1%9C%EB%93%9C 〈누들로드〉에서 활용된 컴퓨터 그래픽상의 화려한 시청각적 이미지나 시공간적 제약을 뛰어넘기 위한 드라마적 재현 같은 것들은 〈한국인의 밥상〉에서 쉽게 찾아볼 수 없는 요소들이다. 결과적으로 〈누들로드〉는 국수 요리의 사실적 포맷과 허구적 픽션의 혼종화를 적극 시도한 푸드멘터리라 할 수 있다. 이에 반해 〈한국인의 밥상〉은 한국적 맛에 내재된 맛의 기억, 감정과 관련된 리얼한 세계의 표면을 포착하려는 데 초점이 맞춰 있다. 요컨대, 〈누들로드〉와 〈한국인의 밥상〉은 진실성의 기준이 다르다. 〈누들로드〉는 픽션의 요소를 추가하여 국수에 관한 사실성을 재스타일화하고 있는 반면, 〈한국인의 밥상〉에서는 감정, 기억과 같은 비합리적인 미시적 요소들을 중심으로 한국적 맛에 관한 사실성을 재스타일화한다.

추구하는가의 차이가 있을 뿐 미학적 구성과 효과는 논증을 통한 진실 생산의 기능만큼 다큐멘터리의 본질을 구성한다.[15] 이런 다큐멘터리 기능을 염두에 두고 시청자의 수용 경험을 논의해보자. 59회 "일제강점기 ―그때 그 밥상 그리고 지금", 68회 "여수 봄바다, 한려수도의 화려한 성찬"은 각각 논증적 구조와 심미성이 가장 잘 전형적으로 드러나고 있어서 이들 방송분을 중심으로 논의를 진행하기로 한다.

우선 "일제강점기―그때 그 밥상 그리고 지금"편에서 구성되고 있는 '논증' 과정과 그에 따른 시청자의 수용 경험을 살펴보면 다음과 같다.

첫째, '질문하기'가 형태화된다. 질문하기는 논증하기, 주장하기의 근본적 특징이다. 논증은 설득하고자 하는 주장이고 그것은 한 명제로 표현된다. 그리고 그 명제들은 언제나 질문에 대한 대답이다. 주장을 한다는 것은 질문에 대한 대답으로 가장 잘 이해된다.[16]

> **최불암** : 35년의 일제강점기를 보내면서 한국인의 밥상은 어떻게 변했을까요?…… 일제강점기를 통해 일본과 한국의 밥상은 어떻게 변했을까요?…… 저는 우리 밥상에 남겨진 흔적을 찾아서 들어갈 예정입니다.

스크린 밖 서술자이자 스크린 내 진행자인 최불암은 방영분 초반부에서 시청자들에게 위와 같은 질문을 던지고 있다. 요리의 생산과 소비 패턴의 변화는 사회적 제도의 변화와 연관된다. 따라서 일제강점기 식생활이 어떻게 변했는지 문제를 제기하는 것은 조선 근대화의 과정을 추적할 수 있는 바로미터로 기능한다. 이런 큰 질문거리 이외에도 서술자는

---

15 John Corner, "Television, Documentary and the Category of the Aesthetic" In Op.cit., Rosenthal and Corner(Eds.), pp.48~49.

16 제임스 크로스화이트, 『이성의 수사학 (글쓰기와 논증의 매력)』, 오형엽 역, 서울 : 고려대학교 출판부, 2001, 95~97쪽.

방송 진행 중간 중간에 큰 질문거리들의 하위 집합을 이루는 작은 의문점들을 시청자에게 계속 던진다. 이를테면 "빵집에서 떡을 파는 것도 이상하지만 하필 많은 떡 중에 왜 찹쌀떡만 우리나라 빵집에서 파는 것일까요?", "왜간장이 어떻게 현재 한국의 전 가정에 없어서는 안 될 양념이 되었는지 궁금합니다." 같은 질문들이 그것이다. 구체적이면서도 특수한 질문들은 일반적 질문거리에 관한 단계적 문제 해결의 인지 과정을 시청자들이 밟도록 유도한다.

둘째, '갈등으로서 논증' 과정이 형태화된다. 논증 과정에서는 갈등하는 담론들에 대한 검토가 이루어진다. 논증 행위 자체는 갈등의 한 형식이다. 현실에 관한 다양한 해석은 단언되는 과정을 통하여 논증 행위 안에서 갈등을 일으킨다.[17]

"일제강점기"편에서 갈등하는 것으로 단언되는 첫 음식 담론들은 식민지 치하 발생했던 '일본 음식이 한국에 이식됐다'는 담론과 '한국 음식이 일본에 전래됐거나 깊은 인상을 줬다'는 담론이다. 방송에서 거론되는 각각의 경우에 해당되는 구체적 사례를 보자면 다음과 같다.

일본 음식의 한국 이식 : 토마토, 당근, 설탕, 단팥빵, 찹쌀떡, 왜간장

대

한국 음식이 일본에 미친 영향 : 명란젓, 신선로

예컨대 '왜간장' 대 '조선간장'의 대립 양상은 맛의 사회적 구성 과정에 얽힌 담론 대립 양상을 잘 드러내준다. 일제강점기 서구의 문물을 받아들여 공장에서 화학적으로 생산되던 왜간장은, 숙성정도나 사용용도에

---

17 위의 책, 121~122쪽.

따라 진장, 중장, 청장, 씨간장으로 집집마다 간장을 담가 먹었던 조선인들의 입맛을 충족시키지 못했던 것으로 설명된다. 그러나 해방이 되고 한국전쟁이 터지자 군인들을 위해 많은 간장이 필요하게 되면서 공장화된 왜간장의 생산방식이 부활한다. 그렇게 재가동된 간장 공장이 산업화와 도시화가 급속도로 이루어진 60~70년대 다시 한번 성장을 하여 오늘날 대부분의 한국 요리에는 왜간장이 들어가게 되었다고 서술되고 있다.

방송에서 그 다음으로 기술되는 갈등 담론이 '일제 치하 빈곤한 식생활'과 '오늘날 관점에서 재전유될 수 있는 일제강점기 음식'에 얽힌 갈등 담론이다. 방송에서는 일제 치하 지독한 수탈의 역사가 만들어낸 새로운 음식 문화에 대해 많은 부분 서술을 할애한다. 일례로 설날에 떡메 소리를 듣고 독립투사들이 찾아왔다고 생각해 순사들이 왔기 때문에 가래떡을 하지 못하게 돼 손으로 주물러 설날 손님들에 대접하던 '생떡국'이 소개된다. 떡이 적을 때 밥을 떡국에 넣어 떡을 많이 넣은 것처럼 해서 다수의 사람들이 먹을 수 있었던 새로운 설날 음식, '원밥수기'도 강점기 신산스러운 삶을 반추해보기 위해 묘사된다. 기름을 짜고 남은 찌꺼기로 만들어서 사료로 쓰이는 것이 원용도지만 식민지 시대에 불가피하게 먹었던 '깻묵'과 그런 깻묵을 잡곡에 섞어 먹었던 '콩깻묵 잡곡밥'도 강점기 빈한한 음식문화의 사회적 맥락을 설명하고자 도입된다. 쑥에 메밀가루를 무쳐서 만든 '쑥털털이' 역시 압제적인 강탈의 역사를 반증하는 것으로 그려진다. 그러나 지금 시점에서 일제강점기를 겪지 않은 며느리가 해준 깻묵, 콩깻묵 잡곡밥, 쑥털털이가 입맛에 맞지 않아 잘 먹지 못하는 구순의 할머니의 모습이 화면에 또한 담기고 있다. 그리고 차려진 밥상이 지금 관점에서 보자면 건강 밥상으로 간주될 수 있겠다는 며느리와 최불암의 말이 들려지기도 한다. 그 결과 세대적 변동의 관점에서 미각적 체계의 갈등 담론이 부각된다.

이상의 갈등 담론들의 현상이나 근거를 이야기하기 위해, 1930년대 당시 신문 자료, 조미료의 일종인 "아지노모도" 지면 광고, 우스다 잔운의 "조선만화", 일본 사람이 쓴 『조선의 산우』라는 책 등의 기술 자료들이 프로그램에서 상호텍스트적으로 인용된다. 물론 요리 전문가나 사회학자와의 인터뷰, 가계에서 혹은 기업에서 전통 음식의 맛을 잇고 있는 당사자와의 인터뷰 같은 구술 자료들도 현상 설명이나 근거 확충을 위해 상호텍스트적으로 인용되고 있다. 그러한 까닭에 시청자들은 갈등하는 복수의 담론들과 그것들을 뒷받침하는 상호텍스트적 근거들을 가지고서 진실주장의 신뢰성과 진위를 자율적으로 판단하는 과정을 거친다. 갈등 담론들에의 관여를 통해 시청자들은 그들과 분리된 단자(Monad)적 지식이나 명목적인 정보로서가 아니라 인지적으로 참여하는 지식, 구성적 지식의 학습과정을 체험한다.

셋째, 갈등하는 담론들부터 제시되는 새로운 발견, 새로운 명제, '주장하기'가 형태화된다.[18]

① **최불암** : 문화가 이동하고 뿌리 내리는 걸 보면 일방적인 것은 없는 것 같습니다. 문화의 주도권을 잡는 이들은 자신에게로 흘러들어온 문화의 장점을 내 것으로 만드는 사람들일 것입니다. 음식문화도 그렇습니다. 일제강점기 조선의 김치 냄새를 싫어하던 그들이 어느새 기무치를 만든 것처럼 이 명란젓도 어느 순간 그들의 음식이 될 수 있는 것입니다.

② **최불암** : 지독한 수탈의 역사가 만들어낸 그 시대는 단팥빵과 왜간장 그리고 아지노모도가 있었고, 콩깻묵과 쑥털털이가 있었던 그런 시기였습니다…… 일제강점기는 음식의 근대화와 빈곤화가 교차했던 시대였습니다. 지독했던 일제의 폭압은 그 시대를 겪은 이들과 그 후손에게 깊은

---

18 위의 책, 51쪽.

상처를 남겼죠. 하지만 그 상처 속에서도 밥상은 이어져
그때의 영향은 우리의 역사가 되었습니다.

③ **최불암** : 일제강점기 때 들어온 음식이 어엿이 이제는 우리의 음
식이 되었지만 그 역사는 누구도 알고 싶어 하지 않는
불편한 진실이기도 하였습니다. 전 그 불편한 진실을 알
고 싶었습니다. 그래야 우리가 새로운 음식문화를 만들
어낼 수 있을 것이라 생각했기 때문이죠.…… 삼일절 노
래를 재즈로 편곡해봤습니다. 어떻게 들리십니까? 일제
강점기는 아픈 기억입니다. 그러나 이제 그 역사는 아파
서 외면하는 역사가 아닌 우리가 발전시킬 자산이 되어
야 합니다. 그러는 동안 한국인의 밥상은 유구한 전통을
지키면서 보다 더 풍성해질 것입니다.

첫 번째 주장은 갈등 담론 ① '일본 음식이 한국에 이식됐다'와 '한국
음식이 일본에 전래됐거나 깊은 인상을 줬다'에 대한 다큐멘터리 제작자
의 답변이다. 음식문화의 교섭과 그것의 주체적 수용이 중요하다고 서술
자는 주장하고 있다. 두 번째 주장은 갈등 담론 ② '일제 치하 빈곤한 식
생활'과 '오늘날 관점에서 재전유될 수 있는 일제강점기 음식'에 대한 제
작자의 주장이다. 음식문화를 매개로 과거와 오늘의 역사성이 인식되어
야 하고 세대 간의 연속성의 관점이 확립되어야 함을 지적하고 있다. 세
번째 주장은 첫 부분에서 우선적으로 제기된 질문 "35년의 일제강점기
를 보내면서 한국인의 밥상은 어떻게 변했을까요?"에 관한 제작자의 최
종적인 답변이라 할 수 있다. 강점기 음식을 둘러싼 사회역사적 맥락의
아픈 진실을 외면하지 말고 직시해야 함을 시청자에게 서술자는 촉구한
다. 그러고서는 음식 문화의 창조적 발전 노력에 대한 동참을 '삼일절 노
래'의 재즈 편곡을 통해 상징화하고 있다. 이들 주장은 한꺼번에 결말 부
분에서 제시된 것이 아니라 전술한 각각의 질문하기-갈등담론 제시하기
등과 함께 블록으로 묶여져서 제시되고 단계적으로 언급된다. 따라서 그

것은 제작자의 일방적 주장이기보다는 시청자와의 '대화'를 유발하는 주장이라 할 수 있다. 역으로 보자면 일제강점기 음식 문화에 관한 질문하기와 대답하기, 대립 담론에 대한 찬성하기와 반대하기, 주장을 단언하기와 그 주장에 대한 도전하기 사이의 과정에 시청자는 관여된다. 요컨대 한식과 관련된 미시사적 진실 논증의 다큐멘터리 시청을 거쳐 공공적 시민으로서의 의식을 수용자는 절차적으로 학습하게 된다.

한편 "여수 봄바다"편에서 심미적 상상력이 제시되는 양상과 이에 수반되는 시청자의 수용경험을 검토하면 다음과 같다.

이 프로그램에서 '여수'에 대한 관심은 사실적인 것 보다 미적인 성격을 띤다. 서술자인 최불암의 첫 멘트는 "여수 하면 한문으로 고운 물이란 뜻이죠? 그 이름처럼 섬과 바다가 어우러진 모습이 참 곱고 아름답지 않습니까!"의 감탄사로 구성된다. 그의 주관적 평가를 뒷받침하기 위해 그는 "얼마 전 미국 CNN 방송이 올해 꼭 가봐야 할 여행지 중 하나가 이 여수라고 했는데요." 하며 공신력 있는 근거를 덧붙이기도 한다. 그런 연후 익스트림 롱 숏으로 여수 바다가 촬영되는 가운데 "봄이 바다를 쪽빛으로 물들입니다. 다도해와 한려수도를 모두 품고 있는 여수가 가장 빛나는 계절을 맞이했습니다."의 서술이 이어진다. 아름다운 바다를 품은 여수, 거기에 시청자도 함께 있다는 감각이 환기되고 있는 것이다.

그러나 여수는 단지 풍광이 아름다운 곳만은 아니다.

> **최불암** : 뭐 예를 들어서 파가 없다 나물이 없다 하면 밭에 나가서 금방 뜯어 오시고, 고기가 먹고 싶으면 바다에 나가서 잡아오시고……. 천혜의 혜택은 전부 다 받으셨군요.

최불암이 동네 사람들에게 건네는 말처럼 과거 교통이 발달하지 못해 섬에서 갇혀 혹독한 시절을 보냈더라도 먹을거리 하나만큼은 풍성한 곳이 바로 여수였다. 계속해서 이어지는 "여수에 가면 돈 자랑 하지 말라고 그랬다죠?", "곳간에서 인심난다고 먹을 것이 풍족하니 동네 인심 좋기로 유명합니다."의 서술이 의미하듯 여수는 먹을거리의 대연회장으로 그려진다. "여수는 같은 계절이라도 섬마다 그 풍광도 다르고 잡히는 어종도 다릅니다. 한류와 난류가 만나는 곳이고, 해저 지형이 다르기도 하기 때문에 이런 다양성이 생겨납니다."의 자연환경에 대한 설명도 마찬가지다. 객관적 증거로서 기능하기 보다는 풍족한 곳으로서의 여수를 캐릭터화하는 데 소용되고 있다. 고기가 너무 맛있어서 이순신 장군이 직접 이름을 붙인 생선, '군평선'의 이야기도 얼마나 여수가 물산이 넘쳐나는 곳인지를 캐릭터화하고자 인용되고 있다. 〈식객〉이라는 만화를 그리고, 여수가 고향인 만화가 허영만이 이 방송분의 일정 부분에 최불암과 동반출연하는 것도 여수의 장소적 사실성을 탈각하고 식객의 고향 이미지로서 여수를 캐릭터화하는 데 기여한다.

물론 이상의 수사적 요소들은 토속음식의 본고장 중 하나인 여수를 지시하고 그 의미를 설득력 있게 강화하는 데 궁극적으로 사용된다. 그러나 반복해서 위와 같은 수사적 장치들이 동원됨으로써 실제적 장소성을 뛰어넘어 여수라는 장소 그 자체가 주인공이 되어 시청자에게 받아들여지게 되는 일 또한 발생한다. 현실에서도 맛집이라 이름난 곳을 떠올려 보자. 맛집은 먹기와 관련하여 독특하게 기억될 수 있는 경험을 제공하는 곳이다. 주방장의 명성, 조리의 비법, 접대의 양식, 분위기, 직원들의 행동 등등 식당과 관련한 모든 것들이 무생물인 맛집의 개성(Personality)을 창조하는 데 기여한다. 한마디로 말해 현실적 공간이라 하더라도 맛집은 스토리가 있는 곳이고, 그 장소성 자체가 무대의 주인공으로 역할하는 곳이다. 나아가 찾아가는 손님들 또한 자신이 이야기의 주인공이라 느낄 수 있게 해주는 곳이기도 하다.[19] 결과적으로 "여수 봄바다"편에서

---

19 맛집의 드라마화는 Michael Morgan et al., "Drama in the Dining Room : Theatrical

이미지화되는 여수는 실제적 장소이지만, 실제적 장소가 아니기도 하다. 지시적 장소이면서도, 탈지시적인 심미적 장소다. 이중적 여수의 이미지를 바라보는 시청자 역시 깨어 있기도 하면서 잠들어 있기도 하다. '꿈'꾸는 상황이라 할 이런 조건에서 수용자는 깨어 있는 것도 아니고 깊이 잠자는 것도 아닌 상태에 처해진다.[20] 이는 여수라는 장소를 대면하면서도 여수라는 장소에 의미를 부여하는 심미적 상상력의 순간이 시청자의 보기 경험에서 발생하고 있음을 뜻한다.

"여수 봄바다"편에서 시청자로 하여금 심미적 반응인 상상력, 꿈, 허구적 이야기의 건설을 강력하게 촉진하는 것이 바로 요리 행위와 관련된 기호 체계들이다.

여수의 풍성한 음식 목록이 환유적으로(metonymic) TV 화면에 제시되는 양상은 TV 화면 자체를 카니발 축제의 '테이블', '밥상'으로 만들어 버린다고 볼 수 있겠다. 참도미, 농어, 참숭어, 개숭어, 봄나물, 취나물, 취나물 숭어회무침. 달램무침, 숭어전, 막걸리, 서대, 도다리, 우럭, 전복, 방어, 민어, 우거지장어탕, 정어리쌈, 군평선, 돌산갓 등등 무한한 맛의 세계가 인접적으로 열거되는 것은 한계를 초월해 개방되는 입과 몸의 상상력을 자극한다.

손으로 쫙쫙 째가지고 뼈마디를 발라서 입으로 쪽쪽 빨아 먹어야 한다는 구워진 '군평선'의 시식 과정은 맛을 보는 과정에도 직접적 '촉각의 감각이 과다하게' 사용될 수 있다는 것을 시청자에게 환기한다. 고춧가루 대신에 생고추를 갈아서 여기에 멸치젓과 찹쌀풀을 넣어 양념이 버무려

Perspectives on the Foodservice Encounter", *Journal of Foodservice*, 19.2, 2008, pp.111~118 참조.

20 사실과 허구의 경계에 위치하게 되는 다큐멘터리의 수용자의 경험에 대해서는 Annette Hill, *Restyling Factual TV : The Reception of News, Documentary, and Reality Genres*, New York : Routledge, 2007, pp.87~89 참조.

진 돌산 갓김치의 시뻘건 모습 또한 '과도한 시각적 감각'과 맵디매운 '현저한 후각의 감각'을 시청자에게 자극한다. 힘 좋은 장어에 우거지가 깃들여져 우거지장어탕이 끓여지면서 내는 보글보글 소리는 '청각적 물질성의 초과'를 시청자에게 고양시킨다. 미각적 감각 이외에도 다른 감각들이 경계 없이 지각되는 이러한 음식의 형상적 본성은 상징적 세계의 분절적 의미를 넘어서는 감각적 경험의 비분절성을 시청자의 무의식에 환류하고 있다. 해서 음식 먹기 사건과 관련된 물질적 세계의 분해와 재통합의 변형 과정에 대한 상상을 수용자에게 촉발하게 된다.

요리 과정도 동일선상에서 이해될 수 있다. 예를 들어 "고사리를 양념에 묻혀 바닥에 깔고 그 위에 정어리를 얹어 지져내는" 정어리 무침 같은 조리 과정 자체는 시간에 따라 음식의 형상이 변화되는 드라마틱한 이야기의 구조를 제공한다. 여수의 토속적 희소성의 재료들을 회치고, 끓이고, 튀기고, 양념 무치고, 삶고, 굽고, 익혀서 일정 시간이 흐른 후 모습이 달라진 풍성한 맛의 세계로 상 차리는 것은 변형의 사건이 발생하는 일종의 가장 무도회, 연극을 연상시킨다.[21]

여수의 미적 구성에 대한 시청자의 반응이란 기실 연행적 사건으로서 음식 만들기 및 먹기가 환기하는 상상적 몸의 경계 해체, 재구성 과정으로부터 비롯한다. 여수의 미항으로서의 심미적 가치는 음식과 관련된 사건들의 변형적 속성을 통해, 다른 존재가 되기를 원하는 시청자의 주관적 반응과 상상력을 자극하고 있다. 사실적 장소인 여수가 이런 심미적 경험으로부터 그 기반을 제공받을 때, 밥상 자체가 되어버린 TV 화면은 지시성과 심미성 사이에서의 애매모호함, 상상력이 착색된 사실성으로 인해 오히려 한식의 진실에 관한 목도라는 다큐멘터리 주제에 깊이와 두

---

21 요리하기의 퍼포먼스적 성격은 Barbara Kirshenblatt-Gimblett, "Making Sense of Food in Performance : The Table and the Stage", *The Senses in Performance*, Sally Banes and Andre Lepecki(Eds.), New York : Routledge, 2007, pp.71~89 참조.

깨를 제공하게 된다.

해설적, 관찰자적, 시적 양식을 통해 재현된 한국적 음식 세계의 수용 국면에서 〈한국인의 밥상〉의 시청자는 다양한 역할을 취한다. 한편으로는 한식과 관련한 미시적 역사의 진실성에 대한 논증적 성찰 작업을 시청자는 경험한다. 또 다른 한편으로는 TV 화면을 밥상으로 상상하여, 한국적 음식의 리얼한 세계를 감각적으로 재무대화하는 작업에 그들은 참여하기도 한다. 이런 모순적 반응을 생산하는 '중간적 공간'에 위치함으로써 시청자는 한국 음식과 관련한 리얼함을 목도하면서도 리얼함을 재구성하는 변형의 과정을 경험하게 된다. 푸드멘터리 〈한국인의 밥상〉에서 수용자가 얻을 수 있는 한식에 관한 지식이란 눈으로 보는 지식이 아닌 혀로 맛보고, 꼭꼭 씹어, 입으로 삼켜 체화된 것 같은 지식이라 할 수 있겠다.

시청자가 사실적 TV를 볼 때 사실적 경험을 상상력을 통해 이해하는 심미적 양상은 다음 절의 논의, 한식을 만들어 먹는 사람들의 감정과 기억에 대한 관찰지라는 〈한국인의 밥상〉의 에스노그라피로서의 의의 논의에 전제를 제공한다.

4. 에스노그라피로서의 의의와 한계 : 푸드멘터리 TV와 대중문화

다큐멘터리를 제작하는 것은 사전 작업도 요구되고, 비용도 많이 들며, 오랜 촬영 기간이 필요한 지난한 작업이다. 제작에 든 비용만큼 시청률이나 수익률을 담보할 수 없기도 하다. 드라마의 수준이 한층 높아지고 있는 상황 속에서 다큐멘터리 포맷만으로는 트렌디한 시청각적 이미지에 익숙한 시청자들의 관람 욕구를 쉬이 충족시킬 수 있는 것도 아니다.[22] 그럼에도 불구하고 〈한국인의 밥상〉이 대중적 각광을 받은 이유는 무엇이었을까? 이러한 질문이 텔레비전 푸드멘터리가 만들어내는 리얼리티 구성 과정, 연행성을 규명하고자 할 때 마지막 이슈로 검토될 필요가 있다.[23]

재현 양식과 수용양상을 둘러싼 〈한국인의 밥상〉의 대중적 맥락에 대한 고찰은 〈한국인의 밥상〉을 일종의 영상 에스노그라피(Visual Ethnography)로 파악했을 때 그 실마리가 얻어진다. 프로그램 팜플렛에 기술된 대로 푸드멘터리 〈한국인의 밥상〉의 기획 의도는 '음식의 원류와 함께해 온 사람들의 이야기'를 영상화하는 데 있다. 〈한국인의 밥상〉은 한국적 음식 이야기이기도 하지만 그 음식을 만들고 먹으며 살아왔던 한국 사람의 이야기이기도 한 것이다. 이 점은 타자에 관한 관찰이 주종을 이루었던 인류학적 글쓰기, 에스노그라피를 환기한다. 에스노그라피는 18~19세기 서구 제국주의 시대 인류학자, 민속학자, 선교사, 식민지 행정 관리, 여행가 등이 식민지 원주민들과 그들의 문화를 관찰하고 쓴 인류학적 글쓰기에서 기원한다. 에스노그라피적 글쓰기는 타자와 타자의 공동체에 대한 관찰, 재현, 보고의 글쓰기 양식이라 할 수 있다.[24] 〈한국인의 밥상〉은 음식에 관한 다큐멘터리지만 결국 프로그램이 목표하는

22 Kilborn and Izod, Op.cit., pp.20~21, p.150 참조.

23 텔레비전은 국지적인 다채널, 복수의 프로그램들로 구성된다. 시청률을 감안해 드라마와 오락 프로그램을 채널의 주방송시간대에 배치하기도 하지만 텔레비전의 공공적 신뢰를 높이기 위해 다큐멘터리 프로그램을 주방송시간과 달리 시간표 배분해 편성하기도 한다. 따라서 전체 채널 프로그램 편성에서 〈한국인의 밥상〉 같은 다큐멘터리가 어떤 기여를 하는지 살펴보는 것은 대중문화 매체인 TV가 작동하는 제도적 맥락에 대해 많은 것을 시사하게 된다.

24 에스노그라피에 관한 소개는 다음의 논의 참조. Paul Atkinson, "Editorial Introduction", *Handbook of Ethnography*, Paul Atkinson(Ed.), London : SAGE, 2001, pp.1~7.

바는 음식과 관련된 토착 지역민, 즉 현대적 도시인들에게 어느새 타자가 된 사람들과 그들의 삶에 대한 보고다. 국가적 경계 내 공간적 거리감을 나타내는 지역성과 그 지역의 전(前)산업화적인 대표음식은 잘 알려지지 않은 특수한 타자의 문화 정체성을 들여다볼 수 있는 창으로서 기능한다. 따라서 〈한국인의 밥상〉을 비주얼 에스노그라피로 명명해도 큰 무리는 없을 것이다. 음식의 타자성과 지역민의 타자성이 전경화된 "화려한 귀환, 시래기, 웰빙을 말하다－양구 시래기 밥상"편과 "고맙습니다. 쌀밥"편을 중심으로 〈한국인의 밥상〉을 에스노그라피적 관점에서 재고찰해보면 다음과 같다.

　"양구 시래기 밥상"편의 화제인 '시래기'는 순무의 뿌리와 줄기인 무청을 지칭하는 단어다. 시래기에서는 아무 맛도 나지 않고, 무 냄새만 나는 것으로 알려져 있다. 프로그램 속 서술에 따르면 시래기의 정확한 어원도 알려진 바가 없고, 죽으로라도 끓이지 않으면 예전에는 '쓰레기'로 취급돼 아무렇지 않게 버려졌던 음식인 것으로 회고되고 있다. "양구 시래기 밥상"편에서 재현되고 있는 것은 이렇듯 배제되었던 타자성의 음식, '시래기'가 함유하고 있는 풍부한 식이섬유로 인해 오늘날 건강 음식으로 재탄생하고 있는 과정이다. 시래기 된장국, 시래기 차, 시래기 만두, 시래기 장아찌, 시래기 전, 시래기 볶음, 시래기 고등어찜, 시래기 돼지갈비 찜 등 과거 배제된 '타자'로서 지각되던 시래기가 오늘날 '우리'의 밥상에 친근하게 상 차려지는 현대화 과정이 "양구 시래기 밥상"편에서는 보고된다. 한편 "쌀밥"편에서는 잘 알려진 친숙한 한국인의 주식이지만 현재의 젊은 세대들은 잘 모르는 '쌀밥'에 얽힌 지난날이 드러난다. 예컨대 한 톨의 쌀에 배인 농부들의 땀을 상징하는 일미칠근(一米七斤)의 유래, 가마솥에 밥을 하여 나온 누룽지로 삶은 백숙, 밥심을 뜻하던 머슴 밥사발, 일할 시간 때문에 손을 줄이고자 밥 짓는 가마솥에 조리하던 계란찜이나 조기젓국, 거칠어서 돌에 갈아 해 먹던 보리밥, 일 끝마치고 돌아오신 아버지를 위한 아랫목의 밥그릇, 이삭을 주워 짓게 된 한 끼 식사, 반찬이 없어 날달걀로 비벼 뭉뚱그려 먹던 밥 등이 재현된다. 이상의 특별한 음식들은 현재 시점에서 보았을 때 익숙하지 않은 쌀밥의 모습, 쌀밥의 타자성을 전경화한다고 볼 수 있다. 그러나 프로그램에서는 색다른 쌀밥의 모습을 비정상적인 맥락으로 유기하지만은 않는다. 밥을 하늘처럼 여기고 살아온 사람들이 있었으며 이들은 좋은 사람들과의 시간을 쌀밥과 함께 보냈다는 점을 서술자 최불암이 종결 멘트로 발화하고 있기 때문이다. 현대인들에게 '낯설 수 있는' 쌀밥과 관련된 옛 식생활 습관 및 그것이 삶 자체로서 가지는 의미는 근대화의 발전 과정 속에서 상실되었지만 결국 오늘날 되찾아야 할 '우리' 자신의 한 부분임이 여기서 암시되고 있다.

결과적으로 현대의 인스턴트 음식들과 '구별'되는 토속적 음식들에 의하여 '우리'의 전체성, 동일성이 회복되는 과정의 목도를 통해 시청자는 전통적 라이프 스타일의 타자, 옛 한국인의 모습을 감각적 차원에서 경험하고 수용하게 된다. 이때 지각할 수 있는 타자성에 관한 경험의 진실함은 무엇보다도 과거를 재현하는 타자에 대한 '감정' 느끼기와 '기억'하기에서 비롯한다.

> 유씨 : 이 솥이 윤기가 잘 나야 얌전한 집인지 안다고 어머니가 매일 그런 말씀을 하셨거든요. 그래 가지고 반듯반듯 윤기 나게 닦으라……. 솥을 보면 친정어머니 생각이 많이 나요. 친정어머니가 막내 여동생과 서울에 같이 사셨는데 (친정어머니가) '너희 언니가 일 다 하면 나 데리러온다 했는데 애가 일이 덜 끝났나? 왜 나를 데리러 안 와.' 그러셨대요. 그 소리가 항상 마음에 걸려서 지금도 그때 생각을 하면 네가 죄인 같아요. 어머니가 항상 그리워요.
>
> 최불암 : 어머니의 솥은 이렇게 아직 뜨거운데, 밥은 먹었냐던 그 목소리는 다시 들을 수가 없습니다…… 푹 곰삭으면서 알

게 되는 것들이 있지요. 푹 곰삭은 젓갈들이 가지런하게
놓이고 어머니를 닮은 환한 쌀밥이 오르면 깊은 그리움이
밥상을 채웁니다.

요리와 먹기에 동원되는 행위들은 전형적으로 신체적이다. 예컨대 재
료들을 썰고, 데치고, 튀기고, 삶는 등의 요리 준비 과정들은 살점이 찢
겨나가 선혈이 낭자한 전쟁터나 고문실을 방불케 한다. 이런 폭력적 과
정들은 분노, 폭발, 화의 감정적 반응들을 또한 야기한다. 감정적 경험
은 이성적 통제에 벗어나, 비체계적인 것에 연계된 순전히 자연발생적이
면서도 본능적이 되는 경험, 몸의 경험에 의존하기 때문이다. 자아의 주
관성이 형성되는 체현(Embodiment)의 경험에 음식이 핵심으로 부각되
는 것도 음식으로부터 얻는 신체적 감각 경험과 감정 체험으로부터 연원
한다고 볼 수 있다.[25] "쌀밥"편 인터뷰에 응하는 유씨의 감정과 기억 또
한 근원적으로 음식이 발생시키는 신체적 경험에서 비롯한다. 쌀밥 짓는
솥을 행주로 닦아낼 때, 젓갈을 양손으로 버무리고 장독에 곰삭힐 때, 뿌
연 쌀뜨물에 손을 적실 때, 하얀 쌀밥의 김이 모락모락 오르는 것을 바라
볼 때의 감각적 경험들은 의식적, 무의식적으로 어머니에 대한 그리움의
감정을 유씨에게 자극한다. 바꾸어 말해 쌀밥을 짓는 등의 체현 행위들
을 통해 유씨가 터치하게 되는 것은 어머니라는 타자의 살이다. 신체적
관여의 경험, 접촉으로부터 집에 거주하는 것처럼 진정되고, 위안이 되
며, 안정적이 되고, 친근해지는 감정적 경험이 화면에서 파생된다. 밥은
어린아이에게 어머니의 젖가슴과도 같다. 욕망과 지식 탐구의 첫 대상이
되었던 어머니의 젖가슴에 대한 어린아이의 애착처럼 영아기의 영양에
직접적 영향을 미치는 주식, 쌀밥을 배부르게 먹거나 배고파하며 갈구했

25 Deborah Lupton, "Food and Emotion", *The Taste Culture Reader : Experiencing Food and Drink*, Carolyn Korsmeyer(Ed.), Oxford : Berg, 2007, pp.317~324 참조.

제4부 텔레비전, 리얼리티, 그리고 시각적 문화

던 경험들은 기쁨, 슬픔의 강력한 감정적 반응들을 흔적으로 남긴다.

기억하기의 방식은 이런 비합리적인 몸과 감정의 차원에 특히 의존한다. 젊었을 적 어머니에게서 쌀밥 짓는 법을 배우고 함께 젓갈을 담가 먹었던 체현의 감각과 그때 나누었던 감정들은 유씨에게 '기억심상(Engram)'이 된다. 그래서 과거의 환경, 예컨대 어머니의 환한 얼굴, 어머니가 밥상을 차려주던 풍경, 그런 어머니가 치매에 걸려 딸을 기다리던 특별한 순간, 어머니의 따뜻함 등에 관한 추억들이 감각적 기억심상을 경유해서 체현되고 회고된다. 더 나아가 자신도 옛 어머니 또래 나이가 된 유씨의 현재적 조건 속에서 쌀밥의 기억심상은 유씨가 어머니에게 느끼는 감정인 죄책감 같은 것들을 비재현적으로 구성하고 창조하는 질료로서도 소용된다고 볼 수 있겠다.[26] 감정이야말로 리얼리티를 경험하고 기억하는 데 근본적 요소이다. 〈한국인의 밥상〉에서는 쌀밥의 기억심상을 불러냄으로써 현재에는 낯선 것이 된 한국인의 집단적 주관성, 전통적 심성을 소환하고 있는 것이다.

이렇게 에스노그라피적 관점에서 재고찰하는 경우, 〈한국인의 밥상〉은 산업화 이전의 삶을 유지하는 타자와 진실한 경험을 공유하고자 나의 세속에서 타자의 성스러운 삶으로 입사하게 되는 요리 투어리스트의 여행기로 읽힌다. 마치 18~19세기 서구의 민속학자, 선교사, 여행가들이 식민지 원주민들과 그들의 문화를 관찰한 결과 산업화된 서구에서는 상실된 목가적 이상향을 꿈꾸었듯, 타자와의 대면을 수단으로 한 자아의 발견을 〈한국인의 밥상〉은 수반한다. 물론 이 깨달음은 앞서 지적한 대로 음식 체계의 렌즈를 통해 제공받는 터라 대단히 감각적인 사건이다. 시청자들은 푸드멘터리로서 한국적 음식이 조리되고 시식되는 과

---

26 맛에 대한 기억하기는 기억의 찾기일 뿐만 아니라 창조하기의 측면 또한 가지고 있다. Fabio Parasecoli, "Hungry Engrams : Food and Non-Representational Memoy" In Op.cit., Fritz Allhoff et al(Ed.), p.107.

정들의 영상을 즐김으로써, 낯선/친근한 음식, 먹는/먹지 못하는 음식, 먹고 싶은/먹고 싶지 않은 음식의 범주들을 역동적, 창조적 과정으로서 지각한다고 볼 수 있다.[27] 예컨대 시래기는 과거에 '먹는 음식'에 속한 것이었지만, '친근하지 않고', '먹고 싶지도 않은 음식'이었다. 그러나 오늘날 건강음식으로 다시 태어난 시래기는 더 이상 '낯선 음식이 아니며' '먹는 음식'일뿐더러 그 차원을 뛰어넘어 '먹고 싶은' 욕망의 대상이 된 음식으로서 시청자에게 전시된다. 이러한 재정의는 〈한국인의 밥상〉의 내용적 전개가 단순히 한국적 음식들을 반영하고, 회고하는 차원을 넘어선다는 것을 의미한다. 그보다 시청자와의 '상호행위'의, '소통적 사건'으로서 〈한국인의 밥상〉의 특성을 바라보아야 할 필요가 있음을 이는 암시한다. 〈한국인의 밥상〉을 경유한 타자에 대한 우리의 지각은 독특하게 우리의 것이다. 타자와의 대면, 첨단정보화 사회에서 상실된 한국적 감성과 기억 등 전통적 심성과의 조우는 시청자 자신들에게 타자보다도 우리 자신에 대해 더 많은 것을 가르친다. 하지만 그 깨달음은 '낯선 것'에서 '먹는 것'으로 먹는 것에서 '먹고 싶은 것'으로 한국적 음식과 관련된 지각 경험의 범주를 새롭게 조작하는 작업을 동반하고 시청자가 이 작업에 참여할 것을 요구한다. 특히 "먹고 싶은 것"으로 한국적 음식을 인지적으로 조작하며 그것을 시청자와의 상호행위의 소통적 사건으로 구성하는 데에 감정과 기억의 내밀한 부분이 중요한 유인가(Incentive)로 작용한다고 볼 수 있다. 이 감정과 기억에 대한 체험이야말로 시청자가 TV 화면을 밥상으로 상상하게 되는 핵심적 동기를 제공한다. 왜 푸드멘터리 〈한국인의 밥상〉을 보고 그것이 어째서 대중적인가에 대한 본원적 해명은 바로 〈한국인의 밥상〉에 내재된 에스노라피로서의 의의에서 찾아진다.

---

27 음식에 관한 이분법적 범주는 Lucy M. Long, "Culinary Tourism : A Folkloristic Perspective on Eating and Otherness", *Southern Folklore*, 55.3, 1998, pp.181~204 참조.

물론 〈한국인의 밥상〉의 에스노그라피적 기술 속에는 오늘날 활발히 논의되고 있는 비판적 인류학의 측면에서 봤을 때 한계로 간주될 수 있는 것들도 노정되어 있다. 결론적으로 말하면 이 점이 〈한국인의 밥상〉을 인류학적인 에스노그라피로부터 분리시키는 대중적 맥락을 형성한다.

　객관적 과학의 태도를 유지한 채 토착민에 대한 관찰을 시도하는 에스노그라피의 글쓰기에 대해 1980년대부터 인류학자들은 19~20세기의 식민주의적 보고의 연장선상에서 있는 것으로 인식하고 문제를 제기하여 왔다. 필드워크 경험의 진정성이란 관찰 주체와 관찰 대상, 질문자와 답변자, 보는 자와 보이는 자 사이의 엄격한 분리에서 비롯되는 것이 아니라 이들 사이의 상호 의존성, 상호 주관성으로부터 연원하는 것이기 때문이다. 인류학자의 존재 자체 또한 토착민에게 관찰되고, 영향을 끼치며, 토착민의 국지적 지식의 생산에 관여한다. 재현의 위기로부터 비롯된 이러한 인식론적, 윤리적 질문을 통해 에스노그라피 기술은 과학적 태도를 견지할 수 있다는 이상에 대한 믿음을 포기하게 된다. 대신 에스노그라피적 지식 생산에서 핵심적인 것으로 현장에서의 커뮤니케이션, 대화적 연행(Performance)이 인류학자들의 주목을 받는다.[28] 현대의 인류학자는 조사하고 있는 곳의 토착적 의미에 더 이상 관심을 갖지 않는다. 그보다 인류학자가 그 마을에 현전하는 상태에서 토착적 의미가 어떻게 세팅이 되며, 그것이 토착민들에게 어떤 의미들을 환기하여 상황적으로, 절차적으로 구성되는지에 보다 관심을 둔다. 요컨대 '무엇이' 타자 공동체만의 리얼리티를 형성하는가보다는 '어떻게' 그러한 국지적 리얼리티 자체가 현장 조사자와 토착민의 대화적 연행을 통해 구성되는가라는 삶

28 에스노그라피를 연행하기에 대해서는 Dwight Conquergood, "Ethnography, rhetoric, and performance", *Quarterly Journal of Speech*, 78.1, 1992, pp.80~97 참조.

의 구성 방식, 다층적 리얼리티의 사회적 형성 과정을 비판적 인류학은 다룬다.[29]

푸드멘터리 〈한국인의 밥상〉에는 이 같은 절차적, 대화적, 상황적 앎에 대한 고려가 누락되어 있다. 카메라에 찍혀지지 않는 것처럼 음식을 만들고 맛보는 지역민들을 찍는다고 주장하지만 카메라나 현장 조사자의 현전이 토착민들의 생각에 어떤 영향을 발휘하는지 그것은 관심을 두지 않는다. 한국적 음식의 세계에 대한 진실, 객관성, 진정성에 관심을 두지만 한국적 음식의 진정성이 어떻게 구성되고, 명료화되며, 창조되는지에 대한 반성적 과정은 영상에서 배제되어 있다. 무엇이 한국적 음식의 세계인지 그 리얼리티를 충실히 기록하고 있지만 어떻게 현장조사자와 지역민의 공동적 참여적 경험으로서 한국적 음식의 세계 자체가 구성되는지는 화면에서 제거된다. 원인은 〈한국인의 밥상〉이 지니는 대중 매체 프로그램으로서의 성격에서 기인한다. 세계의 진실을 탐구하는 텔레비전 다큐멘터리의 공공적 책무에 〈한국인의 밥상〉은 충실한 프로그램이다. 그럼에도 불구하고 세계의 생산 과정 자체까지 보여주는 경우 급진적 경험주의에 일반적 시청자들은 거부감을 가지기 마련이다. 보수적 수용자들이 대부분인 TV의 대중적 맥락으로부터 다큐멘터리라 하더라도 〈한국인의 밥상〉 역시 자유로울 수 없는 것이다.

언제나 대중문화는 자기선전을 위하여 자기비판을 자신의 재현구조 속에 내장한다. 〈한국인의 밥상〉에서는 전통적 한국인의 심성을 점점 상실하고 살아가는 현대적 상황이 토착적 음식 체계의 재현을 통해 비판적으로 해석된다. 그러나 〈한국인의 밥상〉에 이미지화되는 영상 또한 전통적 라이프스타일을 인스턴트식 상품으로 내놓는다는 점 또한 간과할 수

---

29 Robert M. Emerson, *Writing Ethnographic Fieldnotes*, Chicago : University of Chicago Press, 1995, pp.1~16.

없다. 예컨대 〈한국인의 밥상〉 홈페이지에는 방영된 맛집에 어떻게 갈 수 있으며 그 집 음식을 어떻게 구입할 수 있는지 시청자가 문의하는 글도 올라온다. 맛있는 음식을 먹기 위해서는 재료와 조리법에 대한 지식이 갖춰져 있어야 한다. 더불어 미각과 후각의 감각을 동원하여 식감을 판별할 줄도 알아야 한다. 맛본 결과를 세련된 언어로 표현하고 논의하는 것도 필요하다. 이런 미식가적, 영양사의 능력 계발을 대리하면서 전통적 라이프스타일을 상품으로 소비해 현실 세계 내 타자와의 '구별 짓기'를 시도할 수 있다는 점이 〈한국인의 밥상〉을 대중들이 즐겨보는 또다른 이유이다. 왜 〈한국인의 밥상〉이 대중적으로 인기 있는가라는 질문의 해명에는 이처럼 실제 있는 그대로의 사람들의 감정과 기억을 수용자들이 보고 느끼고 이해한다는 것 자체가 수사학적 전략의 산물이라는 에스노그라피적 메타비평이 유효하게 동원될 수 있다.

5. 상상적 먹기, TV의 소비를 통한 자아의 연행적 생산

본고의 목적은 미디어화된 음식문화의 대중 문화적 성격을 〈한국인의 밥상〉을 통해 고찰하는 것이었다. 현재 팽창하고 있는 텔레비전 쿠킹 쇼에 대한 한 접근법이 마련될 수 있고 더 나아가 대중문화 연구에도 시사하는 바가 있으리라는 기대에서 본 연구는 기획되었다. 이 연구에서 밝히려고 했던 것은 한국적 음식 세계의 특수성이 아니다. 그보다 한국적 음식을 만들어 먹는다는 것을 TV를 통해 본다는 행위 자체가 어떤 문화적 리얼리티를 구성하는가라는 점이었다. 바꾸어 말해 본고는 푸드멘터리의 연행성에 대한 이해를 심화하여 미디어화된 음식문화의 대중성을 설명할 수 있는 독법을 마련해보고자 하였다.

음식은 먹는 관점에서 보자면 분해되는 과정이다. 하지만 소화된 음식물을 통해 섭취된 영양분 덕택에 인간이 성장하게 된다는 관점에서 보자면 그것은 새로운 구성의 과정이기도 하다. 결과적으로 음식은 분해와 구성을 동시에 상징한다. 이 상징적 의미로 인해 음식은 자아와 타자의 상호 관계를 상상할 수 있는 방식 중 하나가 된다. 자아와 타자와의 관계란 주체, 객체의 분해와 구성이 계속적으로 발생하는 과정인 것이다. 분해와 구성은 소비와 생산으로 치환될 수도 있다. 먹기가 분해이자 구성인 만큼, 분해와 구성은 분리될 수 없고, 소비와 생산 역시 분리될 수 없다.

이렇게 본다면 먹거리의 탐색 차원에서 푸드멘터리의 주제적 기능을 말하는 것은 협소한 견해다. 그보다는 먹기에 의해 매개된, 즉 사물과 인간의 관계에 의해 매개된, 인간과 인간의 관계로 에스노그라피적 관점에서 푸드멘터리의 기능이 지닌 이데올로기를 지적해야 할 필요가 있다.

〈한국인의 밥상〉 같은 푸드멘터리 보기, 상상적 먹기, TV의 '소비'를 통해 실현되는 것은 새로운 자아의 '생산'이다. 긍정적 의미에서 보자면 그것은 텔레비전 카메라의 프레임 내에서 자율적 자아의 창조에 대한 자기 효능감을 심어준다. 이를테면 〈한국인의 밥상〉에서 가장 환대적인 분위기가 제시되는 장면은 진행자로 역할하는 최불암이 토속 음식물을 지역민들과 함께 나누어 먹는 장면이다. 앞서 지적하였듯 음식을 진정으로 나누어 먹는다는 것만큼 우호적이고, 친절하고, 관용적이 되고, 따뜻해지고, 즐거워지는 사건은 없다. 나와 너, 우리와 그들 사이의 거리가 제거되고, 오직 우리로 구성된 공동체적 연대의 기념비적 순간 속에서 시청자의 자아 개념에 대한 사고와 감정 경험은 고양된다. 왜냐하면 스크린상 마을 사람들과 겸상하는 최불암의 먹기 행위를 통해서 시청자는 맛있는 음식을 먹으며, 미지의 타자를 분해하고, 옛날 식습관을 지닌 자아마저 새롭게 갱신하는 경험을 추체험하기 때문이다. 이 먹기/소비와 동시에 새로운 정체성을 지닌 것으로 믿어지는 '나', '우리'가 공고하게 생산된다. 예컨대 "그 여름, 약초꾼들은 뭘 먹었을까?-제천 여름 밥상", "어머니의 반찬 창고-태안 갯것 밥상", "어머니와 곳간-한계령 겨울 밥상", "브라질 이민 밥상 열정으로 통하다", "아버지와 밴댕이", "묵은지와 할머니", "연탄재 함부로 차지 마라-광부들의 밥상" 등등의 헤아릴 수 없는 〈한국인의 밥상〉 방송분들이 음식을 매개로 '나', '우리', '타자'가 연대할 수 있는 동일성과 기원에 대한 관심을 직접적으로 드러내고 있다.

그러나 비판적인 관점에서 보자면 그러한 자기 효능감과 연대감의 느낌은 '환각'과도 같다. 현실에서 시청자들이 〈한국인의 밥상〉에 방영된 맛집을 순례하고 그 기록을 블로그에 게시하는 경우가 증시하듯 푸드멘터리의 창조적 소비 이면에는 타자와의 '구별 짓기'에 관한 욕망이 착색되어 있다. 문화예술 생산물의 향유 능력처럼 한국적 요리에 관한 '남다른' 취향과 '올바른' 지식은 사회적 위계질서를 재생산하는 상징적 문화자본으로 기능한다. 웰빙의 왜곡된 추구를 통해 소비의 대상인 음식보다도 소비하는 주체의 행위인 '소비하다' 자체만이 무한하게 반복 욕망될 때, 결과적으로 일종의 문화자본으로서 푸드멘터리가 억압적 인간관계를 구성한다는 점은 부정할 수 없다. 개인적 행복을 추구하고, 공동체적 연대감을 추구하지만 자본에 종속적인 대중문화의 속성을 그것은 보여준다. 배고픔과 맛에 대한 감각적 지향을 충족시켜주는 것 같으나 미디어 환경을 배경으로 노예에서 벗어나 주인의 주권을 얻기 위한 헤겔식 인간과 인간 간의 폭력적 인정 투쟁은 포스트모더니즘의 소비사회, 생산소비자(Prosumer) 사회에서도 여전히 지속적이다. 이러한 국면이 수용 맥락하, 시청자의 정체성 구성 과정이자 사회적 리얼리티 구성 과정, 영상적 에스노그라피로서 〈한국인의 밥상〉이 구성하는 연행성의 이데올로기적 국면이라 할 수 있겠다.

오늘날 〈한국인의 밥상〉을 비롯한 수많은 푸드 프로그램들을 통해 텔레비전 화면에서 먹는 모습을 보려는 욕망이 범람하게 된 이유도 여기에서 찾아야 하지 않을까? 미디어를 경유한 먹기, 보기, 소비, 생산의 복합적 네트워크 속에서 감정, 감각, 기억과 같은 차원에 의하여 자기 효능감을 발생시키거나 타인과의 구별 짓기를 형성하는 식으로 중층적으로 매개되고 있는 것은 주체-대상, 자아-타자의 관계에 대한 욕망 자체다. 현재 텔레비전의 공익성과 상업성이 새롭게 재편성되고, 드라마와 다큐멘터리, 예능의 경계가 혼성화되는 상황 속에서 텔레비전 쿠킹 프로그램의 대중성을 주목해야 할 까닭도 이러한 점에서 연원한다. 대중문화는 비유컨대 음식처럼 친밀한 것들에 관한, 감각적, 감정적, 기억의 이데올로기화된 키친이며, 그중에서도 텔레비전 화면이야말로 최적화된 주방이다.

1차 문헌

극공작소 마방진, 〈강철왕〉(DVD), 서울 : 한국문화예술위원회, 2009.

김우진, 『김우진 전집』, 서연호 · 홍창수 편, 서울 : 연극과인간, 2000.

김영수, 『김영수 희곡 · 시나리오전집』, 서연호 · 장원재 편, 서울 : 연극과인간, 2007.

유치진, 『유치진희곡선집』, 서울 : 성문각, 1959.

─── , 『동랑 유치진전집』, 서울 : 서울예술대학 출판부, 1993.

이강백, 『이강백 희곡전집』, 서울 : 평민사, 2001.

이현화, 『0.917 : 이현화 희곡집』, 서울 : 청하, 1990.

─── , 『이현화 희곡 · 시나리오 전집』, 서연호 · 임준서 편, 서울 : 연극과인간, 2007.

텔레비전 드라마 〈온에어〉 홈페이지(https://programs.sbs.co.kr/drama/onair).

텔레비전 드라마 〈싸인〉 홈페이지(http://tv.sbs.co.kr/sign/?loganal1=media_tag box&loganal2=싸인).

텔레비전 드라마 〈황금의 제국〉 홈페이지(http://wizard2.sbs.co.kr/sw11/template/ swtpl_iframetype.jsp?vVodId=V0000378336&vProgId=1000892&vMenu Id=1019129)

텔레비전 프로그램 〈정글의 법칙〉 홈페이지(http://wizard2.sbs.co.kr/w3/template/ tp1_review_list.jsp?vVodId=V0000353336&vProgId=1000730&vMenu Id=1015707)

텔레비전 프로그램 〈한국인의 밥상〉 홈페이지(http://program.kbs.co.kr/1tv/ culture/table/pc/)

한국문화예술진흥원, 〈(98) 서울 국제연극제 : 느낌, 극락같은〉(VD), 서울 : 한국 문화예술진흥원, 1998.

함세덕, 『함세덕 문학전집』, 노제운 편, 서울 : 지식산업사, 1996.

『국민일보』『도로교통공단 웹진』『동아일보』『문학사상』『매일경제신문』『뿌리 깊은 나무』『서울신문』『시사통신』『연극평론』『월간객석』『위키백과』『조선일보』『주간조선』『중앙일보』『한국연극』『한국일보』

2차 문헌

고선웅, 「[공연작업 노트] 〈들소의 달〉을 띄우기까지」, 『공연과이론』 34, 공연과이론을위한모임, 2009, 194~203쪽.

───, 「[연출 노트] 푸르른 날에」, 『공연과 이론』 42, 공연과이론을위한모임, 2011, 226~236쪽.

구현정, 「드라마 대화에 반영된 갈등 표현 양상」, 『화법연구』 22, 한국화법학회, 2013, 9~32쪽.

권순종, 「김우진의 표현주의 수용」, 『계명어문학』 4.1, 계명어문학회, 1988, 165~184쪽.

권양현, 「수사드라마 장르 연구 : 〈마왕〉을 중심으로」, 충남대학교 국어국문학과 석사학위 논문, 2010.

권혜경, 「이현화 희곡에 드러나는 '텍스트의 불안' 연구」, 서강대학교 국어국문학과 석사학위 논문, 2009.

김경희, 「김영수 희곡의 확산적 구성 연구 : 〈단층〉과 〈혈맥〉을 중심으로」, 연세대학교 국어국문학과 석사학위 논문, 2000.

김기란, 「몸을 통한 재연극화와 관객의 발견(1) ─ 현대 공연예술의 몸 이론과 관련하여」, 『드라마연구』 23, 한국드라마학회, 2006, 39~61쪽.

김길수, 「〈느낌, 극락같은〉의 연극 미학 : 서사극 작법을 중심으로」, 『한국문예창작』 6.1, 한국문예창작학회, 2007, 297~320쪽.

김남석, 「해방 이후 무대 환경에 나타난 생태 위기 ─ 생태 희곡의 맥락과 가능성」, 『문학과 환경』 3, 문학과 환경학회, 2004, 155~183쪽.

김만수, 『함세덕 : 현실과 무대 사이에서 표류한 극작가』, 서울 : 건국대학교 출판부, 2003.

텍스트 미디어 표표모스

김문환, 「환경미학의 기본적 이해」, 『드라마연구』 27, 한국드라마학회, 2007, 7~52쪽.

김미라, 「리얼 버라이어티쇼의 재미유발기제에 관한 연구」, 『방송통신연구』 7, 한국방송학회, 2008, 143~168쪽.

김미도, 「이현화 희곡 연구」, 『논문집』 48.1, 서울산업대학교, 1998, 37~51쪽.

김방옥, 「한국 사실주의 희곡 연구 : 서구 사실주의 희곡의 정착 과정을 중심으로」, 이화여자대학교 국어국문학과 박사학위 논문, 1987.

──, 「몸의 연극과 관객의 몸을 위한 시론－기와 흥에 관련하여」, 『드라마연구』 25, 한국드라마학회, 2006, 173~203쪽.

──, 「몸과 관념 : 〈느낌, 극락같은〉과 〈뛰약별〉의 경우」, 『공연과 리뷰』 19, 현대미학사, 1998, 9~10쪽.

김성희, 「김우진 희곡의 현대성과 그 방법적 특성」, 『공연예술연구소 논문집』 2, 단국대학교, 1996, 35~67쪽.

──, 「〈난파〉의 등장인물에 대한 기호학적 분석」, 한국극예술학회 편, 『김우진』, 서울 : 태학사, 1996, 235~262쪽.

──, 「[극작가와의 만남 고선웅] 인간탐구를 넘어서 마술적 리얼리즘으로」, 『공연과이론』 21, 공연과이론을위한모임, 2006, 84~90쪽.

김소연, 「고선웅과 고전 연극적인 너무나도 연극적인」, 『연극평론』 80, 한국연극평론가협회, 2016, 87~96쪽.

김소은, 「TV 드라마 〈마왕〉의 쇼트 및 시점 구성 방식 연구」, 『한국극예술연구』 27, 한국극예술학회, 2008, 341~382쪽.

김소정, 「〈느낌, 극락같은〉의 연극성 연구」, 『한국극예술연구』 12, 한국극예술학회, 2000, 347~376쪽.

김열규, 『한국문학사 : 그 형상과 해석』, 서울 : 탐구당, 1983.

김예란·박주연, 「TV 리얼리티 프로그램의 이론과 실제」, 『한국방송학보』 20.3, 한국방송학회, 2006, 7~48쪽.

김옥란, 「유치진의 50년대 희곡 연구 : 〈자매·2〉와 〈한강은 흐른다〉를 중심으로」, 『한국극예술연구』 5, 한국극예술학회, 1995, 247~282쪽.

──, 「1970년대 희곡과 여성 재현의 새로운 방식」, 『민족문학사연구』 26, 민족문학사학회, 2004, 63~84쪽.

김용수, 「유치진의 사실주의극에 대한 재검토 : 액션분석을 중심으로」, 한국극예술학회 편, 『유치진』, 서울 : 연극과인간, 2010, 77~120쪽.

———, 「인지과학의 관점에서 본 연극대사 : 〈아가멤논〉의 사례를 중심으로」, 『드라마연구』 35, 한국드라마학회, 2011, 149~184쪽.

———, 『퍼포먼스로서의 연극연구 : 새로운 연구방법과 연구 분야의 모색』, 서울 : 서강대학교 출판부, 2017.

김욱동, 『문학 생태학을 위하여 : 녹색 문학과 녹색 이론』, 서울 : 민음사, 1998.

김재석, 「김우진의 표현주의극 창작 동인과 그 의미」, 『어문논총』 49, 한국문학언어학회, 2009, 317~345쪽.

김중효, 「우리시대의 시스템과 고선웅의 스타일 ≪들소의 달≫ ≪칼로막베스≫」, 『연극평론』 63, 한국연극평론가협회, 2011, 43~48쪽.

김 향, 「연출가 고선웅과의 만남 마술적 사실주의에서 사랑의 연출기법으로」, 『공연과이론』 50, 공연과이론을위한모임, 2013, 227~235쪽.

김혜련, 『아름다운 가짜, 대중문화와 센티멘털리즘』, 서울 : 책세상, 2005.

노승희, 「1908년부터 1950년대까지 한국 근대극 연출」, 한국근현대연극100년사 편찬위원회 편, 『한국근현대연극100년사』, 서울 : 집문당, 2009, 97~140쪽.

니체, 프리드리히, 『니체전집 13 : 차라투스트라는 이렇게 말했다』, 정동호 역, 서울 : 책세상, 2000.

데리다, 자크, 『그라마톨로지』, 김성도 역, 서울 : 민음사, 2010.

데리다, 자크·스티글러, 베르나르, 『에코그라피 : 텔레비전에 관하여』, 김재희·진태원 역, 서울 : 민음사, 2002.

딜런, 에반스, 『라캉 정신분석 사전』, 김종주 역, 서울 : 인간사랑, 1998.

매클린, 마리, 『텍스트의 역학 : 연행으로서 서사』, 임병권 역, 서울 : 한나래, 1997.

박노현, 「悲劇으로서의 텔레비전 드라마」, 『한국문학연구』 36, 동국대학교 한국문학연구소, 2009, 461~492쪽.

———, 「텔레비전 드라마와 영상 언어」, 『한국문학연구』 39, 동국대학교 한국문학연구소, 2010, 347~383쪽.

박명진, 「1970년대 연극 제도와 국가 이데올로기」, 『민족문학사연구』 26, 민족문학사학회, 2004, 8~33쪽.

———, 「1970년대 극예술에 나타난 몸과 공간 이미지 – 이현화와 김기영의 경우

를 중심으로」, 『한국극예술연구』 23, 한국극예술학회, 2006, 75~119쪽.

박상완, 「문화산업으로서 TV드라마 연구를 위한 텍스트 선정에 관한 소론」, 『한국문학이론과 비평』 64, 한국문학이론과비평학회, 2014, 251~276쪽.

박영정, 『유치진 연극론의 사적전개』, 서울 : 태학사, 1997.

———, 「초기 희곡과 비평에 나타난 유치진의 연극관」, 『민족문학사연구』 34, 민족문학사학회, 2007, 447~473쪽.

박인규, 「다큐멘터리의 사실성과 장르 변형」, 『현상과 인식』 30.12, 한국인문사회과학회, 2006, 148~170쪽.

박혜령, 「한국 반사실주의 희곡 연구 : 오태석, 이현화, 이강백 작품을 중심으로」, 이화여자대학교 국어국문학과 박사학위 논문, 1995.

배봉기, 「난파 연구 : 인물들의 관계를 중심으로」, 『드라마 논총』 6, 한국드라마학회, 1994, 29~43쪽.

배선애, 「소통의 단절과 관계의 부재」, 『민족문학사연구』 26, 민족문학사학회, 2004, 111~138쪽.

———, TV드라마 〈주몽〉에 나타난 영웅 신화의 형상화 방법」, 『한국극예술연구』 25, 한국극예술학회, 2007, 285~331쪽.

백로라, 「강철왕의 재공연 : '고선웅 스타일'의 힘, 대중성의 원천」, 『공연과리뷰』 21.3, 현대미학사, 2015, 31~37쪽.

백현미, 「이강백 희곡의 반복 구조와 반복의 철학」, 『한국극예술연구』 9, 한국극예술학회, 1999, 235~281쪽.

서명수, 「연극 커뮤니케이션과 공간의 수사학」, 『프랑스문화예술연구』 2, 프랑스문화예술학회, 2000, 101~117쪽.

서연호, 『한국근대희곡사』, 서울 : 고려대학교 출판부, 1994.

———, 「김우진의 생애와 문학세계」, 한국극예술학회 편, 『김우진』, 서울 : 태학사, 1996, 7~22쪽.

———, 『김우진』, 서울 : 건국대학교 출판부, 2000, 103~115쪽.

———, 『한국연극사 : 근대편』, 서울 : 연극과인간, 2004.

손화숙, 「이현화론−관객의 일상성에서 벗어나기 위한 연극적 기법」, 『한국극예술연구』 2, 한국극예술학회, 1992, 275~290쪽.

송아름, 「1970년대 이현화 연극의 정치성 연구」, 서울대학교 국어국문학과 석사학위 논문, 2011.

송효섭, 『문화기호학』, 서울 : 아르케, 2000.

———, 『탈신화 시대의 신화들』, 서울 : 기파랑, 2005.

———, 「문학 연구의 문화론적 지평 : 새로운 실증적 · 실용적 인문학을 위하여」, 『현대문학이론연구』 27, 현대문학이론학회, 2006, 5~22쪽.

신문수, 「장소, 인간, 생태적 삶」, 『문학과 환경』 6.1, 문학과 환경학회, 2007, 57~79쪽.

신아영, 「김우진의 〈난파〉 연구」, 『한국연극연구』 6, 한국연극사학회, 2003, 189~218쪽.

신원선, 「드라마 〈다모(茶母)〉를 보는 네 가지 방식」, 『문학과영상』 5.2, 문학과영상학회, 2004, 295~323쪽.

신현숙, 「연극 공간에 대한 기호학적 분석 : 「오구, 죽음의 형식」을 중심으로」, 『기호학연구』 1.1, 한국기호학회, 1995, 332~359쪽.

———, 「이현화의 극작술에 대한 소고 : '지문'을 중심으로」, 김호순박사 정년퇴임기념논총간행위원회 편, 『한국희곡작가연구』, 서울 : 태학사, 1997, 407~427쪽.

심상교, 「유치진의 50년대 희곡 연구」, 『국어국문학』 118, 국어국문학회, 1997, 315~338쪽.

심우일, 「이현화 희곡 연구」, 중앙대학교 국어국문학과 석사학위 논문, 2011.

아리스토텔레스, 『수사학』, 이종오 역, 서울 : 리젬, 2007.

안숙현, 「TV드라마 《베토벤 바이러스》의 시각적 이미지 스토리텔링」, 『새국어교육』 85, 한국국어교육학회, 2010, 749~773쪽.

야콥슨, 로만, 『문학 속의 언어학』, 신문수 역, 서울 : 문학과지성사, 1989.

양근애, 「김우진의 〈난파〉에 나타난 예술 활용과 그 의미」, 『국제어문』 43, 국제어문학회, 2008, 328~359쪽.

양승국, 「해방이후의 유치진 희곡을 통해 본 분단현실과 전쟁체험의 한 양상」, 『한국현대문학연구』 1, 한국현대문학회, 1991, 185~203쪽.

———, 『한국근대연극비평사연구』, 서울 : 태학사, 1996.

———, 『김우진, 그의 삶과 문학』, 서울 : 태학사, 1998.

위베르스펠트, 안느, 『연극기호학』, 신현숙 역, 서울 : 문학과지성사, 1988.

오형엽, 「현대문학비평과 논증의 수사학」, 『어문논집』 56, 민족어문학회, 2007, 325~362쪽.

유민영, 「서구에의 탐닉과 자기파열 : 김우진론」, 한국극예술학회 편, 『김우진』, 서울 : 태학사, 1996, 22~49쪽.

———, 『한국근대연극사』, 서울 : 단국대학교 출판부, 1996.

———, 『韓國現代戲曲史』, 서울 : 새미, 1997.

———, 『한국 근대극장 변천사』, 서울 : 태학사, 1998.

———, 『한국 연극의 사적 성찰과 지향』, 서울 : 푸른사상사, 2010.

———, 「사실과 낭만의 조화」, 한국극예술학회 편, 『함세덕』, 서울 : 연극과인간, 2010, 51~80쪽.

윤금선, 「김우진 희곡 연구 : 작가와 작중인물의 심리적 전이관계를 중심으로」, 『한국극예술연구』 13, 한국극예술학회, 2001, 35~70쪽.

———, 『유치진희곡 연구』, 서울 : 연극과 인간, 2004.

윤석진, 「TV드라마 연구 방법에 관한 시론(試論)」, 『대중서사연구』 9, 대중서사학회, 2003, 193~218쪽.

———, 「디지털 시대, 스토리텔러로서의 TV드라마 시론(試論)」, 『한국문학이론과 비평』 36, 한국문학이론과비평학회, 2007, 101~126쪽.

———, 『김삼순과 장준혁의 드라마 공방전』, 서울 : 북마크, 2007.

이경미, 「현대연극에 나타난 포스트아방가르드적 전환 및 관객의 미적 경험」, 『한국연극학』 37, 한국연극학회, 2009, 205~245쪽.

이경숙, 「혼종적 리얼리티 프로그램에 포섭된 '이산인'의 정체성」, 『한국방송학보』 20.3, 한국방송학회, 2006, 239~276쪽.

———, 「김수현 드라마의 수사학적 효과 산출 방식 연구 1」, 『한국극예술연구』 25, 한국극예술학회, 2007, 133~163쪽.

이경자, 「1920년대 상징의 두 양상 : 김우진 문학의 '상징' 언어에 나타난 '전일성' 사상을 중심으로」, 『한국문학이론과비평』 49, 한국문학이론과비평학회, 2010, 89~117쪽.

이경훈, 「柳致眞의 初期 戲曲에 관하여 : 〈土幕〉, 〈버드나무 선동리의 풍경〉, 〈貧民街〉, 〈소〉」, 『연세어문학』 23, 연세대학교 국어국문학과, 1991, 89~111쪽.

이광호, 「리얼리즘의 변용과 통속성 : 유치진의 〈한강은 흐른다〉의 재인식」, 『한국극예술연구』 4, 한국극예술학회, 1994, 255~272쪽.

이다운, 「TV드라마와 내레이션 : 2000년대 미니시리즈 작품을 중심으로」, 『한국극예술연구』 41, 한국극예술학회, 2013, 319~344쪽.

이미원, 『한국근대극연구』, 서울 : 현대미학사, 1994.

———, 「김우진 희곡과 표현주의」, 한국극예술학회 편, 『김우진』, 서울 : 태학사, 1996, 131~148쪽.

———, 「이현화 희곡과 포스트모더니즘」, 『한국연극학』 16.1, 한국연극학회, 2001, 41~63쪽.

이상란, 『희곡과 연극의 담론』, 서울 : 연극과인간, 2003.

———, 「오태석 연극의 연행성 – 〈로미오와 줄리엣〉을 중심으로」, 『한국연극학』 41, 한국연극학회, 2010, 39~75쪽.

———, 『오태석 연극 연구』, 서울 : 서강대학교 출판부, 2011.

이상우, 『유치진 연구』, 서울 : 태학사, 1997.

———, 「폭력과 성스러움」, 서연호 · 임준서 편, 『이현화 희곡 · 시나리오 전집 2』, 서울 : 연극과인간, 2007, 226~227쪽.

———, 「함세덕과 아이들 : 함세덕 희곡의 소년형 인물이 갖는 의미」, 『한국극예술연구』 29, 한국극예술학회, 2009, 85~122쪽.

이상호, 「김우진의 〈산돼지〉 연구 : 〈난파〉와의 연관성을 중심으로」, 『한국극예술연구』 18, 한국극예술학회, 2003, 69~103쪽.

이선형, 「잔혹연극의 이론」, 박형섭 편, 『아르또와 잔혹연극론』, 서울 : 연극과인간, 2003, 138~149쪽.

이승현, 「김우진 희곡 〈정오〉에 나타난 탈식민적 양상 고찰」, 『한국극예술연구』 33, 한국극예술학회, 2011, 165~187쪽.

이승희, 「한국 사실주의 희곡 연구 : 1910~1945년 시기를 대상으로」, 성균관대학교 국어국문학과 박사학위 논문, 2001.

———, 「1950년대 유치진 희곡의 희곡사적 위상」, 『한국극예술연구』 18, 한국극예술학회, 1998, 307~348쪽.

이용복, 「남성적인 힘과 역동성이 강조된 공연 – 〈강철왕〉」, 『연극평론』 52, 한국연극평론가협회, 2009, 113~118쪽.

이영미, 「방송극 〈수사반장〉, 〈법창야화〉의 위상과 법에 대한 태도」, 『대중서사연구』 24, 대중서사학회, 2010, 391~418쪽.

이은경, 『수산 김우진 연구』, 서울 : 월인, 2004.

이은자, 「〈이영녀〉 연구」, 한국극예술학회 편, 『김우진』, 서울 : 태학사, 1996,

171~186쪽.

이은하, 「이강백의 '작품(oeuvre)성' 연구」, 『한국극예술연구』 32, 한국극예술학회, 2010, 449~475쪽.

이정숙, 「유치진의 새로운 극작 모색과 〈한강은 흐른다〉」, 『한국극예술연구』 38, 한국극예술학회, 2012, 125~150쪽.

이주영, 「반가운/불온한 영웅 탄생」, 『공연과이론』 59, 공연과이론을위한모임, 2015, 205~210쪽.

이진아, 「김우진의 〈난파〉 다시 읽기」, 『문학교육학』 17, 한국문학교육학회, 2005, 65~97쪽.

──────, 「포스트드라마 연극에서 관객의 위치」, 『한국연극학』 42, 한국연극학회, 2010, 193~225쪽.

이철우, 「텔레비전 드라마의 표현양식 고찰─TV문학관을 중심으로」, 『한국문학논총』 42, 한국문학회, 2006, 247~280쪽.

이화원, 「연극의 공간성 분석을 위한 비교 연구」, 『연극교육연구』 10, 한국연극교육학회, 2004, 77~96쪽.

임준서, 「역사의 악순환에 응전하는 역설의 화법」, 서연호·임준서 편, 『이현화 희곡·시나리오 전집 3』, 서울 : 연극과인간, 2007, 297~312쪽.

──────, 「한국 근대 '연극 관중론' 연구」, 『한국연극학』 22, 한국연극학회, 2001, 81~109쪽.

장재완, 「한국의 문화정책」, 김정환 외, 『문화운동론 2』, 서울 : 공동체, 1985, 288~309쪽.

장지영, 「연출가 고선웅의 전성시대」, 『웹진아르코』, 2015.08.13 (accessed by http://webzine.arko.or.kr/load.asp?subPage=10. View&idx=628&searchCate=03)

장혜전, 「함세덕의 희곡에 나타난 외국작품의 영향문제」, 극예술학회 편, 『함세덕』, 서울 : 연극과인간, 2010, 82~102쪽.

조정래, 「〈대장금〉의 서사적 특성 연구」, 『현대문학의 연구』 31, 한국문학연구학회, 2007, 333~356쪽.

주창윤, 『텔레비전 드라마 : 장르·미학·해독』, 서울 : 문경, 2005.

주현식, 「탈춤 연행의 반성성 연구」, 서강대학교 국어국문학과 박사학위 논문, 2010.

컬러, 조나단, 『해체비평』, 이만식 역, 서울 : 현대미학사, 1998.

크로스화이트, 제임스, 『이성의 수사학(글쓰기와 논증의 매력)』, 오형엽 역, 서울 : 고려대학교 출판부, 2001.

클리포드, 제임스, 『문화를 쓴다』, 이기우 역, 서울 : 한국문화사, 2000.

프로이트, 지그문트, 『정신 병리학의 문제들』, 황보석 역, 서울 : 열린책들, 2003.

프로인드, 엘리자베드, 『독자로 돌아가기 : 신비평에서 포스트모던 비평까지』, 신명아 역, 서울 : 인간사랑, 2005.

한국극예술학회 편, 『유치진』, 서울 : 연극과인간, 2010.

한국극예술학회 편, 『함세덕』, 서울 : 연극과인간, 2010.

한국예술종합학교 한국예술연구소 편, 『한국현대예술사대계 Ⅳ. 1970년대』, 서울 : 시공사, 2005.

홍숙영, 「가상 리얼리티 프로그램의 장르적 특성」, 『한국 콘텐츠학회 논문지』 10.3, 한국콘텐츠학회, 2010, 202~212쪽.

홍지아, 「리얼리티프로그램의 서사전략과 낭만적 사랑의 담론」, 『한국방송학보』 3.2, 한국방송학회, 2009, 567~608쪽.

홍창수, 「김우진의 표현주의와 〈난파〉 연구」, 한국극예술학회 편, 『김우진』, 서울 : 태학사, 1996, 263~285쪽.

Adams, R.E., *Seeing in Unordinary Ways : Magical Realism in Australian Theatre*, The University of Melbourne, Faculty of Arts, Culture and Communication, PhD thesis, 2008.

Aldea, Eva, *Magical Realism and Deleuze : The Indiscernibility of Difference in Postcolonial Literature*, New York : Continuum, 2011.

Anati, Emmankel, "Archetypes, Constants, and Universal Paradigms in Prehistoric Art", *Semiotica*, 100.2/4, 1994, pp.125~140.

Anz, Thomas, *Literatur des Expressionismus*, Stuttgart : J.B. Metzler, 2002.

Armstrong, Gordon Scott, *Theatre and Consciousness : The Nature of Bio-Evolutionary Complexity in the Arts*, New York : Peter Lang, 2003.

Atkinson, Paul, "Editorial Introduction", *Handbook of Ethnography*, Paul Atkinson(Ed.), London : SAGE, 2001, pp.1~7.

Babcock, Barbara, "Reflexivity : Definitions and Discriminations", *Semiotica*, 30,

1980, pp.1~14.

Barthes, Roland, "From Work to Text", *Textual Strategies : Perspectives in Poststructuralist Criticism*, Josue V. Harari(Ed.), Ithaca, NY : Cornell UP, 1979, pp.73~81.

──────, *The Rustle of Language*, Richard Howard(Tr.), Berkeley : University of California Press, 1989.

Bayman, Louis, "Melodrama as Realism in Italian Neorealism", *Realism and the Audiovisual Media*, Lucia Nagib et al(Eds.), New York : Palgrave Macmillan, 2009, pp.47~62.

Bazin, Andre, "Theater and Cinema", *Theater and Film : A Comparative Anthology*, Robert Knopf(Ed.), New Haven : Yale University Press, 2005, pp.110~133.

Beaver, Frank E., *Dictionary of Film Terms*, New York : McGraw-Hill, 1983.

Bednarek, Monika, *The Language of Fictional Television : Drama and Identity*, NY : Continuum International Pub. Group, 2010.

Ben Chaim, Daphna, *Distance in the Theatre : The Aesthetics of Audience Response*, Ann Arbor : UMI Research Press, 1984.

Bennett, Susan, *Theatre Audiences : A Theory of Production and Reception, 2nd ed*, New York : Routledge, 1998.

Bennison, Neil, "Accessing Character through Conversation : Tom Stoppard's Professional Foul", *Exploring the Language of Drama : From Text to Context*, Jonathan Culpeper et al(Eds.), New York : Routledge, 1998, pp.67~82.

Birdsell, David S., and Groarke, Leo, "Outlines of a Theory of Visual argument", *Argumentation & Advocacy*, 43, 2007, pp.103~113.

Biressi, Anita and Nunn, Heather, *Reality TV : Realism and Revelation*, London : Wallflower Press, 2005.

Bitzer, Lloyd F., "The Rhetorical Situation", *Readings in Rhetorical Criticism 3rd*, Carl R. Burgchardt(Ed.), State College, Pa. : Strata Pub, 2005, pp.58~67.

Blackmore, Susan J., *Consciousness : A very Short Introduction*, Oxford : Oxford University Press, 2005.

Blau, Herbert, "Rehearsing the Impossible : The Insane root", *Psychoanalysis and Performance*, Patrick Campbell(Ed.), New York : Routledge, 2001, pp.21~33.

Bleeker, Maaike, *Visuality in the Theatre : The Locus of Looking*, New York : Palgrave Macmillan, 2008.

Bordwell, David et al., *The Classical Hollywood Cinema : Flim Style & Mode of Production to 1960*, New York : Routledge, 1985.

Bracke, Astrid, "Redrawing the Boundaries of Ecocritical Practice", *Isle*, 17.4, 2010, pp.765~768.

Brooks, Peter, "Freud's Masterplot : Questions of Narrative", *Literature and Psychoanalysis : The Question of Reading, Otherwise*, Shoshana Felman(Ed.), Baltimore : Johns Hopkins University Press, 1982, pp.281~299.

──────────, *Realist vision*, New Haven : Yale University Press, 2005.

Butler, Jeremy G., *Television : Critical Methods and Applications 2nd ed*, Mahwah, N. J. : Lawrence Erlbaum Associates, 2002.

Caldwell, John Thornton, *Production Culture : Industrial Reflexivity and Critical Practice in Film and Television*, Durham, N.C. : Duke University Press, 2008.

Carrard, Philippe, "September 1939 : Beginnings, Historical Narrative, and the Outbreak of World War Ⅱ", *Narrative Beginnings : Theories and Practices*, Brian Richardson(Ed.), Lincoln : University of Nebraska Press, 2008 pp.63~78.

Chaudhuri, Una, *Staging Place : The Geography of Modern Drama*, University of Michigan Press, 1995.

Chesney, Shirley, "Max Raphael(1889~1952) : A Pioneer of the Semiotic Approach to Palaeolithic Art", *Semiotica*, 100.2/4, 1994, pp.109~124.

Conkey, Margaret W., "Structural and Semiotic Approach", *Handbook of Rock Art Research*, David S Whitley(Ed.), Walnut Creek : AltaMira Press, 2001, pp.273~310.

Conquergood, Dwight, "Ethnography, rhetoric, and performance", *Quarterly Journal of Speech*, 78.1, 1992, pp.80~97.

Corner, John, "Television, Documentary and the Category of the Aesthetic", *New Challenges for Documentary*, Alan Rosenthal, John Corner(Eds.), Berkeley : University of California Press, 1988, pp.48~58.

──────────, "Performing the Real : Documentary Diversions", *Reality TV :*

Remaking Television Culture, Susan Murray and Laurie Ouellette(Eds.), New York : New York University Press, 2009, pp.44~64.

Couldry, Nick, "Teaching us to Fake It : The Ritualized Norms of Television's "Reality" Games", *Reality TV : Remaking Television Culture*, Susan Murray and Laurie Ouellette(Eds.), New York : New York University Press, pp.57~74.

Culpeper, Jonathan, "Inferring Character from Text : Attribution Theory and Foregrounding Theory", *Poetics*, 23.5, 1996, pp.335~361.

───────────, *Language and Characterisation : People in Plays and Other Texts*, New York : Longman, 2001.

───────────, *Impoliteness : Using Language to Cause Offence*, Cambridge : Cambridge University Press, 2011.

D'Haen, Theo L, "Magical Realism and Postmodernism : Decentering Privileged Centers", *Magical Realism : Theory, History, Community*, Wendy B Faris and Lois Parkinson Zamora(Eds.), N.C. : Duke University Press, 1995, pp.191~208.

Deleuze, Gilles, "The Fold−Leibniz and the Baroque : The Pleats of Matter", *Folding in Architecture*, Greg Lynn(Ed.), NJ : Wiley−Academy, 2004, pp.33~38.

Deleuze, Gilles and Guattari, Felix, *Anti-Oedipus : Capitalism and Schizophrenia*, Robert Hurley et al(Tr.), Minnesota : University of Minnesota Press, 1983.

Demastes, William W., *Staging Consciousness*, Ann Arbor : University of Michigan Press, 2002.

Dolan, Jill, *Utopia in Performance : Finding Hope at the Theater*, Ann Arbor : University of Michigan Press, 2005.

Doty, William G., *Mythography : The Study of Myths and Rituals*, Tuscaloosa : University of Alabama Press, 2000.

Dovey, Jon, *Freakshow : First Person Media and Factual Television*, London : Pluto Press, 2000,

Durzak, Manfred, *Das Expressionistische Drama : Carl Sternheim, Georg Kaiser*, Muenchen : Nymphenburger, 1978.

Duhamel, Roland, *Nietzsches Zarathustra, Mystiker des Nihilismus : Eine Interpretation von Friedrich Nietzsches "Also sparch Zarathustra, ein Buch fuer Alle und*

Keinen", Wuerzburg : Koenigshausen & Neumann, 1991.

Ebrahimian, Babak A., *The Cinematic Theater*, Lanham : Scarecrow Press, 2004.

Eco, Umberto, *A Theory of Semiotics*, Bloomington : Indiana University Press, 1976.

Eder, Jens et al., "Characters in Fictional Worlds : An Introduction", *Characters in Fictional Worlds : Understanding Imaginary Beings in Literature, Film, and Other media*, Jens Eder et al(Eds.), New York : De Gruyter, 2010, pp.3~64.

Eisenstein, Sergei, "The Dramaturgy of Film Form", *Film Theory and Criticism : Introductory Readings 5th*, Leo Braudy et al(Eds.), Oxford : Oxford University Press, 1999, pp.25~42.

─────────────, "Through Theater to Cinema", *Theater and Film : A Comparative Anthology*, Robert Knopf(Ed.), New Haven : Yale University Press, 2005, pp.239~250.

Elam, Keir, "Most Truly Limned and Living in Your Face : Looking at Pictures in Shakespeare", *Speaking pictures : The Visual/Verbal Nexus of Dramatic Performance*, Virginia Mason Vaughan et al(Eds.), Madison : Fairleigh Dickinson University Press, 2010, pp.63~89.

Emerson, Robert M., *Writing Ethnographic Fieldnotes*, Chicago : University of Chicago Press, 1995.

Erickson, John D., "Magical Realism and Nomadic Writing in the Maghreb", *A Companion to Magical Realism*, Stephen M. Hart and Wen-chin Ouyang(Ed.), N.Y. : Tamesis, 2005, pp.247~255.

Estok, Simon C., "Theorizing in a Space of Ambivalent Openness : Ecocriticism and Ecophobia", *Isle*, 16.2, 2009, pp.203~222.

Faehnders, Walter, *Avantgarde und Moderne 1890-1933*, Stuttgart : Metzler, 1998.

Fahnestock, Jeanne and Secor, Marie, *A Rhetoric of Argument : A Text and Reader*, Boston : McGraw-Hill, 2004.

Faris, Wendy B., "Scheherazade's Children : Magical Realism and Postmodern Fiction", *Magical Realism : Theory, History, Community*, Wendy B Faris and Lois Parkinson Zamora(Eds.), N.C. : Duke University Press, 1995, pp.163~190.

Faris, Wendy B and Zamora, Lois Parkinson, "Introduction : Daiquiri Birds and

Flaubertian Parrot(ie)s", *Magical Realism : Theory, History, Community*, Wendy B Faris and Lois Parkinson Zamora(Eds.), N.C. : Duke University Press, 1995, pp.1~11.

Fischer-Lichte, Erika, *Theatre, Sacrifice, Ritual : Exploring Forms of Political Theatre*, New York : Routledge, 2005.

—————————, *The Transformative Power of Performance : A New Aesthetics*, Saskya Iris Jain(Tr.), New York : Routledge, 2008.

Fish, Stanely E., "Interpreting the Variorum", *Reader-Response Criticism : From Formalism to Post-Structuralism*, Jane P. Tompkins(Ed.), Baltimore : Johns Hopkins University Press, 1980, pp.164~184.

Fishburn, Evelyn, "Humor and Magical Realsim in El Reino De Ested Mundo", *A Companion to Magical Realism*, Stephen M. Hart and Wen-chin Ouyang(Ed.), N.Y. : Tamesis, 2005, pp.155~167.

Foss, Sonja K., *Rhetorical Criticism : Exploration and Practice 4th ed*, Long Grove, Ill : Waveland Press, 2009.

Freeland, Cynthia, "Ordinary Horror on Reality TV", *Narrative as Virtual Reality : Immersion and Interactivity in Literature and Electronic Media*, Marie-Laure Ryan(Ed.), Baltimore : Johns Hopkins Univ. Press, 2004, pp.244~246.

Freshwater, Helen, *Theatre & audience*, New York : Palrave Mamillan, 2009.

Freud, Sigmund, *The Uncanny*, David McLintock(Tr.), New York : Penguin Books, 2003.

Friedman, James, "Attraction to Distraction : Live Television and the Public Sphere", *Reality Squared : Televisual Discourse on the Real*, James Friedman(Ed.), New Brunswick, N.J. : Rutgers University Press, 2002, pp.138~154.

Ferguson, Priscilla Parkhurst and Zukin, Sharon, "What's cooking?", *Theory and Society*, 24, 1995, pp.193~199.

Goffman, Erving, *The Presentation of Self in Everyday Life*, N.Y. : Doubleday, 1959.

Gottdiener, M., *Postmodern Semiotics : Material Culture and the Forms of Postmodern Life*, Oxford : Blackwell, 1995.

Gravier, Maurce, "The Character and the Soul", *Strindberg : A Collection of Critical Essays*, Otto Reinert(Ed.), N. J : Prentice-Hall, 1971, pp.79~89.

Grice, Paul, "Logic and Conversation", *Pragmatics : Critical Concepts IV*, Asa
Kasher(Ed.), New York : Routledge, 1997, pp.145~161.

Gunning, Tom, "The Cinema of Attraction, Early Films, its Spectator, and the Avant–
garde", *Theater and Film : A Comparative Anthology*, Robert Knopf(Ed.),
New Haven : Yale University Press, 2005, pp.37~47.

Hanscom, Christopher P., *The Real Modern : Literary Modernism and the Crisis of
Representation in Colonial Korea*, Massachusetts : Harvard University Asia
Center, 2013.

Harriss, Chandler, "Policing Propp : Toward a Textualist Definition of the Procedural
Drama", *Journal of Film and Video*, 60.1, 2008, pp.43~59.

Hart, F. Elizabeth, "Performance, Phenomenology, and the Cognitive Turn",
Performance and Cognition : Theatre Studies and the Cognitive Turn, Bruce
A. McConachie and F. Elizabeth Hart(Eds.), New York : Routledge, 2006,
pp.29~51.

Hart, Stephen M., "Magical Realism : Style and Substance", *A Companion to Magical
Realism*, Stephen M. Hart and Wen–chin Ouyang(Ed.), N.Y. : Tamesis,
2005, pp.1~13.

Hedges, Carolyn Davis, *Performing the Self : Character Agency and Impression
Management within the Narrative of Survivor : Samoa*, Mass Communications
PhD Dissertation Syracuse University, 2011.

Herman, Vimala, "Turn Management in Drama", *Exploring the Language of Drama :
From Text to Context*, Jonathan Culpeper et al(Eds.), New York : Routledge,
1998, pp.19~33.

Hill, Annette, *Restyling Factual TV : The Reception of News, Documentary, and Reality
Genres*, New York : Routledge, 2007.

Hill, Chales A., "The Psychology of Rhetorical Images", *Defining Visual Rhetorics*,
Chales A. Hill and Marguerite Helmers(Eds.), Mahwah : Lawrence Erlbaum,
2004, pp.25~40.

Hutcheon, Linda, *Narcissistic Narrative : The Metafictional Paradox*, New York :
Routlege, 1980.

Iser, Wolfgang, *The Act of Reading : A Theory of Aesthetic Response*, Baltimore : Johns

Hopkins University Press, 1978.

James, Jude, "The Porous Body As Ontological Site−Interface For A−Located Realities", *Consciousness, Theatre, Literature and the Arts*, Daniel Meyer−Dinkgräfe(Ed.), Newcastle : Cambridge Scholars Press, 2006, pp.83~91.

Jauss, Hans Robert, *Toward an Aesthetic of reception*, Timothy Bahti(Tr.), Minneapolis : University of Minnesota Press, 1982.

Kalow, Nancy, *Visual Storytelling : The Digital Video Documentary*, Durham : CDS Publication, 2011.

Kattenbelt, Chiel, "Theatre as the Art of Performer and the Stage of Intermediality", *Intermediality in Theatre and Performance 3rd*, Freda Chapple et al(Eds), Amsterdam : Rodopi, 2007, pp.29~39.

Kavka, Misha and West, Amy, "Temporalities of the Real : Conceptualising Time in Reality TV", *Understanding Reality Television*, Su Holmes and Deborah Jermyn(Eds.), New York : Routledge, 2004, pp.136~153.

Kilborn, Richard and Izod, John, *An Introduction to Television Documentary : Confronting Reality*, Manchester : Manchester University Press, 1997.

Kirshenblatt−Gimblett, Barbara, "Playing to the Senses : Food as a Performance Medium", *Performance Research*, 4.1, 1999, pp.1~30.

_____, "Making Sense of Food in Performance : The Table and the Stage", *The Senses in Performance*, Sally Banes and Andre Lepecki(Eds.), New York : Routledge, 2007, pp.71~89.

Knapp, James A., *Image Ethics in Shakespeare and Spenser*, New York : Palgrave Macmillan, 2011.

Kofman, Sarah, "A Fantastical Genealogy : Nietzsche's Family Romance", *Nietzsche and the Feminine*, Peter J. Burgard(Ed.), Charlottesville : University Press of Virginia, 1994, pp.32~53.

Kristeva, Julia, "Psychoanalysis and the Polis", *Critical Inquiry*, 9.1, 1982, pp.77~92.

Lander, Katherine, *That's So Meta : Contemporary Reflexive Television and its Textual Strategies*, College of Communication M.A. Theses, DePaul University, 2013.

Lehmann, Hans−Thies, *Postdramatic Theatre*, Karen Juers−Munby(Tr.), New York :

Routledge, 2006.

Long, Lucy M., "Culinary Tourism : A Folkloristic Perspective on Eating and Otherness", *Southern Folklore*, 55.3, 1998, pp.181~204.

Loxley, James, *Performativity*, London : Routledge, 2007.

Lupton, Deborah, "Food and Emotion", *The Taste Culture Reader : Experiencing Food and Drink*, Carolyn Korsmeyer(Ed.), Oxford : Berg, 2007, pp.317~324.

Lunsford, Andrea A., Ruszkiewicz, John J. Walters, Keith, *Everything's an Argument : With Readings 6th ed*, NY : St. Martins, 2013.

Maffesoli, Michel, *The Time of the Tribes : The Decline of Individualism in Mass Sociaty*, Don Smith(Tr.), London : Sage Pulishing, 1996.

Matthews, Paul M., and MacQuain, Jeffrey, *The Bard on the Brain : Understanding the Mind through the Art of Shakespeare and the Science of Brain Imagin*g, New York : Dana Press, 2003.

Martens, Gunter, "Nietzsches Wirkung im Expressionismus", *Nietzsche und die Deutsche Literatur v. 2*, Bruno Hillebrand(Ed.), Tuebingen : Deutscher Taschenbuch, 1978, seites.36~77.

McAuley, Gay, *Space in Performance : Making Meaning in Theatre*, Ann Arbor : University of Michigan Press, 1999.

Meisel, Martin, "Scattered Chiaroscuro : Melodrama as a Matter of Seeing", *Melodrama : Stage, Picture, Screen*, Jacky Bratton et al(Eds.), London : British Film Institute, 1994, pp.65~81.

Merleau-Ponty, Maurice, *Maurice Merleau-Ponty : Basic Writings*, Thomas Baldwin(Ed.), New York : Routledge, 2003.

Meyer-Dinkgräfe, Daniel, *Theatre and Consciousness : Explanatory Scope and Future Potential*, Bristol : Intellect Books, 2005.

Morgan, Michael et al., "Drama in the Dining Room : Theatrical Perspectives on the Foodservice Encounter", *Journal of Foodservice*, 19.2, 2008, pp.111-118.

Morris, Pam, *Realism*, New York : Routledge, 2003.

Murphy, Patrick D., "Ecofeminist Dialogics", *The Green Studies Reader : From Romanticism to Ecocriticism*, Laurence Coupe(Ed.), London : Routledge, 2000, pp.193~197.

테스트 미디어의 퍼포먼스

Murray, Susan and Ouellette, Laurie, "Introduction", *Reality TV : Remaking Television Culture*, Susan Murray and Laurie Ouellette(Eds.), New York : New York University Press, 2009, pp.1~20.

Oppermann, Serpil, "Theorizing Ecocriticism : Toward a Postmodern Ecocritical Practice", *Isle*, 13.2, 2006, pp.103~128.

Öztürk, Maya N., "Through the Body : Corporeality and Consciousness at the Performance Site", *Consciousness, Theatre, Literature and the Arts 2009*, Daniel Meyer−Dinkgräfe(Ed.), Newcastle : Cambridge Scholars Press, 2009, pp.143~158.

Pandian, Anand, "Authenticity of the Wilderness : Surviving with Bear Grylls and Les Stroud", http://www.jhu.edu/anthmedia/Projects/wilderness/index.html.

Parasecoli, Fabio, "Hungry Engrams : Food and Non−Representational Memoy", *Food & Philosophy : Eat, Drink, and Be Merry*, Fritz Allhoff et al(Ed.), Malden : Blackwell Pub, 2007, pp.102~114.

Peirce, Charles S., *Collected Papers of Charles Sanders Peirce II*, Cambridge : Belknap Press of Harvard University Press, 1958.

Pfister, Manfred, *The Theory and Analysis of Drama*, John Halliday(Tr.), Cambridge : Cambridge University Press, 1977.

Perelman, Ch. and Olbrechts−Tyteca, L., *The New Rhetoric : A Treatise on Argumentation*, John Wilkinson and Purcell Weaver(Tr.), Notre Dame : University of Notre Dame Press, 1969.

Phelan, James, "The Beginning of Beloved : A Rhetorical Approach", *Narrative Beginnings : Theories and Practices*, Brian Richardson(Ed.), Lincoln : University of Nebraska Press, 2008, pp.195~212.

Piazza, Roberta et al., "Introduction : Analysing Telecinematic Discourse", *Telecinematic Discourse : Approaches to the Language of Films and Television Series*, Roberta Piazza et al(Eds.), Amsterdam : John Benjamins, 2011, pp.1~17.

Pierce, Jennifer Ewing, "Emotional 'Lifeworlds' : Toward a Phronetic Understanding of an Ontology of Acting", *Consciousness, Theatre, Literature and the Arts 2006*, Daniel Meyer−Dinkgräfe(Ed.), Newcastle : Cambridge Scholars Press, 2006, pp.41~44.

참고문헌

Pierson, David P., "Evidential Bodies : The Forensic and Abject Gazes in CSI : Crime Scene Investigation", *Journal of Communication Inquiry*, 34.2, 2010, pp.184~192.

Price, Stephen, Jr., *Exploring Audience Responses to Self-Reflexivity in Television Narratives*, Communication Department PhD Dissertation, University of Missouri−Columbia, 2011.

Quyang, Wen−Chin, "Magic Realism and Beyond : Ideology of Fantasy", *A Companion to Magical Realism*, Stephen M. Hart and Wen−chin Ouyang(Ed.), N.Y. : Tamesis, 2005, pp.13~20.

Rajewsky, Irina O., "Intermediality, Intertextuality, and Remediation : A Literary Perspective on Intermediality", *Intermédialités : Histoire et Théorie des Arts, des Lettres et des Techniques*, 6, 2007, pp.43~64.

Reason, Matthew, "Asking the Audience : Audience Research and the Experience of Theatre", *About Performance*, 10, 2010, pp.15~33.

Revonsuo, Antti, *Consciousness : The Science of Subjectivity*, NY : Psychology Press, 2010.

Richardson, Kay, *Television Dramatic Dialogue : A Sociolinguistic Study*, Oxford : Oxford University Press, 2010.

Rimmon−Kenan, Shlomith, "The Paradoxical Status of Repetition", *Poetics Today*, 1.4, 1980, pp.151~159.

Robards, Brooks, "The Police Show", *TV Genres : A Handbook and Reference Guide*, Brian G. Rose et al(Ed.), Westport, Conn. : Greenwood, 1985, pp.11~31.

Ruby, Jay, "The Image Mirrored Reflexivity and the Documentary Film", *New Challenges for Documentary*, Alan Rosenthal, John Corner(Eds.), Berkeley : University of California Press, 1988, pp.34~47.

Ryan, Marie−Laure, "From The Truman Show to Survivor : Narrative versus Reality in Fake and Real Reality TV", *Intensities : Journal of Cult Media*, 2, 2001, pp.1~13.

Ryan, Marie−Laure(Ed.), *Narrative as Virtual Reality : Immersion and Interactivity in Literature and Electronic Media*, Baltimore : Johns Hopkins Univ. Press, 2004.

Ryan, Marie-Laure, *Avatars of Story*, Minnesota : University of Minnesota Press, 2006.

Said, Edward, "Beginning", *Narrative Dynamics : Essays on Plot, Time, Closure, and Frames*, Brian Richardson(Ed.), Columbus : Ohio State University Press, 2002, pp.256~266.

Schechner, Richard, *Between Theater & Anthropology*, Philadelphia : University of Pennsylvania Press, 1985.

───────────────, *Performace Studies : An Introduction*, London : Routledge, 2002.

Schneider, Rebecca, "Intermediality, Infelicity, and Scholarship in the Slip", *Theatre Survey*, November 2006, pp.253~260,

Shaffer, Michael, "Taste, Gastronomic Expertise and Objectivity", *Food & Philosophy : Eat, Drink, and Be Merry*, Fritz Allhoff et al(Eds.), Malden : Blackwell Pub, 2007, pp.73~87.

Shiffrin, Deborah, "The Management of a Co-Operative Self during Argument : The Role of Opinions and Stories", *Conflict Talk : Sociolinguistic Investigations of Arguments in Conversations*, Allen D. Grimshaw(Ed.), Cambridge : Cambridge University Press, 1990, pp.241~259.

Slovic, Scott, "Nature Writing and Environmental Psychology : The Interiority of Outdoor Experience", *The Ecocriticism Reader : Landmarks in Literary Ecology*, Cheryll Glotfelty, Harold Fromm(Ed.), University of Georgia Press, 1996, pp.351~370.

Smith, Valerie J., "Aristotle's Classical Enthymeme and the Visual Argumentation of the Twenty-First Century", *Argumentation & Advocacy*, 43, 2007, pp.114~123.

Sontag, Susan, "Film and Theatre", *The Tulane Drama Review*, 11.1, 1966, pp.24~37.

Sokel, Walter H., *The Writer in Extremis : Expressionism in Twentieth Cent, German Literature*, Calif : Stanford Univ. Press, 1959.

Soper, Kate, "The Idea of Nature", *The Green Studies Reader : From Romanticism to Ecocriticism*, Laurence Coupe(Ed.), London : Routledge, 2000, pp.123~126.

Stam, Robert, *Reflexivity in Film and Literature : From Don Quixote to Jean-Luc Godard*, New York : Columbia University Press, 1992.

Steffens, Wilhelm, *Expressionistische Dramatik*, Muenchen : Deutscher Taschenbuch, 1977.

Swettenham, Neal, "Categories and Catcalls : Cognitive Dissonance in The Playboy of the Western World", *Performance and Cognition : Theatre Studies and the Cognitive Turn*, McConachie Bruce A., and Hart, F. Elizabeth(Eds.), New York : Routledge, 2006, pp.208~222.

Tannen, Deborah, "Silence as Conflict Management in Fiction and Drama : Pinter's Betrayal and a Short Story 'Great Work'", *Conflict Talk : Sociolinguistic Investigations of Arguments in Conversations*, Allen D. Grimshaw(Ed.), Cambridge : Cambridge University Press, 1990, pp.260~279.

Thomas, Sophie, *Romanticism and Visuality : Fragments, History, Spectacle*, London : Routledge, 2008.

Van Gennep, Arnold, "The Territorial Passage", *Performance : critical concepts in literary and cultural studies I*, Philip Auslander(Ed.), New York : Routledge, 2003, pp.27~35.

Vasselen, Cathryn, "Not Drowning, Sailing : Women and the Artist's Craft in Nietzsche", *Nietzsche, Feminism, and Political Theory*, Paul Patton(Ed.), London : Routledge, 1993, pp.71~87.

Vrooman, Steven S., "Self-Help for Savages : The "Other" Survivor, Primitivism, and the Construction of American Identity", *Survivor Lessons : Essays on Communication and Reality Television*, Matthew J. Smith, Andrew F. Wood(Ed.), Jefferson, N.C. : McFarland & Company, 2003, pp.182~198.

Waugh, Patricia, *Metafiction : The Theory and Practice of Self-Conscious Fiction*, London : Methuen, 1984.

Willams, Linda, "Film Bodies : Gender, Genre, and Excess", *Film Theory and Criticism : Introductory Readings 5th*, Leo Braudy et al(Eds.), Oxford : Oxford University Press, 1999, pp.701~715.

Wilson, Rawdon, "The Metamorphoses of Fictional Space : Magical Realism", *Magical*

Realism : Theory, History, Community, Wendy B Faris and Lois Parkinson Zamora(Eds.), N.C. : Duke University Press, 1995, pp.209~233.

Worthen, W.B., *Modern Drama and the Rhetoric of Theater*, Berkeley : University of California Press, 1992.

Wright, Elizabeth, "Psychoanalysis and the Theatrical : Analysing Performance", *Analysing Performance : A Critical Reader*, Patrick Campbell(Ed.), Manchester : Manchester UP, 1996, pp.175~90.

Yarrow, Ralph, "The Performance of Consciousness : The Consciousness of Performance", *Consciousness, Theatre, Literature and the Arts 2006*, Daniel Meyer-Dinkgräfe(Ed.), Newcastle : Cambridge Scholars Press, 2006, pp.13~26.

참고문헌

437

■■■ 발표지 목록

　이 책에 실린 글들은 기 발표된 필자의 다음 논문들을 책의 취지에 맞게 수정한 것임을 밝힌다.

1장　　「폭발의 드라마, 폭발하는 무대─김우진의 〈난파〉와 표현주의」, 『한국극예술연구』 29, 2009.

2장　　「김우진 희곡에 나타난 야생의 퍼포먼스와 거주의 상상력」, 『한국문학이론과비평』 15.3, 2011.

3장　　「이현화 희곡의 반복 충동과 연행성─〈오스트라키스모스〉를 중심으로」, 『한국문학이론과비평』 15.1, 2011.

4장　　「〈카덴자〉와 오독의 수용사」, 『한국극예술연구』 35, 2012.

5장　　「〈느낌, 극락같은〉에 나타난 의식의 연행과 리미널 공간의 경험」, 『드라마연구』 37, 2012.

6장　　「1930년대 사실주의 희곡과 시각적 논증의 수사학」, 『한국문학이론과비평』 19.3, 2015.

7장　　「유치진의 〈한강은 흐른다〉에 나타난 영화적 기법 연구─상호매체적 연행 연구를 위한 시론」, 『한국문학이론과비평』 17.3, 2013.

8장　　「고선웅의 〈강철왕〉과 마술적 사실주의」, 『한국연극학』 60, 2015.

9장　　「텔레비전 드라마 〈싸인〉의 시작 방식과 연행성」, 『대중서사연구』 17.1, 2011.

10장　　「텔레비전 드라마 대화의 연행성과 캐릭터화 기법─〈황금의 제국〉을 중심으로」, 『한국문학이론과비평』 19.1, 2015.

11장　　「메타 텔레비전 드라마와 반성성 : 〈온에어〉를 중심으로」, 『한국문학이론과비평』 20.1, 2016.

12장   「현실을 연행하기 : 리얼리티 TV 〈정글의 법칙〉의 리얼리티 효과」, 『대
       중서사연구』 19.2, 2013.
13장   「음식 다큐멘터리 TV의 연행성 – 〈한국인의 밥상〉을 중심으로」 20.3,
       『대중서사연구』, 2014.

용어 및 인명

ㅂ

ㅅ

찾아보기

작품 및 도서

텍스트 미디어 퍼포먼스